普通高等学校
应用型教材

市场营销

市场调研与分析

（第2版）

主　编　陈　凯
副主编　薛永基　彭　茜　汪晓凡

中国人民大学出版社
·北京·

前 言
FOREWORD

党的二十大报告指出，高质量发展是全面建设社会主义现代化国家的首要任务。没有坚实的物质技术基础，就不可能全面建成社会主义现代化强国。要坚持以推动高质量发展为主题，把实施扩大内需战略同深化供给侧结构性改革有机结合起来，增强国内大循环内生动力和可靠性，提升国际循环质量和水平，加快建设现代化经济体系，着力提高全要素生产率，着力提升产业链供应链韧性和安全水平，着力推进城乡融合和区域协调发展，推动经济实现质的有效提升和量的合理增长。二十大报告还指出，推动绿色发展，促进人与自然和谐共生。要加快发展方式绿色转型，实施全面节约战略，发展绿色低碳产业，倡导绿色消费，推动形成绿色低碳的生产方式和生活方式。因此，实施扩大内需战略同深化供给侧结构性改革有机结合，就要求各行各类企业积极响应国家高质量发展、绿色发展的国家战略，充分运用市场营销理论，依靠理念创新、技术创新、模式创新，借助市场细分、市场选择、市场定位等营销技术、工具和方法，发现尚未被满足的潜在市场需求，开发市场所需的产品和服务，以切实有效地惠及民生，创造高质量的美好生活、绿色生活，推动高质量发展与绿色发展。

互联网、移动互联网的普及应用，使市场环境发生了显著变化，企业要在复杂多变的环境中生存与发展，就必须秉承“创造优越顾客价值”的理念，快速、准确地了解顾客需求和竞争格局，并根据市场变化调整营销战略和策略。这就要求企业准确把脉市场环境，加强营销创新，提高营销效率，生产出消费者青睐、供不应求的产品，顺利实现从商品到货币的“惊险一跃”。

在这一时代背景下，为了更好地满足经济管理类学生以及社会从业人员深入学习市场调研的需要，我们密切关注国内外市场调研理论与实践的新进展，根据作者多年的教学经验和科研体会，以及教育部对应用型本科教育课程设计的要求，从侧重于应用、侧重于实践教学的基点出发，完成了这本《市场调研与分析》（第2版）。与第1版相比，本版将“定性调研方法”这一章调后，增强了各章之间的逻辑性以使授课过程更为流畅，调整了市场调研数据分析方法的顺序，删减了市场预测部分所包含的长期趋势预测法和趋势模型选择，并着力更新了各章节案例和延伸阅读的内容。本书围绕市场调研活动展开内容编排，全书共4篇11章，涵盖了市场调研涉及的所有活动。

第1篇“导论”，包括2章内容。首先介绍市场调研的内涵及作用、市场调研分类、市场调研程序以及市场调研伦理，旨在让读者准确把握市场调研活动的基本概念，正确认识市场调研的任务，全面理解市场调研的内涵，并了解开展市场调研活动对于企业获取竞争优势所具有的重要意义。其次，阐述市场调研方案的确定，具体包括制定市场调研目标、进行市场调研设计的步骤以及实施营销测试的具体方法。

第2篇“市场调研方法”，包括4章内容。首先讨论营销测量方案，介绍测量的基本概念、尺度及应用，在此基础上主要对市场调研常用量表展开分析说明，简要阐述量表的信度与效度，并结合SPSS应用软件进行举例分析；其次，主要围绕问卷的结构和设计技巧、问卷预编码、计算机辅助问卷设计等内容展开叙述；然后，在明确了调研方法和工具使用环节后，对随机抽样和非随机抽样、制定抽样计划、确定样本规模等内容进行介绍；最后，讨论定性调研方法，包括观察法、深度访谈法、文案调查法、头脑风暴法以及焦点小组访谈法等。

第3篇“市场调研数据处理”，包括3章内容。主要探讨收集市场调研数据过程中以及之后的数据处理相关内容。首先介绍调查数据收集方法以及数据收集过程中可能产生的误差，并对数据质量控制与残缺问卷的处理进行了描述；其次，阐述初步整理市场调研数据，介绍数据初步整理的程序、事后编码的方法、数据统计分析方法的分类和数据的描述性分析；最后，详细描述调研数据处理中常见的六种分析方法的内涵、原理、步骤，具体包括列联表分析、T检验分析、方差分析、因子分析、回归分析以及聚类分析，并结合统计软件操作详细说明如何应用这些分析方法解决实际问题，这是本书的重点内容。

第4篇“市场预测与调研报告”，包括2章内容。首先介绍市场预测的概念及其步骤、特点，以及常用的进行市场预测的定性定量分析方法；其次，介绍市场调研报告的撰写，内容包括调研报告撰写的基本要求，以及调研报告的内容、撰写技巧等。

本书具有如下特色：

第一，立足理论介绍。本书着力于市场调研理论的描述和前沿学科知识的介绍，主要通过延伸阅读实现了引入近年来的新理论、新理念和新方法的目标。由浅入深，分量适中，结构合理，循序渐进地介绍了市场调研的基本概念、理论和方法。

第二，突出应用导向。本书在介绍市场调研理论与方法的同时，注重方法的使用，结合相关案例详细描述了方法的应用，突出了应用导向，这在调研数据分析、市场预测等内容中表现得尤为明显。特别是在 SPSS，EViews 等软件的使用上，本书做到了注重基础性和应用性，读者容易掌握、消化、吸收和应用。

第三，面向实践使用。本书注重对实践的指导，各章节的重点难点问题都配有相应的典型案例，通过案例分析、延伸阅读等强化了本书的应用性，可以直接辅助市场调研的组织和诊断。尤其是很多本土化鲜活案例和新近资料的使用，使本书所介绍的应用指导贴近中国国情，更适合中国企业市场调研的实际。

本书由北京林业大学陈凯主编，副主编由北京林业大学薛永基、彭茜，北京中医药大学汪晓凡担任。在写作过程中，参考了多位学者的著述，或从他们那里得到了诸多帮助，还有许多同行提供了案例遴选、数据查验等帮助，在此一并表示感谢。

由于水平所限，缺点和不足在所难免，敬请有识之士和学术同仁批评指正。

陈 凯

目 录

CONTENTS

01 第1篇 导 论

02 第2篇 市场调研方法

03 第3篇 市场调研数据处理

第1篇

导　论

第1章 认识市场调研

学习目标

- 理解市场调研的含义与分类
- 掌握市场调研的程序与组织
- 了解市场调研的伦理

引 例

华为崛起：洞察市场需求非常重要

近几年来国产手机行业快速发展，以华为为代表的国产手机品牌不仅在国内占据了相当大的市场份额，在国外也能与世界一线手机品牌一较高下，在世界舞台上大放异彩。细看华为手机的一路成长不难发现，如果没有对客户需求的精准把握，如果不能快速调动人力资源去匹配这些诉求，怎能以一个后来者的姿态逆势而上。

作为华为公司创始人，任正非始终认为，华为所有的哲学就是以客户为中心，华为的崛起深深扎根在消费者需求这片沃土上。华为以客户需求为导向，专门成立有关消费者洞察的研究部门，捕捉市场上新的机会；精心考察市场，制定可靠的产品投资决策和产品开发决策；充分考虑产品在设计阶段对客户的多方面要求，如产品的可安装、可维护、可制造等需求。

随着消费者对高质量拍照、录像的需求日益增加，华为手机的摄像头、机身材质、存储容量、电池等不断升级和创新，其中最为突出的优势就是华为手机的摄像功能。华为在研发产品时参考市场调研结果，比如华为非常成功的一款手机P30，就根据消费者偏好配置了50倍变焦功能。当企业的创新与顾客需要相吻合时，无疑会成功。

对于企业来说，一次成功的创新总是会带来竞争对手的模仿和赶超，因此，任何企业必须时刻考虑顾客需求的变化。毕竟，顾客手中掌握着选择是否购买、购买哪个品牌的权力。当顾客面对多个竞争品牌提供的产品时，他们一定会选择最符合自己需求的产品。因此，企业通过市场调研来知道消费者是如何选择的十分重要。

资料来源：华为手机创新崛起之路：紧抓消费者体验关键点，感性功能强力突破．搜狐网，http://www.sohu.com/a/312961226_418932.

市场若水，企业如舟，水能载舟，亦能覆舟。企业只有熟知“水性”才能乘风破浪，在市场竞争中谋得先机。市场调研正是企业获取市场信息以进行科学决策，实施正确经营管理的重要手段。准确把握市场调研的核心概念，正确认识市场调研的任务，全面理解市场调研的内涵，积极开展市场调研活动，对于加强企业经营管理，赢得竞争优势具有重要意义。

1.1 市场调研的内涵及作用

在经济全球化和市场经济不断发展的今天，市场调研已成为企业经营活动的重要组成部分，是企业必须认真对待和重视的工作。

1.1.1 市场调研的内涵及发展

1. 市场调研的含义

市场调研（marketing research），也称为市场研究、市场调查、销售研究等。关于市场调研含义的阐述颇多，归纳起来，主要有狭义和广义两种。

狭义上，市场调研主要是针对消费者进行的，即以购买产品、接受服务的个人或家庭、组织为对象，收集其消费的动机、事实、意见等有关资料，同时进行分析研究，最后得出结论的过程。广义上，市场调研并不局限于对消费者和市场的调研，还包括对市场运营每一阶段及其所有功能和作用等的调研。根据美国市场营销协会（American Marketing Association，AMA）的定义，市场调研是通过信息的运用，把消费者、公众和营销者联系在一起的一种职能，是为了识别和确定市场机会和问题，通过对市场活动进行策划、研究和评价，控制市场活动，增强人们对市场活动理解的一个过程。市场调研规定了解决这些问题所需要的信息，设计了收集信息的方法，管理并组织信息收集工作，分析信息收集的结果，最后对所发现的问题得出研究结论。

简单地讲，市场调研就是了解市场情况，认识市场现状和发展趋势的过程。本书是从广义的角度来讨论市场调研的。

2. 市场调研的发展

市场调研是伴随着产品生产和产品交换的发展而日趋成熟的。市场调研的萌芽出现在产品经济的初始阶段，当时的一些商贾和小产品生产者就已经有意无意地注意市场信息的收集、研究及利用。但受到当时生产规模和市场范围的局限，调研的手段和技术都十分落后，调查者的调研和了解通常限于局部和表面，难以开展系统深入的分析和研究。

随着产品经济的发展，西方国家逐步进入发达的市场经济阶段，表现在市场规模急剧扩张，市场环境快速变化，市场竞争日趋激烈，供需关系更加复杂，以及产品生命周期越来越短等方面。在这种经营环境下，产品生产者和经营者尝试探索、运用科学的调研方法，力图系统、全面、准确地收集市场信息，从而使企业在激烈的市场竞争中占据主动。为此，西方国家的大型企业纷纷成立了市场调研中心，对市场需求、消费者行为进行科学的调研分析，与此同时，市场调研的理论也日趋完善。

改革开放后，我国社会主义市场经济体系逐步确立和完善，市场调研也随之快速发展起来。各类企业都越来越重视市场信息的收集，一些大型企业还成立了专门的调研机构。同时，各种专业性的调研咨询公司纷纷成立。市场调研已成为现代企业经营管理的重要组成部分。

1.1.2 市场调研的特征

市场调研就是调研者运用科学的方法，有目的、有计划地系统收集、整理市场活动中的各种信息，分析市场环境，找出其发展变化规律，为市场预测和经营决策提供科学依据的过程。要理解这一概念的含义，必须注意市场调研以下几个方面的特征。

1. 市场调研是一个系统的过程

市场调研是一个系统的过程，这一特点体现在两个方面：一方面，从调研过程的全程性来看，市场调研是经过周密计划、精心组织和科学实施，由一系列工作步骤、环节、行动和成果组成的过程；另一方面，从指导思想上来说，市场调研必须坚持系统观点，即把影响市场营销活动的各种因素视为一个有机的系统，注重研究各个因素之间的内在联系，从而把握市场需求的运动规律及变化趋势。在总体与部分之间的关系处理上，市场调研应把对某种具体产品或某个具体局部市场的调研作为子系统，与市场的总体调研相协调，形成一个完整有序的市场调研系统。

2. 市场调研具有明确的目的

市场调研具有明确的目的，即通过研究目标市场的现状，探明市场发展变化的规律和趋势，为企业营销决策提供客观依据，减少决策中的不确定因素，提高企业营销决策的科学性和可行性，从而使企业获得更大的经济利益。这一特征说明，市场调研本身不是目的，它是紧紧围绕企业的市场营销活动进行的，是营销活动不可或缺的重要组成部分。

3. 市场调研具有科学性

市场调研对市场状况的分析和判断，不能凭借个人经验和主观臆断，而是使用现代科学技术手段，经过一系列严密的程序，通过科学的分析论证，最终得出结论。具体包括：运用观察法、德尔菲法和问卷法等现代调研技术进行市场调研；运用相关统计软件对市场情报资料进行分析和整理；建立反映市场需求结构及其变动的调查模型；对调查结果进行误差分析。其中，每项程序均应建立在科学严谨、准确可靠的基础之上，以保证得出正确结论。

4. 市场调研具有不确定性

市场调研是对目标市场现状进行的调查研究，据此来进行营销决策。市场是产品交换关系的总和，包括政治、经济、文化、法律等多方面的因素。其中，每一个因素的变化都会对市场产生影响，从而导致市场发生变化。目标市场上存在不少难以精确分析的因素，使得市场调研具有不确定性。这种不确定性一方面体现在时间上，即今天的市场调研获取的信息，在几天之后就不可能完全反映目标市场的实际，市场调研的结果通常滞后于目标市场现状；另一方面体现在地域上，某地的调研结果只能为准备在某地开拓市场的营销者提供参考，而不能用于某地之外。这表明，一劳永逸的市场调研是不存在的，企业应不断关注市场的变化趋势，并适时作出调整决策。

1.1.3 市场调研的作用

无论是国民经济的宏观调控，还是企业层面的微观经营，都应了解市场信息，把握市场动向。由此可见，市场调研无论对微观经济还是宏观经济都有十分重要的作用。

1. 市场调研是企业认识目标市场的基本方法

市场调研是认识目标市场的历史和现状，探求市场供求矛盾及运动规律的基本方法。不作周密的营销调查，经营管理者就无法了解目标市场，无法把握市场动向，相反，准确的市场调研则会为企业迎合消费者需求奠定基础，不断获取新的商机。例如小米科技有限责任公司通过 MIUI 论坛了解众多手机消费者对于尚在研发过程中的小米手机性能的诉求，进而向市场提供符合目标群体需求的产品，使其销售量在短短两三年内呈井喷之势，出货量一度占据国内第一，创造了手机行业的奇迹。

例 1-1

小红书借助市场调研重新定位

小红书最初的定位是“出境购物攻略”App，由生活在当地的购物达人撰写攻略，提供目的地性价比高、有特色的品牌和购物商家介绍，但是在研究顾客需求变化的过程中发现，这种静态的工具书式信息不利于分享和实时信息的更新，不能满足购物欲强烈的用户。创始人针对此现象进行了大规模市场调研，之后“小红书购物笔记”上线。它是一个垂直类社区，用户以具有境外购物习惯的女性为主。作为小红书最重要的核心功能，社区功能鼓励用户分享购物经验，满足了用户的社交分享、购物指南、及时获取购物信息、跨境购物等需求。小红书成功找到自身定位，获得越来越多的粉丝。

资料来源：以“小红书”作为案例，讲解营销管理STP理论．搜狐网，http://www.sohu.com/a/276928464_99987329.

例1-2

优衣库在中国快速增长的秘诀

2019年6月优衣库KAWS联名款遭疯狂抢购事件着实让优衣库在中国又火了一把：门店卷闸门还未完全开启，顾客就钻进店里抢购，场面一度混乱。优衣库多个城市的实体店出现钻门、扒模特衣服等行为，各网店发售几秒钟就全部售罄。在大部分快消时尚品牌销售额持续下滑的背景下，为什么优衣库却能持续高速增长呢？

其实优衣库在2002年刚进入中国市场时并没能顺利打开市场，因为它用的是和日本一样的思路，以最低的价格给客户提供优质商品。但在日本属于大众品牌的优衣库到了中国并不是最便宜的，中国市场有很多公司都在以低价竞争。这迫使优衣库不得不调整营销思路。

随着互联网技术的发展，越来越多的中国消费者热衷于网络购物。抓住这个方向，2009年4月优衣库入驻天猫。线上销售让优衣库的知名度迅速提高，也帮优衣库把衣服卖到了门店未覆盖的地区。根据优衣库2018零售市场调研报告，消费者在门店网店购物时出现新趋势：超过50%的人购物时会参考朋友或意见领袖的建议，社交和口碑成为重要的决策参考；不论在线上线下，顾客都希望获得同样全面的信息。

面对数字时代日新月异的技术与消费者需求，优衣库在中国通过更多数字化手段让消费者拥有更好的零售服务体验。2018年11月，优衣库推出掌上旗舰店，打通线上线下的商品信息、库存、服务和购买，将线下门店和网上店铺结合在一起。线下门店兼当电商仓库，更好地解决线上购物痛点；线上入口多元，服务体验更丰富。这项服务是专门为中国消费者打造的。此外，通过“网红”的宣传，出现了顾客吸引顾客的滚雪球现象；采用社交网站进行数字营销奏效，满足了中国年轻人的需求。

资料来源：优衣库在中国快速增长的秘诀．新浪财经网，http://finance.sina.com.cn/stock/usstock/c/2019-05-15/doc-ihvhiqax8916560.shtml.

2. 市场调研是揭示企业经营中存在问题的重要手段

市场是国民经济状况的综合反映，通过市场调研，可以了解社会购买力和产品供应量之间，以及各种产品产出和销售之间存在的矛盾，从而揭示企业经营管理中存在的问题，以便采取相应的改进措施。通过市场调研，可以了解市场供应与需求的实际情况，总结企业经营计划执行中的经验，找出存在的不足，以便及时修正。市场状况是企业经营活动的一面镜子，在市场经济条件下，企业作为自主经营、自负盈亏、自我约束、自我发展的经济实体，其经营的好坏要通过市场来检验。通过市场调研，还可以了解企业在市场竞争中的竞争状况，产品销售渠道是否畅通以及广告效果如何等，从中总结经验教训，揭示企业经营中存在的问题，以便企业克服缺点，改善经营管理。

3. 市场调研是企业制定经营战略和战术决策的重要依据

企业的经营战略是关乎企业长远发展的纲领，是为了适应未来环境变化而制定的有长远目标的企业经营整体规划。企业在制定战略计划时，应当进行周密系统的市场调研，为经营战略决策提供可靠的依据。这样，才能保证企业有正确的经营战略方向、可行的战略目标、符合市场要求的经营活动的中心和重点，以及与外部环境相适应的发展模式。否则，企业经营者可能依靠主观判断进行决策，凭经验组织生产、展开经营，难以把握变化了的市场需求，致使企业生产不为市场需要的产品，导致企业在竞争中处于弱势地位。市场调研作为了解市场发展趋势和供求情况的一种手段，可以促使企业有效调整经营方案，帮助企业根据市场供需的变化、消费者需求的变化、竞争者策略的变化以及市场环境的变化制定生产和采购计划，生产适销对路的产品，疏通销售渠道，加速资金周转，从而增强企业活力，提高经济效益。

例1-3

调研让老年人产品受追捧

上海有家专门做老年人产品的企业，为了能够获取更大的市场，该公司在制定营销策略前对老年人的消费心理需求进行了深入的调研。通过调研，该公司发现老年人习惯于通过报纸获取资讯，因此决定与当地报社合作，推出一份针对老年人的报纸，每周一期免费派送到家，报纸内容基本都是老年人关心的健康资讯、生活常识等，非常符合老年人的生活和阅读习惯，产品信息以软文的形式置于其中，可信度大大增加。该公司销售的产品也大多是基于老年人的需求偏好，比如说老年人专用手机，字大、铃声大，操作简单，待机时间超长，还特别便宜，所以一上市立刻受到老年人的追捧，在老年人心中，该手机的风头一点不逊苹果手机。

资料来源：漆志文．从《一九四二》到《致青春》票房，看“目标受众”研究．中国营销传播网，http://www.emkt.com.cn/article/589/58955-2.html.

1.2 市场调研分类

按照主体、范围、功能、时间间隔等方面所存在的差异，可以将市场调研分为不同的类型。

1.2.1　按市场调研的主体进行分类

1. 企业的市场调研

企业是市场调研最重要的主体。企业经常要根据市场的变化对各种经营问题进行判断和决策，及时采取相应的措施，因而需要进行市场调研。企业的市场调研通常由企业的市场营销部门承担。本书是以企业为市场调研主体展开的。

2. 政府部门的市场调研

政府部门在社会经济活动中担当着重要的角色，无论其履行管理和调节职能，还是直接从事经营活动，都需要了解和掌握充分的市场信息。一般来说，政府部门开展的市场调研所涉及的范围比较大。

3. 社会组织的市场调研

各种社会组织和社会团体（如各种行业协会、学术团体、中介组织、事业单位、群众组织、民主党派等）为了开展学术研究、提供社会服务以及提供政策建议等，也会开展市场调研活动。这种调研活动通常具有较强的专业性。

4. 个人的市场调研

有时由于某些特殊原因，个人也会进行市场调研。如某些研究机构的研究人员为了某一研究项目进行市场调研；个体业主由于经营需要而收集研究相关的市场信息，进行市场调研。一般来说，个人的市场调研范围比较小，实施过程也不一定十分规范。

1.2.2　按市场调研的范围进行分类

1. 专题性市场调研

专题性市场调研主要是指市场调研主体为解决某个具体问题而针对市场中某一方面进行的市场调研活动。它的优点包括范围较小、时间较短、研究目的明确、所需人力物力有限、组织实施灵活方便等。企业所做的大多数市场调研都是专题性的，如对广告效果的评价，对包装吸引度的评价等。但是，它也存在局限性，即无法较为全面地反映市场状况。当企业管理层需要决策的具体问题涉及面有限时，专题性市场调研就是最合理的选择。

2. 综合性市场调研

综合性市场调研是指市场调研主体为全面了解市场状况而对其各个方面进行的调研活动。综合性市场调研涉及的问题比较多、面比较广、决策难度大、风险高，组织实施相对困难，不仅需要投入大量的人力物力，对市场调研人员的素质要求也非常高。事实上，这种市场调研方法在实践中运用不多。相对于专题性市场调研而言，综合性市场调研提供的信息能更为全面地反映出市场的全貌，有助于市场调研主体正确了解和更好地把握市场的基本状况。在政府部门、社会组织开展的市场调研中，综合性市场调研相对多些。

1.2.3 按市场调研的功能进行分类

1. 探索性市场调研

探索性市场调研是通过对某个具体问题或状况进行探索和研究，从而对其具有基本的认识和了解，其目的是识别和掌握所要研究问题的基本特征和与之相关联的各种影响因素。探索性市场调研的作用在于发现问题或者发现导致某种结果的各种现象，是对所研究问题的试探性调查。所以，探索性市场调研大都作为一个大型的市场调研项目的开端。探索性市场调研的最主要特征是灵活、省时和省费用。调研人员在探索性调研中需要即时捕捉各类信息，形成全新的概念和理解。一旦这一概念和理解形成，调研人员将沿着新的方向开展探索性调研。正因为如此，调研的重点有可能发生变化。调研人员的专业才能和创造性思维在探索性调研中起着重要的作用。

例 1-4 小罐茶：一年 20 亿走红的背后

探索性调研不排斥任何收集和分析资料的方法，但一般采用简便易行的调查方法，譬如收集二手资料、定性调研、专家或相关人员的意见集合等。探索性市场调研适用于探寻潜在的问题或机会，寻找有关的新概念或新假设，确定企业所面临的问题及其影响因素等方面。

2. 描述性市场调研

描述性市场调研是指对所研究的问题作出尽可能准确的结论性描述，所要了解的是有关问题的相关因素和相关关系。描述性市场调研的目的是客观地反映市场的实际情况，它的结果通常说明事物的表征，并不涉及事物的本质及影响事物发展变化的内在原因。它是一种最基本、最一般的市场调研。

市场调研中很多调研都是描述性的，常见的有：市场分析研究、销售分析研究、产品分析研究、销售渠道研究、价格分析研究、形象分析研究、广告分析研究等。一般而言，描述调研的信息来源很多，基本上各种来源的信息都可用于描述性调研，调研的方法也可包括各种类型。

3. 因果性市场调研

因果性市场调研是指为了研究某市场现象与各种因素之间客观存在的关系而进行的市场调查，旨在确定有关事物的因果联系。因果性市场调研的主要目的有：了解哪些变量是原因性变量即自变量，哪些变量是结果性变量即因变量；确定原因与结果，即自变量与因变量之间相互联系的特征。因果性市场调研的难度较大，涉及事物的本质，即事物发展变化的内在原因。因此，因果性营销调研是一种十分重要的调研方法。因果性市场调研常被用于检验或确定不同市场因素之间的内在联系，需要构建理论模型。在实践中，它也常常用于确定企业市场因素与经营目标的关系，解释企业经营目标未能实现的原因。

4. 预测性市场调研

预测性市场调研是收集研究对象过去和现在的各种市场情报资料，推算其发展变化的规律，运用科学的方法估计未来一定时期内市场对某种产品的需求量及其变化趋势。如某产品市场需求预测、消费者对某种产品需求变化趋势预测、某产品供给量的变化趋势预测等。

一般而言，预测性市场调研以因果性市场调研为基础，利用各变量之间已知的因果关系或数学模型，用一个或几个变量的变化趋势推断另一个或几个变量的变化趋势。预测性市场调研是一种应用型研究，虽然对于理论发展的重要性不大，但是对于企业经营实践极为重要，受到企业欢迎。

1.2.4　按市场调研的时间间隔进行分类

1. 经常性市场调研

经常性市场调研是指随着市场现象在时间上的变化发展，连续不断地进行登记而实施的调查。经常性市场调研的目的在于通过对某一经济现象发展变化过程及其结果等信息的搜寻、整理和分析，把握某一市场运行状态和规律，以利于企业在其营销活动中根据市场变化及时调整营销策略，制定相应的营销措施。

2. 一次性市场调研

一次性市场调研又称为临时性市场调研，它是指企业在营销活动中，为了某一特定目的而在某一特定时间点上专门组织的市场调研。其目的在于收集某一经济现象在特定时间的状况，通过对在一定时期内相对稳定的市场信息的收集、加工和分析，为企业有针对性地制定经营措施提供依据。

1.2.5　其他分类方法

按调研区域的不同，可以将市场调研分为国内市场调研和国际市场调研，国内市场调研又可细分为全国性市场调研和地区性市场调研。

按调研对象的不同，可以将市场调研分为消费者市场调研、生产者市场调研、广告市场调研、产品市场调研、价格市场调研、销售渠道市场调研等。

按样本确定方式的不同，可以将市场调研分为普查和抽样调查，抽样调查又分为随机抽样调查和非随机抽样调查。

从不同角度划分市场调研的类型，是为了针对不同市场调研的特点与要求，选择相应的调查方法。上述各种类型的市场调研往往反映了实际调研工作的某个方面。

延伸阅读 1-1

调研公司常设职位

不同的调研组织的人员构成不尽相同，但一般都设有以下职位：

（一）调研公司总裁

调研公司总裁是公司经营决策和业务执行的最高领导，是公司的法定代表人。公司总裁负责调研公司的组织、经营、管理、决策，负责公司的人事任免，协调各部门的关系，领导制定公司的基本管理制度和人员职责，对外代表公司进行联络。

（二）调研部主任

调研部常根据具体的内容设置若干研究部门，如市场环境研究部、市场价格研究部等。调研部主任负责承接调研项目；审查项目经理拟定的调研方案、调查问卷、调查进度及提交的调查报告等；领导制定调研规程并组织实施；对调查项目的执行进行监督管理。如工作需要，可设若干名主任助理协助主任工作。

（三）项目经理

项目经理是调研公司的高级研究人员，专门对某一具体调研项目负责。项目经理负责自项目设计至主报告提交全过程的工作，向客户汇报调研结果、提供咨询服务。根据层次不同，项目经理又分为高级项目经理、项目经理和助理项目经理。

（四）数据处理专家

数据处理专家或统计学家主要负责调研数据的处理。他们通常借助电子计算机，运用统计分析软件，对数据进行各种分类汇总，制作统计图表，进行统计分析。在未设分析师的公司中，数据处理专家也常负责数据分析工作。

（五）分析师

分析师的主要任务是对经过处理的数据进行分析，发现市场中存在的问题及规律，预测市场的未来走势，提出相应的对策及建议。分析师根据其层次不同，又可分为高级分析师、分析师、初级分析师。

（六）调查实施部主任

调查实施部主任一般要同时负责几个项目的实施，其职责主要是深入了解调查项目的性质、目的以及具体的实施要求。规模不大的市场调研组织，实施主管往往就是项目主管。

（七）运作督导

运作督导是调查员的直接管理者，在调查实施部主任的领导下，具体负责调查员的招聘和督导培训，对调查员的工作进行指导、监督和检查。

（八）调查员

调查员通常包括专职调查员和兼职调查员。调查员的工作就是采集资料，对指定的受调查者进行调查访问，以获取原始资料。

（九）电脑录入员

电脑录入员主要负责对收集到的资料进行编码，并将数据录入电脑，以便研究人员进行统计分析处理。此外，他们也常负责一般资料性文件的电脑编辑、打印工作。

（十）资料员

资料员负责一般性的商业资料的收集、分类、整理和归档，以便研究人员查询。一个公司要有一个或一个以上的资料员。资料员通常要具备档案管理方面的经验。

1.3 市场调研程序

市场调研是一个由不同阶段、不同步骤、不同活动构成的有目的的连续过程，各阶段、各步骤在功能上相互联系、相互衔接，共同构成了一个整体。从功能上看，市场调研过程可以分为 6 个阶段（见图 1－1）。本书主要就前 5 个阶段的工作进行详细描述，实施反馈追踪阶段旨在实践活动中进行经验总结，故仅作简单介绍。

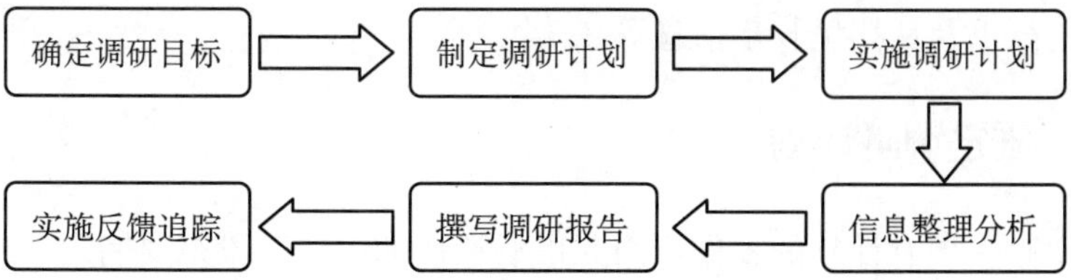

图 1－1　市场调研的 6 个阶段

1.3.1　确定调研目标

市场调研的第一步是确定调研目标。在企业经营过程中，外部环境会发生变化，因此，企业营销活动与市场需求往往不相适应，这种不适应性在营销过程中会逐渐显现出来，企业应当意识到这种变化，去发现企业因不适应环境变化所造成的问题，或者去发现变化中出现的各种机会。一般来说这种问题或机会来源于两种情况，一种情况是当企业期望发生的结果与实际发生的结果之间存在差距时，另一种情况是当企业实际发生的结果与应当发生的结果之间存在差距时。第一种情况称为“未达目标”问题，第二种情况称为“机会识别”问题。无论是哪一种情况，都必须清楚地了解所面临的问题，明确需要的信息，这有助于确定正确的调研目标。

市场调研目标的选择需要良好的洞察力和创造力，它是寻求解决方案的第一步，是进行市场调研的前提。良好的开端是成功的一半，只有正确确定市场调研的目标，整个调研工作才能做到有的放矢。为了正确识别和界定问题和机会，应注意以下几个方面。

1. 调研的范围

根据调研人员的经验，每一个问题都存在许多值得调研的内容，只有对调研问题作出明确的界定，信息收集的成本才能满足市场调研工作的目的。当调研问题的界定太宽时，得到的不需要的信息往往会比实际需要的信息多；而当调研问题界定得太窄时，调研者的思路会受到束缚，不利于调研工作的进行。

2. 调研的主题

在界定了调研问题的范围之后，调研者需要从中提炼出调研的主题，为正确制定调研计划和选择调研方式打下基础。因此，调研者需要收集和分析企业内外部关于问题的各种记录和相关资料，同时向对有关问题具有丰富知识和经验的专家咨询，以使所调研的问题更加明确。

3. 调研的目标

调研目标往往是以调研问题的形式出现的，表明市场调研主要是为了解决实际问题或预测未来发展。确定调研目标就是要在设计正式的调查方案之前，明确界定研究问题以及研究问题与决策问题的联系。

调研目标一定要明确具体，根据调研目标可以确定需要收集什么信息，采用什么样的方法收集信息以及从哪里收集信息等。

1.3.2 制定调研计划

市场调研是一项有计划的工作，因此市场调研的第二阶段是要制定一个收集所需信息的最有效的计划。在制定调研计划时，有以下几个方面需要考虑。

1. 资料来源

市场调研的资料来源主要有两个：原始资料和二手资料。原始资料指的是调研人员收集到的第一手资料，收集的方法有发放问卷、面谈等。二手资料则是经别人收集整理过的资料，通常是公开刊发过的。二手资料可以帮助调研人员判断他们的问题是否已部分或全部解决，以免重复收集昂贵的第一手资料。二手资料为调研提供了一个起点，成本较低而且收集迅速，所以在市场调研中总是先考虑是否有二手资料可以利用，如果通过二手资料可以解决问题，就不必再收集原始资料。二手资料可能是过时的，而且不是针对特定目的收集整理的，一般难以满足企业调研的需要，所以，直接收集和掌握第一手资料是十分必要的。

确定资料来源，不仅要确定是收集原始资料还是收集二手资料，或是两种资料都收集，还要进一步确定资料的具体来源。例如，二手资料是来源于政府机关的数据、图书馆数据、行业协会出版物还是非营利组织的市场调查报告？原始资料是来源于企业、消费者还是其他渠道？

2. 调研方法

取得资料的方法叫调研方法。确定用什么方法进行调研，出发点应该是具体的调研条件以及利于收集符合要求的第一手资料。主要的调研方法有访问法、观察法、实验法和问卷法，每类方法适应面不同，应依据调研的目的、性质以及经费多寡选择最合适的调研方法。

调研人员需要根据研究的问题、目标、各种数据收集方法的特点和可能出现的误差等，确定数据的收集方法。实际工作中，可以综合使用这几种方法收集数据。在伊索寓言中有这样一个故事：老鼠们在一起开会，商讨怎么才能不被猫抓住。其中一只老鼠提议，在猫的脖子上挂一个铃铛。全体老鼠欢声雷动——“这个主意太好了!”但当有老鼠问，怎样才能将铃铛挂到猫的脖子上时，刹那间全体老鼠鸦雀无声。这个故事说明，方法比想法更重要，或者说没有相对应的方法的想法是没有价值的。所以，调查方法是市场调研中关键的一个部分。

3. 调研工具

在确定了调研方法之后，就可以进行调研工具的设计了。在设计与选择调研工具时，研究者既要考虑数据的特点（如是否适合直接询问或观察），也要考虑选用的调查方法与调查对象。如采用观察法或实验法进行调研，不仅要考虑进行观察、实验时使用何种设备仪器，还需要设计记录观察结果的表格等；如采用访问法，就需要提前设计好访谈提纲，设计的关键是提问的方式以及提什么问题。在设计调研工具时，还应该考虑到参加调研、实验者的文化水平和专业技术等方面的因素。

4. 抽样计划

样本设计在市场调研过程中是一个独立且关键的步骤，它直接关系到整个市场调研的质量。一般来说，实施市场调研是通过从总体中抽取一部分单位作为样本来认识总体的。在企业的市场调研活动中，抽样调查应用广泛。抽样是否科学，对市场调研活动的准确性、费用和可行性有很大影响。

抽样计划就是根据调研的目的确定抽样单位、样本数量以及抽样方法。抽样单位即本次市场调研应面向的人群，样本数量即本次调研抽取的样本有多少单位数量，抽样方法即在随机抽样或者非随机抽样技术中进行选择。其他约束条件相同时，一次调研的样本数量越大就越具有可信度和代表性，然而从经济的角度来考虑，样本数量又不宜过大。因此，在实践中样本数量的大小应综合研究经费、允许误差等因素来考虑。

5. 接触方式

抽样计划确定以后，市场调研者必须决定采用何种接触被调查对象的方式，如邮寄调查表、电话访问、人员面谈、在线访问等。邮寄调查表的优点是能避开被访问者不愿面谈或其反应可能受访问者偏见或曲解影响的情况，但回收率一般较低或较迟；电话访问能在被调查人不明白问题时予以澄清，缺点是只有电话拥有者才能被访问，且访问时间短，同时也不能涉及过多的个人问题，以免引起被访问者疑心；人员面谈能提出较多的问题，可用个人观察来补充访问的不足之处，但是成本较高且易受访问者偏见或曲解的影响；在线访问方便灵活，但局限性较大。究竟采取何种方式或以何种方式为主，应根据调研的实际情况和客观要求来决定。

6. 人员费用

确定调研人员，主要是确定参加市场调研活动的人员的条件和人数，包括对调研人员的必要培训。市场调研人员必须具有的一定的思想水平、工作能力和业务技术水平，能正确理解调查提纲、问卷内容等，能比较准确地记录被调查对象反映出来的实际情况和内容，能做一些数学运算和初步的统计分析。最后应该对调研活动作出尽可能详尽可靠的费用预算，以便市场调研能够按计划进行。

1.3.3 实施调研计划

准备工作完成后，按计划进入调研的实施阶段。这一阶段是调研能否实现预期目标的关键，需要注意两个方面。

一是进行访问。进行访问的一般程序是：调研人员首先说明来意，作为开场白；接着调研人员应试图与应答者之间建立起某种初步的个人联系，而后开始提问，提问是访问的主体部分；在提问和回答过程完成后，调研人员不应匆匆结束对话，而是要与应答者就某些问题展开简短、非正式的讨论，以期引导对方回答先前他们不愿接受的问题的答案，然后才结束对话。这一过程花费最多，也很容易出错，还有可能出现以下问题：被调查对象拒绝合作；回答可能有偏见或不诚实；访问者自身存在偏见及不诚实等。

二是考核工作。对调研人员的管理，要贯穿整个调研工作的始终。要保证整个调研活动顺利进行，就要对调查人员的工作表现加强考核。考核的具体标准应考虑到工作成果的大小。对调研人员的考核不要等到工作结束之后才开始，而应结合工作进度在工作过程中进行，以利于及时推动工作。

1.3.4 信息整理分析

通过调查收集来的原始信息，一般是分散的、零乱的，有的可能还是片面的、不准确的。因此，需要对这些信息按照科学的方法整理、加工，以获取真实的、系统的、能反映问题本质的信息。根据一次分析变量数目的多少，信息整理分析分为单变量、双变量和多变量三种形式；根据分析的目的，分为描述性分析和推断性分析。信息整理分析有信息分类、信息编校、信息整理、制表作图、鉴定误差五个程序。

1. 信息分类

信息分类是信息整理分析的基础，更是资料科学性的重要保证条件。分类的方法有两种：事先分类和事后分类，前者表示在问卷设计时便已将调查问题预先做了分类编号，收集资料后只需整理即可；后者则是在调研过程中有些问题无法分类时使用，如消费动机的询问等。信息分类的编组有按数量分组、按时序分组、按地区分组、按质量分组四种，具体适用何种要视调研需要而定。

2. 信息编校

信息编校就是对收集的资料进行检查，验证其是否真实可靠，并且合乎调研要求，对不符合实际的资料予以剔除。具体做法包括：检查调查资料的真实性和准确程度；检查收集到的资料是否齐全、有无重复或遗漏；检查记录的一致性、口径的统一性等。

3. 信息整理

数据资料的整理一般采用手工方法和电子计算机方法。采用手工方法整理大量复杂的数据，耗时过长，但成本低，且发现差错能随时纠正；电子计算机的效率较之手工明显要高，而且能保证资料的准确性，处理大量复杂的数据特别有效。

4. 制表作图

将编校过的资料根据调研的目的和重要程度进行统计分类，制成表格和图形，可以使资料简洁明了，方便资料的分析与对比。一般而言，制表作图多借助计算机软件（如SPSS、EViews 等），统计方便且准确性较高。

5. 鉴定误差

鉴定误差也是信息整理分析必不可少的一个步骤，因为从抽取样本的调查结果来推算总体的状况必定会带有误差。采取一些方法进行鉴定，正是为了检验所抽取的样本，以证实其是否代表总体。鉴定误差多采用公式计算标准误差与置信度，若计算结果处于误差范围之内，则认为数据是可靠的；有时某些有标准数据的调研也通过将所得样本数据与标准数据进行比较的方法鉴定误差。

1.3.5　撰写调研报告

在调研计划得到完整执行的基础上，市场调研还必须对调研结果写出分析报告，提交给企业的管理部门作为营销决策的重要依据。市场调研报告除了要应用大量统计数据对市场现象加以描述，应用统计模型对市场现象的规律进行分析之外，还要作出判断性的结论，提出建设性的意见。直接为企业管理者进行经营决策服务，是调研报告对市场现象作出各种分析的主要任务。

1.3.6 实施反馈追踪

借助市场调研提供的信息情报作出营销决策后，在实施的过程中还应对市场情况的变化持续关注，以检验所提供的资料是否准确有效；同时还应收集新的信息，以保证营销决策的正确性。通过这种不断的信息反馈，发现市场新的趋势，对经验进行总结，从而提高市场调研水平。

1.4 市场调研伦理

所谓伦理，是指符合某一专业或团体的行为标准。因此，市场调研伦理是指在市场调研的过程中，遵守或达成（至少不违背）营销相关专业领域的行为准则及社会的道德标准。这一节内容主要阐释专业市场调研活动中应当注意的伦理问题。

1.4.1 市场调研伦理的本质

一般意义上的伦理和道德可以看作同义词，表示的含义是一致的。“伦”是指人的关系，即人伦；“理”是指道德律令和原则。因此伦理是指人与人相处应遵守的道德和行为准则。它赋予人们在动机或行为上的是非善恶的判断标准，是人类社会长期发展中自发形成的一种约束机制。道德的基本含义在实际运作中和伦理并没有什么区别。一般而言，伦理与道德之间的区分在于，道德是强调一定的文化界域内占实际支配地位的现存规范，而伦理则是指对这种道德规范的严密的方法性思考。按这种区分，伦理是倾向于一种理论，是对道德的科学性思考，是高于道德的哲学，而道德则是伦理在实际中的规范。

市场调研伦理是企业管理伦理的一部分，它服从和服务于整个社会的伦理。市场调研伦理是营销主体在从事市场调研活动中所应具有的基本的道德准则，即判断企业市场调研活动是否符合消费者及社会的利益，能否给广大消费者及社会带来最大福利的一种价值标准。企业与消费者和社会的关系，最主要的是经济关系，直接表现为某种利益关系，这种关系的正确处理，除依靠法律外还需要正确的伦理观念指导。

1.4.2 市场调研伦理产生的必然性

市场调研蕴含着丰富的伦理思想，比如市场营销的“真实性”原则，既是市场调研原则，也是市场调研伦理原则。我们在谈及市场调研伦理时，往往只注意到它对于企业市场调研活动的约束和市场调研成本的增加等方面，却忽视了它对于企业还有市场开拓、关系维护、法律补充以及形象塑造等方面的功能。市场调研所蕴含的伦理思想表明，道德可以和经济相互促进，共同发展。调研企业遵循市场调研伦理的要求，就会在市场调研活动中坚持以道德为中心，而不是以利润为中心；以“人”为营销活动的出发点，而不是以“物”为企业经济活动的出发点。

调研企业遵循市场调研伦理的要求，在市场调研活动中就会做到尊重顾客、严格保密、科学严谨。实践表明，调研企业只要自觉践行道德经营之道，以高质量完成调研项目，就能赢得顾客的信任，最终获得较好的信誉。

综上所述，按照企业市场调研伦理的要求进行市场调研活动，可以使企业做到义利兼得，谋利而不失义。义利兼得是现代市场经济发展的必然要求。企业只要遵循市场调研伦理的要求，就会在尽到自己社会责任的同时获得应有的利润。因此可以说遵循市场调研伦理是企业市场调研的必然要求。

1.4.3　市场调研伦理的准则

市场调研用户在选定了某个市场调研组织之后，委托人与受托人之间就形成了一种对等互换的关系，就必须要切实地进行协作，彼此相互信任，相互配合，互通信息，及时沟通，并且遵守各自的道德准则。

1. 市场调研用户应遵守的道德伦理准则

市场调研用户应避免以下不道德的行为：

（1）未经市场调研组织同意，将市场调研组织的方案、报价、研究技术细节和有关记录对外披露。市场调研组织的方案、报价、研究技术细节和有关记录等是商业机密，市场调研用户有义务保密，而不应透露给第三方，尤其是其他竞争性的调研公司。实践中有一些用户为了完善自己的调研方案，在选定了调研公司后，还与其他调研公司进行接触，骗取其他公司的方案，提供给与自己合作的公司作为参考，这样的行为是违反商业道德的。

（2）未征求研究者的意见即公布调研结果。这种情况下往往容易引起误导。市场调研公司在公布研究结果时，必须确保这些结果不会引起误导，一般需经研究者确认，由研究者对其中容易引起误导之处进行修正，并予以说明。

（3）追查被访者的有关信息。市场调研组织在进行市场调研的过程中，通常会对受访者作出承诺，对与受访者相关的信息予以保密。市场调研用户一般情况下不应追查受访者的有关信息，除非获得了许可。

2. 市场调研组织应遵守的道德伦理准则

市场调研组织应遵守以下道德伦理准则：

（1）对自己所掌握的所有研究记录保密。对调查过程中知晓的市场调研用户的秘密和受访者的秘密，市场调研组织必须绝对保守秘密，不得损害市场调研用户和受访者的利益，否则最终受损的还是自己。

（2）不做有损市场调研行业声誉或使公众丧失信心的举动。

（3）不对自己的技能、经验和所在组织的其他情况作出不切实际的表述。

（4）不对其他市场调研组织作出不公正的批评或污蔑。

（5）在没有充分数据支持的情况下，不得有意散布从市场调研项目中得出的结论。

（6）严格遵守与市场调研用户达成的书面协议。

（7）在提供市场调研报告时，必须对研究的发现与主观的解释和建议进行区分，确保用户不会产生误解。

（8）在获取信息的过程中，不得采取诱导甚至欺骗的手段，应遵守自愿的原则。

（9）不将受访者的有关信息用于非研究目的。

例1-5

马蜂窝数据造假捅了“马蜂窝”？

许多消费者在旅游前习惯查看其他消费者的评价，因此用户点评逐渐成为消费者旅游的准绳。而如今，这份准绳正遭到质疑。最近深圳乎睿数据有限公司发布调查报告，称旅游攻略网站马蜂窝所宣称的2 100万条“真实点评”中有1 800万条数据是通过软件从点评和携程等网站上抄袭而来，一下子将马蜂窝推向了风口浪尖。

但在业内人士看来，互联网行业的“数据注水”似乎并不令人意外。近年来，许多互联网企业凭借技术优势，用各种手段在数据里掺水，以获得“靓丽”的业绩增长，进而吸引用户和投资者。对于类似的数据造假行为，媒体已经多次曝光，相关证据确凿充分，部分从业者也直言不讳，声称数据造假是行业的“潜规则”。可是，造假者的违法成本很低，甚至不会受到任何处罚，导致数据造假行为肆无忌惮，整个行业陷入比拼造假的漩涡，令数据严重失真，误导用户和投资者。事实上，要提高用户活跃度，不能依靠数据造假。弄虚作假迟早会被发现，把心思放在如何做好产品、服务用户上才是最关键的。

资料来源：新华社调查马蜂窝数据造假：或捅出旅游网站潜规则．新浪财经网，http://finance.sina.com.cn/consume/puguangtai/2018-10-31/doc-ifxeuwws9727399.shtml.

1.4.4 市场调研伦理的建立

1. 完善立法，严格执法

尽管法律不能解决所有的市场调研伦理问题，但法律是伦理的基本保证和最低要求。如果法制不健全，无法可依，不道德市场调研行为就会泛滥。许多国家通过立法来保证企业市场调研行为与社会利益相一致，取得了较好的效果。我国也要以此为鉴，加强法制建设，做到“有法可依，有法必依，执法必严，违法必究”，为企业市场调研的伦理要求提供必要的法律环境。

2. 加强行业协会建设，强化行业监督

行业协会是同行业企业之间的组织。个别企业的不道德市场调研行为会损害全行业的商业信誉和利益，行业协会应针对本行业的特点，制定相应的市场调研道德准则，以及对不道德市场调研行为的处罚规则，规范全行业的市场调研行为，维护全行业的利益。

3. 加强社会舆论的监督作用

充分运用舆论压力扶正除邪，促使企业改变市场调研伦理观念，修正自己的行为。对于企业的不道德市场调研行为，应借助新闻媒介的作用予以监督和约束，通过舆论的力量使其回到伦理市场调研的规范中来。企业应加强与消费者、社会公众和宣传媒体的沟通，检查自己的不足，促进市场调研伦理的进一步升华。

4. 广泛开展市场调研伦理教育，重视塑造企业文化

市场调研伦理首先是一种理念，这种理念只有被企业及其员工广泛接受，才能成为企业的自觉行为。为此，必须广泛进行市场调研伦理规范的宣传教育，树立正确的市场调研伦理观念，在市场调研活动中，正确处理“义”与“利”的关系，把顾客和社会的利益放在第一位，欲取先予，避免短期行为。以市场调研伦理规范为核心进行企业文化建设，形成“重道德，讲信誉”的氛围，把市场调研伦理规范渗透到企业的潜意识中去，把执行市场调研伦理规范作为企业的基本责任，推动企业市场调研道德风尚的形成和发展。

基本概念

市场调研　　调研目标　　调研计划　　调研报告

市场调研组织　　市场调研伦理

思考题

1. 为什么说科学严谨的市场调研具有不确定性？
2. 市场调研伦理对调研组织具有怎样的重要性？
3. 根据调研主体分类，市场调研包括哪几种类型？

案例分析

折叠屏手机为何遇冷

2019 新年伊始，智能手机行业最热门的话题是“折叠屏”。2 月 20 日，三星在美国旧金山举行主题为“The Future Unfolds”的发布会，全球第一款折叠屏手机 Galaxy Fold 作为主角亮相。一时间，手机圈沸腾了，似乎手机行业的下一个趋势即将明朗。

然而，折叠屏手机真的是未来的趋势吗？

恐怕真实情况并不是这样。在即将正式发布前的媒体评测阶段，三星 Galaxy Fold 被曝出不少破绽。科技媒体 *The Verge* 的作者迪特尔·博恩（Dieter Bohn）表示，他手中 Galaxy Fold 的折叠屏有些鼓胀，导致屏幕有些扭曲。美国消费者新闻与商业频道的编辑史蒂夫·科瓦赫（Steve Kovach）在推特上表示，在使用了一天之后，Galaxy Fold 的折叠屏出现了闪屏和断屏的情况，屏幕中间出现断裂，最后屏幕的左侧完全变黑，两天之后，这款手机完全不能使用——但是这款评测机没有去掉保护层。由于众多问题的出现，原定于 4 月 24 日在中国上海举行的三星 Galaxy Fold 折叠屏手机发布会临时取消。三星移动业务负责人高东真向媒体坦言："我在没有完全准备好的情况下就匆匆推出 Galaxy Fold，现在的情况很尴尬。"大量资金已投入到折叠屏手机研发当中，而现在折叠屏手机推广失败，人们不得不思考市场调研的问题。

折叠屏手机遇冷的原因究竟是什么呢？原来，Galaxy Fold 是一款屏幕向内折叠的产品，折叠状态下，屏幕的尺寸为 4.6 英寸，展开后为 7.3 英寸，类似于一个平板。除了屏幕扩大之外，折叠屏手机并没有带来其他的好处，反而产生了一堆新问题。事实上，折叠屏满足的仅仅是把平板电脑装进口袋的需求，其目标用户很可能是便携式平板用户，但这个群体不大，平板电脑市场的体量大概为智能手机市场的 1/10，销量还不如传统 PC。不久前谷歌宣称将不再推出 Pixel 系列平板电脑，更是宣判了平板电脑市场的死缓。

从厂商的角度看，折叠屏的问世似乎有一个不证自明的逻辑起点：从键盘到触屏，从粗边框到全面屏，手机的进化一直都是在不破坏便携性的前提下尽量增大可视面积，而当如今手机已基本上以 6 英寸起步，屏占比达到 95%以上时，除了整体切换赛道，在形态上做文章，似乎已别无他法。但在现实中真相很可能是，人们已经不需要更大的手机屏幕了。许多人觉得，"手机可以折"看起来蛮酷，但除此之外，很难看到它在功能创新层面有显著提升。

市场调研机构高德纳的分析师短期内也不看好折叠屏手机：未来五年，折叠屏手机预计只有 3 000 万部的销量，占整个市场的 5%。其中的一个原因就是耐用性，由于用户每天使用手机次数很多，会导致折叠屏损坏过快。

沃顿商学院市场营销学教授彼得·费德（Peter Fader）表示："现在的情况的确不容乐观。在以前，市场研究人员就像市场中的火炬，没有他们，我们将面对一片漆黑的市场。他们就是领路人，给我们开启一扇窗，让我们得以洞察客户的喜好。因此对于许多公司来说，市场调研在管理决策方面起到了重要的作用。而在今天，市场调研却在坐冷板凳，甚至很多公司都不搞市场调研了。"现在越来越多地听到人们说，我们先在市场上尝试一下，看看有什么效果。这是一个普遍观念，认为只有在市场中才能更容易地测试出产品的好坏。还有人说，先把我们的理念放到网上，看看哪个理念的点击率最高。这的确可以告诉你哪个理念的点击率最高，但并不能帮助你设计出最好的产品。只有认真调研，搞清楚点击率背后的驱动因素，我们才能开发出最好的产品和服务。

资料来源：三星 Galaxy Fold 悲剧了 折叠屏手机还有戏吗？. 新浪科技网，https://tech.sina.com.cn/mobile/n/n/2019-04-24/doc-ihvhiewr7903818.shtml.

问题：

折叠屏手机遇冷带来了什么启示？

第2章 确定市场调研方案

学习目标

- 掌握调研方案设计的内容，了解调研方案的可行性分析方法以及评价方法
- 理解制定调研目标的方法和意义
- 了解营销测试的概念、类型以及测试地点的选择因素

引 例

制胜之道：专业的调研方案

S大学城建筑外墙需使用建筑涂料，提出具体要求进行公开招标。有十多个销售代表递送资料，有的销售代表通过简单的项目背景了解提出了涂装服务方案。某涂装服务商的销售代表获知这一信息后，并没有马上递送公司与产品资料或找所谓“关系”，而是做了以下几件事：

（1）成立项目组：根据项目的初步信息，成立以客户服务总监为首的项目组。向甲方提交专业的初步调研方案，并发出希望获准调研的请求。

（2）沟通诊断：认真听取有关领导、校方、设计院、总包单位的要求和意见，特别针对甲方对外观效果要求较高的情况，安排专业设计师与建筑设计师多次沟通，按设计要求完成外观色彩及效果设计方案并绘制出效果图。

（3）现场考察：到施工现场考察将来的施工环境以及大学城周边建筑物的风格色彩的协调性。

（4）协助招标：为甲方特别召开专业研讨会，介绍不同种类建筑涂料的性能特点、外观效果、技术参数、施工要素，加深甲方对建筑涂料知识的了解。另外，针对本次投标单位较多的现实情况，为甲方设计评判方案，协助甲方组织各投标单位现场样板展示比赛。

（5）拟定并提交涂装解决方案。

结果，该公司在错综复杂的局面中最终胜出。

在这个案例中，该涂装服务商销售代表用专业调研方案申请调研机会。通常，客户是要考虑配合调研的成本的，安排人员接受调研访谈需要动用很多资源，因此很多销售人员抱怨客户不批准自己进行深入调研。其实关键问题在于，客户方的联络人没有感受到调研访谈的专业程度，不敢贸然安排。在本案例中，销售代表郑重其事地成立了调研项目组，并以书面形式提交了初步调研方案来申请调研机会，这一做法比通常的口头申请调研的方式高明多了。

资料来源：程文．需求调研“钓”出大客户．销售与市场，2004（7）.

市场调研方案设计是市场调研的基础性工作。调研方案是指导整个调研工作的方案和蓝图，包括为处理或解决市场调研问题而收集、处理各种必需的信息资料的详细步骤和规划，是整个调研工作展开的依据。营销测试是在决策之前先对新产品或营销计划进行测试，需要根据不同的产品和计划选择不同的测试市场，是一种切实有效的调研方法。本章主要介绍调研方案的设计步骤以及营销测试的具体方法。

2.1 制定市场调研目标

市场调研过程包含几个相互独立又相互联系的阶段，其中制定调研目标是调研过程的第一个步骤。调研方法的选择、调研对象的确定以及调研组织的规划设计都要根据调研目标来进行。因此，调研目标是整个市场调研项目的核心，而明确地制定调研目标有利于市场调研活动有效展开。

延伸阅读 2-1
保护杰弗逊纪念大厦

2.1.1 调研问题的确定

爱因斯坦曾经说过：“提出问题往往比解决问题更重要。”进行市场调研的首要步骤是确定所要研究和解决的企业经营中的问题。只有对调研问题有清晰的认识和准确的定义，市场调研项目才能有效实施。

在实际调研过程中，调研的问题往往涉及面很宽，提出的问题也比较笼统，在任何一个问题上都存在着许多可以进行调研的内容，侧重点可能多种多样。这时，调研人员对调研的问题作出系统的陈述，有助于分析问题。调研问题可以是企业在经营管理中的各种疑虑，或是需要解决的问题。调研问题就是把企业经营问题转化为具体要求。问题的确定可以帮助调研人员确立正确的调研目标。

延伸阅读 2-2

关于新产品的调研问题

企业打算推出一种新产品，此时，企业需要明确以下问题：

- 市场对这种产品有明显的需求吗？
- 公司是否具有足够的财力去设计、制造产品，并在早期的销售增长阶段推动产品？
- 哪种设计方案更好？
- 在市场或细分市场中最佳的价格水平是什么？
- 产品的单价和利润之间的关系如何？
- 产品的生命周期有多长？
- 竞争者是谁，现实的和潜在的竞争者实力如何？
- 采取哪种促销方式？其成本是多少？
- 新产品将对现有的产品线产生何种影响？

2.1.2 分析调研问题的背景

调研问题一般都具有一定的背景资料，了解这些背景资料有助于对问题和机会的把握和认识。

第一，掌握与企业或所调研的产品和所属行业相关的各种历史资料和发展趋势。这些资料可以包括产品的销售量、相关竞争产品的市场份额、利润状况、技术水平等。根据对这些资料的分析，可以初步判断变化趋势所反映出的问题。

第二，分析企业的目标。目标可以分为企业的组织目标和决策者的个人目标。组织目标可能比较概括和抽象，如“改善企业的形象”“增强企业竞争力”等。而决策者的个人目标是指通过调研决策者想要达到的个人目的。例如决策者希望通过调研结果支持某项决策，或是消除领导层内部对某个问题的分歧等。分析这些目标有助于在确定调研目标时处理好不同目标之间的协调问题。

第三，熟悉企业的各种资源和面临的制约因素。通过分析企业的各种资源和面临的制约因素，将调研目标确定在适当的范围内。其中，财务状况是需要重点关注的。如果有足够的费用支持，当然可以扩大调研范围，这样得到的调研成果可能更有用。但企业的调研经费是有限的，如何利用有限的经费作出最有效的调研，是调研人员需要考虑的问题。

此外，根据产品类型和顾客对象的不同，调研人员还要了解不同的消费者的购买行为、不同时期的经济环境和不同地域的文化背景，以及进行调研所具备的技术条件等。

例2-1

雀巢咖啡如何打破日本从来不喝咖啡的习惯?

20世纪70年代，日本经济飞速发展，成为世界经济大国。当时，咖啡在日本尚未流行，雀巢咖啡决定进入这个市场。日本人爱喝茶，雀巢公司当然知道这个情况，所以在进入日本市场前先对各个年龄层的群体进行了详细的市场调查，以了解日本人对雀巢咖啡的看法。结果出人意料，日本人很喜欢雀巢咖啡的味道。

雀巢公司高管十分高兴，迅速启动了全日本咖啡上架计划，很快货架上就有了雀巢咖啡。然而，不似预期，雀巢咖啡销量极差。雀巢公司完全不明白怎么回事，为什么日本人喜欢咖啡味道却不买呢?为此他们找来了克罗泰尔·雷皮尔（Clotaire Repaille）——一位营销界明星、销售心理学专家。他很快发现，日本人不买咖啡，是因为他们小时候的生活跟咖啡完全没有联系，他们的父母每天喝茶，吃茶味的点心，甚至连呼吸都有茶的味道，在这种环境下成长的人又怎会买茶以外的饮料呢?

克罗泰尔·雷皮尔想出一个办法去改变这种情况，那就是咖啡糖。日本小孩很快就发现并爱上了这个从未见过的新产品，他们慢慢由吃咖啡糖变为喝冰镇咖啡。结果几十年后，日本成了全球第四大咖啡消费国。显然，雀巢进入市场时实施的调研存在设计缺陷，调研人员没有找到日本咖啡销售中应该考虑的关键属性，导致了对消费者行为的误解。

2.1.3　制定调研目标

在对调研问题的背景资料进行分析之后，为了保证调研结果的实用性和正确性，必须确定具体的调研目标。调研目标是调研人员对调研问题的陈述，调研问题或假设一旦确立，调研目标就可以从问题定义中引申出来。一般来讲，企业提出一项市场调研要求时会有各种各样的目的。有的企业是想了解清楚某种现象的原因，以便采取相应的对策；有的企业是准备采取某种行动，但缺乏事实依据，不敢贸然行动，试图通过市场调研来判断行动的效果；还有的企业是已经采取了某种行动，但不清楚效果如何，希望通过调研加以了解；等等。作为市场调研人员应当了解这些调研意图，否则，调研活动可能变得无效。

在某些情况下，营销问题和调研目标的表述类似。不过，调研目标必须阐明制定决策所需要的信息。要确认这些信息，就要求调研人员做充分、准确的准备工作，包括列示调查中问题的准确措辞，以及解释实验中哪些行为将会被观察或记录，强调信息或信息来源的精确描述。

调研目标必须用书面形式表达，而且需要与企业的决策者进行交流。目标解释了进行市场调研的原因，这需要调研人员和决策者达成一致。调研目标的数量不应该太多，以保证调研项目的高效。同时，在制定调研目标时，应该充分考虑关于此项目的已知信息，是否需要额外的背景信息，以及数据是否可以测量等。

例 2-2

小米成功的背后

2019 年 7 月 10 日，小米创始人雷军发微博称："北漂，奋斗九年多，终于买房了！小米科技园，8 栋楼，34 万平方米，52 亿造价！"小米上市一周年纪念日，雷军喜提小米科技园，对于此次搬入新总部，小米内部可谓是"喜大普奔"。从小米成立至今短短九年时间，小米成功背后的原因是什么呢？

在小米初创时期，国内智能手机市场主要有两种生态：一是高价格高性能，如苹果和三星；二是低价格低性能，如酷派等国产安卓机以及众多山寨机。当时的市场普遍认为，手机行业以产品为导向，许多企业认为质量好、价格实惠，客户就会买单。但小米创始人雷军不这么认为，他认为大互联时代，企业以用户中心化为导向，好的产品属性只是基本条件，企业更应该让用户参与进来，始终注重客户体验感，不断提供超出用户预期的产品和服务，有口皆碑，大家自然乐意分享。因此，他以"手机用户究竟需要什么样的产品"为调研目标，对手机行业进行了调研分析。他发现，如果小米能够把握"高价格高性能"和"低价格低性能"之间的空白地带，以低价格高性能好服务的姿态进入，是能够借这一股智能手机的风暴迅猛发展的。

互联网思维也是小米成功的原因之一，用互联网的方式做研发，培养粉丝，塑造品牌形象；手机定位是发烧友手机，坚持做顶级配置并强调性价比；手机销售不走线下，在网上销售；在商业模式上，不以手机盈利，借鉴互联网的商业模式，以品牌和口碑积累人群，把手机变成渠道。在雷军的带领下，小米一跃成为可以与苹果抗衡的国内手机品牌。

资料来源：滕斌圣，杨谷川．小米：一骑绝尘后的挑战．虎嗅网，http://www.huxiu.com/article/105055/1.html.

2.2 进行市场调研设计

在确定了调研目标之后，就要开始对整个调研过程进行设计，形成调研方案。调研人员需要对调研工作任务的各个方面进行整体考虑和安排，提出相应的实施方案，制定出合理的工作程序。

调研方案设计中，需要将已经确定的调研问题转化为具体的调研内容，通过调研指标的方式表现出来，并对调研指标作出定义。调研指标的定义是操作性定义，调研问题的定义是概念性定义。例如，要研究劳动态度对企业经济效益的影响，对于劳动态度的内涵和本质的定义就属于概念性定义。在调研中，我们需要通过具体的调研指标反映它，例如用工人工作的数量、质量（合格品率、次品率）、出勤率等具体的内容为劳动态度下操作性的定义。这说明，调研设计是由定性认识深入到定量认识的过程。调研设计能够体现调研人员对所研究的问题在定量认识方面的深度和广度。

调研设计中还会面临一些具体问题的选择。例如，研究一个问题，可以采取不同的抽样方式和不同的数据收集方法，可以使用概率抽样，也可以使用非概率抽样；可以采用入户调查、问卷调查，也可以利用实验法和观察法等方法。不同的选择方式和不同的采集数据的方法在反映问题的数量特征方面是有差异的，所以在这些问题的选择上，需要根据不同的调研目标具体考虑。

此外，在调研过程中，有许多因素影响调研结果的准确性，但是，对于不同的问题和不同的调研方法，这些因素的影响程度是不一样的。在调研设计中需要对这些问题进行判断权衡。所以调研方案设计对于设计人员的素质要求很高，不仅要求设计人员对调研技术方面的专业知识有足够的了解，还要求调研人员拥有丰富的从事调研项目的实践经验，能够根据实际情况选择最佳的方法组合。

2.2.1　调研方案设计

1. 确定调研项目

明确了调研目标之后，下一步就是要考虑为了达到调研目标，需要调研哪些方面的内容，即确定调研项目。调研项目是调研目标的具体化，应该围绕调研目标来设置。

对于调研方案的设计者来说，确定调研项目是相当重要的一个环节。首先，调研项目的确定规定了问卷设计或访问提纲的范围；其次，调研项目的确定也规定了调研的对象和调研方法；最后，调研目标是否能达到，在策划阶段只有通过调研人员所确定的调研项目来判断。调研项目是否全面、恰当，在很大程度上将影响调研方案能否被企业所接受、认可。

一项市场调研可能包括许多方面的调研项目，但项目过多会增加调研的工作量和统计量，也可能会使调研变得没有针对性，不能解决主要问题。因此，在确定调研项目时，要根据项目的重要性、各个项目与调研目标是否匹配、调研经费及调研人员力量等情况进行统筹安排。

2. 选择调研类型

市场调研根据营销问题的性质可以分为探索性调研、描述性调研和因果性调研。其中探索性调研属于非结构化和非正式的调研，其他几种都属于正式的调研。

在选择调研类型的时候，可以根据调研问题的不确定程度来决定。如图 2－1 所示，探索性调研主要用于决策制定的前期，在调研人员对问题的属性还不确定的情况下进行。当研究人员对问题的了解较少而需要更多的信息或者需要最新的信息时，探索性调研就是最佳的选择。描述性调研是在调研人员发现了某个问题，需要对这个问题进一步了解时进行。当我们想知道顾客类型、顾客会购买何种产品、购买数量以及购买时间时，就可以选择描述性调研。当我们想让调研的结论适用于更大的范围，描述性调研也是比较理想的选择。因果性调研则用于帮助调研人员更精确地确认问题。消费者每天都会接触到大量的市场因素，这些因素将促使消费者采取不同的行为方式。了解引起消费者行为的因果关系，将在市场上获得良好的回报。

	探索性调研	描述性调研	因果性调研
问题确认的程度	模糊问题	部分确认的问题	高度确认的问题
可能的情况	销量在下滑，而我们不知道原因。	产品的消费者是哪些人群？竞争对手有哪些？	采用新包装后是否会有更多的消费者购买更多产品？
	人们是否会对我们的新产品感兴趣？	消费者对我们产品的哪些特性比较满意？	这两个广告哪个更有效？

图2-1　市场调研的类型

一项具体的市场调研可能会涉及几种调研设计，以实现多种目标。在选择市场调研类型的时候，一般有以下原则：

（1）如果调研人员对调研问题的情况了解很少，可以从探索性调研开始一步步深入，到最后解决问题。

（2）一般情况下，在进行了探索性调研之后，紧接着会进行描述性调研或因果性调研；有时，探索性调研也可能会在描述性调研和因果性调研之后进行。例如，在描述性调研和因果性调研的结果很难解释的情况下，探索性调研就可以为理解这些调研提供更多的信息。

（3）并不是所有的市场调研都要从探索性调研开始，这取决于调研问题界定的确切程度以及调研人员对找到调研问题的确定程度。例如，一项想要了解消费者满意程度的调研就没有必要使用探索性调研。

3. 选择基础调研方法

根据调研的目标、数据的现有来源以及获取数据的成本等，调研人员需要确定基础的调研方法。基础的调研方法包括：调查、案例研究、实验、二手数据和观察。

（1）调查。调查主要通过问卷的形式从抽样人群中收集信息，是获取原始数据最常用的方法。设计问卷的格式和问题是调查问卷的核心，需要调研人员根据调研目标精心准备。调研人员需要选择与被调查者的交流方式。交流方式根据不同的调查问题和调查内容来确定，可以选择通过电话、邮件、面对面、网络或通过其他媒介。

选择被调查者可以根据不同的调研目标来确定。被调查者可以是一般的消费者、批发商、零售商，也可以是在产品相关领域具有丰富经验的专家。调研类型也可能会影响到被调查者的选择。探索性调研通常通过个别询问知识丰富的被调查者或小型群体来进行。与此相反，描述性调研往往是通过较短的时间段（10～20 分钟），向大量的被调查者询问一些简单的问题。不同的调研类型也可以选择不同的访问方法，例如，探索性调研可以选择焦点小组访谈、深入采访等方法。

为了与被调查者进行有效的交流，直接调查人员需要接受培训，了解提问以及简单辨别被调查者态度的技巧，因为如果被调查者不配合，可能导致调研数据出现偏差。有关各种不同的调查方法，会在后面的章节进行介绍。

（2）案例研究。调研人员可以通过对类似或相似的案例进行调研来帮助解决调研问题。通常大多数调研问题都与以前的一些情况有相似之处，即使调研问题涉及一种全新的产品，调研人员也往往能从过去的经验中找到相似之处。案例研究包括调研历史案例和模拟案例。

1）历史案例。调研历史案例，可以通过密集分析几个目标案例，得到有助于解决调研问题的相关资料。例如，了解市场中可能影响新产品销量的各种因素，了解这些因素之间是否存在某些联系，以及这些因素对销量可能产生的影响的程度等。历史案例方法通过分析选择的目标案例，可以反映出：①对比的业绩水平，例如，良好的和糟糕的市场；②业绩的变化因素，例如，进入市场的竞争者；③事件发生的顺序，例如，研发创新与扩张产能。

例 2-3

欧乐 B 电动牙刷：占据中国电动牙刷市场“头把交椅”

近年来，在消费升级的浪潮下，我国居民的口腔护理意识逐步增强，电动牙刷成为我国增长最快的小家电之一。电动牙刷作为口腔护理工具，以其超净的能力、舒适的用户体验、便捷的使用方法受到消费者的青睐。电动牙刷的巨大市场被业界看好，预计到 2020 年电动牙刷的市场规模将超过 500 亿元。在这样一个巨大市场面前，宝洁公司旗下的欧乐 B 电动牙刷是怎样披坚执锐，获得消费者认可的呢？

欧乐 B 产品以科技引领生活为理念，旨在为消费者提供高质量的刷牙体验和专业口腔护理服务。为此，团队对目前市场上销量较高的其他品牌电动牙刷进行案例研究，发现电动牙刷只有在产品品质、产品功能等方面独树一帜，才能备受消费者青睐。因此，公司决定贯彻差异化营销理念，挖掘并充分满足顾客深层次的消费需求，立足产品品质、产品功能进行创新，超越传统、回归时尚，然后结合精准制导的营销策略打开市场。公司针对不同年龄段的消费者进行产品细分，推出儿童型、成人型电动牙刷，并对这些不同类型的电动牙刷进行组合。为迎合中国个人护理市场高端化、个性化的消费趋势，欧乐B还推出了全球首款蓝牙智能牙刷，将AI技术应用到其中。除了电动牙刷产品，欧乐B还针对不同系列提出“1＋X”配套产品开发新思路，以用户体验为导向生产牙线、漱口水等牙齿间清洁产品。有了这些优势，欧乐B牙刷产品在中国市场上深受消费者喜爱。

资料来源：“OralB/欧乐B”品牌分析：旋转电动牙刷细分市场分析报告．搜狐网，http://www.sohu.com/a/231794063_540985.

2）模拟案例。模拟案例是通过对产品在市场环境中发生的各种可能的情况，有针对性地进行模拟，以此来获得相关的数据或解决问题的方法。这些数据大部分是以计算机为基础的。通过在计算机上模拟可以操纵的因素，观察它们对于销量或满意度等方面的影响。模拟案例可以用来获得市场体系变化的动态过程。市场调研模拟案例需要数据输入，这些数据输入与想要模拟的环境以及各环境变量之间的关系有关。

与其他数据来源相比，模拟案例的方法有一定的优势。比如，采用模拟案例的方法收集数据所需的时间较少，要分析的数据较少。模拟案例可以在组织内秘密地进行，而其他数据来源并不能保证这种安全性。模拟案例可以用于评估不同的市场调研战略，提供评价。另外，模拟案例可以用作组织成员的培训工具，让不熟悉市场的人了解市场体系如何运作以及如何影响决策。

模拟案例的局限性在于，开发有效的模拟案例模型比较困难，并且随条件变化更新模型需要一定的时间和成本。如果调研组织对于要调研的市场现象或市场背景知识了解比较少，模拟案例的方法就不太可行。

（3）实验。实验法是调研人员通过控制一个或多个实验变量（比如产品特征、价格水平、广告水平或广告吸引力等）来得到实验数据，然后通过衡量这些控制对一个或多个有关的因变量（如销售情况和产品偏好）产生的效果，得到相应的调研结果。

实验的目标是消除影响市场变量的不确定性因素，以研究一个变量变化时会引起的因变量变化效果，因此实验仅在其他变量被控制或去除的情况下有用。然而，在真正的市场中各种因素都具有很大的不确定性，同时实际市场很难被控制，因此实验法得出的数据在现实市场中应用具有一定的局限性。

（4）二手数据。二手数据是在该调研项目之前，由其他人为了某种目的而收集并记录下来的有关数据，一般来源于书籍、报纸、杂志、公告等。二手数据一般是历史性的，而且已经整理完毕，不需要任何应答者或调研对象。二手数据的优点在于，和原始数据相比更容易获得。其缺点是这些数据并不是为了满足调研人员的需求而专门收集的。因此，调研人员需要知道数据与特定项目的相关程度。为了评估二手数据，调研人员需要了解这些数据的主题、调研对象、调研时间等是否与目前的调研项目相符合。二手数据的分析通常是探索性调研的“核心”，这是因为查阅二手数据成本较低，随着计算机数据库的发展，查阅二手数据的时间成本不断下降。

二手数据按照来源的不同可以分为内部二手数据和外部二手数据。

1）内部二手数据。内部二手数据是那些源自企业内部的数据，或者是由公司最先记录的数据。多数公司的会计系统一般可以提供很多的信息资料，最常见的就是销售与成本的记录，调研人员可以利用这些决策支持系统来执行更细节的分析。内部数据的其他来源还包括销售人员的电话报告、顾客意见、服务记录、保修单返回或其他记录等。调研人员可以根据不同的调研目标对这些信息进行整合。内部数据的最大优势就是获取成本低，可提供性很高。

2）外部二手数据。外部二手数据是由机构实体而不是调研人员所在企业提供或记录的数据。例如政府部门、报刊、商业协会及其他组织都可以产生或提供这类信息。这些信息在以前一般是出版物的形式，可以在公共图书馆、商业协会或政府相关部门查阅。在当今时代，随着计算机化数据存档技术迅速发展，获取外部数据在一定程度上变得容易了。同时，随着网络的飞速发展，互联网也逐渐成为获取数据的一个主要渠道。

延伸阅读 2-3

主要的外部二手数据来源

● 中经网统计数据库

中经网统计数据库目前有数百万个序列的经济数据，包括中国经济统计数据库和世界经济统计数据库两大系列，以时间序列和图表的方式为用户提供及时全面的经济数据和良好的服务。中国经济统计数据库包括宏观月度库、综合年度库、行业月度库、海关月度库和城市年度库 5 个子库，共有 5 万余个指标，全面反映我国经济和社会发展情况。世界经济统计数据库包括 OECD 月度库和 OECD 年度库。

● 皮书数据库

“皮书”是社会科学文献出版社推出的大型系列图书，由一系列权威研究报告组成，每一年度对中国与世界的经济、社会等各领域的现状与发展态势进行分析和预测。皮书数据库就是以这套大型连续性系列皮书为蓝本，整合国内外其他相关资讯构建而成的。该数据库下设 6 个子数据库：中国经济数据库、中国社会数据库、世界经济与国际政治数据库、中国区域数据库、中国行业数据库、中国文化传媒数据库，包含十几年间各地经济社会发展报告，覆盖经济、社会、文化、教育等多个领域、行业和区域，内容实时更新。

● 国务院发展研究中心信息网

简称“国研网”，是以国务院发展研究中心的信息资源和专家阵容为依托，汇集、整合国内外经济金融领域的研究成果和经济信息，是集理论研究、形势分析、政策解读、数据发布、辅助决策于一体的专业经济信息平台。

- Wind 资讯金融终端

Wind 资讯金融终端提供齐全的中国金融市场数据与信息，内容覆盖股票、债券、基金、指数、权证、产品期货、外汇、宏观行业等多种资讯。

延伸阅读 2－4
大数据追踪

（5）观察。观察是指调研人员通过观察被调查者、标杆企业或竞争对手现在或过去的行为及其结果，获得对企业作出决策有帮助的相关信息。观察法的主要优势是，它不依赖于访问者的报告，而是直接记录有关行为，同时也减少了由于行为者回忆而产生的误差。与日常观察相比，科学观察具有目的明确、有事前计划、对观察结果进行详细记录以及有意识地控制误差等特点。例如，某公司在电视机上安装了一种测量仪器，记录家庭成员收看的电视节目类型，这样就使被调查者不带任何偏见来参与调查。调研人员可以通过观察，准确地记录人们的行为的内容以及过程，但是不能确定行为所隐含的动机、态度以及其他思想状况。

4. 确定调研对象和调研单位

调研对象是根据调研项目确定的调查研究总体或调研的范围，调研单位是构成调研对象的每一个单位，它是调研项目和指标的承担者或载体。确定调研对象和调研单位，实际上就是确定调研人员需要向谁提出问题，从哪里获取数据的问题。比如对某市彩民的消费情况进行调查，其对象就是该市所有买彩票的人。在确定调研对象时，应该注意以下几个问题：

（1）明确界定调研对象。由于市场多变，调研对象比较复杂，必须以科学的理论为指导，严格规定调研对象的内涵，并指出它与其他有关现象的界限，避免调研中由于对象的界限不明确而产生差错。

（2）确定调研单位。调研单位的确定取决于调研目的和对象，如果调研目的和对象发生了变化，调研单位也应该随之变化。

（3）调研方式和调研单位的关系。不同的调研方式会产生不同的调研单位。如果采取普查方式，调查总体内所包含的全部样本都是调研单位；如果采取重点调研方式，只有选定的少数重点样本是调研单位；如果采取抽样调研方式，则用各种抽样方法抽出的样本是调研单位。

5. 确定调研的时间规划

调研时间是指展开调研的具体时间和需要多少时间完成。根据不同的调研课题、不同的调研方法，有不同的最佳调研时间。例如，对于入户调查，最好的调查时间是在晚上和双休日，这时家中有人的概率比较大，成功率较高。如果采用观察法掌握超市的人流情况，为了使样本具有更好的代表性，应选择不同的时间段。因为一天当中不同的时间范围内，人流量存在很大差异；一周当中的工作日和休息日，人流量也有很大不同。只有对观察的时间段进行精心选择设计，才能有科学合理的推断结果。另外，调研的方法和规模不同，调研工作的周期也不同。例如，邮寄调研的周期较长，而电话调研的周期较短；大规模的入户调查的周期通常也比较长。

在进行调研方案的设计中，调研时间一般用调研进度表来表示。确定调研进度表，一方面可以指导和把握计划的完成进度，另一方面也可以控制调研成本，以达到用有限的经费获得最佳效果的目的。

6. 进行经费预算

市场调研的经费预算是调研设计中的重要内容。调研的费用通常与调研范围、调研规模、调研方法等相关。一般而言，一项市场调研项目的预算包括以下内容：(1) 调研方案设计、策划费用；(2) 抽样设计、实施费用；(3) 问卷设计费、印刷装订费；(4) 调研实施费用（包括调查费、差旅费、邮寄费、调查人员劳务费、礼品费以及其他相关费用）；(5) 数据录入、审核费；(6) 数据统计费；(7) 报告撰写费；(8) 办公费用（如会议费、专家咨询费等）；(9) 其他相关费用。

7. 制定调研的组织计划

在调研策划阶段需要对调研整体的组织方案进行计划。例如，确定各工作环节的人员配备和设定工作目标、对调研的质量进行控制和监督、对访问人员进行培训等。在制定调研的组织计划的过程中需要处理好以下几点：在调研中负责不同任务的人员之间的配合，如方案设计者、访问员、汇总和处理资料的人员以及对资料进行分析统计的人员等；调研中人、财、物各方面因素的相互配合；调研过程中各个环节、部门之间的相互配合。注意到以上几点，会使组织的各个部分都能够有效地发挥作用。通常可以借助调研作业进度表来对调研组织方案进行计划，如表 2-1 所示。

表 2-1　调研作业进度表

日期	相关内容	负责人	备注
	总体方案及抽样方案的论证		
	问卷初稿设计		
	问卷测试		
	问卷修正、印刷		
	访问员的挑选和培训工作		
	调查实施		
	电脑录入和统计处理工作		
	撰写调查报告		
	报告打印，提交报告		

2.2.2　调研方案策划书的撰写

调研方案策划书是根据调研方案的设计，以书面形式提交的调研策划报告。它应该体现出调研方案设计中的主要项目和关键内容。一般包括以下内容：

（1）简要说明：概述每一个部分的重点，目的在于使有关人员不阅读全文就能对此项市场调研有基本的了解；

（2）调研背景：说明与调研项目相关的背景资料；

（3）调研目的；

（4）调研对象和调研单位；

（5）调研方法：如电话询问、面对面访问、邮寄问卷等；

（6）调研时间和工作进度表：清楚地列出各项工作的开始以及持续时间；

（7）调研费用预算：调研各项支出项目的列表；

（8）调研成果及报告提交形式：调研成果报告的主要内容等；

（9）附录：其他相关资料。

2.2.3 调研方案的可行性分析

调研方案的可行性分析，是为选择合适的调研方案提供依据的一种综合性的系统分析方法，通过对调研方案的主要内容和需要提供的各种支持，从技术、经济、人员等方面进行研究和分析比较，并对调研方案的经济效益、社会影响等方面进行预测，从而提出该调研方案是否值得实施以及如何实施的意见。可行性分析应具有预见性、公正性、可靠性、科学性的特点。

进行可行性分析的方法主要有逻辑分析法、经验判断法和试点调查法。

1. 逻辑分析法

逻辑分析法是对调研方案中的一些内容进行逻辑层面的检查，以考察这些内容是否符合逻辑和情理。例如，某婴儿奶粉生产商想调研消费者对品牌的忠诚度，这时选取的调查对象应该有针对性，应该针对某一地区家里有婴幼儿的父母进行调研，如果调研对象选择为某一地区的所有居民则不太符合逻辑，因为家里没有婴幼儿的家庭一般不会消费婴儿奶粉，对这部分家庭进行调研没有实际意义。又如，一项调研的调研对象为 5～10 岁的儿童，这种情况下选择的调研方式可以是面对面的访谈，如果采用自填式问卷或是邮寄问卷的方法则不太恰当。

2. 经验判断法

经验判断法是指，组织一些在市场调研方面具有丰富经验的人士，对整个调研设计方案进行初步的研究和判断，以此来检验调研方案的合理性和可行性。例如，某大型企业围绕自身的制度改革开展员工满意度调研，就比较适合采取抽样调查的方式而不是普查方式；对水稻的主要种植地区的产量进行调研，就适合采取重点调研的方法。

总之，经验判断法可以节约人力和物力，在较短的时间内对调研方案作出迅速评价。但是经验判断法有一定的局限性，因为经验判断法主要是根据经验人士的主观判断得出结论。人的认识是有限的，外界的环境也是不断变化的，这些都会对经验人士判断的准确性产生一定影响。

3. 试点调查法

所谓试点调查法，就是在小范围内选择部分调研单位进行试点调研，以对调研方案的实施进行检验，并根据试点调研的效果对整个调研方案大范围实施的可行性进行说明。试点调查的主要目的有二：一是通过对调研方案进行实地检验，检查调研目标的设置是否恰当。在试点调查完毕后，及时提出具体意见，并且对原来的调研方案进行必要的修改和补充，使得调研方案更加科学、合理、实际。二是通过试点调查，了解整个调研工作安排的合理性，以及各方面的配合状况，对薄弱之处及时改进。

在运用试点调查方法时应该注意以下几点：

（1）建立一支精干的调研队伍。一个调研团队的人员应该包括调研的相关负责人、调研方案的设计者以及调研骨干，这是保证试点工作顺利完成的先决条件。

（2）选择好调研对象。尽量选择代表性较强、规模较小的企业作为试点单位。如果有需要也可以先选择少数单位进行试点，进而扩大试点范围，最后全面铺开。

（3）调研方法和方式应该保持灵活性。可以不局限于事先确定的调研方式方法，多准备几种，在试点中进行对比，然后从中选择合适的。

（4）做好总结工作。试点工作结束后，及时做好总结，对试点遇到的问题加以讨论解决，并对可能影响调研结果的各种因素进行分析。

2.2.4　调研方案评价

调研人员需要客观地对调研方案从不同的角度进行综合评价。一般可以从以下几个方面进行评价：

（1）调研方案是否体现了调研的目的和要求；

（2）调研方案是否科学、完整、具有可操作性；

（3）调研方案设计是否能保证调研质量；

（4）进行调研方案的实效检验。

2.3 实施营销测试

营销测试就是在作出重大决策之前，在现实的市场环境中对新产品或新的营销计划进行测试，协助企业做好生产和营销产品或服务的决策，以决定是否在某一区域内实施新的营销计划或是推出新的产品。

营销测试的目的是评估新产品、产品扩张的市场容量和市场份额，以及评估新的营销方式。例如，一家更换了广告公司的企业，测试其媒体组合的调整或者广告投入的增减所带来的市场容量变化和市场份额变化等。

营销测试的主要优势在于，通过实际的购买行为以及消费者对于一种产品的接受度来测试新产品会十分有效。例如，北京某软件公司声称，其开发的最新版加油站管理软件可以提高运行速度、增强系统安全性，以更先进的操作系统为运行平台，但在进行营销测试时引起了争议，引发一些客户的不满。原因在于，新版管理软件虽然速度快、安全性强，但是要求操作人员具有较高水平的计算机技术知识，这对客户而言比较困难，而且一旦出现故障需要软件公司的维修人员亲临现场解决，难以保障维修的及时性。该公司了解到最新版软件测试中并不如想象的那样受欢迎，对于客户的吸引力远远小于预期，决定对该产品进行调整，提升产品操作的便利性和运行的可靠性，以期达到良好效果。

2.3.1 营销测试的职能

营销测试为管理提供了两个有用的职能。首先，营销测试提供了对各种行动过程的结果进行评估的机会，可以对不同营销组合策略的效果进行评估。调研人员可以预测具体的营销变量，例如包装设计、价格或者赠券对销售量的影响，并且选择最佳的备选计划。营销测试不仅可以让调研人员对销售量有一定的评估，还可测试出新产品对公司生产线上的其他盈利产品的销量产生多大影响。例如，某公司的饼干业务已经成熟，有很多品牌，可以利用营销测试来确定是否覆盖了适当的消费者细分市场。一种新的定位的饼干，可能从销售量来说是一个巨大的成功，如果测试显示，新产品的购买者都是现有产品的忠实购买者，那实际上就是从现有产品那里抢走了销售量。

其次，营销测试可以使管理层在投入更多资源进行全国性的销售之前，就能发现产品或其营销计划中的缺点并进行改正，及时减少损失或是达到更好的营销效果。采用营销测试的方法，假如测试的结果不能达到管理层的预期，那么广告投入、包装设计等还可以进行调整。

例2-4

喜茶依靠调研逆流而上

即使你没喝过喜茶，你也一定听说过喜茶。喜茶最初创立于广东江门一条叫江边里的小巷，在深圳打开市场后，迅速进入北京、上海等一线城市，并在2019年4月成功完成4亿元人民币B轮融资。喜茶能够很短时间里在竞争激烈的茶饮市场逆流而上，营销调研起了关键作用。

喜茶在新产品上市之前要进行一系列的调研和测试，如消费者购买习惯研究、产品概念测试、产品命名测试、产品包装测试、产品价格测试、产品口味测试等。这些测试和调查覆盖了新产品决策的每一个环节，保证每一个决定都是有根有据的，有消费者或者竞争者的数据做支持。

2017 年喜茶研发了几十款产品，菜单上始终只保留 20 多款。喜茶创始人聂云宸说："新品上市当天，只在门店门口摆了一张酷酷的海报，既不发公众号，也没店员推荐，就靠产品自己说话。上市三五天后，根据市场反馈调整配方，直至调出消费者喜爱的口味才会在公众号、微博上宣传。"2019 年 3 月，喜茶开始探索咖啡市场，选择了一线城市的 4 家店试点。这种小范围试点节约成本，同时可以收集消费者的反馈。据了解，未来喜茶不仅会在现有城市持续深耕，还将开拓一二线城市。

2.3.2 营销测试的方法

1. 标准营销测试

标准营销测试模式是指在标准的环境下进行的市场分析。企业通过与零售商合作，将产品摆放在货架上显眼的位置，并且在店内进行促销活动或是广告宣传，以此来收集销售数据和消费者对产品的态度等信息。

企业在进行标准营销测试时，通常会选择一个或几个具有代表性的区域。测试结果将较好地预测在以后的大范围营销中可能出现的情况，企业可以据此决定是否在更大的市场范围内推出产品，或是否需要调整营销计划等。譬如，美国米勒公司的瓶装淡啤就是先在费城等 8 个城市进行了长达半年的营销测试才在全国推广的。

标准营销测试的时间长短依赖于产品的特性和消费的购买习惯，如果产品属于缓慢而持久的销售模式，测试的周期就较长。另外竞争压力也会影响测试时间的长短，如果市场中存在强有力的竞争者，可能需要更长的时间才能发现新产品是否有机会进入市场，这就使得测试的周期很长，费用也会相应增加。

标准营销测试的好处在于，能最真实地反映出市场对于新产品和整个营销组合的接受程度，预测的结果最为准确。但是，这种营销测试方法周期长、花费大，而且将自己的产品和营销组合完全暴露给了竞争对手，很容易被模仿。因此，营销经费有限的中小企业和更新换代快、容易被模仿的产品，通常不适合采用这种营销测试的方法。

2. 控制营销测试

控制营销测试是指，企业在目标市场中选择一些地理位置合适的商店，付给这些商店一定的费用后，将需要测试的产品摆放在特定的位置，并配合产品的上架在商店中开展一定的广告宣传和促销活动进行营销测试。在这种方法中，由于产品的陈列和营销活动都在企业严格的控制之下，所以又称为控制营销测试。

控制营销测试可以很好地反映消费者对产品的接受程度，对于那些受终端影响很大的快速消费品来说，是一种较为合适、费用适当的营销测试手段。而且，相对于标准营销测试来说，企业营销人员对于营销测试的掌控能力较强，产品和营销组合的曝光率不高，不容易被竞争对手察觉。

控制营销测试和标准营销测试很多时候难以区分。控制营销测试最大的特点是，一般不会在测试市场的终端全面上市新产品，只会在卖场进行有限的终端促销活动和广告宣传；标准营销测试则会在测试市场实施所有的营销组合，包括电视广告、平面广告、终端促销等。

3. 模拟营销测试

模拟营销测试是近年来颇为流行的一种营销测试方法，它是在实验室的环境中进行的营销测试。营销人员在主要购物区邀请一组目标消费者，先通过问卷调查了解他们的基本情况和消费习惯。随后，这组消费者被请到一个观察室里，安排收看一组电视试播节目（也可以是平面广告等），这组节目中插入了企业为新产品设计的广告。收看完试播节目后，消费者将进入一个由营销人员精心设计的实验室，又称为“模拟商店”，该商店布置得和真实的商店一模一样。消费者拿着营销人员事先给他的一定金额的“代用券”，在模拟商店中随心所欲地购买自己喜欢的产品，然后就可以离开测试现场了。通常在一段时间之后（时间长短主要根据被测试的产品类别确定），营销人员会邀请被调查者参加座谈会，讨论产品的使用情况，有的甚至会邀请被调查者再次光临“模拟商店”购物。

这种营销测试方法更适用于快速消费品企业。模拟营销测试比前两种营销测试方法花费小、执行和反馈迅速，而且非常隐蔽，不易被竞争对手察觉。不仅如此，营销人员还可以观察到消费者在“虚拟购物”过程中的一举一动，掌握很多有价值的细节。在产品的包装和广告方案尚未成熟时，采用这种营销测试方法是最为理想的。

通过标准营销测试和控制营销测试这两种比较传统的方法，得出的结果主要反映的是新产品在目标市场的市场份额；模拟营销测试反映的则主要是新产品在目标消费者中的销售量，可用于预测新产品的投资回报率。

4. 新兴的营销测试方法——在线模拟营销测试

近年来，营销测试（特别是模拟营销测试）遇到了巨大的挑战。据统计，20世纪70年代末公司平均每天可以在一个购物中心调查30个消费者，而到了90年代末平均每天在一个购物中心仅能调查到5个消费者，并且这个数字还在不断减少。80%的消费者尽量避免与市场调查人员接触，1/3的人提高了参加营销测试的收费。营销人员越来越难找到合适的被调查消费者。

与此同时，互联网技术的发展让人们的生活习惯和消费习惯发生了极大的改变。许多消费者在购物前会通过互联网搜索相关信息，很多企业将网络营销列入其营销计划，而互联网不仅可以作为销售的渠道，也可以作为营销测试的载体。

1995年，大众汽车采用被称为“信息加速”的方法，最先利用互联网、虚拟现实等先进的渠道来测试公司新的“电车”概念。由于利用互联网和虚拟现实等方法能够大大节约企业营销测试的时间和费用，互联网模拟营销测试颇受青睐。以BASES为代表的提供模拟营销测试服务的公司，面对消费者结构和习惯的变化，从 20 世纪末开始大力开展利用互联网进行模拟营销测试的尝试。BASES 提出了利用网络社区来进行模拟营销测试的“电子座谈小组”（E-Panel）的概念，并投入了 100 多万美元来推广。

对于这种新的营销测试手段最大的疑问集中在，电子座谈小组参与者的情况是否与实际消费者的情况一致。为了验证电子座谈小组的有效性，BASES 在长达 3 年的时间里，针对很多不同产品类别的快速消费品，将电子座谈小组和购物区随机拜访消费者进行了 100 组平行比较。他们发现，随着互联网的普及，网络人群的人口学特征越来越接近现实社会的人口学特征，互联网不再是年轻大学生的专属。

现在，BASES 在相应的网络社区或邮件列表中找到新产品的目标消费者后，会通过网络社区和电子邮件邀请他们参加模拟营销测试，参加者将得到 5 美元的报酬。每位参加线上模拟营销测试的消费者将得到一个特殊的代码，以便未来厂商与他们建立更长期的联系和回访。

和传统的模拟营销测试步骤一样，被调查者先在线填写调查问卷，然后在线收看企业事先准备好的包含新产品宣传广告的营销资料。随后，被调查者进入一个虚拟的网络商店，使用网络代金券购买自己中意的产品，同样，间隔一段时间，企业会对被调查者进行回访或第二次模拟营销测试。

如今，在线模拟营销测试的方法已经被咨询公司和企业接受和采纳，作为购物区模拟营销测试的一种补充方法或单独使用，如 BASES 的电子座谈小组的数据库已经突破 9 万人。根据 A. C. 尼尔森的统计，在线模拟营销测试平均可以节约 20%左右的开支，而且，由于网络虚拟商店取代了在购物区内布置模拟商店，也不需要将产品运输到进行测试的地区，在线模拟营销测试平均为企业节约了一周的测试时间。

在线营销测试还有一个优势就是，被调查者的反应和回答比购物区模拟营销测试要真实得多。大部分被调查者表示，面对计算机比面对一群小心翼翼的营销人员轻松多了。

例 2-5

成功的在线模拟营销测试

世界著名的轮胎制造商固特异公司（Goodyear），曾经成功地进行过在线模拟营销测试。固特异利用计算机 3D 技术设计了一间销售汽车装配用品的超市，通过网络社区和电子邮件邀请来自全美不同地区近 1 000 名消费者参与测试，在超市中“选购”中意的品牌和模型。如果在现实世界中构建这样一家商店，邀请这么多被调查者，花费一定大得惊人。通过这次在线模拟测试，固特异成功地发掘了最有价值的细分市场，并及时调整了各个产品线的定价。

另一家食品公司在 6 家大型的在线商城中安装了虚拟自动贩卖机，吸引了 600 多名消费者主动参与模拟测试。通过特殊的软件，这家食品公司总是让消费者第一次选择的产品“临时脱销”，从而观察到消费者在买不到“最中意品牌”的情况下会转而购买其他哪些品牌的产品。根据观察到的数据和细节，这家食品公司成功地制定出“吸引品牌转换消费者”的营销计划。

资料来源：王卓．测试营销新发展．成功营销，2004（6）．

2.3.3 营销测试的步骤

1. 确定测试目标

确定测试目标是营销测试的第一步。典型的营销测试目标有：估计市场份额和销售量；描述购买者的特征；测量新产品的销售潜力。

2. 选择基本的测试方法

根据所拥有的时间、预算与重要性，在标准营销测试、控制营销测试、模拟营销测试以及在线模拟营销测试中挑选一种适合既定目标的市场测试方法。

3. 制定详细的测试计划

在确定测试目标与方法之后，就要制定详细的测试计划，来明确具体该怎么做。比如，产品测试或分销决策需要保证提供适当的产品；要有符合定位的广告计划、价格策略、媒体计划等。

4. 选择营销测试地点

要使营销测试取得预期的效果，需要慎重选择营销测试的地点，充分考虑人口因素、竞争对手状况、媒体以及产品因素，具体分析如下文所述。

2.3.4 营销测试地点的选择因素

营销测试地点的选择，应考虑以下几个因素：

1. 人口规模、构成及其他特殊因素

营销测试地点的人口应该具有相当的规模，以便测试的结果具有可靠性，但是人口规模也不能过大，否则不能很好地控制，像北京、上海等大城市就不适合作为营销测试的地点。除了人口规模以外，选择测试地点还要注意人群的民族、收入、年龄、宗教、文化等方面不应具有特殊性，应该能够代表产品最终的目标市场的大众趋势。例如，产品的最终目标市场如果是全国，进行营销测试时就不应该选择少数民族聚居地。

2. 竞争对手状况

应该选择竞争对手的市场份额、广告投入等正常的区域，测试地点的竞争对手过强或过弱都会影响营销测试的结果。例如，竞争对手在某一城市基本处于垄断地位，那么测试的产品将很难进入市场，但这并不代表在其他区域也是如此。

3. 媒体覆盖率与媒体隔离

营销测试的地点应该有比较成熟的地方媒体，以保证产品的广告宣传。但媒体又不能是全国性的或是可以覆盖更大区域的，因为这会使不属于这一地区的消费者的行为对营销测试产生影响。

4. 产品的保密性

营销测试把产品提前暴露给市场，竞争对手很可能抢先下手，抢占市场。因此，进行营销测试的过程中要时刻注意竞争对手的行为，不要因为测试而延误产品全面上市的时机。

2.3.5　营销测试的优缺点

1. 优点

第一，营销测试为企业在真实的市场条件下获得对产品销售潜力的合理估计提供了工具。在测试结果的基础上，研究人员可以估算产品在某一市场的预期销售额和市场份额。

第二，营销测试能帮助企业识别产品缺陷，发现营销战略中的弱点，并给企业提供机会加以改进。在市场测试阶段纠正这些问题，比产品全面进入市场分销渠道之后再纠正更容易、成本更低。

2. 缺点

第一，失败的风险：营销测试不可能得到绝对正确的结果。由于市场测试仅限于一定的地理地区，因此得出的结论不能真正预测全国市场或目标市场中各种不同的消费者行为。有许多例子证明，基于营销测试结果的决策最后在市场中失败了。

第二，成本的风险：营销测试的成本高，一项测试通常需要 6 个月至 1 年甚至更长时间，花费金额动辄千万。

第三，信息的风险：进行营销测试可能会将相关信息透露给竞争对手，竞争对手知道企业研发动向，可能生产出相似甚至更好的产品来率先投入市场，或制定更好的策略来谋求竞争优势。

因此在决定是否进行营销测试时，要把其优点与缺点或其他消极因素结合起来考虑。

基本概念

调研目标	调研方案	调研项目	历史案例
模拟案例	调研对象	调研单位	营销测试

思考题

1. 什么是市场调研目标？如何制定调研目标？

2. 市场调研方案设计主要包括哪些内容？设计过程需要注意哪些问题？

3. 营销测试有哪些类型？影响营销测试地点选择的因素有哪些？

案例分析

可口可乐百年来最大的营销失误

为了应对百事可乐的挑战，吸引更多年轻消费者，1982 年可口可乐开始实施代号为“堪萨斯计划”的划时代营销行动。超过 2 000 名调查员在十大城市调查顾客是否愿意接受一种全新的可乐。调查结果显示，仅 10%左右的顾客对新口味可口可乐表示不安，而超过 50%的人认为可以接受并适应新配方的可口可乐。

为降低这一重大选择的风险，可口可乐又掏出 400 万美元，进行了一次由 13 个城市的 19.1 万名消费者参加的口味大测试。在众多未标明品牌的饮料中，品尝者仍对新配方“感冒”，新可乐以 61%比 39%的压倒性优势战胜旧可乐。正是这次耗资巨大的口味测试，促使可口可乐下决心推陈出新，应对百事挑战。

1985 年 4 月 23 日，行销了 99 年的可口可乐在纽约市林肯中心举行了盛大的新闻发布会，时任首席执行官郭思达当众宣布，“最好的饮料——可口可乐，将要变得更好”：新可乐取代传统可乐上市。随后 24 小时，81%的美国人知道了可口可乐改变配方的消息，这个比例甚至高于 16 年前阿波罗登月时的 24 小时内公众获悉率。但对于可口可乐公司而言，一场营销噩梦恰恰从 4 月 23 日上午的那个新闻发布会开始了。仅以电话热线的统计为例：4 月末，抗议电话的数量是每天上千个；到 5 月中旬，批评电话多达每天 5 000 个；6 月，这个数字上升为 8 000 多个——相伴电话而来的，是数万封抗议信，大多数美国人表达了同样的意见：可口可乐背叛了他们。

大惑不解的可口可乐市场调查部门紧急出击，新的市场调查结果显示：在 5 月 30 日前，还有 53%的顾客声称喜欢新可乐；可到了 6 月，一半以上的人说他们不喜欢了；到 7 月，只剩下 30%的人说新可乐好话了。

1985 年 6 月底，新可乐的销量仍不见起色，愤怒的情绪却继续在美国蔓延，传媒还不停地煽风点火。焦头烂额的可口可乐决定恢复传统配方的生产，定名为 Coca-Cola Classic（经典可口可乐），一场历时 3 年耗资巨大的事件以失败画上了句号。

资料来源：涟漪．可口可乐百年来最大的营销失误．阿里巴巴咨询网站，http://info.china.alibaba.com/news/detail/v0-d5612645.html.

问题：

请评价可口可乐公司营销测试的方法，并分析市场调研失败可能的原因。

课后实践

1. 目的

(1) 了解市场调研的程序，掌握调研策划方案的方法与步骤。

(2) 培育学生根据营销实际发现调研问题和研究问题的能力，以及进行营销策划的全局观。

2. 内容和要求

(1) 实训内容。对当地移动公司营业厅进行初步调查，分析移动公司的产品及服务的现状和问题，并在此基础上确定市场调研的目标，进行市场调研方案的策划，以帮助移动公司解决相应的营销问题。

(2) 具体要求。

A. 选择当地某一移动公司营业厅作为市场调研方案策划活动的目标。

B. 设计有针对性的调研决策问题以及研究问题，明确调研对象。

C. 初步选择适当的调研类型和方法。

D. 估计调查方案的时间进度、人员及费用安排。

E. 形成市场调研策划方案。

3. 步骤

(1) 指导教师宣布调研目的与任务后，将班级成员分为若干小组，每组 4～6 人，宣布分组名单及召集人。

(2) 各组推选组长，分工明确，制定调查方案及调查步骤，规定各项任务的完成时间，讨论并明确调查方法和注意事项，并按照目的和要求到移动营业厅进行初步的调查资料收集。

(3) 组长主持审核，汇总调查资料，明确决策问题和研究问题，并形成市场调研策划方案，进行方案的可行性分析。

(4) 由组长或指定发言代表在班级展示营销策划方案，回答问题。

(5) 各组互评成绩。评分标准：决策问题和研究问题有针对性，方案设计合理性，方法匹配性，安排合理性；文字表达 70 分，语言表述和台风 20 分，团队协作和报告形式 10 分。

(6) 指导老师进行综合评定和总结。

第 2 篇

市场调研方法

第3章 制定营销测量方案

学习目标

- 理解测量的基本概念
- 了解测量的各种尺度及其应用
- 掌握市场调研常用量表
- 掌握信度与效度之间的关系

引 例

MRCC：探索在线评论可信度的影响因素

中国市场营销研究中心（Marketing Research Center of China，MRCC）受电子商务企业委托，要求探索消费者在线评论可信度的影响因素研究。MRCC研究人员将在传播学领域研究比较成熟、考察媒体可信度的霍夫兰德传播说服模型引入对在线评论可信度的研究，结合消费者在线评论的特点，加入社会影响因素，提出在线评论可信度影响因素模型。为此，需要首先确定哪些方面应视为影响在线评论感知可信度的主要因素。由于国外相关文献不多，同时这一问题存在国别文化差异，MRCC运用焦点小组的方法了解网民在线评论的行为习惯及心理特征，以确定该研究的理论框架模型。

焦点小组讨论结束后，MRCC针对小组成员的发言录音稿进行了如下数据整理和分析工作：

- 阅读访谈录音文字稿，熟悉文本并回顾访谈情境；
- 将录音稿分成若干板块，首先将小组成员对影响在线评论可信度的因素分为高、中、低三类，然后将与同一类信息有关的文字段落归为同一板块；
- 仔细阅读每一板块，提取反映焦点小组成员行为和心理特征的关键信息并进行编码；
- 讨论并形成编码表；

- 基于主要分析结果及编码表进行头脑风暴，讨论并确定在线评论可信度影响因素；
- 分析结果，并形成分析报告。

通过以上分析，MRCC发现网民对在线评论可信度的判断主要基于信源、信息内容、接收者、社会影响四个方面。在此基础上，MRCC研究人员设计了消费者在线评论可信度影响因素理论模型，并依据相关影响因素的权威量表设计调查问卷，为定量研究奠定了基础。

制定营销测量方案是市场调研中一个重要的环节。合理的量表设计、精心编制的抽样计划、训练有素的访问人员、科学的数据分析技术都十分重要。只有这样才能收集到比较完整和准确的数据，促进数据信息的挖掘和分析。

3.1 测量的基本概念

测量是指调研者根据特定的规则，对研究对象的某些特征分派数字或其他符号的过程。需要注意的是，所测量的不是物体本身，而是它的某些特征。例如，不能测量桌子，只能测量它的宽度、高度、重量、颜色或其他的相关特征。另外，科学的测量不是随意地将数字或其他符号分派给研究对象，而是按照特定的规则进行。

测量是一个从抽象到具体的过程。测量的基本步骤有四步：一是概念操作化；二是分派指标；三是实施测量；四是信度与效度的评估。

3.1.1 概念操作化

概念操作化是指将数字或符号所指代的内涵，用可测量的事实或行为表达出来，从而对某一概念达成共识的过程。概念操作化的实质是将抽象的概念回归到经验事实与现象。对于具体的属性，例如高度，通常都有比较清晰的共识；对于一些抽象的概念，例如产品质量，却可能存在多种理解。有人认为质量好就是指做工精细；有人认为就是指服务态度好；有人认为就是指价格昂贵；有人认为就是指品牌好；等等。因此，在进行测量之前，一定要清楚测量什么，要在对概念的内涵达成共识的基础上，确定概念包括哪几个主要方面（也称维度）。

例3-1

“消费行为”的概念操作化

1. 对概念进行界定

消费行为指消费者对产品的购买和使用，以及对产品的处置（如对喝完的奶茶包装的处理、对未喝完的饮料进行储存）。

2. 确定维度

在相关文献基础上结合专家访谈，确定 3 个维度：消费观念、对品牌的忠诚度、购买以及使用行为。

3. 确定最终测定的问题

在每个维度上确定要测定的问题，也就是说，确定在消费观念、对品牌的忠诚度、购买以及使用行为方面应当提哪些问题。

在消费观念维度上可以询问：对产品的感觉，是否购买品牌产品，购买该产品的预期支出。

在对品牌的忠诚度维度上可以询问：对该品牌的特定偏好，对该品牌的重复购买，品牌转换的情况。

在购买以及使用行为维度上可以询问：购买次数、消费量、消费场所、购买地点、消费情景、重复购买的次数。

3.1.2　分派指标

分派指标是指通过对指标分派数字或者其他符号，从而确定测量规则的过程。对于许多抽象的概念，例如某品牌的知名度、顾客忠诚度，是无法直接观察测量的，要用一系列可以测量的指标来反映。在市场调研中，对于某品牌的知名度，我们可以用“消费者中知道该品牌的人数百分比”进行测量。

例 3-2

分派“消费量”和“购买地点”的测量指标

平时，你平均每天喝几瓶饮料？（单选）

1. 不喝　2. 一瓶　3. 两瓶　4. 三瓶　5. 三瓶以上

在当地，如果购买饮料，你会选择去哪里购买？

1. 大型商场　2. 连锁超市　3. 小商店　4. 报刊亭　5. 其他地方

3.1.3　实施测量

实施测量是指按照已确定的规则，对测量对象进行测量，收集信息，并用数字或符号记录测量结果的过程。例如，顾客对产品的评价信息通过调查问卷收集，而购买行为通过口头报告和日志记录收集。

3.1.4 信度与效度的评估

信度与效度的评估是对测量结果的精确度和准确度的评估，旨在保证测量结果能很好地反映所测属性的真实值。评价信度的方法包括重测信度、复本信度和内部一致性信度。效度可以通过内容效度、标准关联效度和结构效度来评价。在检测信度和效度之前，需要对测量的准确性有一定的了解，因为它是评估量表的基础。

3.2 测量的基本尺度

测量尺度也称测量的等级或测量的层次，指的是赋予测量对象的数字和其他符号的含义及其所允许的数学运算，主要分为定类尺度、定序尺度、定距尺度和定比尺度四种。

3.2.1 定类尺度

定类尺度（nominal scale）是各类测量尺度中测量等级最低的一种，在本质上是一种分类体系。即将测量对象的不同属性或特征加以区分，标以不同的数字或符号。在市场调查中，对诸如消费者的性别、职业、婚姻状况、宗教信仰等特征的测量，都是常见的定类尺度的测量。它们分别将消费者分成“男性、女性”，“公务员、教师、商人、工程师……”，“未婚者、已婚者、离婚者……”，以及“佛教、伊斯兰教、基督教……不信教”等各种不同的群体或类别，每一个消费者分别属于或者不属于其中某个类别。

定类尺度的测量实质上是一种分类体系，设计这类尺度时应注意其互斥性、穷尽性和完备性。即所分的类别既要相互排斥，互不重叠，又要对各种可能的情况包罗无遗。这样，所测量的每一个调查对象都会在分类体系中占据并且只占据一个类别。例如将性别分成“男性”和“女性”两类。

定类尺度是市场调研中使用率最高的，也是四种测量尺度中测量等级最低的，其他三类尺度中，无一例外地包含着定类尺度的分类功能。

3.2.2 定序尺度

定序尺度（ordinal scale）也称等级尺度或排序尺度，其数字和符号不仅代表类别，还反映事物或现象的高低、大小和先后顺序的差异。定序尺度能够表示一个调研对象具有的某种特征比另一个调研对象更多还是更少，但没有表明相差多少。排在前面的调研对象与后面的相比有更多的某种特性，但到底相差多少是未知的。在营销研究中，调研人员可以用定序尺度对相对的态度、观点、感受和偏好进行等级排列。

必须注意的是，这一尺度上的间距不能准确代表其测量的特征量相差多少。因此，普通的加、减、乘、除都不能用于定序尺度，测量中心趋势可使用众数、中位数，测量离散程度可使用百分数或四分位数。

3.2.3 定距尺度

定距尺度（interval scale）也称为等距尺度或区间尺度。定距尺度除了包含定序尺度的所有信息外，还能够确定不同等级的间隔距离和数量差别。日常生活中常见的例子有温度、成绩等。市场调研中用评价量表获得的分值通常看作定距数据。

定距尺度的零点以及测量的单位都是人为设定的。因为没有自然零点，例如在冬天，我们可以测得北京的气温是 0℃，但这并不代表北京“没有温度”，而只是代表北京的气温达到了水的“结冰点的温度”。从测量的角度看，此时的“0”只不过是一个特定的数字而已，它是人为决定的。变量可以进行加减运算，但乘除没有意义。对于定距变量，除了计算其众数、中位数、平均数外，还可以计算算术平均值、标准差、简单相关系数等营销研究中常用的统计量。那些可用于定类和定序数据的统计分析方法也可以用于定距数据。

在实际调研中，有时定序尺度和定距尺度的区分并不是绝对的。一个定序变量可以传达部分有关距离的信息，因此在统计分析时可能会把它近似地看成定距变量。

3.2.4 定比尺度

定比尺度（ratio scale）也称为等比尺度或比例尺度。它不仅具备前面三种尺度的所有功能，而且有自然零点，因此可以进行加减乘除运算。如对人们的收入、年龄、出生率、性别比等都是定比尺度的测量。对于定比变量，计算比值是有意义的。身高、体重、年龄、销售额、购买频率等都是以定比尺度测量的变量。不过，对态度、观点、感受和偏好等方面的测量，定比尺度就非常困难。绝对零点的存在意味着定比尺度可以进行所有的算术运算，还可计算几何平均数、调和平均数。

选择恰当的测量尺度对于营销测量相当重要。表 3-1 是四种测量尺度的比较。

表 3-1　四种测量尺度的比较

测量尺度	测量描述	变量举例	描述性统计
定类	用数字识别对象类别，判断属于/不属于	归类，如男性/女性、用户/非用户	频数、百分比、众数
定序	除识别类别外，数字还用于确定顺序，判断位置	排序，如对酒店或银行的偏好排序	频数、百分比、众数、中位数
定距	除类别和顺序外，数字还用于判断距离，判断间距的相等性	考察态度、观点，如某品牌的认知水平	频数、百分比、众数、中位数、算术平均数
定比	综合上面三种特性，再加上绝对零点，判断比例的相等性	进行精确测量，如销售收入、市场份额、成本、年龄	频数、百分比、众数、中位数、算术平均数、几何平均数、调和平均数

例 3-3

对洗发水的偏好

表 3-2 中以某个消费者对洗发水品牌的偏好和购买为例，给出了各种测量尺度的虚拟例子。表中第 2 列的编号属定类变量，用来识别不同的品牌（例如 1 代表力士洗发水，3 代表海飞丝洗发水，6 代表舒蕾洗发水），数字的大小并不代表洗发水的优劣；偏好排序（表中第 3 列）是定序变量，表示调查对象对不同品牌的偏好顺序，其中潘婷是最受欢迎的品牌，其次是力士，对清扬的偏好排在最后；第 4 列的偏好等级用的是定距尺度，其中偏好排序前两位的品牌的得分相同，都是 7 分，而排最后的品牌最低，只有 3 分，表明对力士和潘婷的偏好程度相差很小；最后一列的购买量是定比变量，从中可以看出潘婷的购买量最大，约为力士的 1.7 倍，飘柔的 5 倍。

表 3-2 主要测量尺度的例子

名牌名称	定类尺度 编号	定序尺度 偏好排序	定距尺度 偏好等级（1～7）	定比尺度 购买量（瓶）
力士	1	2	7	3
潘婷	2	1	7	5
海飞丝	3	4	4	0
飘柔	4	3	6	1
清扬	5	6	3	0
舒蕾	6	5	4	0

3.3 市场调研常用量表

量表是一个联系纽带，连接着调研目标与调研对象；量表是一个有效工具，使得调研人员能够量化无法直接观测获得的数据信息。调研的目的必须转化为具体的问题和测量指标，才能从被调查者那里收集到所需的数据和信息，因而量表在市场调研中起着重要的作用。如果量表设计得不合理，那么精心编制的抽样计划、训练有素的访问人员、科学的数据分析技术都将徒然无用。不恰当的量表设计必将导致信息收集的缺失和测量的不准确，最终导致资源的浪费。

3.3.1 量表的定义和特征

量表是一种测量工具，它是用来对主观的或抽象的概念进行定量化测量的程序，对事物的特征变量根据特定的规则分派数字或符号，因此形成了不同测量水平的测量量表，又称为测量尺度。量表相当于一把“尺子”，用于精确度量一个较抽象的或综合性较强的概念，特别是态度和观念（如生育态度、种族偏见、政治倾向）的不同程度和差异。

量表分为一维和多维。一维量表用于测量应答者或者客体的单一特性。例如，可以设计一种量表来测量消费者对价格的敏感性，通常会设计几个题项，但这些题项测定的是同一个功能。多维量表是指某个主体或者客体需要用多个维度量表来测量。例如，大众汽车通过“富裕程度、价格敏感性、对汽车的欣赏水平”三个维度来分析其消费者。

量表比单一指标或单项问题的测量能获得更多、更真实、更准确的信息，能通过间接的、定量的方式衡量那些不能够直接观察和度量的社会现象。

量表的点数是调查问卷设计中一个重要的考虑因素。研究结果表明，多点数一般优于少点数，量表的测量信度随点数的增加而提高，辨别力也随之加强。量表点数在 2～7 之间的信度变化比较显著，但是点数较低的量表测量差异不明确，因此我们一般会选择 5～7 点的量表。当量表点数过高，尤其是超过 12 点后，很多测量中的信度会下降，同时会使受访者的态度变化测量发生偏倚。因此，量表点数在 5～11 点这个范围是比较理想的，我们通常见到的多为 5 点、7 点以及 9 点量表。

3.3.2　量表的常用形式

市场调研中常见的量表形式可分为比较量表和非比较量表。如图 3－1 中，比较量表有配对比较量表、等级顺序量表、常量和量表；非比较量表有连续评分量表和分项评分量表，后者又包括李克特量表、语义差异量表和瑟斯顿量表。

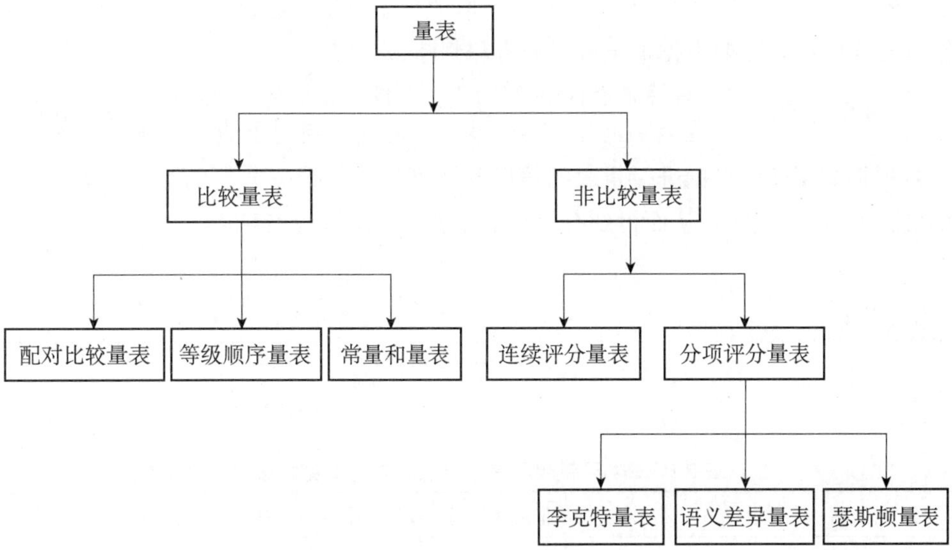

图 3－1　量表分类图

1. 李克特量表

李克特量表（Likert scale）是由伦斯·李克特根据一般量表方法开发的，该量表后来又被许多调研组织采用并进行修改。李克特量表是市场调研、社会研究中广泛应用的一种量表形式。李克特量表要求被调查者对有关研究对象的每一个陈述语句表示同意或不同意。一般每个量表项目有5个反应类别，即5点量表，从强烈反对到强烈赞成，数值可以是－2～2，或者是1～5，随着研究的不断深入，又出现了7点量表和9点量表等形式。进行具体分析时，既可以逐项进行，也可以根据对项目求和计算出的总评分展开。

（1）李克特量表的特征。

1）由一套态度项目构成，根据受试者表示同意与不同意的程度给予分数，所有项目分数的加权总和即为个人的态度分数，这个分数的高低代表个人在量表上的位置。

2）因素量表可含不同构面，为多元量表，李克特量表也属于因素量表之一。

（2）李克特量表的制作过程。

1）收集50～100个与测量主题有关的陈述语句，各种陈述和说法应当比较分散，以覆盖所研究问题一个足够宽的范围。

2）对每个陈述语句设定项目选项，对每个选项赋予一个分值。有些说法是正向表述的，有些是负向陈述的。在计算累加的态度总分时，需要对负向说法的得分作逆向处理。

3）选择部分受测者对全部项目进行预测试，根据受测者的各个项目的分数计算代数和，得到个人态度总得分，并依据总分高低将受测者排序。预测试人数最好在20人以上。

4）将调查中得分最高的25%的人与得分最低的25%的人进行比较，然后计算出每道题的分辨力系数。分辨力系数是绝对数，取值越小就说明题目的分辨力越低，应考虑剔除。（在实际中，需要根据情况进行分析和判断。）

$$\text{分辨力系数}=\left(\frac{\text{得分最高的 25\%的人}}{\text{在这一问题上的平均分}}-\frac{\text{得分最低的 25\%的人}}{\text{在这一问题上的平均分}}\right)/\text{总分均值}$$

5）根据试调查的数据进行量表的信度和效度分析。根据分析的结果，剔除影响信度和效度的陈述或说法，从而得到有较高信度和效度的李克特量表。

例3-4

表3-3是一个关于购买新能源汽车风险感知的李克特量表。

表3-3　购买新能源汽车风险感知的李克特量表

项目	非常不同意	比较不同意	中立	比较同意	非常同意
1. 我认为搜寻产品和销售商的信息需要花费大量的时间	1	2	3	4	5

续表

项目	非常不同意	比较不同意	中立	比较同意	非常同意
2. 我认为充分了解新能源汽车的性能需要花费大量时间	1	2	3	4	5
3. 我担心法律、保险体系不健全而产生财物损失	1	2	3	4	5
4. 我担心相关设施如充电设施不健全而产生财物损失	1	2	3	4	5
5. 我担心新能源汽车设计不良可能会对身体造成潜在的影响	1	2	3	4	5
6. 我担心新能源汽车存在潜在的电池安全问题而购买时未能及时发现	1	2	3	4	5
7. 我担心长时间驾驶汽车会对身体造成伤害	1	2	3	4	5
8. 我担心所选择的汽车性能达不到我预想的结果	1	2	3	4	5
9. 我担心所选择的汽车性能和商家宣传的不一致	1	2	3	4	5
10. 我担心新产品技术不成熟，存在缺陷或瑕疵	1	2	3	4	5

资料来源：陈凯，顾荣，胡静．基于感知收益-感知风险框架的新能源汽车购买意愿研究．南京工业大学学报（社会科学版），2019，18（2）：61－70.

2. 语义差异量表

语义差异量表（semantic differential scale）又叫语义分化量表，这是一种态度测量技术。它于 20 世纪 50 年代后发展起来，是一次性集中测量被测者所理解的某个单词或概念含义的测量手段。针对这样的词或概念设计出一系列双向形容词量表，请被测者根据对词或概念的感受和理解，在量表上选定相应的位置。

语义差异量表是由两个意义对立的形容词构成一组双极标度，以评价产品、品牌、企业或观念等。在意义对立的两个形容词中间，又分为不同级别，一般有 5 级、7 级、9 级或 11 级等。

（1）语义量表的使用方法。

1）确定所测量的词或概念的维度供受访者判断。

2）界定两个相反的术语代表每一维度的两极。（为防止回答偏差，最好将彼此有关系的项目位置加以变化。）

3）作出语义差异的计分表。可以对语义差异量表中的不同项目根据受访者的回答进行打分。结果数据可用来分析不同测量对象、不同受访者的相同点和不同点。还可将各项目的得分加总，用以比较不同测量对象整体形象的偏好等级。

4）通过语义差异量表，我们可以对相互比较的两组或者多组品牌或研究对象作出比较。在分析过程中，我们一般通过不同比较对象的差异程度的连点画线和分值来表现受访者的差异。

（2）语义差异量表的分析方法。

1）总分分析法。总分分析法是对各评价等级赋值，然后把每一个被调查者所选择的评价分数加总，其总分就是该被调查者对调查事物的总体评价。

2）图上分析法。图上分析法是在对各评价等级赋值后，把所有被调查者对每一对评价项目的打分加总，然后计算平均值，并把各评价项目的平均值用折线连接起来，根据图中折线对调查事物进行分析。

例 3-5

用语义差异量表请消费者对某个品牌饮料进行评价

请你从以下几个方面对饮料进行评价，在最能表明您的评价的位置上做标记。

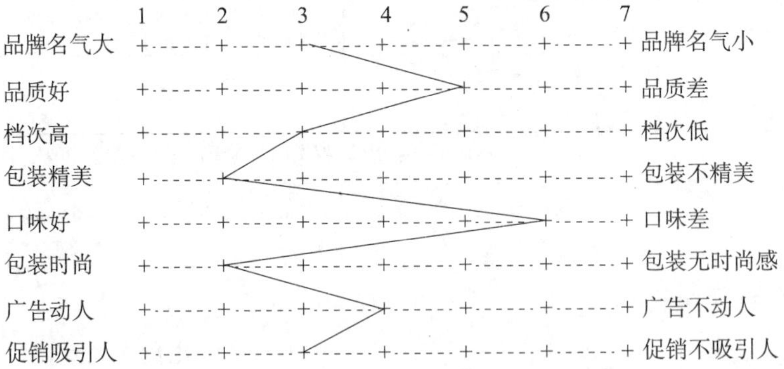

3. 瑟斯顿量表

瑟斯顿量表（Thurstone scale），全称瑟斯顿态度量表（Thurstone attitude scale），也称沙斯通量表。瑟斯顿量表通过应答者在若干（一般 9～15 条）与态度相关的语句中选择是否同意的方式，获得应答者关于主题的看法。每条语句根据其类别都有一个分值，要求受测者指出他同意的陈述，根据受测者所同意的陈述或意见的分值，通过分值平均数求得受测者的态度分数。分数越高，说明受测者对某一问题持有的态度越有利；分数越低，说明持有的态度越不利。总体而言，瑟斯顿量表应用较少。

瑟斯顿量表的制作过程如下：

（1）由调查者提出若干个指标项目。

（2）将这些表述提供给一组评定人员，通常在 10～20 人，要求他们对每一个项目测量变量的强度进行评判（通过赋值，譬如 1～13 分），对关系最弱的赋值 1 分，对关系最强的赋值 13 分，关系强度中等的赋予中间值，依此类推，赋予每一个项目一个分值。

（3）根据评定人员给予每一个项目的分数，计算平均数和标准差，平均数反映了评定人员对某语句态度的集中程度，而标准差则反映了他们态度的离散程度。选出得到共识最多的项目，并剔除没有得到共识的项目。

（4）在得到共识的项目中，选择代表 1～13 分的（一个或者多个）项目。在真正调查时向受访者提出，要求他们回答。

例 3－6

用于电视商业广告态度测量的瑟斯顿量表

（1）所有的电视商业广告都应该由法律禁止；

（2）看电视广告完全是浪费时间；

（3）大部分电视商业广告是非常差的；

（4）电视商业广告是非常差的；

（5）电视商业广告并不过分干扰欣赏电视节目；

（6）对大多数电视商业广告我无所谓好恶；

（7）我有时喜欢看电视商业广告；

（8）大多数电视商业广告是挺有趣的；

（9）只要有可能，我愿意购买在电视上看过广告的商品；

（10）大多数商业广告能帮助人们选择更好的商品；

（11）电视商业广告比一般电视节目更有趣。

4. 连续评分量表

连续评分量表（continuous rating scale）也称为图示评分量表，是要求被调查者在一条直线上的适当位置作出标记，为研究对象打分，这条直线从一个极端到另一个极端，调查对象不局限于从调研人员事先设定好的分数中选择。评分分数可以是数字的或文字描述的，例 3－7 说明了连续评分量表的 3 种形式。这种量表评分麻烦且不可靠，所以在市场调研中的应用有限。但随着计算机应用和相关技术的快速发展，量表值可由相关软件计算完成，这种量表又有了应用前景。

例 3－7

用连续评分量表对家乐福超市进行评价

1. 请你为家乐福超市人员的服务态度打分。

态度很差……………………………………………态度很好

0　10　20　30　40　50　60　70　80　90　100

2. 请你为家乐福超市的购物环境打分。

环境很差……………………………………………环境很好

0 10 20 30 40 50 60 70 80 90 100

3. 请你为家乐福超市的商品布置打分。

布置很零乱…………布置有特色

很差 一般 很好

5. 配对比较量表

在配对比较量表（paired comparison scale）中，受测者被要求对一系列对象两两进行比较，对两个比较对象作出选择。“1”表示受测者认为这一项目更重要，“0”表示认为另一个项目更重要。将各行取值进行加总，得到比较得分。

配对比较量表克服了等级顺序量表存在的缺点。首先，对受测者来说，从一对对象中选出一个肯定比从一大组对象中选出一个更容易；其次，配对比较量表也可以避免等级顺序量表的顺序误差。但是，一般要对所有的配对进行比较，对于有 n 个对象的情况，要进行 $n(n-1)/2$ 次配对比较，因此，测量的对象不宜太多，以免受测者产生厌烦情绪而影响应答的质量。

例 3-8

几种电脑品牌的配对比较

如果某电脑经销商非常想了解几种电脑品牌在消费者心目中的地位，就可以采用配对比较量表。如果将A品牌和B，C，D另外三种品牌的电脑进行比较，即可将A品牌与其余三种品牌组合成6对，要求受访人员成对比较，并指出哪一种品牌较好。假设在本次调查中选用的样本量为100，如果A与B的比较中回答A佳，则在A较B佳栏目下记录1，如果共有20人这样认为，则频数为20。全部6对电脑品牌比较后所得的结果见表3-4。

表3-4 品牌比较的人数分布

	A	B	C	D
A	—	80	70	40
B	20	—	30	15
C	30	70	—	35
D	60	85	65	—

为了更进一步分析，可将频数转化为比率，见表3-5。

表 3－5　品牌比较的比率

	A	B	C	D
A	0.50	0.80	0.70	0.40
B	0.20	0.50	0.30	0.15
C	0.30	0.70	0.50	0.35
D	0.60	0.85	0.65	0.50
合计	1.60	2.85	2.15	1.40

表 3－5 中，各品牌与自身比较的比率均是 0.5，将每栏的比率相加，就可得到受访者对各个品牌的态度值。四种电脑品牌的态度值相比，显然 B 品牌最受欢迎。调查所得的结果是：

B(2.85)>C(2.15)>A(1.60)>D(1.40)

配对比较量表适用于商品品牌（或规格、花色等）不多，且消费者对各种品牌的商品比较了解的情况。

6. 等级顺序量表

等级顺序量表（rank-order scale）将多个研究对象同时展示给受测者，要求他们根据某个标准对这些对象排序或分成等级。这种测量水平不仅能区分不同类别，而且能排出等级或顺序，如胖瘦、大小、高矮、上中下、名次等。等级顺序量表反映事物的类别的差不必相同，不具有等距性。排序的对象不能太多，否则易出现错误或遗漏。

例 3－9

用等级顺序量表为足球俱乐部排序

对表 3－6 中国际足坛的豪门俱乐部按照偏好的顺序进行排列，选出你最喜欢的球队并填写 1，然后找出第二偏爱的球队并填写 2，继续这一步骤直到你对所有球队按偏好的顺序进行了排列，任何两个品牌不应该得到相同的排序数。偏好的标准由你决定，没有正确或错误的答案，尽量保持一致。

表 3－6　足球俱乐部排序

足球俱乐部名称	等级顺序
1. 巴塞罗那	2
2. 皇家马德里	6
3. AC 米兰	5
4. 切尔西	4
5. 曼联	3

续表

足球俱乐部名称	等级顺序
6. 拜仁慕尼黑	7
7. 阿森纳	9
8. 国际米兰	8
9. 利物浦	1
10. 热刺	10

7. 常量和量表

常量和量表（constant sum scale）也叫作数值分配量表，是要求被调查者在固定数值范围内（10～100）对所测事物依次分配一定数值，从而作出不同评价。

例 3-10

用常量和量表对三种品牌进行调查

对三种品牌在消费者心中的信誉高低进行调查，要求消费者按喜爱程度打分，每个评价项目总分为100分。例如某3个消费者的打分结果如表3-7所示：

表 3-7　三种品牌调查评分

消费者	品牌			
	A	B	C	合计
1	70	20	10	100
2	50	30	20	100
3	30	40	30	100
总计	150	90	60	

从各品牌的总得分可以看出，A品牌得分最高，为150分，说明A品牌是这3个消费者最喜欢的品牌，平均得分为50分。如果调查了100个消费者，就需要把100个人的分数值相加后再除以人数，从而得到该品牌的最后得分。

3.3.3　设计量表的基本步骤

1. 编制预测试问卷

在预测试问卷的编制或修订上，应从研究目的、相关文献数据与研究结构等方面加以考虑，如果有类似的研究工具，可根据实际情形加以修订、增删；如果是自己重新编制问卷，应依据研究结构确定内容。在编制量表时，应注意：

（1）在多数情况下，5 点量表比较常用。

（2）3 点量表限制了温和意见与强烈意见的表达，5 点量表则正好可以表示温和意见与强烈意见之间的区别，7 点量表、9 点量表可以更为细致地区分态度差异，但存在一定填答障碍，可以根据调研主题的特点作出选择。由于人口变量的异质性关系，对于没有足够辨别力的人而言，使用 7 点量表法会导致信度的丧失；对于具有足够辨别力的人而言，使用 5 点量表又令人有受限的不适感。对以上问题目前还没有很好的解释，不过通过预测试可以发现问题的存在。

（3）量表的点数越多，选答分布就越广，变异数也会变得更大，这种情形在统计检验上会具有很好的区别力。然而，这种选答很广的分布缺乏可信度，意义不大；较大的选答变异数意味着较大的抽样误差，在检验中可能会造成严重的误导。

2. 预测试

预测试问卷编拟完成后，应实施预测试。预测试对象的性质应与正式问卷要抽取的对象性质相同，如研究对象为中学生，则预测试的受试者也应为中学生。预测试对象人数因问卷中包括题项数目的不同而有所区别，当包括的题数分别为 40 题、35 题、25 题时，预测试对象最好在 200～120 人之间，题数越多则需要的预测试对象越多。如果样本较为特殊，在预测试人数的选取上可考虑酌减。

预测试时，选取样本数应考虑问卷量表是否进行因素分析。因为进行因素分析时，以较大样本所呈现的因素组型比用较小样本所呈现的因素组型要稳定。量表的题项数越多及预期的因素层面越多，进行因素分析时应包括的受试者越多。有关学者建议，进行因素分析时，量表题项数与预测试人数比例约为 1∶1 最为合适。

3. 整理问卷与编号

问卷回收后，应一份一份地检查筛选，对于数据不全或不诚实填答的问卷，应考虑删除；对于皆填同一性答案者，研究者应考虑问卷题项本身的内容与描述，审慎判断是否删除。筛选完后的问卷应加以编号，以便将来核对数据；之后再给予各变量、各题项一个不同代码，并依问卷内容有序地录入计算机。窗口版 SPSS 可以读取传统文书文件的数据、微软 Office 应用软件中 Excel 和 Access 文件、传统数据文件等，研究者可依自己的习惯，挑选一种自己最熟悉的应用软件，以快速、有效的方式将数据录入计算机中。（研究者最好是选用一种 Office 软件输入数据或直接在 SPSS 数据窗口编辑区录入数据。）

4. 项目分析

项目分析即求出每一个题项的临界比率，简称 CR 值，其求法是将所有受试者在预测试量表的得分总和依高低排列，得分前 25%～33%者为高分组，得分后 25%～33%者为低分组，求出高低两组受试者每题得分平均数差异的显著性检验（进行数据分析时，以测验总分最高的 27%及最低的 27%作为高低分组界限）。如果题项的 CR 值达到显著水平（<0.05或<0.01），即表示这个题项能鉴别不同受试者的反应程度。

5. 因素分析

项目分析完成后，为检验量表的结构，应进行因素分析。因素分析的目的是找出量表潜在的结构，减少题项的数目，使之变为一组彼此相关性较大的变量。此种因素分析方法是一种探索性因素分析。

6. 信度和效度分析

因素分析完成后，要继续分析的是量表各层面与总量表的信度检验和效度分析。信度就是量表的可靠性或稳定性，而效度则是测量的有效性。

7. 确定最终量表

在这些评价的基础上确定最终量表。至于正式量表题项数应该为多少最合适，并无绝对的标准。

例 3-11

灰色营销决策中的道德强度结构及其影响机制

灰色营销是指企业营销中以请吃、请玩、送礼、回扣等手段销售产品的行为，是一种有道德问题的营销方法，大量存在于国内外企业的营销活动中。虽然灰色营销可以使买方和卖方的一部分个人或者利益集团受益，但是也会让企业自身、消费者、竞争者及其他的利益相关者遭受严重的损失或危害，进而带来巨大的社会成本，导致社会资源的不合理配置，毒化社会风气。所以，灰色营销问题受到了国内外学者的关注，对此，彭茜等从道德强度视角开展了相关研究。

在这项研究中，由于灰色营销道德决策这一主题是道德敏感性的问题，既没有适用的抽样框架，也很难获得被调查者的配合，因此采用便利抽样的方法获取样本，并使用情境法收集数据，通过被试者评判假想当事人的行为，来了解他们对某种行为的态度。根据概念模型和研究需要，选取了“给好处费”作为灰色营销行为。在编制量表时，“道德强度”部分在形成过程中借鉴了Singhapakdi等（1996）以及Frey（2000）的量表，构建了一个测量后果的严重性（MC）、后果发生的可能性（PE）、后果的直接性（TI）、后果的集中程度（CE）、亲密度（PX）、社会共识（SC）的量表，包含19个条目。

接着，向陕西、河南、上海和深圳等省市的企业销售人员发放问卷，请求被试者针对情境中的行为，在问卷上分别回答事先准备好的问题，共收回240份有效问卷。对道德强度维度进行了探索性因素分析和验证性因素分析，结果均表明所设计的量表具有较好的信度与效度。最终的量表由19个条目构成，其因子载荷见表3-8。

表 3-8　量表的因子载荷

条目	因子 1	因子 2	因子 3	因子 4	因子 5	因子 6
PE1	0.791					
PE2	0.610					
PE3	0.797					
PE4	0.664					
SC1		0.690				
SC2		0.785				
SC3		0.652				
CE1			0.680			
CE2			0.732			
CE3			0.677			
MC1				0.661		
MC2				0.694		
MC3				0.758		
PX1					0.609	
PX2					0.797	
PX3					0.685	
TI1						0.510
TI2						0.730
TI3						0.891

说明：因子 1 为后果发生的可能性，因子 2 为社会共识，因子 3 为后果的集中程度，因子 4 为后果的严重性，因子 5 为亲密度，因子 6 为后果的直接性。

资料来源：改编自彭茜，等．灰色营销决策中的道德强度结构及其影响机制研究．商业经济与管理，2017 (12).

3.4 信度与效度评估

理想的市场调研能够提供精确、清晰、及时的数据。由于概念的定义、指标的分派和实际测量的误差，测量值和真实值往往有一定的误差，即测量误差。我们以 M 表示测量值，A 表示真实值，E 表示误差，则它们之间的关系可用下式表示：

$$M=A+E$$

误差分为系统性误差和随机性误差。系统性误差是由于概念操作化过程中的偏差所造成的持续性误差，常导致测量结果普遍偏高或偏低。例如小商贩对秤砣做了手脚，每次称的东西都会高估物品实际的重量，这就是系统性误差。随机性误差也会影响测量结果，但从本质上讲是暂时的，并不是规律性产生的。

为了保证测量的准确性，很好地反映所测属性的真实水平，通常要进行信度和效度评估。图3－2显示了信度与效度的类型。

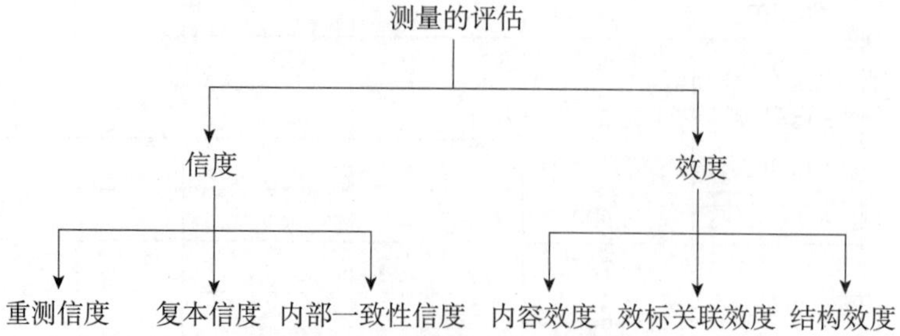

图3－2　信度与效度的类型

3.4.1　信度

信度指的是测量数据的可靠性，主要指实际测量的内容与应当测量的内容之间的一致性和稳定性。信度系数描述测量信度的数量指标，以相关系数来表示。信度可用不同时间重复测量的结果或不同测量方法所给出的结果之间的一致性来衡量。具体的评估方法包括重测法、复本法和分半法。

1. 重测信度

（1）定义。重测信度是在类似的条件下，在两个不同的时间先后测量两次，根据两次测量的结果计算两次测量值之间的相似程度，相关系数越高，表示重测信度越高。这是一种最常用、最普遍的信度检查方法。用重测法确定信度，要注意它对时间间隔非常敏感，即在两次测量之间发生的某些事件、活动会使后一次测量的结果在客观上发生改变，使两次的相关系数不能准确地反映两次测量的实际情况。一般来说，重测法最好与其他方法结合使用。

（2）形式。

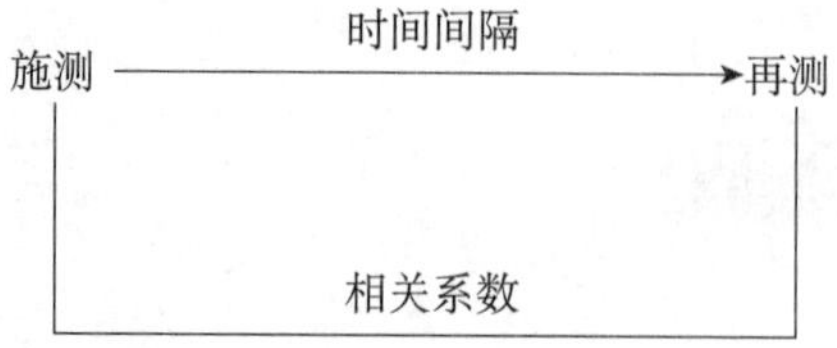

（3）使用的前提条件。

1）所测的特质必须是稳定的，即被测的特征和属性在两次测验之间没有发生变化。

2）把握适当的时间间隔。

3）两次施测期间效果没有差别。

2. 复本信度

（1）定义。复本信度采取的是另一种思路：通过构建两个等价的量表形式，对同一个调查对象进行测量，对测量结果进行相关分析以评价信度。这种方法克服了上述重测信度的缺点，但它要求两个量表完全等价，这是一件非常困难的事。

（2）形式。

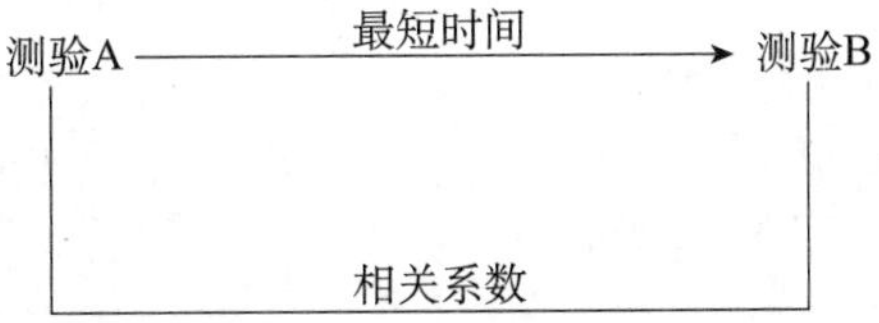

（3）使用的前提条件。

1）施测所用的两个复本必须是真正平行的测验。①各测验测量的是同一种心理特性。②各测验具有相同的内容和形式。③各测验的题目不应重复。④各测验题目数量相等，难度和区分度大体相同。⑤各测验的分数分布（平均数和标准差）大致相等。⑥复本编好后，应再测一次，以确保各测验等值。

2）被试者要有条件接受两个测验。

3. 内部一致性信度

（1）定义。内部一致性信度指的是测验内容的一致性或测验内部所有题目的一致性（项目同质性）程度，又称同质性信度。

（2）计算方法。内部一致性信度最常用的计算方法是分半法。分半法是指将测量对象在测量结果中按测量项目的奇偶号分成两组，计算这两组分数之间的相关系数，即折半信度。例如，一个忠诚度测量包括 50 个项目，如果用折半信度来衡量其内在的一致性，则需要把 50 个项目分为两部分，再求相关系数。一般用 Cronbach's Alpha 系数进行内部一致性分析。Cronbach's Alpha 系数值在 0～1 之间变化，一般等于或小于 0.6 时，说明内部一致性信度差；内部一致性系数大于 0.6，表明量表是有效的；内部一致性系数大于 0.7，表明量表的可靠性较高。

以工作倦怠感问卷为例分析信度，表 3－9 为第一位受试者完成的问卷实例。

表 3－9　工作倦怠感问卷实例

	十分不同意	不同意	未定	同意	十分同意
1. 对工作有挫折感	1	2	③	4	5
2. 觉得自己不被了解	1	②	3	4	5
3. 工作让我情绪疲惫	1	2	3	4	⑤
4. 我觉得我过度努力工作	1	2	③	4	5
5. 面对工作时，有力不从心的感觉	1	2	③	4	5
6. 工作时感到心灰意冷	1	②	3	4	5
7. 觉得自己推行工作的方式不适当	1	②	3	4	5
8. 想暂时休息一阵子或另调其他职务	1	②	3	4	5
9. 只要努力就能得到好的结果	1	2	3	④	5
10. 我能肯定这份工作的价值	1	2	3	④	5
11. 我认为这是一份相当有意义的工作	1	2	3	④	5

续表

	十分不同意	不同意	未定	同意	十分同意
12. 我可以从工作中获得心理上的满足	1	2	3	④	5
13. 我有自己的工作目标和理想	1	2	3	④	5
14. 我在工作时精力充沛	1	2	③	4	5
15. 我乐于学习工作上的新知	1	2	3	④	5
16. 我能够冷静地处理情绪上的问题	1	2	3	4	⑤
17. 从事这份工作后，我觉得对人变得更冷淡	1	②	3	4	5
18. 对某些同事所发生的事我并不关心	1	②	3	4	5
19. 同事将他们遭遇到的问题归咎于我	1	②	3	4	5
20. 我担心这份工作会使我逐渐失去耐性	1	2	③	4	5
21. 面对公众时，会带给我很大的压力	1	②	3	4	5
22. 常盼望有假期，可以不用上班	1	2	③	4	5

下面是针对 100 位预测试对象的实际填答情形开展的信度分析。100 位预测试对象的实际填答情形见本章结尾的附录。

将题项分成四个因素层面，分别为：

- 因素层面一：A1，A2，A3，A4，A5，A6，A7，A8，A9，共九题。
- 因素层面二：A10，A11，A12，A13，A14，A15，共六题。
- 因素层面三：A16，A17，A18，A19，共四题。
- 因素层面四：A20，A21，A22，共三题。

求各因素层面及总量表之间的内部一致性信度。

图 3－3 为“Reliability Analysis”（信度分析）的对话窗口。

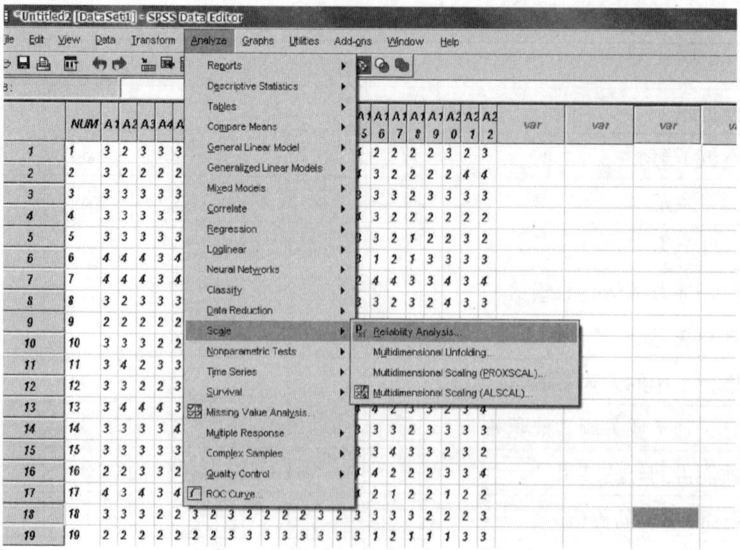

图 3－3

操作 1（见图 3－4）：

将第一个层面的题项选入右边“Items”（项目）框内，例题中的第一个层面为 A1，A2，A3，A4，A5，A6，A7，A8，A9。在“Model”的方框中选取“Alpha”（内部一致性 Alpha 系数检验）。

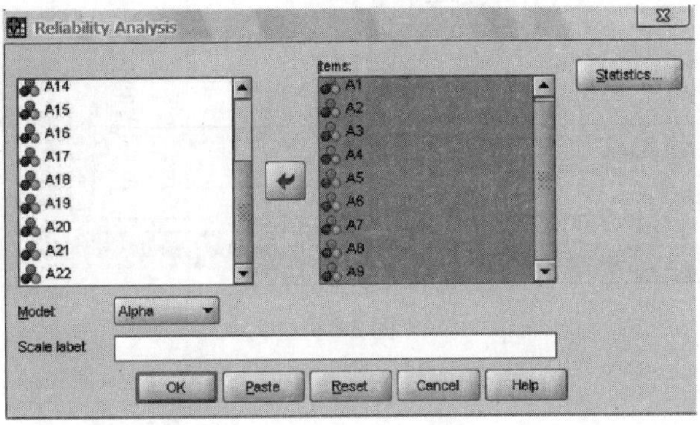

图 3－4

操作 2（见图 3－5 和图 3－6）：

按“Statistics”（统计量）钮，出现“Reliability Analysis：Statistics”（信度分析：统计量）的对话窗口（见图 3－5）。在“Descriptives for”（描述统计对象）框中选取“Scale if item deleted”（删除项目后之量表摘要），按“Continue”（继续）钮，回到“Reliability Analysis”（信度分析）对话窗口。按“OK”钮，“OUTPUT-SPSS Viewer”结果窗口会出现第一个层面的信度检验结果（见图 3－6）。

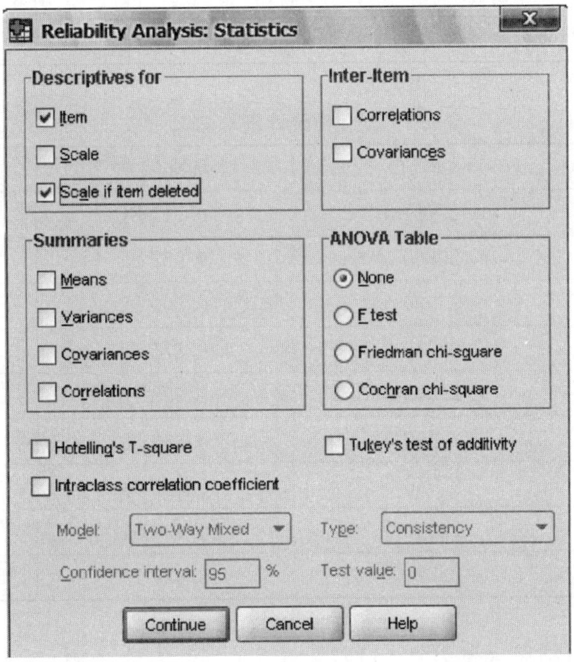

图 3－5

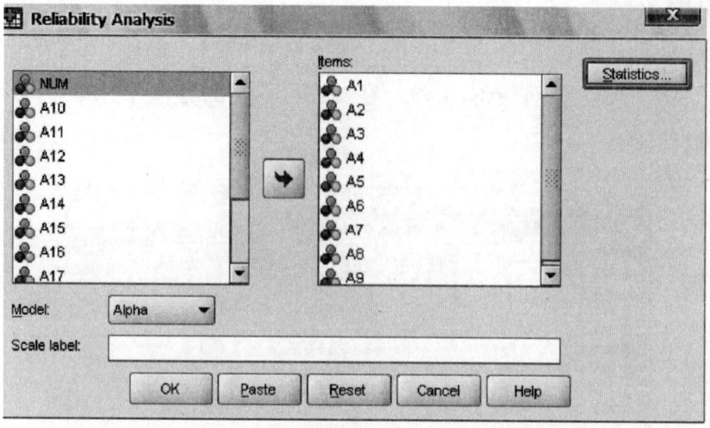

图 3-6

操作 3：

回到数据文件窗口，重复前述步骤，分析第二层面（A10，A11，A12，A13，A14，A15）、第三层面（A16，A17，A18，A19）、第四层面（A20，A21，A22）的信度检验结果，操作方法相同。

以下数据为每个层面的分析结果。

第一层面的分析结果（见表 3-10）：

表 3-10

可靠性统计量

Cronbach's Alpha	项数
0.852	9

项统计量

	均值	标准偏差	*N*
A1	2.720 0	0.711 81	100
A2	2.860 0	0.932 25	100
A3	2.930 0	0.890 52	100
A4	2.780 0	0.871 32	100
A5	2.900 0	0.758 79	100
A6	2.850 0	0.833 33	100
A7	2.940 0	0.930 08	100
A8	2.940 0	0.896 91	100
A9	2.720 0	0.829 75	100

第二层面的分析结果（见表 3-11）：

表 3-11

可靠性统计量

Cronbach's Alpha	项数
0.813	6

项统计量

	均值	标准偏差	N
A10	3.080 8	0.778 23	100
A11	2.868 7	0.864 80	100
A12	2.838 4	0.865 52	100
A13	3.020 2	0.979 17	100
A14	3.818 2	0.929 82	100
A15	3.191 9	0.933 25	100

第三层面的分析结果（见表 3-12）：

表 3-12

可靠性统计量

Cronbach's Alpha	项数
0.695	4

项统计量

	均值	标准偏差	N
A16	2.880 0	0.844 23	100
A17	2.670 0	0.853 45	100
A18	2.660 0	0.781 35	100
A19	2.670 0	0.697 11	100

第四层面的分析结果（见表 3-13）：

表 3-13

可靠性统计量

Cronbach's Alpha	项数
0.413	3

项统计量

	均值	标准偏差	N
A20	2.800 0	0.887 63	100
A21	2.720 0	0.711 81	100
A22	2.940 0	0.838 71	100

总量表的分析结果（见表3-14）：

表3-14

可靠性统计量

Cronbach's Alpha	项数
0.897	22

结果说明：

由以上信度检验报表，可以发现四个分量表的Alpha系数分别为0.852，0.813，0.695，0.413。除分量表四（表3-13）的信度稍低外，其余三个分量表的Alpha系数均在0.60以上。总量表的Alpha系数为0.897，代表此量表的信度可以接受。

就此例题而言，要提高分量表四的信度，除对题项内容词句进行修饰外，如果时间许可，可增删题项，再挑选新的受试者预测试一次；如果时间不允许，在调研报告中应加以说明，以作为未来进一步调研的参考。

在提高测量的信度方面并无捷径可走，只有坚持科学严谨的工作作风和实事求是的科学态度，尽可能采用科学的测量指标与方法，选择合适的测量工具并进行必要的预测试，开展必要的人员培训和良好的现场监督与指导等，才能获得比较可信的测量结果。

3.4.2 效度

效度指的是测量的准确程度或有效程度，理想的效度要求没有测量误差。信度好是效度好的必要条件，但不是充分条件。即有效的测量必须是可信的，但可信的测量不一定有效。当一项测量所测的是它希望测量的事物时，我们就说它是一项有效的测量；反之就称为测量不具有效度。

测量的效度具有三种不同的类型，即内容效度、效标关联效度和结构效度，它们分别从不同的方面反映测量的准确程度。人们在评价各种测量的效度时，也往往用这三种类型作为标准。

1. 内容效度

内容效度是指测量所选择的项目是否符合测量目的和要求。首先，需要知道所测量的概念是如何定义的；其次，需要知道这种测量所收集的信息是否和该概念密切相关；最后，评价者才能作出这一测量是否具有内容效度的结论。

判断内容效度不是一件简单的事情，调研者可以采用下列步骤：对所要测量的概念或者对象进行仔细的准确度界定；竭力收集相关的文献资料，举行小组访谈，尽量列出可能包括的内容；召开座谈会，研讨量表中应该包括哪些内容；对量表进行预测试，也可以通过开放式提问来了解可能包括在内的其他内容。

2. 效标关联效度

效标关联效度又称实证效度、经验效度、准则关联效度。它是指测量对个体的效标行为表现进行估计的有效程度。例如，可以通过调查，询问消费者在今后一段时间内购买某种产品的意愿，然后收集其实际购买数据。将预测的购买与实际的购买相比较，就可以评价所测量的购买意愿对实际购买行为的标准效度。效标关联效度包括两种类型：预测效度和同时效度。

预测效度是指一个准则变量的未来值可以通过当前量表的测量来预测的程度。预测效度的效标资料需要过一段时间才可收集到。此种效度对人员的选拔和安置工作非常重要。常用的效标是专业训练的成绩、实际工作的表现等。

同时效度关注的是预测变量和准则变量之间的关系，两者均在同一个时点上评估。同时效度的效标资料是与测验分数同时收集的。例如大学入学考试可以用中学成绩作效标。同时效度常用的效标有在校的学业成绩、教师的等级评定等。

3. 结构效度

结构效度是指测验对理论构想或特质的测量程度。确认结构效度要求对被测构想有清楚的定义，对该结构与其他结构之间的关系有合理的假设。

评价结构效度有两种统计方法：收敛效度和区别效度。收敛效度是指用来测量同一架构的不同测量工具之间的相关程度。海尔（Hair）等人将收敛效度的评估标准定为以下三项：第一，量表所有测项标准化的因子载荷（indicator loading）要大于 0.5，大于 0.7 更为理想；第二，所有组合信度（composite reliability，CR）要在 0.7 以上；第三，平均提炼方差（average variance extracted，AVE）要大于 0.5。区别效度是指利用相同的测量方法测定不同的特征或者概念，区别不同特征或者概念的程度低，不同特征或者概念就是低度相关。假设我们设计一个多项量表来测量顾客在商店的购买倾向。理论上认为这种购买倾向由四种个性变量一起作用：高度的自信、低价位需求、高特色需求，以及高水平的适应性。而且，理论上还认为，在商店的购买倾向与品牌忠诚度或者高度的争强好胜不存在相关性。

3.4.3　信度和效度之间的关系

信度与效度都是一种相对量，而不是绝对量，即它们都表示一种程度。对于同一种对象，人们常常采取不同的测量方法，采用不同的测量准则，这样就会在信度与效度两方面产生差别。

信度是效度的必要条件，如果一个测量值是不可信的，它不可能是有效的；但信度不是效度的充分条件，因为即使随机误差为零，也可能存在系统误差，因此测量值虽然具有很好的一致性和稳定性，仍然可能偏离真实值。图 3－7 更加直观地显示了信度与效度的关系。

靶 a 的结果显示随机误差小，但系统误差大，具有高信度和低效度；靶 b 的结果显

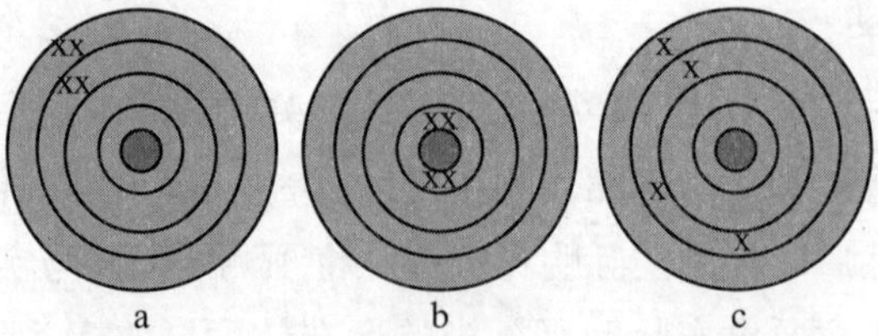

图 3－7 信度与效度的关系

示随机误差和系统误差都小，具有高信度和高效度；靶 c 的结果显示随机误差和系统误差都大，信度和效度都低。最后我们可以这样概括两者的关系：

信度低，效度不可能高。因为如果测量的数据不准确，就不能有效地说明所研究的对象。

信度高，效度未必高。例如，我们准确地测量出某人的经济收入，但未必能够说明他的消费水平。

效度低，信度很可能高。例如，即使一项研究未能说明人口流动的原因，也很有可能很精确很可靠地调查各个时期各种类型的人口的流动数量。

效度高，信度也必然高。

基本概念

测量	概念操作化	分派指标	测量尺度
定类尺度	定序尺度	定距尺度	定比尺度
量表	测量误差	随机性误差	系统性误差
信度	效度		

思考题

1. 什么是测量？如何对抽象的概念进行测量？
2. 各种测量尺度之间的优缺点是什么？
3. 调查问卷有效性的判别标准是什么？
4. 如何设计量表？
5. 信度与效度之间是什么关系？

附　录

表 3－15 显示了 100 位预测试对象的实际填答情形，第一列 NUM 为受试者编号，A1～A22 代表第 1 题到第 22 题的题目代号。

表 3-15

NUM	A1	A2	A3	A4	A5	A6	A7	A8	A9	A10	A11	A12	A13	A14	A15	A16	A17	A18	A19	A20	A21	A22
001	3	2	3	3	3	2	2	2	4	4	4	4	4	3	4	2	2	2	2	3	2	3
002	3	2	2	2	2	2	2	3	3	3	3	3	3	3	4	3	2	2	2	2	4	4
003	3	3	3	3	3	2	2	3	2	2	2	2	3	3	3	3	3	2	3	3	3	3
004	3	3	3	3	3	2	2	3	2	2	3	3	3	3	4	3	2	2	2	2	2	2
005	3	3	3	3	3	2	3	3	3	3	3	3	3	3	3	3	2	1	2	2	3	2
006	4	4	4	3	4	3	3	3	3	3	2	3	4	4	3	1	2	1	3	3	3	3
007	4	4	4	3	4	4	4	4	2	2	2	1	3	2	2	4	4	3	3	4	3	4
008	3	2	3	3	3	2	3	3	3	3	2	2	4	3	3	3	2	3	2	4	3	3
009	2	2	2	2	2	1	1	1	4	4	4	4	4	4	4	4	1	2	2	2	2	3
010	3	3	3	2	2	2	3	2	4	3	2	2	2	2	3	3	3	2	3	3	3	2
011	3	4	2	3	3	3	3	3	3	3	4	4	4	4	4	2	2	3	3	4	3	4
012	3	3	2	2	3	2	3	1	3	3	2	3	3	2	3	3	3	2	3	2	2	3
013	3	4	4	4	3	4	3	3	3	3	4	3	4	4	4	4	2	3	3	2	3	4
014	3	3	3	3	4	4	4	4	2	3	3	3	3	3	3	3	3	2	3	3	3	3
015	3	3	3	3	3	3	2	2	2	3	3	2	2	2	3	3	4	3	3	2	3	2
016	2	2	3	3	2	2	3	3	3	4	4	3	3	3	4	4	2	2	2	3	3	4
017	4	3	4	3	4	4	4	1	3	4	4	2	4	3	4	2	1	2	2	1	2	2
018	3	3	3	2	2	3	2	3	2	2	2	2	3	2	3	3	3	3	2	2	2	3
019	2	2	2	2	2	2	2	3	3	3	3	3	3	3	3	1	2	1	1	1	3	3
020	3	4	4	4	1	3	4	4	2	4	3	4	3	4	4	4	1	3	4	4	2	4
021	2	2	3	2	3	2	2	2	2	3	2	3	2	2	3	2	3	2	2	2	2	3
022	2	2	2	2	3	3	3	3	3	3	3	3	2	2	2	2	3	3	3	3	3	3
023	2	2	2	2	3	3	3	3	3	3	3	2	2	3	2	3	2	2	2	2	3	2
024	3	4	4	4	1	3	4	4	2	4	3	2	2	2	2	3	3	3	3	3	3	3
025	2	2	3	2	3	2	2	2	2	3	2	3	2	3	4	4	4	1	3	4	4	2
026	2	2	2	2	3	3	3	3	3	3	3	3	3	2	2	3	2	3	2	2	2	2
027	2	2	2	2	3	3	3	3	3	3	3	3	2	2	2	2	2	3	3	3	3	3
028	2	2	2	2	3	3	3	3	3	3	3	3	3	3		3	2	2	2	2	3	2
029	2	2	2	2	3	3	3	3	3	3	3	3	3	2	3	3	3	3	3	3	3	3
030	3	4	4	4	3	4	3	3	3	3	4	3	4	4	4	4	4	1	3	4	4	2
031	3	3	3	3	4	4	4	4	2	3	3	3	3	3	3	3	2	2	2	2	3	2
032	3	3	3	3	3	3	2	2	2	3	3	2	2	2	3	3	2	2	2	2	3	2
033	2	2	3	3	2	2	3	3	3	4	4	3	3	3	4	3	3	3	3	3	3	3
034	4	3	4	3	4	4	4	1	3	4	4	2	4	3	4	4	4	1	3	4	4	2

续表

NUM	A1	A2	A3	A4	A5	A6	A7	A8	A9	A10	A11	A12	A13	A14	A15	A16	A17	A18	A19	A20	A21	A22
035	3	3	3	2	2	3	2	3	2	2	2	2	3	2	3	3	2	3	2	2	2	2
036	2	2	2	2	2	2	2	3	3	3	3	3	3	3	3	2	2	3	3	3	3	3
037	3	4	2	3	3	3	3	3	3	3	4	4	4	4	4	2	2	3	3	4	3	4
038	3	3	2	2	3	2	3	1	3	3	2	3	3	2	3	3	3	2	3	2	2	3
039	3	4	4	4	3	4	3	3	3	3	4	3	4	4	4	4	2	3	3	2	3	4
040	3	3	3	3	4	4	4	4	2	3	3	3	3	3	3	3	3	2	3	3	3	3
041	3	4	2	3	3	3	3	3	3	3	4	4	4	4	4	2	2	3	3	4	3	4
042	3	3	2	2	3	2	3	1	3	3	2	3	3	2	3	3	3	2	3	2	2	3
043	3	4	4	4	3	4	3	3	3	3	4	3	4	4	4	4	2	3	3	2	3	4
044	3	3	3	3	4	4	4	4	2	3	3	3	3	3	3	3	3	2	3	3	3	3
045	4	3	4	3	4	4	4	1	3	4	4	2	4	3	4	2	1	2	2	1	2	2
046	3	3	3	2	2	3	2	3	2	2	2	2	3	2	3	3	3	3	2	2	2	3
047	2	2	2	2	2	2	2	3	3	3	3	3	3	3	3	1	2	1	1	1	3	3
048	3	4	4	4	1	3	4	4	2	4	3	4	3	4	4	4	1	3	4	4	2	4
049	2	2	3	2	3	2	2	2	2	3	2	3	2	2	3	2	3	2	2	2	2	3
050	2	2	2	2	3	3	3	3	3	3	3	3	2	2	2	2	3	3	3	3	3	3
051	2	2	2	2	3	3	3	3	3	3	3	2	2	3	2	3	2	2	2	2	3	2
052	3	4	4	4	1	3	4	4	2	4	3	2	2	2	2	3	3	3	3	3	3	3
053	2	2	3	2	3	2	2	2	2	3	2	3	2	3	4	4	4	1	3	4	4	2
054	4	3	4	3	4	4	4	1	3	4	4	2	4	3	4	2	1	2	2	1	2	2
055	3	3	3	2	2	3	2	3	2	2	2	2	3	2	3	3	3	3	2	2	2	3
056	2	2	2	2	2	2	2	3	3	3	3	3	3	3	3	1	2	1	1	1	3	3
057	3	4	4	4	1	3	4	4	2	4	3	4	3	4	4	4	1	3	4	4	2	4
058	2	2	3	2	3	2	2	2	2	3	2	3	2	2	3	2	3	2	2	2	2	3
059	2	2	2	2	3	3	3	3	3	3	3	3	2	2	2	2	3	3	3	3	3	3
060	2	2	2	2	3	3	3	3	3	3	3	2	2	3	2	3	2	2	2	2	3	2
061	3	4	4	4	1	3	4	4	2	4	3	2	2	2	2	3	3	3	3	3	3	3
062	2	2	3	2	3	2	2	2	2	3	2	3	2	3	4	4	4	1	3	4	4	2
063	3	4	4	4	1	3	4	4	2	4	3	4	3	4	4	4	1	3	4	4	2	4
064	2	2	3	2	3	2	2	2	2	3	2	3	2	2	3	2	3	2	2	2	2	3
065	2	2	2	2	3	3	3	3	3	3	3	3	2	2	2	2	3	3	3	3	3	3
066	2	2	2	2	3	3	3	3	3	3	3	2	2	3	2	3	2	2	2	2	3	2
067	3	4	4	4	1	3	4	4	2	4	3	2	2	2	2	3	3	3	3	3	3	3
068	2	2	3	2	3	2	2	2	2	3	2	3	2	3	4	4	4	1	3	4	4	2

续表

NUM	A1	A2	A3	A4	A5	A6	A7	A8	A9	A10	A11	A12	A13	A14	A15	A16	A17	A18	A19	A20	A21	A22
069	3	3	3	3	3	4	3	2	3	2	2	2	3	2	4	3	2	3	2	2	2	3
070	3	4	3	4	3	3	3	2	4	2	2	2	4	2	3	3	2	4	2	2	2	4
071	3	2	2	4	3	4	3	2	4	3	2	2	4	3	4	3	2	4	3	2	2	4
072	3	3	2	4	3	3	2	2	4	2	2	2	4	2	3	2	2	4	2	2	2	4
073	4	3	3	3	4	4	2	2	1	3	3	3	1	3	4	2	2	1	3	3	3	1
074	3	3	3	3	4	3	3	3	3	4	3	3	3	3	4	3	3	3	3	3	3	4
075	3	4	2	3	3	3	4	2	3	3	3	4	2	3	3	3	4	2	4	2	3	3
076	3	3	3	3	3	3	3	2	2	3	3	3	2	2	3	3	3	2	3	2	2	3
077	3	4	3	4	3	3	4	4	4	3	3	4	4	4	3	3	4	4	4	4	4	3
078	3	2	2	4	3	3	3	3	3	4	3	3	3	3	4	3	3	3	3	3	3	4
079	3	3	2	4	3	4	3	4	3	4	4	3	4	3	4	4	3	4	3	4	3	4
080	4	3	3	3	4	3	3	3	2	2	3	3	3	2	2	3	3	3	3	3	2	2
081	2	2	2	2	2	2	2	2	2	2	2	2	2	2	2	2	2	2	2	2	2	2
082	3	4	4	4	1	3	4	4	4	1	3	4	4	4	1	3	4	4	4	4	4	1
083	2	2	3	2	3	2	2	3	2	3	2	2	3	2	3	2	2	3	2	3	2	3
084	2	2	2	2	3	2	2	2	2	3	2	2	2	2	3	2	2	2	2	2	2	3
085	2	2	2	2	3	2	2	2	2	3	2	2	2	2	3	2	2	2	2	2	2	3
086	3	4	4	4	1	3	4	4	4	1	3	4	4	4	1	3	4	4	4	4	4	1
087	2	2	3	2	3	2	2	3	2	3	2	2	3	2	3	2	2	3	2	3	2	3
088	4	3	4	3	4	4	3	4	3	4	4	3	4	3	4	4	3	4	3	4	3	4
089	3	3	3	2	2	3	3	3	2	2	3	3	3	2	2	3	3	3	3	3	2	2
090	2	2	2	2	2	2	2	2	2	2	2	2	2	2	2	2	2	2	2	2	2	2
091	3	4	4	4	1	3	4	4	4	1	3	4	4	4	1	3	4	4	4	4	4	1
092	2	2	3	2	3	2	2	3	2	3	2	2	3	2	3	2	2	3	2	3	2	3
093	2	2	2	2	3	2	2	2	2	3	2	2	2	2	3	2	2	2	2	2	2	3
094	2	2	2	2	3	2	2	2	2	3	2	2	2	2	3	2	2	2	2	2	2	3
095	3	4	4	4	1	3	4	4	4	1	3	4	4	4	1	3	4	4	4	4	4	1
096	2	2	3	2	3	2	2	3	2	3	2	2	3	2	3	2	2	3	2	3	2	3
097	3	4	4	4	1	3	4	4	4	1	3	4	4	4	1	3	4	4	4	4	4	1
098	2	2	3	2	3	2	2	3	2	3	2	2	3	2	3	2	2	3	2	3	2	3
099	2	2	2	2	3	2	2	2	2	3	2	2	2	2	3	2	2	2	2	2	2	3
100	2	2	2	2	3	2	2	2	2	3	2	2	2	2	3	2	2	2	2	2	2	3

第4章 设计数据的收集模式

学习目标

- 掌握问卷的结构和设计技巧
- 理解问卷预编码的概念
- 了解计算机辅助问卷设计的特点
- 了解问卷预测试的作用

引 例

数据收集：以改进啤酒包装为例

某啤酒公司的总经理正在考虑改进啤酒包装，采用250mL的小瓶、4～6瓶组合包装出售的策略。这样做的目的，一是方便顾客，小瓶容量小，适合单人饮用，不需另用杯子，也不会造成浪费；二是希望对更多的人具有吸引力，使小瓶装啤酒进入一些大瓶装啤酒不能进入的社交场合；三是方便顾客购买并促进销售。这种包装的啤酒在国外早已流行，但目前是不是在我国推出的时机呢？在正式作出采用新包装的决策之前，必须获得下面问题的答案：新包装是否有足够的市场？目标市场是什么？一般在什么时候饮用？顾客希望在哪类商店买到？

研究的目的有以下几个方面：

- 测量消费者对小瓶组合包装啤酒接受的可能性；
- 识别小瓶组合包装啤酒的潜在购买者和使用者；
- 识别新包装啤酒的使用场合；
- 判断顾客希望在什么类型的商店买到这种啤酒；
- 判断潜在市场的大小。

样本是18岁以上饮用啤酒的人。信息收集将通过在百货公司等地点拦截顾客并以面谈方式进行，这样做可以向被调查者出示新包装啤酒的图片和样品。

资料来源：案例讨论：啤酒包装调查问卷设计．豆丁网，https://www.docin.com/p-1608718974.html.

那么，该公司的相关人员应该如何设计数据的收集模式来获得准确有用的信息呢？

问卷是国际通行的一种收集数据的作业模式和调查工具，广泛地应用于各个领域，如社会调查、经济调查、市场调查等。问卷设计是市场调研的关键环节，对整个调查项目的质量有着重要影响。不同类型的调研项目对问卷的要求差别较大，不存在某种特定的问卷模式能够适合所有类型的调查内容和方式。问卷设计所涉及的知识面非常广，结合了科学性和艺术性，因而设计出一份高质量的问卷并不是一件容易的事，需要掌握很多的技巧。

4.1 问卷的拟定与构成

问卷，又称调查表或询问表，是一种数据收集工具。它是调查者根据调查目的与要求设计的，由一系列问题、备选答案、说明以及代码、表格等组成，以书面形式了解被调查者的反应和看法，并以此获得资料和信息的载体。在数据收集过程中，调查问卷起着核心作用，也是影响数据质量的主要因素。

4.1.1 问卷的特点和作用

1. 问卷的特点

进行问卷设计，应了解问卷设计目标，明确问卷在哪种访问方式下使用，选择问卷的形式，设计问题、问句结构、问句总体的组合等，最终形成科学合理、容易让调查者和被调查者接受、符合调查要求、能有效获取所需信息资料的调查表。问卷具有如下特点：

（1）主题突出，问题相互关联。整个问卷要始终围绕同一个主题目标，可以将主题分为不同的细目类别，设计一些问题具体地、清楚地、针对性地询问，保证问题之间既不重复又相互关联。

（2）措辞规范准确，易于被调查者接受。问卷设计要照顾被调查者的感受，要尊重被调查者的社会文化特征，采用过滤性问题设计，使其感到问题提法有礼貌；同时问题排列要符合回答者的思维习惯，容易被回答者接受和配合。

（3）问题形式多样，容易理解和作答。尽量设计不同类型的问题，最好是大多数问题采用封闭式答案设计，列出完备的可能答案，尽可能让回答者少写字，容易读懂，容易回答。

（4）易于统计整理和分析。问卷中的问题都使用可测量的尺度，使定性或定类的问题可转化为定量分析；科学编码，使得问卷既可获取丰富的信息资料，又方便下一步的统计整理和分析。

2. 问卷的作用

一般来说，问卷主要有以下几个作用。

（1）实施方便，提高调查精度。问卷提供了标准化和统一化的数据收集程序，一份好的问卷将所需的信息转化为被调查者可以并且愿意回答的一系列具体问题，每一个被调查者看到或听到的问题都是相同的。只要被调查者有一定的文化水平和语言表达能力，就能完成问卷，简单方便。这种方法还可以避免询问调查、电话访问中由于记录不完整等造成的信息不准确，能有效减少回答误差，提高调查精度。

（2）节省时间，提高调查效率。由于问卷将大多数问题都以选择形式给出，调查人员只需稍作解释，说明意图，被调查者就可以答卷，一般无须以文字作答，因此被调查者能在较短的时间内回答更多的问题，访问人员也不需要做大量记录，节省了时间，提高了效率。

（3）便于调查结果的分析和处理。问卷将调查内容系统化、标准化，方便用计算机进行汇总和归类。它还能将人们的态度、观点、看法等定性的认识转化为定量的研究，利于进行相关分析、回归分析和聚类分析等。

4.1.2 问卷的类型和结构

1. 问卷的类型

根据不同的分类标准，调查问卷可以分为不同的类型。

（1）根据填写者的不同，问卷可分为自填式问卷和访问式问卷。自填式问卷就是由调查人员将问卷发送给被调查者，被调查者自己阅读并按其意愿单独完成填写的问卷。访问式问卷就是由调查人员逐一提问，被调查者一一回答，由调查人员填答的问卷形式。

（2）根据研究课题性质和目的的不同，问卷可分为结构型问卷和无结构型问卷。结构型问卷是指问题的设置和安排具有结构化的形式，不能随意变动，被调查者要按问卷上问题的先后顺序作答，只有先回答了问题 A，才能继续回答下一个问题 B。无结构型问卷是指问题的安排没有严格的结构形式，前后问题之间没有承接关系，可以交换顺序和改变提问的方式，被调查者可以根据自己的意愿自由作答。无结构型问卷并不是完全没有结构，只是结构相对来说较松散。

（3）根据调查者与调查对象之间接触方式的不同，问卷可分为直接接触问卷和间接接触问卷。直接接触问卷是指调查者和被调查者当面接触进行填写的问卷。间接接触问卷是指调查者和被调查者通过通信工具、网络等间接方式或借助一定的媒介进行填写的问卷。

（4）根据市场调查方法的不同，问卷可分为访问调查问卷、座谈会调查问卷、邮寄调查问卷、电话调查问卷、网上调查问卷等。

（5）根据发送到调查对象手中方式的不同，问卷可分为邮寄问卷、发送问卷、电子邮件问卷等。

不同类型的问卷在具体的形式、设计的方法和要求等方面存在一些差别，见表 4－1。

表 4－1　调查问卷的形式、优点和不足

项目	网上问卷	电子问卷	发送问卷	访问问卷	电话问卷	邮寄问卷
调查对象	不可控制	可控制	可控制	可控制	可控制	可控制
调查范围	不确定	可控制	较小	较小	较大	较大
调查费用	较低	较低	高	较高	低	低
调查时间	较少	较少	多	较多	少	少
人力投入	较低	较低	高	较高	低	低
回答质量	较低	低	较高	较高	高	低
影响因素	不明确	不明确	明确	明确	可判断	不明确
恢复率	较低	较低	较高	较高	高	低

2. 问卷的基本结构

一般来说，问卷的基本结构主要包括以下五个部分的内容：

（1）开头部分。开头部分相当于一份问卷的前言，主要说明调查的目的、意义及相关事项，使被调查者能消除顾虑，产生兴趣，从而获得他们的支持和合作。开头部分一般包括标题、问候语、填写说明、问卷编号等。

1）标题。问卷的标题概括说明调查的研究主题，使被调查者对所要回答问题的涉及面有一个大致的了解。标题应该简明扼要，且易于引起被调查者的兴趣。例如，“新蕾杂志读者调查表”“力士沐浴露使用情况调查”等，不能只用“问卷调查”这样笼统的标题。

2）问候语。这是为了引起被调查者的重视，打消他们的顾虑，使他们积极主动地配合调查工作。问候语要礼貌诚恳，措辞要准确得体，简要交代调查者的身份及保密事项，在结尾处对被调查者的参与合作表示感谢。

例 4－1

“居民出行现状调查问卷”问候语

尊敬的芜湖市民：

您好！我市正在开展《2019 年芜湖市轨道-公交-慢行三网融合规划方案》的编制工作，为了给我市居民提供更加优质的公交、慢行出行服务，需要进行芜湖市居民出行调查，它能为了解我市居民出行现状，掌握居民出行规律，预测未来居民出行需求提供宝贵的基础数据资料，因而具有十分重要的意义，希望能够得到您的支持和协助。本次调查为匿名调查，所收集的资料只供城市规划设计部门进行城市交通研究使用，宗旨是让市民出行更加便捷，无任何其他商业或个人目的，各调查单位和调查个人无须有任何顾虑。

资料来源：期待你的声音 | 居民出行有奖调查开始啦．新浪网，https://k.sina.com.cn/article_1786957792_6a82cfe001900hw3h.html?from=news&subch=onews.

3）填写说明。用文字说明问卷的填写方法，规范和帮助被调查者对问卷进行回答。这部分内容包括填表的要求、调查项目的含义、调查时间和被调查者应注意的事项以及问卷返回到调查人员手中的方式等。填写说明可以集中放在问卷的前面，也可像考试题一样分散到各有关问题的前面。对于自填式问卷，填写说明一定要详细清楚，格式位置要醒目，否则即使被调查者理解了题意，也有可能回答错误，引起偏差或误差。

例4-2

"玉兰油美白化妆品使用前后调查问卷"填写说明

（1）本调查分"使用前问卷"与"使用后问卷"，"使用前问卷"请务必在使用前填写，"使用后问卷"请在使用后再填写，问题中遇有"□"者，请您在认为最合适的地方打钩，若遇有"　　"者，请写出您的意见。

（2）试用品请务必连续使用一周以上。

（3）调查问卷请于　　月　　日以前填完交回。

4）问卷编号。对问卷进行编号是为了处理后续的问题，如检查错误，归类整理，进行计算机统计处理和分析等。

（2）甄别部分。甄别即过滤，这部分是对被调查者进行甄别，筛选掉不符合要求的被调查者或者不必要问的部分，然后针对特定的被调查者进行调查。甄别条件包括常规甄别条件和特殊甄别条件。常规甄别条件是指所有项目都必须有的甄别条件，一般说来有7类人是不能作为调查对象的：

- 在有关媒介机构工作的人（广告公司、市场研究公司、报纸杂志社、电台、电视台），避免行业内的专业知识影响调查结果，避免保密信息的泄露；
- 在与研究项目有关的专业机构工作的人；
- 在一定时期内接受过类似访问的人，避免上一次的访问影响到本次调查的结果；
- 曾听说过同样访问的人；
- 非本地居民/非家庭常住户；
- 间接的被访者，非直接的被访者会由于信息传递而导致访问偏差；

● 身体不方便者。

特殊甄别条件则是该项目特殊需要的甄别条件，比如年龄、是否购买过某产品等。

（3）主体部分。这部分内容包括各种问题和答案，是调查问卷中最重要的部分。所有要调查的内容都可以转化为经过精心设计的问题和答案，在问卷中有逻辑顺序地排列。这部分设计的好坏，直接影响到整个调查项目任务的完成和资料目标的实现。表4-2列出了调查问卷主体部分问题的类别。

表4-2　调查问卷主体部分问题的类别

类别	含义
事实性问题	对被调查者的个人实际情况进行的调查
行为性问题	对被调查者的行为特征或由被调查者所了解并反映出来的其他人行为的调查
动机性问题	对被调查者本人的某种行为动机或由此反映出来的其他人行为动机的调查
态度性问题	对被调查者对某一问题和事物的态度、意见、感觉和偏好等的调查

（4）背景资料。背景资料通常放在所有问题和答案之后。被调查者往往对这部分问题比较敏感，因为涉及其隐私，如年龄、文化程度、职业、收入等。然而这些问题与研究目的密切相关，必不可少。背景资料可根据调查主题的不同而设计不同的内容。

问卷的这部分体现了三个方面的目的。首先，背景资料提供的数据能检查有代表性的样本，从而对总体提供粗略的描述。其次，通过小样本的分析，可以得出具有不同特点的小样本在答题结果上的差异点，如不同年龄、层次的人对同一问题的反应不同。最后，可以获得可辨认的资料，例如，调查对象的住址和电话号码等。

例4-3

某电视台收视率调查的背景资料

请您如实选择选项画√：

性别：□男　　□女

年龄：□20岁或以下　□21～30岁　□31～40岁　□41～50岁　□51岁及以上

职业范围：□行政管理　□经济管理　□技术行业　□服务行业　□学生　□其他

家中人口：□1人　□2人　□3人　□4人及以上

住址：　　省　　市（县）　　区（乡）　　街（村）

（5）结束语。结束语放在问卷的最后，可以是简短的几句对被调查者表示感谢的话，也可稍长一些，设置一些开放题，询问被调查者的意见或感受，为以后的调查工作提供更好的建议。结束部分必须填好调查者的姓名或编号、访问日期、时间、对被调查者回答的评价等。

一份正式调查问卷的开头部分、主体部分、背景部分在结构上要合理，主体部分应占整个问卷的2/3或4/5，开头和背景部分只占很小的比例。

4.1.3 问卷拟定的原则和程序

在市场研究中，调查内容包罗各个方面，每个调查项目都有各自的特点，相应的问卷设计也要有各自的侧重点。但多数问卷设计的基本原则和大体程序还是相同的。

1. 问卷拟定的原则

拟定一份有效、高质量的问卷，要将所要调查的问题明确地向被调查者展示，以取得真实、准确的答案，同时还要使被调查者乐于回答。问卷设计要求在一定的成本下获取最小误差的有效数据，为此，问卷的拟定必须遵循一定的原则。

（1）目的性原则。问卷设计出来，一定要达到某种预期的效果。问卷中所有问题都要围绕调查主题，为了达到获得准确有用的信息资料这一目标而设置。这是问卷设计最重要的原则。这就要求在问卷设计时重点突出，避免可有可无的问题。

（2）可接受性原则。问卷设计出来最终会到达被调查者的手中，要想让被调查者以合作的态度接受调查，一个重要的方面是，问卷要易于接受。设计者在设计问卷时要全面充分地考虑被调查者的感受，要结合专业知识和一定的艺术技巧以及心理学知识。最好在问卷说明中，将调查目的明确告诉被调查者，使其了解调查项目的意义，并认识到其回答对整个调查结果的重要性。应使用简洁易懂的语句，便于被调查者理解。尽量避免列入会令被调查者难堪或反感的问题。

（3）顺序性原则。问卷设计讲究顺序的排列，条理清楚，顺理成章，利于被调查者作答，提高问卷调查的效率。一般地，容易回答的问题放在问卷的前面，较难回答的问题放在问卷的中间，敏感性问题放在问卷的最后，关于个人的实际背景问题则放在问卷的末尾。问题之间按逻辑顺序排列，还可按时间顺序、类别顺序合理排列。

（4）简明性原则。问句要尽量短而明确，少用长而复杂的语句。问句太长，被调查者容易烦躁反感，且不易抓住重点。问卷设计的内容也要简明精准，不要列入没有意义或者无关紧要的问题，同一问题绝不能重复出现，要以最少的问题获得最完整的必要的信息资料。调查时间要短，整个问卷不宜过长，否则会招致被调查者的反感。

（5）匹配性原则。匹配性原则是指问卷的整个形式要与整体目的相一致。各个问题之间、各数据之间都要相互匹配，不能出现与整体不相符的地方，更不能出现相互矛盾的情况。

2. 问卷拟定的程序

在问卷拟定的实际操作中，每一个步骤都要注意很多的细节，否则，就会产生计量误差。问卷拟定的程序总体上可以分为四个阶段：准备阶段、初步设计阶段、测试与修改阶段、完成阶段（见图4-1）。

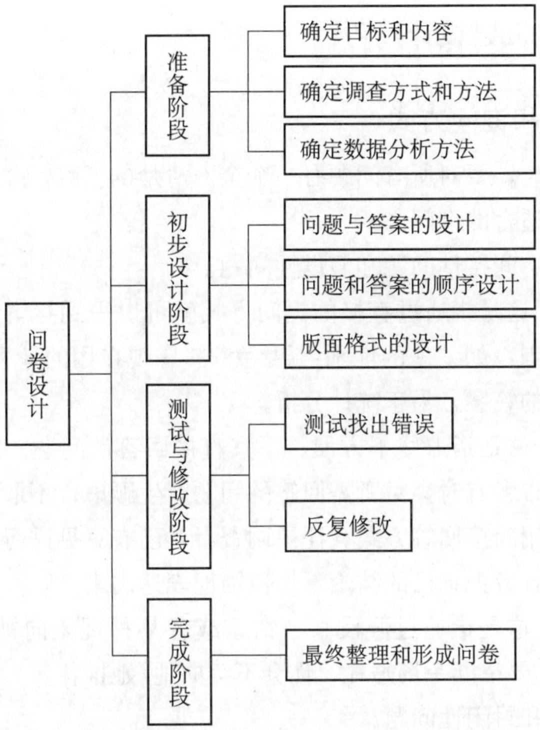

图 4-1　问卷拟定的程序

（1）准备阶段。这一阶段要根据调查问卷需要，确定调查主题的范围和调查项目，列出调查所需的所有资料，区分出主要资料、次要资料、必备资料。确定调查方式及方法，将可要可不要的资料排除，对必备资料加以收集，初步分析被调查者的各种特征，如社会特征、文化特征、心理特征等。以此作为拟定问卷的基础，确定调查结果的整理、统计和分析方法。

（2）初步设计阶段。在准备阶段的基础上，根据收集来的初步资料，按照问卷拟定的原则来设计初稿。这一阶段主要确定问卷的结构，设计问题与答案，并按照调查目标主次进行排序，最后整理问卷的版面形式。需要注意的是，在初步设计中，要确定每项资料需采用的提问方式，尽可能详细列出各种问题，考虑这些问题是否有必要提出，能否得到答案，然后对这些问题进行检查、筛选、编排。另外，还要考虑问卷是否需要向被调查者说明调查目的、要求和注意事项等。设计者在进行问卷初步设计时，要精心研究，反复推敲。

（3）测试与修改阶段。一般来说，初步设计出来的问卷会存在一些问题，有必要在小范围内进行测试。这样可以检查出问卷中的问题，如语句不通顺，问题和选项多余或遗漏，问题的顺序安排不合理，被调查者回答的时间过长等。发现问题后，应做必要的修改，使问卷更加完善。可以在对第一次测试的结果进行审核后再进行多次测试。

（4）完成阶段。前面三个阶段的工作完成以后，就可以将最后定稿的问卷按照调查工作的需要打印复制，制成正式问卷。

4.1.4 问卷的问题设计技巧

1. 问题的类型和询问方式

在进行问卷设计时，要对所有问题有一个全面清楚的了解，并能够根据调查目的和具体情况灵活地选择适合的询问方式。

（1）直接性问题、间接性问题和假设性问题。

1）直接性问题。这是指通过直接的提问方式就可以得到答案的问题，通常会给被调查者一个明确的范围，如“您的性别：男/女”“您现在用的牙膏是什么牌子的?”这类问题可以获得明确的答案，易于统计分析。

2）间接性问题。这是指那些不方便、不宜直接回答的问题。问卷调查中常常会遇到这样的事情，被调查者有时会对所需回答的问题产生顾虑，不敢或者不愿意真实地表达意见，这时，若采用间接回答方式，让被调查者对已有意见进行评价，就能很好地消除这些障碍，使被调查者把自己的结论不加掩饰地表达出来。

3）假设性问题。这是指通过假设某一情景或者某种现象向被调查者提出的问题。例如：“假设你有朋友要举办一场婚礼，你会不会向他/她推荐××婚庆公司?”

（2）开放性问题和封闭性问题。

1）开放性问题。这是指并不向被调查者提供可以选择的具体答案，而是由被调查者根据自身情况自由作答的问题，如“您认为××公司的售后服务还有哪些方面需要改进?”“您觉得大学生应该具备的最重要的素质是什么?”等。

开放性问题的主要优点有：被调查者可以充分表达自己的意见和看法；能够调动被调查者的积极性；可以避免固定选项对被调查者的诱导；从被调查者的回答可以发现其是否误解了问题。其主要缺点有：调查结果不易进行标准化处理，不能深入进行定量分析；调查的质量和准确程度受限于被调查者的知识水平和文字表达能力；被调查者在回答问题时花费时间和精力较多，回答率一般较低。

2）封闭性问题。这是指在提出问题的同时还会给出相应的选项，被调查者只要根据实际情况进行选择，如“最近两个月内，你有没有买过××品牌产品？□有　□没有”。

封闭性问题的主要优点有：填写方便，对被调查者的文字表达能力没有特别的要求；标准化程度高，调查结果容易统一处理，便于定量分析；节省调查时间，回答率较高。其主要缺点有：被调查者受到问题选项的限制，不能准确地表达自己的意见和看法；给出的选项可能对被调查者产生诱导，问卷调查结果容易失真。

以上是从不同角度对各种问题进行的分类，在实际调查中，这几种类型的问题常常结合使用。

2. 问题的答案设计

无论是哪种类型的问题，都需要事先对答案进行设计，不同的情况下可以采用不同的设计方法。

（1）二项选择法。二项选择法又称真伪法或者二分法，是指问题仅有两种答案可以选择，“有”或“无”，“是”或“否”，两种答案一定是对立的、互斥的，被调查者只能二选一，没有其他选择。这种方法便于理解，能让被调查者迅速作出回答，便于统计处理和分析。但被调查者不能进一步表达其意见和看法，因而这种方法调查了解的情况不够深入，只适用于询问较为简单的事实性问题，如“您上周是否打过长途电话？□是 □否”。

（2）多项选择法。多项选择法是指对所提出的问题给出两个以上的答案，被调查者可以从中选择一项或者多项。答案的设计不一定能全面考虑到被调查者所有的看法，所以选项的最后都会设一个“其他”项，让被调查者表达自己的意见。这种方法的优势在于，答案有一定的范围，不似二项选择法具有强制性，且易于统计处理。但是，设计者在设计答案选项时可能会出现重复或者遗漏。被调查者常常倾向于选择第一个选项，调查结果易发生偏差。另外，选项太多，容易使被调查者产生厌烦情绪。多项选择法示例如下：

1）单选：在多个答案选项中只有一个答案。例如：

- 您觉得广告总体效果如何？

A. 很好　　B. 较好　　C. 一般　　D. 差

2）多选：一个问题可提出 3 个或 3 个以上可能的答案选项，由被调查者从中选出一个或几个答案。使用多项选择法时，一般应将答案选项编号。答案选项必须包括所有可能的情况，要求被调查者选择的答案不宜过多。例如：

- 请问您是通过什么渠道看到这些广告的？

A. 电视　　B. 户外广告　　C. 互联网　　D. 报纸
E. 杂志　　F. 其他

（3）顺位法。顺位法是指列出若干项目，由被调查者根据自己对事物的认知程度对答案选项进行排序。可能是对全部答案进行排序，也可能只对其中一部分答案进行排序。顺位法便于被调查者对其意见、动机、感觉等做权衡和比较，也便于对结果进行统计。但若调查的项目过多，则容易分散注意力，难以顺位。例如：

- 您在购买此品牌的汽车时考虑的因素有：

A. 价格合理　　B. 品牌知名度高　　C. 质量好　　D. 售后服务好
E. 外形美观　　F. 维修方便　　G. 安全　　H. 经济省油

按最重要到最不重要排序为：________

（4）过滤法。过滤法又称漏斗法，是指为了避免访问某些不符合调查要求的被调查者，在问题前设置一个过滤问题，将被调查者进行分类，分别进行访问得到想要的信息。例如：

①您在卜蜂莲花购过物吗？□是　□否
（回答“是”的继续问题②，回答“否”的跳到问题③）

例 4－4　过滤性问卷样本

②你常去的是哪个分店？________

③你听说过这家购物超市吗？________

3. 问题语句的组织原则

问题是问卷的核心，是获取数据和信息的关键，因此，设计者必须考虑问题语句的组织对最后所得数据结果的影响，在设计问题语句时坚持以下几个原则。

（1）避免复杂性，使用简单、清晰的词汇。问卷中所使用的词汇必须是被调查者能够准确理解的简单词，尽量不要用专业名词或者晦涩的词。此外，词汇必须具有单一的意思，不能产生歧义，不能语义含糊。

戴维·奥格尔维说过，如果我们试图说服人们做什么事情，购买什么东西，就应该使用他们的语言，他们每天所使用的语言，他们用于思考的语言。我们要尽量用口语写作。

延伸阅读 4-1

农村入户访问

到农村进行入户访问调查，访问员是一个非常重要的角色，他们的服饰穿着、语气表情、询问方式、遣词用句都会影响到调查能否成功。要想获得成功，就必须掌握一定的访问技巧。

1. 在最短的时间里获得信任

（1）北方农村一般都是独门大院，且养着看家狗，对外来人警惕性颇高。若没有请当地的向导，最好是站在门外喊人，等有人应声了再进去。

（2）衣饰着装要朴素，迅速拉近和农民的距离。

（3）进门后的自我介绍亲切、自然，营造轻松、和谐的气氛。

（4）带上公司的介绍信。可适当准备一点公司的小礼品。

（5）赠送一份产品试用装。

2. 以对方一听就懂的语言询问问题

（1）用普通话和农民进行交流，同时要学会当地老百姓对产品和与产品相关事物的常用称谓。比如，北方农村对老面（传统发面剂）的称谓有面肥、老面、面引子、起子等。再如，在中原地区，说“馒头喜欢粘布”指的是馒头容易发馊。在和农民交流的过程中使用这些当地语言，沟通起来会更加容易。

（2）用农民听得懂的语言和他们交流。不要使用专业术语、生僻字词。

（3）碰到受访对象没听清楚或没听明白时，要耐心解释。

（4）询问三原则：按问卷问题的顺序提问；按问题的用词来提问；一个不漏地提问。

（5）多用礼貌用语。受访者若比较热情，请访问员喝茶吃东西，访问员不要过于推辞。

资料来源：改编自季绪龙．日用消费品农村市场调查的几个要点．中国营销传播网，http://www.emkt.com.cn/article/96/9625.html.

（2）避免诱导性和有偏见性的问题。诱导性的问题往往向被调查者暗示了一个特定的答案，或者强烈地建议被调查者在某一问题上应该采取什么立场。有偏见性的问题通常带有感情的偏见，暗示了一种赞成或不赞成的期望。这类问题会导致调查结果产生测量误差。例如：

● 多数电视观众喜欢看武打片，你也喜欢吗？______

● 大多数人都认为广告使得商品的价格提高了，你认为呢？______

● 你通常如何支配你的业余时间，是看电视还是做些别的什么？______

● 很多人由于免烫衣物的改进而越来越少干洗。你怎样认为过去4年里免烫衣物对你使用干洗设施造成的影响？

□使用得更少　　□没有变化　　□使用得更多

延伸阅读 4-2

调查问卷的两个陷阱：诱导性问题和幸存者偏差

我们在测试一个产品的时候，会通过调查问卷的方式调查用户对产品的喜好程度和看法，但调查真的有用吗？收集回来几千份问卷有没有可能数据是无效的？访谈了几百位用户，有没有想过做的可能是无用功？问题出在哪里呢？下面举两个例子说明。

诱导性问题："你喜欢我们的产品吗？"查看这个问题的数据时，会发现大多数用户都选择了"是"，但事实可能大相径庭，人们在回答时往往出于怜悯之心选择这个答案，此问题仿佛在告诉用户"我希望你喜欢我"，用户就会自然而然地给个好评。

幸存者偏差："你花在我们产品上的时间有多少？"这一问题的结果通常涉及用户活跃度，但用户反馈数据和后台数据相差甚远。这可能是由于愿意填问卷的大多数是活跃用户，沉默用户不使用或很少使用产品，不会来填问卷。

总的来说，在做问卷调查时需要警惕以下问题：

● 用户言行不一。用户给的答案不一定是正确的，用户在实际场景中的选择可能和他选择的选项大相径庭。

● 用户摇摆不定。当用户面对抽象性问题或者没有面对过的问题时，会给出倾向问卷设计者预设立场的答案。在编制调查问卷时应尽量用事物或场景触发用户的无意识行为，或说出代入场景的真实体验。

● 能触达的用户群体与全体用户有偏差。比如只选择本地区用户，优先联系留有联系方式的用户。应注意预防样本少、非随机调研的情况出现，否则可能得到以偏概全的结果。

资料来源：改编自调查问卷的两个陷阱：诱导性问题和幸存者偏差．搜狐科技，http://www.sohu.com/a/227538629_114819.

（3）避免否定式问题。采用否定方式提出的问题，语气上带有诱导性，语意上不易直接快速理解。被调查者在回答这类问题时，可能会试图猜测问题背后的目的，这样就容易扭曲被调查者的回答。例如：你难道不认为某某关于社会医疗保险的观点是正确的吗？

（4）避免不清晰的假设。设计问题的表达方式时，不要让被调查者的回答依赖于许多不清晰的假设。在被调查者对所假设的事物没有清楚的认知的情况下，不同的被调查者会自行做不同的假设，这样调查结果就得不到准确有用的信息。例如："如果在儿童麦片中减少糖的数量，你会购买这种儿童麦片吗？"这个问题的假定并不清晰，因为它没有告诉被调查者，减少糖的数量后到底会产生什么结果，是好还是坏。不同的被调查者在回答这个问题时依据的假设标准不一样，最后的结果必定会跟实际情况产生很大偏差。

（5）避免估计的问题。若让被调查者根据估计和推测来回答问题，得到的结果往往是偏离真实情况的。比如"你平均每月在绿色食品上的花费是多少？"被调查者在回答这个问题时，肯定不能得出一个准确的数据，这样的问题就不能达到调查的目的。人类生活的一个简单事实就是人们会遗忘，调查人员在编写关于过去行为或事件的问题时，应该尽量减少被调查者的记忆负担，不出现大概、大约等估计词。

（6）避免双重问题。双重问题就是一个问题中实际上包括两个方面的问题。这就可能使结果非常难以解释。例如："您认为旅馆提供的服务好且高效吗？□是　□否。""服务好"与"服务高效"两个问题融合成一个问题，会使最后在记录和分析答案时模糊不清。

（7）避免提令被调查者难堪的问题。一些敏感的、私人的或者令被调查者难堪的问题，会使被调查者产生抵触情绪，降低回答热情，甚至拒绝回答，在问卷设计中应避免使用。例如："您是否离过婚？离过几次？谁的责任？"又如，直接询问女士年龄也是不太礼貌的，可列出年龄段：20 岁以下、20～30 岁、30～40 岁、40 岁以上，由被调查者挑选。

例 4－5

常见的问卷问题

1. 请问对于这款手机，您的支付意愿是多少？

A. 500 元以下　B. 500～1 000 元　C. 1 000～2 000 元　D. 2 000 元以上

注意：表述简单易懂，避免使用专业词汇，避免产生歧义。

2. 您对海尔的产品质量和售后服务是否满意？

A. 非常不满意　B. 较不满意　C. 一般　D. 较满意

E. 非常满意

注意：一个问题中只能有一个测试点，换句话就叫作测试点单一，避免双重问题。

3. 您懂不懂电脑？

A. 不懂　B. 懂

注意：要容易接受，避免冒犯和敏感的问题使受访者拒绝接受访问。

4. 人们都说，学习机有利于提高孩子的学习成绩，您同意这种说法吗？

A. 同意　B. 不同意

注意：问法要中性，就是要避免问题的倾向性和诱导性。

5. 您家的热水器安装在什么地方？

A. 厨房　B. 浴室　C. 卫生间　D. 其他位置

注意：选项要全面，不能有遗漏。

6. 请问是什么吸引您购买西门子灶具的？

A. 外观　B. 服务　C. 品牌　D. 价格

E. 颜色　F. 售货员态度好

注意：选项之间要独立，不能有包含关系。

4.2 问卷的预编码

问卷收回后，需要对每个问题的答案进行整理、汇总及分析。为了充分利用问卷中的调查数据，提高问卷的录入效率及分析效果，需要对问卷中的数据进行科学的编码。问卷编码工作是问卷调查中不可缺少的流程，也成为数据整理汇总阶段重要而基本的环节。

4.2.1 编码的概念、作用和分类

1. 编码的概念

编码就是对问卷的问题和答案给出一个电脑能够识别的统一的数字代码的过程。

在同一道题目中，每个编码仅代表一个观点，将其以数字形式输入电脑，就可将不能直接统计的文字转变成可直接计算的数字，将大量文字信息压缩成一份数据报告，使信息更为清晰和直观，以便对数据进行分组和后期分析。编码是信息转换的重要手段之一，一般采用数字代码系统。

2. 编码的主要作用

首先，编码减少了数据录入和分析的工作量，节省了费用和时间，提高了工作效率。编码把文字等复杂信息转化成简单的数字，录入简单，且方便利用计算机快速进行分析。

其次，编码是实现计算机处理的桥梁。它将定性数据转化为定量数据，把整个问卷的信息转化为标准的数据库，可以利用统计软件，采用统计分析方法进行定量分析。

最后，编码可以减少误差。定量数据操作简单，且不易丢失重要信息。在编码过程中，利用编码修正回答误差，替代缺失值，能减少调查误差。

3. 编码的分类

（1）根据问卷结构的不同，可分为结构式问卷编码和非结构式问卷编码。

（2）根据问卷中问题类型的不同，可分为封闭式问题编码、开放式问题编码、半开放半封闭式问题编码。

（3）根据编码设计的时间和方法的不同，可分为事前编码和事后编码两种。

事前编码即预编码，主要针对答案类别事先已知的问题，在问卷设计的同时设计编码表。如在封闭式问题中，研究者通常可以事先决定所要分析的答案范围及如何区隔问题的答案，并将这些研究所需的答案给予号码印在问卷上。这种编码设计简单易行，但有可能由于问卷选项的设计缺少某重要选项，或者设置多余选项，从而影响数据质量。

事后编码主要针对那些答案类别无法确定的问题，如文字型的开放题，这种问题要在数据收集完成之后，根据被调查者的回答才能设计出编码表，这种编码表的分类相对准确有效，但比较复杂，需要消耗大量时间和精力。事后编码的详细内容将在第8章进行阐释。

4.2.2 问卷预编码的设计方法

在调查问卷开始设计的时候，预编码设计工作就已经开始了。预编码要求事先已知问题的答案类别，主要应用于结构式问卷中的封闭式问题和数字型开放式问题。

1. 封闭式问题的编码方法

封闭式问题的答案范围研究者事先是知道的，在设计问题时可以列出所有答案，并将这些答案用英文字母或者阿拉伯数字进行编号，被调查者回答问题时只要选择相应的编号就可以了。封闭式问题又包括单选题、多选题及排序题，这三种题型的编码各不相同。

（1）单选题编码。单选题的答案只有一个，编码设计中只占一位。设计问卷时，在问题后统一位置留出相应的位数用于编码，位置的编排应该统一醒目。若有项目没有回答，应编上专门表示无回答的码，不能漏码，也不能与其他答案编码重复。

● 您最喜欢的燕麦品牌是什么？（请在选项前的□里画√）

□品牌 A………………1
□品牌 B………………2
□品牌 C………………3
□其他…………………4

● 请问您的婚姻状况是怎样的？
□（01）未婚
□（02）已婚
□（03）离婚
□（04）分居
□（05）寡居（丧偶）
□（06）同居
□（98）拒答

第一题中的数字 1，2，3，4 和第二题中的 01，02，…，06，98 都是答案的编码。

（2）多选题编码。多选题的选项数不确定，适合采用二分法来进行编码，即每个选项分别有 0 和 1 两种选择，选中的为 1，未选的为 0。在多项选择中，编码就可以由“0”和“选项序号”组成，即选中的码值为答案的序号，没选中的由“0”代表那一项的码值。

要注意：1）对于没有“其他”选项的封闭型多选题，编码的位数即选项个数，不选为 0，选就为选项的序号。2）“其他”选项放在所有选项的最后，供读者填写。这类问题只需将其他选项的文字直接附在选项之后，未填的留空。下面举例说明。

● 您认为一名优秀的大学生应具备的最重要的三项素质是：________（选 3 项）
□①学习成绩好
□②思想品德好
□③交际能力强
□④动手能力强
□⑤心理素质好
□⑥有创新能力
□⑦专业基础扎实

若选择 1，2，3，答案编码为 1230000；若选择 3，4，5，答案编码为 0034500。

● 请问您看的图书的主要来源是：________（选 2 项）（此题含“其他”项）
□a. 自己买
□b. 租借
□c. 向朋友、同事、亲戚借
□d. 别人送的
□e. 单位的
□f. 其他________（请用文字注明）

若选择 a，b，问题答案的编码为 ab0000；若选择 d，f，文字注明为“在线订阅”，则问题答案的编码为 000d0f 在线订阅。

（3）排序题编码。多选排序题要求读者选出最重要的几项，并按照重要程度排序，编码操作与多选题型类似。排序题也有两种形式，一种形式是对所有选项进行排序，这种情况下，编码所占的位数为全部选项的数目，最后的编码即为选项序号的排列；另一种形式是从所有选项中选出其中的几项进行排序，这种情况下，编码所占的位数为所选选项的数目，按序号排列。下面举例说明。

● 请您根据信任程度由高到低对下列广告排序：__________

□①电视广告

□②报纸广告

□③广播广告

□④杂志广告

□⑤路牌广告

答案编码可以为 12345，52341，31254，…

若上述问题改为，选择其中三项进行排序，则答案编码可以为 123，253，452，…

2. 数字型开放式问题的编码设计

对于直接回答数字的问题，编码可直接用该数字表示。例如，在询问被调查者的具体年龄时，若要求调查对象为 18～40 岁之间，则年龄问题的答案编码取值范围也在 18～40 之间。

对数字题设计编码时，可以根据取值范围，核对该题的回答有无明显错误，是否合乎逻辑。另外，要根据问卷的填写要求，对答案编码统一规定格式，以便于数据的对比分析。

3. 品牌表的编码设计

品牌表是记录产品品牌的统计表。它是一种编码表，在涉及产品品牌的问题时有助于被调查者回答及调查人员提问和记录。品牌表中给出所有可能答案选项的代码，使调查人员可以直接编码。

● 请您列举您最喜爱的三个香水品牌：__________

品牌	编码
香奈儿	01
兰蔻	02
雅诗兰黛	03
迪奥	04
伊丽莎白·雅顿	05
⋮	⋮

4.2.3　问卷编码的原则

不论是调查前还是调查后的编码工作都有相同的原则，从这些原则可以看出编码做得好坏，也可以看出问卷设计是否科学合理。

1. 编码的统一性和标准化

无论是封闭式问题还是半开放问题，若存在几个选项内容相同、相近、类似的情况，则可以将这几道题采用统一的编码表。这样做既易于控制编码，又能给后期的数据处理分析带来很多方便。在满足分析目的的前提下，编码设计应尽量标准化。

2. 编码的合理性

编码应充分反映调查项目之间的内在逻辑联系，还要遵循一些数字的用法，如能用自然数绝不用小数；能用正数绝不用负数；能用绝对值小的整数绝不用绝对值大的整数。

3. 编码的广泛性和概括性

最终的编码表应当全面地涵盖问题设计时所要收集的各个方面的信息，要使得每个答案都可以在最终的编码表上找到对应条目。在确定最终编码表的时候，可以根据经验判断编码表是否包含了各个角度的回答。

4. 编码的唯一性和排斥性

不同编码值不能表示相同的内容或存在重叠交叉。每个答案只能有唯一的编码条目与之对应，不应出现同一个答案对应两个或两个以上编码条目的情况。

5. 编码的维护性

对于确定的编码表，在正式开展调查前应在小范围内对编码表进行测试，以便对编码表进行修正，并使编码人员充分理解编码表。在设计阶段很可能没有考虑周全，或者调查中会有其他意料之外的情况发生，在实际操作中要及时修改编码表，所以在设计编码表时应留有余地，以便以后修改。

6. 严格界定回答问题的角度

对于同一个问题，不同的人可能从不同的方面或角度考虑，每一个方面又会有多种有关的观点和事实。如对于“您现在的职业是什么?”这个问题，有可能得到所属行业的回答，如农业、制造业、商业等，还有可能得到职业的回答，如农民、工人、商人等。如果这些答案都出现在同一道问题中，会给编码工作造成麻烦。在这种情况下，编码工作就不能保证唯一性的要求。此类问题是编码人员无法解决的，要避免这种情况的出现，应尽量在正式问卷确定之前根据调查目的调整提问的方式。如果根据调查目的需要了解一个问题多个方面的属性，可以将一个问题分为多个问题，每个问题要求从一个方面进行回答。

4.3 计算机辅助问卷设计

随着计算机网络日益普及，通过计算机网络进行大范围高密度的问卷调查成为可能，以个人计算机为基础的问卷设计在调查研究活动中得到广泛使用，已经成为一个新的发展领域。

调查者通过计算机辅助问卷设计软件来设计和传播问卷，有时还能回收和分析数据。一些公司正着手开发计算机软件进行从问卷的文字处理到最终生成带有方框圆圈和编码的定稿等一系列工作。在设计问卷时，可利用计算机设计程序预先设计问题的格式，确定针对所有问题的态度度量，进行成对的比较，将问题具体化。

4.3.1 计算机辅助问卷设计系统的功能

大多数专用的个人计算机软件已经能够与统计软件如 SPSS 进行交互。调查者通过一些软件将问卷上传到互联网，应答者就可以在网上答题，数据随后就可以传回并进行分析。这类计算机辅助问卷设计软件的代表就是“网络调查者”。

计算机辅助问卷设计系统有几个突出的优点：它比传统文字处理软件更方便、快捷和友好，且功能强大。除了简化问卷设计过程外，许多软件可以将问卷传到互联网上，应答者在网上答题，这些软件程序可以通过自带的数据分析程序自动检索调查结果，也可以将原始数据输出到其他软件如 SPSS 做进一步的数据分析。

计算机辅助问卷设计系统具有三个最典型的功能：创建调查、创建数据文件、数据分析和报告。

1. 创建调查

在典型的问卷设计程序中，设计者通常要考虑问题的形式、回答的种类，是否可选择多个答案，是否可以运用跳转模式，如何编码等。创建调查功能有时表现为菜单形式，或就问卷各部分的提问形式询问设计者的意见。

（1）问题列表。使用者设计问题，问题形式可以选择封闭式、开放式或者量表式。设计者可以在“网络调查者”的问题类型菜单中选择问题形式。点击“选择”键，就从列表中选择了这种结构。

（2）题库。“网络调查者”包含一个用大量问题构成的题库，可以从中选择已有的问题，也可以将原来使用的问题存入题库。

（3）细节。可以定义调查的标题、介绍部分（包括调查说明）、结尾部分。

（4）调查界面。可以从界面模板库中选择背景颜色和调查的图形界面，也可以创造自己的调查模板来适应调查站点的设计风格。

（5）预览。调查者可以使用“网络调查者”在设计问卷的过程中预览问卷，检查、修正问题内容和背景设计。

（6）上传。当调查问卷制作完成后，选择“上传”，程序将创建 HTML 格式文件，并将其传到网页上，建立数据库，收集调查结果。

（7）发送通知。“网络调查者”具备发送电子邮件的软件功能，这是一种创建跟踪电子邮件调查邀请的工具。

2. 创建数据文件

当受访者回答时，许多计算机辅助问卷设计程序可以创建数据文件。在某些软件中，进行电话调查时，可以创建 CATI 数据文件记录调查结果；在一些软件中，可以简化传统的数据录入模式，或允许调研人员方便地查阅问卷。

“网络调查者”是专门设计用来创建和管理网络调研的，当受访者同意时，可以建立数据文件来记录答案，当调查问卷上传到网上时，“网络调查者”的主机会自动开始建立数据文件。如果受访者更改答案，数据库也会随之更改数据；如果调查数据已经被记录，调查者还可以选择是否保留以前的结果；当调查正在进行时，如果你有新的选项或者其他要素需要加到问卷中，可以使用“网络调查者”的更改和重新上传功能。

“网络调查者”的数据汇总过程很简单，每一个受访者完成问卷并点击“提交”后，经过编码的数据被传给网站的数据文件。调查进行时，调查者可以随时下载数据，分析实时效果。

3. 数据分析和报告

大多数问卷设计软件同时兼有数据分析、图表制作及提供最终报告的功能。一些软件有简单的制表功能，其他软件有数据分析功能。

“网络调查者”可以将每一个问题的答案制作成图表，使用者可以将图表直接输出到 Word、PowerPoint 和其他软件中，来创建结果报告。“网络调查者”也有一些特殊的功能，包括根据特殊的答案筛选结果，根据不同的问题交叉制表，在“原始数据”窗口中编辑原始数据。

4.3.2　计算机辅助设计问卷的过程

1. 设计问卷问题

这一阶段与一般的问卷问题设计没有多大差异。需要注意的是，利用计算机技术辅助设计问卷时，提问的方式要简单易懂，对专业名词可以给出简单的示例来帮助被调查者理解问题的含义。

2. 设计数据库

设计数据库是指将设计问卷过程中形成的问题系列，按照数据库的设计要求，形成存储在计算机数据库系统中的问题结构。这一阶段主要完成的工作有：问题编码，问题表结构设计，答案表设计，数据规则设计，数据视图、过程、触发器设计，数据接口设计等。设计数据库过程中主要考虑的问题有：数据完整性、有效性，数据冗余处理，数据库存储空间，数据库访问速度，数据复用性，数据转换等。

3. 设计网络问卷整体布局

这一阶段要通过计算机程序的设计、编码和测试，将第一阶段设计好的所有问题结构以网页页面形式呈现出来，主要进行客户端界面设计和后台处理程序设计。

客户端界面设计是指将数据库中存储的问题结构，按设计问卷过程中形成的问卷表现形式再现为网页形式的过程。客户端界面设计要注意的问题有：界面的易用性和功能的完整性，数据合法性、完整性、有效性的初步验证，问题表现形式的合理性等。后台处理程序设计是指设计有关数据结构，被调查者回答数据的安全性、合法性、有效性、完整性的检验、存储，以及对不同的数据查询、管理请求进行操作的计算机程序集合的设计过程。

4. 测试和试调查

测试是指对问卷的客户端界面程序和后台处理程序功能的测试和修改、完善过程，包括功能性、实用性和易用性的测试和修改。试调查主要是指对经过测试后的客户端界面程序和后台处理程序在较大范围的测试和完善。测试和试调查阶段要注意的主要问题有：数据接口、数据处理和处理流程、操作流程的合理性和人性化。

4.3.3 计算机辅助设计问卷的优点

1. 便利，节省时间

这种问卷设计很方便。有多种样题题型可供设计者选择，也可以自定义设计，方便省事。每个被调查者完成一份问卷后，数据的统计结果可以立即用图表显示出来，图表的类型丰富，常见的有饼图、柱状图、折线图等。统计结果还可以下载，使分析更容易。

2. 外观生动，有吸引力

利用计算机技术辅助设计的问卷表现形式丰富，设计人员可以为问卷加上好看的背景、将文字色彩化，还可以加入音乐、视频、动画，使受访者在回答枯燥无味的问题时有足够的好奇心、耐心，将回答进行到底。

3. 更人性化

在对开放式问题进行设计时，利用计算机技术可设置开放式对话框，并设计成在线文本框或者滚动式文本框，让被调查者自由发挥作答而不受版面的影响。另外，还可以设置弹出式对话框向被调查者作诸如隐私声明的提示。最后，还可以在问卷的结尾处包含用户化的感谢信，这样在应答者点击提交按钮时，就会有一个简短的致谢信出现在屏幕上。

在国际调研业界，问卷设计已经频频使用计算机辅助技术，一些公司专门着手开发计算机软件，把问卷从文字处理到最终定稿都交给程序来运作。

有特殊功能的计算机软件还可进行统计分析，在问卷后续处理上具有优势。设计问句、确定问卷结构和问卷的预测试，这些问卷设计过程中具有较高标准化的工作可以让计算机程序来执行，使调查者从烦琐的工作中解脱出来，完成更有意义的决策工作。关于问卷是人工设计还是软件设计，将会随着技术的发展形成更为合理的分工。

要说明的是，从设计思维到对设计结果的评估和改善，人的智慧绝对不是任何一种智能软件所能代替的。

延伸阅读 4-3
计算机处理的问卷

4.4 问卷的预测试

问卷的初稿设计完成时，通常存在很多的问题，如问题之间相互矛盾、重复，语句含糊不清，问卷太长等。无论调研者在问卷设计上的技能如何，都必须经过预测试来找出改进的地方。

4.4.1 问卷预测试的概念和作用

问卷的预测试就是在问卷正式使用之前进行测试，以发现问卷中的错误或者不足之处。

问卷的预测试可能以标准被访者为对象，也可能特别针对那些对调查问卷的作答感到有极大困难的被访者。

预测试的主要目的是发现调查问卷中遗留的问题。另外，预测试也可以用来测试采访的时间，所获得的时间信息可以当作预算的依据。也就是说，它可能向调查人员暗示调查问卷需要缩短以符合采访预算。最后，预测试还可以用来识别没有意义的问题。问卷中可能存在这样的问题，几乎所有被调查者回答这个问题的答案和方式都是相同的，这种问题不能区分被访者的意见和看法，没有实际意义。

问卷预测试的结果应当用来修改调查问卷，如果调查问卷做了较大的修改，就有必要再进行一次测试。

4.4.2 问卷预测试的途径和方法

预测试可以通过从报告中获取信息和使用草案的方式来运作，具体的方法包括非正式测试、试点调查测试、认知测试、焦点小组访谈及分裂样本测试。

1. 非正式测试

非正式测试可以是对整份问卷的测试，也可能仅对部分问题进行测试。其样本量一般为20～100个不等。当测试的主要目的只是发现问卷的措辞或者问题设计方面的毛病时，所需的样本可以少一些。若测试的目的是从被测试者的回答结果中确定最终答案的选项，则需要进行较多的访问。

非正式测试并不与被调查者进行讨论，被调查者只需要完成问卷的作答，从而真实反映出数据收集过程中可能会发生的情况。非正式测试没有进行深入的调查，因而仅仅表明问卷可能存在的问题，不能解释为什么会出现此类问题，以及如何进行纠正。

例4-6

关于大学生月度花销与网购行为关系的预测试

在早期一项关于大学生月度花销与网购行为之间关系的研究中，由于不清楚大学生具体的月花销，研究者进行了预测试。研究者通过问卷的预测试对问题及答案进行了检验。

预测试题项：请问您每月的花销在哪个范围？

A. 600元以下　　B. 600～999元　　C. 1 000～1 499元

D. 1 500～1 999元　　E. 2 000元以上

预调查的结果：

①600元以下　38人

②600～999元　150人

③1 000～1 499元　10人

④1 500～1 999元　2人

⑤2 000元以上　0人

通过预测试，发现问卷存在以下两个问题：一是分组范围过大，有的组无个案。二是分组间隔不合适，导致有的组个案集中。

调整后，再试调查200人的结果：

①600元以下　20人

②600～799元　48人

③800～999元　80人

④1 000～1 199元　40人

⑤1 200元以上　12人

可以发现，新的题项设计更为合理。

2. 试点调查测试

为了观察包括问卷管理在内的调查过程的各个阶段，需要进行试点调查。试点调查是对正式调查的一次预演，从头到尾进行一次小规模调查演习，包括数据处理和分析。试点调查使调查人员能够了解到问卷在调查的其他阶段的实际情况，如数据收集、处理、审核、插补、估计及数据分析等。

3. 认知测试

认知测试是为了研究被调查者回答问题的过程而设计的，有助于评估问题的有效性，识别计量误差的潜在来源。认知测试包括以下几种：

（1）及时性的认知访谈。这种方法要求被调查者在回答问题时“边想边说”，一边思索，一边自言自语地说出他的感受，对每个问题都进行评论，并解释是如何选择最终回答的。这种方法着重了解被调查者在接触调查问卷每个问题的瞬间的即时反应和认知评价。

（2）回顾性的认知访谈。回顾性的认知访谈是在被调查者完成问卷后进行的。调查者可以要求被调查者解释自己的思考过程，包括怎样选择及为什么选择这些答案，对给出的这些答案的信心程度如何，也包括被调查者怎样理解有关术语和概念。通过这种回顾性的认知访谈，调查者可以对被调查者回答问题背后的思考过程深入了解，对调查问卷可能存在的深层次问题有所认识。

（3）观察被调查者。在一个特定的调查环境中，认知测试还提供了观察被调查者回答问题时思考过程的途径，包括观察被调查者完成问卷的情况。通过观察，可以了解被调查者完成问卷时的行为信息，如被调查者答题的顺序、对回答所作的修改或更正、完成问卷各部分所需的时间等。

4. 焦点小组访谈

焦点小组访谈是指从所研究总体中选出若干个体对所选主题进行非正式讨论。通过焦点小组访谈，被调查者或数据用户有机会把他们的观点纳入问卷设计过程。在测试问卷时，焦点小组访谈可用来评估被调查者对问题和指南中所用语言和措辞的理解程度，并评估可供选择的问题的措辞和形式。焦点小组访谈通常以要求参与者阐述他们对问卷的总体反应开始，然后讨论与问卷有关的特殊问题。主持人可以对问卷的问题逐条审议，也可以聚焦于所关心的某些特定问题。

5. 分裂样本测试

当有两个或者两个以上版本的问卷初稿不知道怎么取舍时，可以进行分裂样本测试。分裂样本测试包括与数据收集过程相联系的样本试验设计。最简单的分裂样本设计是，将总样本分成两部分，一部分使用问卷的一个版本，另一部分使用问卷的另一个版本。

分裂样本测试能比较一个或者多个问题，甚至可以比较整份问卷。除了比较不同的问题，分裂样本测试还能比较不同的数据收集方法，以确定哪一种方法更好。在分析样本之间的差异时，要求样本设计是随机的，且保证有一定的样本量。

4.4.3 问卷预测试的注意事项

大多数问卷在进行实地操作之前，需要至少一次预测试和复查。在预测试时，应注意以下几点：

（1）问卷是否能引起调查对象的兴趣。

（2）问卷问题的意思是否清晰明了。

（3）问题是否易于作答。

（4）各个问题之间是否存在逻辑，问题顺序是否正确。

（5）问卷问题分支路线是否指示清晰。

（6）问卷的布局和长度是否合理得当。

一般而言，应该按照最终调研所要采用的方法进行问卷预测试，并且严格地管理和执行，使预测试和被调查者最终所接受的调查具有相同的环境和内容。

预测试应由正式调查人员承担，熟练的访问员会对被访者所需的解释作出反应，探测被访者感到困惑的领域，并且深测这一困惑的本质。调查人员必须对那些并不是被所有应答者理解的词汇十分敏感，测试问题的顺序，并且注意意料之外的困难。

预测试中的调查样本应和总体样本具有相似性，并且有一定的代表性。预测试中使用的样本大小视目标总体而定，目标总体的种类差异越大，所需的预测试样本就越大。问卷的复杂程度越高，所需的预测试样本越大。

可以在预测试中使用开放式应答的格式，以确定合适的应答种类，比如，哪些可以在最终问卷中成为多项选择问题。必须进行新的预测试，来发现标准化反应类别所产生的任何问题。如果预测试结果表明变化较小，可将问卷作为最终草稿分发，以进行实地操作。

基本概念

调查问卷　　问卷结构　　问卷预编码　　问卷预测试

思考题

1. 设计问卷问题时应注意哪些事项？
2. 如何设计问卷的预编码？
3. 简述问卷预测试的作用。

案例分析

调查问卷初稿

（本章开篇的引例中，要求获得符合研究目的的有用数据信息，有人给出了下面的调查问卷初稿。）

亲爱的女士、先生：

您好！

我是××市场调查公司的员工，我们正在进行有关啤酒市场的调查，可以占用您几分钟时间问您几个问题吗？您所提供的信息对我们这次调查的结果相当重要。

1. 您已经 18 岁了吗？（视情况发问）

是（　）　否（　）

2. 您喝酒吗？

是（　）　否（　）

3. 您喝什么类型的酒？

白酒（　）　葡萄酒（　）　香槟酒（　）　啤酒（　）（跳到第 5 题）

其他（　）

4. 您喝啤酒吗？

是（　）　否（　）（询问结束）

5. 您认为啤酒适合在正规场合还是在非正规场合喝？

正规场合（　）　非正规场合（　）　两者都行（　）

6. 您多长时间喝一次啤酒？

天天喝（　）　一星期一次（　）　半个月一次（　）

一个月一次（　）　一年几次（　）

7. 您在什么场合喝啤酒？

日常进餐时（　）　特别节日（　）　来客人时（　）

周末假日（　）　聚会（　）　郊游（　）

感到轻松愉快时（　）　其他（　）

8. 您知道酒类用多个小瓶组合包装出售吗？

是（　）　否（　）

9. 您认为将 250 毫升的啤酒 6 瓶一组包装在一起销售这种方法如何？

好主意（　）　不好（　）　无所谓（　）

10. 为什么？

11. 您喝过××啤酒吗？

是（　）　否（　）

说明：某啤酒公司现在正准备改进啤酒包装，采用小瓶（250 毫升）6 瓶一组的包装在市场上推出（出示照片）。

12. 如果价格不比单瓶装高，您愿意购买这种包装的啤酒吗？

愿意（　）（跳到第 14 题）　可能（　）　不愿意（　）

不知道（　）

13. 为什么？

14. 您会在哪些场合使用这种小瓶装啤酒？

正常进餐（　　）　特别节日（　　）　小型聚会（　　）

周末（　　）　大型聚会（　　）　野餐（　　）

休息放松（　　）　体育运动后（　　）　其他（　　）

15. 您希望在哪类商店买到这种包装的啤酒？

食品商店（　　）　专门商店（　　）　百货公司（　　）

连锁超市（　　）　其他（　　）

16. 您觉得这种包装的啤酒应该与哪些酒类摆在一起？

白酒（　　）　香槟酒（　　）　葡萄酒（　　）

其他啤酒（　　）　饮料（　　）　其他（　　）

谢谢您的合作！

问题：

1. 此问卷初稿的设计是否符合研究目标？

2. 可否用其他问题来了解顾客态度和购买意向，可用什么方法得到更有用的信息？

3. 对于问卷中的内容，还有哪些需要修改的地方？

第5章 制定抽样计划

学习目标

- 理解样本与抽样的基本概念
- 掌握随机抽样和非随机抽样的方法
- 掌握制定抽样计划的步骤
- 了解样本规模的确定

引 例

美国大选，为何民调错得这么离谱

2016 年美国大选日到来之前，美国主流媒体的民意调查一直是希拉里支持率遥遥领先，美国主流媒体几乎一边倒为希拉里“背书”，认为特朗普毫无希望，然而 11 月 8 日特朗普“逆袭”入主白宫。那么民调为什么不准呢？主流媒体为什么集体失语？其中一个重要的原因是：民调低估了的“大多数”出于“政治正确”默不作声。

此次大选前的民调普遍低估了白人尤其是白人蓝领的投票热情，实际投票的白人蓝领数量大大超过预期。而且，73%的白人蓝领男性和 63%的白人蓝领女性都投票给了特朗普。特朗普还赢得了属于精英阶层的多数富裕、受过高等教育的白人男性的选票。即便是在大学以上文化程度的白人女性中，希拉里也仅获得 51%票数的微弱优势。此外，支持特朗普的少数族裔也比预期更多。

这种民调预测与实际情况的反差可以用布莱德利效应（Bradley effect）来解释，即当选举中有黑人候选人时，民意测验的调查对象尤其是白人不愿意表现出自己种族歧视的一面，通常会撒谎，表示会支持黑人候选者，但是到了投票的时候，他们则会从白人候选者中挑选投票的对象。

此次美国百多年来“最丑陋、最分裂”的选举，造成希拉里和特朗普支持者强烈的情绪对立。大量支持特朗普的“沉默的投票者”并没有在民调中表达自己的真实想法。为了不让自己显得与主流社会格格不入，很多支持特朗普的高学历者、女性在主流媒体的抨击下成了不作声的人，但在真正投票时表达了更真实的想法。

资料来源：改编自美国大选，为何民调错得这么离谱．新华网，http://www.xinhuanet.com/world/2016-11/15/c_129363535.htm.

为制定相应的经营策略，市场调研需要对考察的整体对象的特征作出判断，但是由于人力、资金和时间等因素的限制，研究人员难以或不可能考察相关的所有对象，而只能借助统计学中的抽样理论，进行抽样调查。抽样调查一般是指从总体样本中抽取一定数目的样本进行调查，以获取数据，进而对整体作出估计和推断。

抽样调查降低了信息的获取成本，但如何保证结果的正确性呢？科学的抽样设计十分关键，那么应抽取什么样本，抽取多少样本，怎么抽取样本呢？

5.1 样本与抽样的基本概念

在市场调查中，抽样调查是一种广泛应用的方法。抽样调查是从调查对象的全体中抽取一定数量具有代表性的个体进行调查，这样可以大大减少工作量。将得到的调查资料采用统计方法加以分析、处理和计算后，可以得到与普查相近的结果。

5.1.1 总体和样本

总体是具有某些同质特征或共性的所有元素的集合，也就是调查对象的全体。总体中的每一个元素称为个体。当我们研究北京地区的碳酸饮料消费情况时，所有该地区现实的或潜在的购买碳酸饮料的人群就构成了一个总体，该总体中的每个人均为一个个体。总体的限定是人为的，可以是一群人，也可以是一类团体、企业、情境或活动等。在一项具体的调查项目中，调查对象必须是明确的而不能是模糊的，因此在抽样调查中，总体也应该是确定的。

样本是由从总体中按一定原则和程序抽出的部分个体所组成的集合，是总体的一部分。每个被抽中进入样本的单位称为入样单位。样本中包含的入样单位的个数称为样本容量。抽样调查中，调查的具体实施是针对样本而言的。

5.1.2 抽样和抽样调查

市场调研的方式分为全面调查和非全面调查两种。全面调查方式中，调查总体的每一个单位都是调查单位；非全面调查方式中，只有选定的单位才是调查单位。这些调查单位构成调查样本。由于能力所限，市场调研一般采用非全面调查方式。这就需要从为数众多的调查对象中选取一部分作为调查样本，通过对样本的调查研究，得出总体的基本结论。

这种从总体中抽取样本的过程就是抽样。抽样调查实际上是一种专门组织的非全面调查。它是按照一定方式，从调查总体中抽取部分样本进行调查，用所得的结果说明总体情况的调查方法。抽样调查是现代市场调查中的重要组织形式，是目前国际上公认和普遍采用的科学的调查手段。抽样调查的理论原理是概率论，概率论中诸如中心极限定理等一系列理论，为抽样调查提供了科学的依据。

抽样调查有以下特点：

(1) 节约人力、物力和财力。例如，调查某校学生对新的教学管理规定的意见，若对总体进行调查，共需进行 15 000 次调查（该校共 15 000 名学生），而采取抽样调查，仅需调查 2 000 多人次就可以了。

(2) 更节省时间，收效更快。由于抽样调查仅对总体中的少量单位进行调查，故能十分迅速地得出调查结论。例如，美国每次进行民意测验都会抽取 1 200 名受访者，很快便可得出民意调查的结果。

(3) 具有较强的准确性。抽样调查是建立在统计基础上的科学方法，并由专门人员调查，可确保获取的信息资料具有可靠性和准确性。

尽管抽样调查具有上述优点，但也存在某些局限性。由于抽样调查结果是从抽取的样本中获取的信息资料推断出来的，不可避免地会存在抽样误差。另外，如果抽取的样本数量不足，会影响调查结果的准确性；如果抽取的样本与总体存在较大差距，也会影响调查结果的准确性。

5.1.3　重复抽样和不重复抽样

重复抽样又称回置抽样，是指任何一个样本单位被抽出进行登记以后，再放回去参加下一次的抽取，总数始终不变。

不重复抽样又称不回置抽样，是指各样本单位被抽出进行登记，不再放回去参加第二次抽取。被抽中的样本不会再有第二次被抽取的可能性。抽样过程为：从总体 N 个单位中抽取一个数量为 n 的样本，每次从总体中抽取一个单位，连续进行 n 次抽取，构成一个样本。但每次抽取一个单位就不再放回。不重复抽样的样本是由 n 次连续抽取的结果组成，实质上等于一次同时从总体中抽 n 个单位组成一个样本。连续 n 次抽取的结果不是相互独立的，第一次抽选的结果影响下一次抽样，每抽取一次，总体的单位数就少一个，因而每个单位的中选或下次中选机会不同。因此，不重复抽样有以下特点：首先，每个单位最多只有一次被抽中的机会；其次，随着抽中单位的不断增多，剩下的单位被抽中的机会不断增大；最后，不重复抽样的误差小于重复抽样的误差。

5.1.4　抽样框

抽样的前提是确定抽样范围，它是涵盖总体的一个详细名单，即抽样框，又称抽样框架、抽样结构。抽样框内是一些单位名录，称为抽样单位，可以给抽样框中的每个单位编一个号码，由此可以按一定随机化程序进行抽样。样本就是在抽样框下基于抽样单位抽取的。在抽样后，调查人员也可以根据抽样框中所提供的信息找到被选中的入样单位，从而实施调查。

抽样框可以有多种形式，常用的有工商企业名录、居民户籍簿、黄页电话号码簿、人员名册等。不管是什么形式，抽样框中的单位必须是有序的，便于编号。在没有现成的名单的情况下，抽样框可由调查人员自己编制。高质量的抽样框应当提供被调查单位的更多信息，没有重复和遗漏。例如，以北京的女性为抽样单位，则北京市适龄女性的户籍簿可构成一个抽样框，样本便是在抽样框中抽取的。

通常有三种抽样框：

(1) 具体抽样框。即每一个个体的名字皆列表成册，可以直接按表册名字抽取样本。

(2) 抽象抽样框。即没有直接或具体的表册，只要符合调查条件，个体就有被抽取的可能。例如，在某商厦化妆品柜台前做消费者抽样，尽管没有抽样名册，但抽样框是显而易见的。

(3) 阶段式抽样框。即根据抽样时阶段的不同而随之改变的抽样框。抽样单位可以是个体，也可以是一个同质个体群。例如，北京市的适龄女性可作为一个抽样单位；某企业的女性员工集合也可以是一个抽样单位。

5.1.5 大样本和小样本

大样本和小样本是根据市场调查中所抽选的样本数量不同而划分的。一般地，当样本数大于30时，称为大样本；当样本数小于30时，称为小样本。但是不能笼统地这样区分，由于不同的研究需要，大样本和小样本的界定是不一样的。

在市场调查中，只有抽样方法选择适当，样本数足够大，抽样结果才具有一定的代表性，这是由大数法则决定的。大数法则是统计研究的重要定律，也是对复杂总体进行市场调查时应遵循的法则。

5.2 随机抽样和非随机抽样

调查样本的选取方法分为随机抽样（probability sampling）和非随机抽样（non-probability sampling）两类。随机抽样是指在目标总体中不按任何规则抽取一定数量的个体作为样本。在随机抽样条件下，能使得每一个调查单位都有一定的概率被选中，样本具有较好的代表性；可以估计抽样误差，但要求严格，必须取得调查总体的全部资料，实施起来有一定难度。非随机抽样是指在目标总体中按某种规则抽取一定数量的个体作为样本。在非随机抽样条件下，总体中每一个个体不具有被均等抽取的机会，根据一定的主观标准抽选样本，有很大的随意性，样本的代表性差，难以估计抽样误差，但实施起来方便快捷。抽样方法的选择要根据调研目的和要求确定，还要考虑到调查对象的特点。抽样调查的分类见图 5-1。

- 抽样调查
  - 随机抽样
    - 简单随机抽样
    - 等距抽样
    - 分层抽样
      - 等比例分层抽样
      - 非等比例分层抽样
    - 分群抽样
  - 非随机抽样
    - 方便抽样
    - 判断抽样
    - 配额抽样
    - 滚雪球抽样

图 5-1　抽样调查的分类

5.2.1　随机抽样

随机抽样的具体方法有简单随机抽样、等距抽样、分层抽样和分群抽样等几种。

1. 简单随机抽样

简单随机抽样又叫纯随机抽样，是经典的抽样理论所讨论的抽样方式，是所有抽样组织方式中最简单、最基本，贯彻随机原则最好的方式。它是按照随机原则直接从总体 N 个单位中抽取 n 个作为样本。在取样方法上，无论采用重复抽样还是不重复抽样，都要求做到每个单位具有相同的抽中机会，对总体不进行任何分组、划类、排队等，完全随机地抽取调查单位。

采用简单随机抽样方式之前，要求确定总体的范围，并对总体的各个单位进行编号，形成明确的抽样框，然后采用抽签或根据随机数表来抽选出必要的样本单位构成样本。

(1) 抽签法。先将总体中的每个单元都编上号，写在签上，将签充分混合均匀，每次抽取一个签，签上号码所对应的单元即入样，抽中的签不放回，再接着抽取下一个签，直到抽够所需样本量为止。此种方法适用于总体单位数目较少的情况。

(2) 随机数表法。此种方法使用含有一系列组别的随机数字的表格。许多书刊上会提供一些随机数表，市场调查人员可以根据需要选用，也可以自己制作随机数表。利用特制的摇码器（或电子计算机）在 0～9 的阿拉伯数字中，按照每组数字位数的要求（如 2 位、3 位甚至 10 位一组等），自动随机逐个摇出（或由电子计算机打出）一定数目的号码编成表，以备查用。表 5-1 是按照 2 位数编制的随机数表的节选。

表 5-1 二位制随机数表（部分）

	1	2	3	4	5	6	7	8	9	10	11	12	13	14	15
1	03	47	43	73	86	36	96	47	36	61	46	98	63	71	62
2	97	74	24	67	62	42	81	14	57	20	42	53	32	37	32
3	16	76	62	27	66	56	50	26	75	07	32	90	79	78	53
4	12	56	85	99	26	96	96	68	27	31	01	03	72	93	15
5	55	59	56	35	64	37	54	82	46	22	31	62	43	09	90
6	01	22	77	94	39	49	54	43	55	82	17	37	93	23	78
7	41	11	17	53	71	57	24	55	06	88	77	04	74	47	67
8	61	26	63	7	59	16	95	55	67	19	98	10	50	71	75
9	33	21	12	86	29	78	64	56	07	82	52	42	07	44	38
10	57	60	17	34	44	09	47	27	96	54	49	17	45	09	62
11	70	28	17	12	13	40	33	20	38	26	78	83	51	03	74
12	56	62	37	35	18	98	83	50	87	75	83	11	25	93	47

使用随机数表时，首先要把调查总体中的所有单位加以编号，根据变化的位数确定使用若干位数字，然后查随机数表。在随机数表中任意选定一行或一列的数字作为开始数，接着可按自上而下，或从左至右，或一定间隔（隔行或隔列）的顺序取数，凡编号范围内的数字号码即为被抽取的样本。如果不是重复抽样，碰上重复数字应舍掉，直到抽足预定样本数目为止。

例如，要从 94 家上市公司中抽取 12 家作为调查样本，可先将 94 家公司按 1～94 编号，$N=94$，然后在随机数表上任意选择一行（或一列）中的一个数字作为起点数，从这个数字起按上下或左右顺序取数，每出现两个数字，即为被抽中的单位编号。假定本例是从表 5-1 中第四行第五列的这个数字作为起点，按从左向右的顺序读取，则所抽取的单位是：26，68，27，31，01，03，72，93，15。在顺序抽取的过程中，遇到比编号大的数字，应该舍去。此例中的 96 大于 94，故舍去不用。

（3）随机数色子。随机数色子是由均匀材料制成的正 20 面体，面上标有 0～9 的数字各 2 个。使用时依据的是总体大小 N 的位数，如 $N=420$ 的位数为 3，则将 3 个不同颜色的色子放入盒中，并规定每种颜色所代表的位数，如红色代表个位数，蓝色代表十位数，黄色代表百位数等，盖上盒盖摇动盒子，使色子充分旋转，然后打开盒盖，读出色子所代表的数字。重复上述步骤，直到产生 n 个不同的随机数。

（4）摇奖机。各类彩票中奖号码的产生通常是由摇奖机完成的，这个过程可以在开奖场所或电视节目中看到。将标有数字 0～9 的 10 个球放入摇奖机中，充分搅拌，使球充分转动，直到摇出其中的一个球，记录该球上标明的数字，这就产生了随机数的个位数；将球放回到摇奖机中，重复上述步骤，直到摇出一个球，记录该球所标明的数字为随机数的十位数；同理产生百位数；等等。如此产生一个随机数。重复上述步骤，直到产生满足需要的随机数。

（5）计算机产生的伪随机数。不少统计软件都有现成的产生随机数的程序，使用者也可利用相关语言自编产生随机数的小程序。利用计算机产生随机数具有快捷、方便的特点。但值得注意的是，利用计算机产生的随机数是伪随机数，并不能保证其随机性。

简单随机抽样的意义在于：（1）这种抽样组织方式简单直观，当总体名单完整时，可直接从中随机选取样本；（2）由于抽取概率相同，计算抽样误差及对总体指标进行推断时比较方便，在理论上最符合随机原则；（3）它的抽样误差容易得到理论上的论证，因此它既是其他更复杂的抽样设计的基础，同时也是衡量其他抽样组织方式抽样效果的标准及依据。但是在实际的调查中，编制和获得完整的总体是非常困难的，也是不可能做到的。同时，简单抽样得到的样本较为分散，会消耗比较大的调查成本。因此，简单随机抽样适合总体单位数不是很多，而且样本分布比较均匀的情况。

2. 等距抽样

等距抽样也叫机械抽样或系统抽样，是先将总体各单位按照某一标志顺序排列，然后按照一定顺序和间隔来抽取样本单位的一种抽样组织方式。等距抽样是不重复抽样，它可以保证被抽取的样本单位在总体中分布比较均匀，降低了样本各单位之间的差异程度，提高了样本的代表性。

抽样间隔的计算公式为：抽样间隔＝总体数（N）÷样本数（n）。例如，欲从 110 个企业中采用等距抽样方法抽选 11 个进行调查，可以先对 110 个企业从 1 到 110 进行编号，确定抽样间隔为 110/11＝10。随机抽出起抽号为 2 号，则所抽的样本是编号为 2，12，22，32，42，52，62，72，82，92，102 的 11 个企业。

抽样的排列顺序可以与调查项目有关的标志为依据，如在购买力调查中按收入多少由低至高排列，也可以与调查项目无关的标志为依据，如按户口册、姓氏笔画排列。根据总体各单位排队依据的标志与抽样研究目的之间关系的紧密程度，分为有关标志排队和无关标志排队两种情况。

无关标志排队是指采用与单位标志值大小无关或不起主要作用的标志对总体各单位进行排队。这种方法比较简单，易于操作，所以在实际抽样工作中应用比较普遍。例如要对生产线上正在连续灌装的啤酒进行质量检验，一般的做法是每隔一定时间抽取若干瓶进行检验，由于时间间隔与啤酒质量无直接联系，属于无关标志。这种抽取样本单位的方法实际上与简单随机抽样方法相似。

有关标志排队是指采用与单位标志值大小有关的标志对全及总体各单位进行排队。比如，对公司员工当年收入水平进行调查时，按上年员工的收入水平进行排队；在进行小麦产量调查时，按最近 3 年小麦平均亩产量进行排队；等等。按有关标志排队实质上是运用了类型抽样的一些优点，有利于提高样本的代表性。

与简单随机抽样相比，等距抽样可使中选单位比较均匀地分布在全部总体中，尤其是当被研究现象的标志值的变异程度较大，而在实际工作中又不可能抽选更多的样本单位时，这种方法更为有效。因此，等距抽样是市场调查中应用最广的一种抽样方式。

等距抽样也有一定的局限性，表现在：

（1）运用等距抽样的前提是要有总体每个单位的有关资料，特别是按有关标志排队时，往往要有较为详细具体的资料，这是一项复杂和细致的工作。

（2）当抽选间隔和被调查对象本身的节奏性相重合时，就会影响调查的精度。比如对某商场每周的商品销售量进行抽样调查，若抽取的第一个样本是周末，抽样间隔为 7 天，那么抽取的样本单位都是周末。而周末的商品销售量往往最大，这样就会发生系统性偏差，从而影响等距抽样的代表性。

3. 分层抽样

分层抽样也称为类型抽样。它的特点是先对全及总体各单位按主要标志进行分类，然后从各类中依据随机原则抽选一定数量的样本单位构成样本。

设总体由 N 个单位组成，现在要把它划分成 R 类，使得 $N=N_1+N_2+\cdots+N_R$，然后从每类 N_i 个单位中抽取 n_i 个单位构成样本容量为 n 的样本，使得 $n=n_1+n_2+\cdots+n_R$，这样一个抽样过程就叫分层抽样。

分层时要注意：各层之间要有明显的差异，不至于发生混淆；要知道各层中的单位数和比例；分层的数目不宜太多，每个层次内的每个个体应保持一致性。只有这样，才能使抽取的样本反映该层的特征，提高样本的代表性，减少抽样误差。

分层抽样有两种形式：

第一种是等比例分层抽样。即按各层（或各类型）中的单位数量占总体单位数量的比例分配各层的样本数量。其计算公式为：$n_i=N_i/N\times n$。这种方法简便易行，分配合理，计算方便，适用于各类型之间差异不大的分类抽样调查。如果各类型之间差异过大，则不宜采用，而应采用非等比例分层抽样方法。

第二种是非等比例分层抽样。它不是按各层中单位数占总体的比例分配样本单位，而是根据各层的变异数大小、抽取样本的工作量和费用等因素决定各层的样本抽取数。即有的层可多抽些样本个体，有的层可少抽些样本个体。这种分配方法大多适用于各类总体的个体数相差悬殊或均方差较大的情形。其计算公式为：$n_i=n\times N_i\times Q_i\sum(N_i\times Q_i)$，式中 Q_i 为任意一层的标准差；N_i 为任意一层的单位数。在调研个体相差悬殊的情况下，如按等比例抽样，可能在总体个数少的类型中抽取样本个数过少，代表性不足，此时可适当多抽；同样，均方差较大的，也可多抽，这样可起到平衡均方差的作用。但是，要在调查前了解各层标志变异的大小是比较困难的。

例如：某高校现有在校生 8 000 名，其中四年制本科生 6 000 名，五年制本科生 2 000 名。现在按非等比例分层抽样法抽取 100 名学生作为样本，调查其月消费支出情况，结果如表 5-2 所示。

表 5-2　学生样本的月消费支出情况

学生类别	各层人数	人均消费支出标准差	乘积
四年制本科生	6 000	60	360 000
五年制本科生	2 000	40	80 000
合计	8 000		440 000

据此求出各类型应抽选的样本单位数：

四年制本科生的样本数＝100×360 000/440 000＝82

五年制本科生的样本数＝100×80 000/440 000＝18

按照非等比例分层抽样的样本单位数的公式计算，可以得出各类型应抽选的样本。

4. 分群抽样

前面介绍的三种抽样组织方式，尽管各有不同，但有一点是相同的，那就是从全及总体中逐一抽取样本单位。在实际工作中，为了便于调查，节省人力和时间，往往是一批一批地抽取样本，分群抽样就是先将总体划分成若干群，然后以群为单位按照随机原则从中抽取若干群，对被抽中群的所有单位进行调查的一种抽样组织形式（见图 5－2）。例如，对工业产品进行质量调查时，每隔 5 小时，抽取 1 小时的产品进行检查。

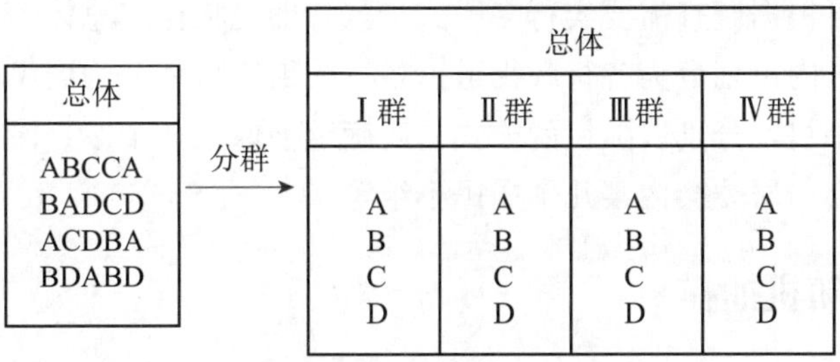

图 5－2　分群抽样示意图

划分群时，每个群的单位数可以相等，也可以不等。每个群中的具体抽选方式，既可以采用随机的方式，也可以采用等距抽样的方式，但不管什么方式，都只能用不重复的抽样方法。

例如，对某高校学生进行生活消费支出调查，如果不是从全校学生中直接抽取学生进行调查，而是从该校全部学院中随机抽取若干学院，对被抽中学院的所有学生都进行调查，这就是分群抽样。该高校每个学院就是一个群。再比如，对连续生产的企业，假设一天 24 小时生产的全部产品构成全及总体，把连续生产 5 分钟的产品视为一个群，那么全及总体一共可划分为 288 个群，如果随机抽取 10 个 5 分钟的产品进行调查，这就是分群抽样。

分群抽样法适用于总体范围大，总体各单位差异性不太明显，或能体现其差异性的指标太多，不易分层的情况。分群抽样是在简单随机抽样的基础上的延伸，因为若采用简单随机抽样，总体大时会因样本单位分散而造成调查费用过高，或因总体相关资料的欠缺使简单随机抽样难以进行。采用分群抽样，等于在不损害对总体的代表性的前提下缩小了总体的规模，弥补了对总体不了解或了解不细的缺陷，也大大降低了调查的难度。

分群抽样的优点是比较容易组织，确定一组就可以抽出许多单位进行观察。但是，正因为以群体为单位进行抽选，抽选单位比较集中，明显地影响了样本分布的均衡性。

因此，与其他抽样相比，分群抽样在抽样单位数目相同的条件下抽样误差较大，代表性较差。在抽样调查实践中，采用分群抽样技术一般都要比其他抽样技术抽选更多的单位，以降低抽样误差，提高抽样结果的准确程度。

当然，分群抽样的可靠程度主要取决于群与群之间的差异的大小，各群体间差异越小，分群抽样的调查结果就越准确。因此，在大规模的市场调查中，当群体内各单位间的误差较大，而各群体之间的差异较小时，最适宜采用分群抽样方式。

分群的标准一般是地域或行政隶属标准，多为地域标准。虽然各地区会有不同的特点，但在同一发展水平的总体内，各样本和总体之间的差异性并不很明显。

分群抽样一般采用两段式步骤，即先按标准分成相应的群体，然后用随机方式抽取部分群体作样本。被抽取的群体的单位总量应与抽样数目相等。例如某市共有150万户居民，共有15 000个居民小组，平均每个居民小组100户，现需抽取500户居民作样本，于是随机抽取5个居民小组作群体，对这5个居民小组内的500户样本实施普查。

分群抽样也可根据调查需要实行多段式步骤，即先将全市总体150万户居民分成各行政区，各行政区内再划分为各行政街道，各行政街道再划分为居民委员会，居民委员会再划分为居民小组，分别以随机的方式先后确定抽取某几个区、区内某几个街道、街道内某几个居委会、居委会内某几个居民小组等。

5.2.2 非随机抽样

非随机抽样是除随机抽样以外的抽样方法，它是指从总体中按调研者主观设定的某个标准抽取样本的方法。采用非随机抽样的法则，是以“立意”为原则的，即在抽样过程中主要依据人为的主观因素，这只有在对总体状况较为了解的情况下才能使样本对总体有较大的代表性。在市场调查中，采用非随机抽样通常出于以下几个原因：

（1）受客观条件的限制，无法进行随机抽样。

（2）为了快速获得调查结果，提高调查的时效性。

（3）在调查对象不确定或无法确定的情况下采用，例如，对某一突发（偶然）事件进行现场调查等。

（4）总体各单位间离散程度不大且调查人员具有丰富的调查经验。

非随机抽样的具体方法有方便抽样（也称偶遇抽样）、判断抽样（也称目的抽样）、配额抽样和滚雪球抽样等。

1. 方便抽样

方便抽样是调研人员考虑到便利性，把在一定时间、地点遇到的人作为调查对象选入样本的方法。它适用于总体单位同质性较高、不需要仔细分辨的调研。通常被调查者被选中的原因只是他们当时碰巧在调研现场。例如：常见的未经许可的街头随访或拦截式访问、邮寄式调查、书刊及报纸内问卷调查等都属于方便抽样。

2. 判断抽样

判断抽样是调研人员或者了解总体的有关人士运用自己的主观判断选择符合一定要

求的单位或个人作为调查对象的方法，适用于对调查单位有特别要求的调研。实施判断抽样法时，判断抽取的样本是否具有代表性，完全取决于抽样者对总体的了解程度及其工作经验和判断能力。在进行判断抽样时，应尽可能利用可借鉴的有关总体情况，从中选取具有较高代表性的样本，比如从行业中抽选若干领导型、追随型或补缺型企业作为样本，来考察行业整体的经营状况，在众数组中选取样本，在平均数组中选取样本等。如果对总体的本质没有任何了解，此法只能在总体范围小或精确度要求不高的情况下使用。这种方法有可能取得具有较好代表性的样本，但受主观因素影响较大。

通常，在下面的情况下采用判断抽样：

（1）确定新产品的潜在市场。

（2）从某行业市场中选聘能较好地代表各自公司的采购工程师。

（3）确定法庭上的受聘专家。

（4）为测试一种新的促销展示方法而选定百货商店等。

运用判断抽样法，实际上考虑了调研人员抽样的方便性，更容易有效地获得数据，而且简便易行，有一定的实践意义。但要注意尽可能减少由主观判断偏差而引起的工作偏差，且不能过高估计样本对总体的代表性。

3. 配额抽样

配额抽样是先根据总体的结构特征将总体分为若干类别，这些结构特征称为控制特性，例如市场调查中消费者的性别、年龄、收入、职业、文化程度等，然后给各个类别分配一定的与总体结构特征大体相似的样本单位数量，再采取判断抽样的方法。它可以看作是划分为两个阶段的判断抽样。

第一阶段是确定总体中个体的特征或配额。为分配这些配额，调研人员应列出相关的控制特征，如性别、年龄、民族等。至于如何确定控制特征，主要依赖于调研人员的主观判断。一般来说，配额分配应使具有这些控制特征的个体在样本中所占的比例与具有这些特征的个体在总体中所占的比例趋于一致。

第二阶段是利用方便抽样法或判断抽样法抽样。一旦配额分配完成，在如何选择个体的问题上是较灵活的，唯一的要求是所选个体应符合控制特征。

配额抽样适用于对样本代表性较高的调研。实行配额抽样法的主要理论依据是：在按一定的控制特性（指标）划分总体后，各子总体内单位间的差异基本消失或不重要，从子总体内抽取的样本均能代表子总体的一般情况，因而不必再按随机抽样法确定子总体内的具体样本单位。

运用配额抽样法的关键是控制特性（指标）选择得当，使划分出的各子总体相互之间的差异性明显，而子总体内各单位则趋于同一。此外，也要掌握各子总体占总体的比例，这样才能完成配额的分配。

例如，某高校有学生5 000名，其中，男、女生各占50%；文科学生占40%，理工科学生占60%；一、二、三、四年级各占30%，30%，20%，20%，现在要用配额抽样法依据以上三个类别抽取规模为100人的群体作为调查的样本，依据总体构成和样本数，我们可以得到下列配额数（见表5-3）。

表5-3 配额数表

	男生（50人）								女生（50人）							
	文科（20人）				理工科（30人）				文科（20人）				理工科（30人）			
年级	一	二	三	四	一	二	三	四	一	二	三	四	一	二	三	四
人数	6	6	4	4	9	9	6	6	6	6	4	4	9	9	6	6

表5-3中最下面一行就是根据研究总体中各种特征成员所占比例抽取样本数为100人的配额情况，它使样本在这三方面与总体保持了一致。

4. 滚雪球抽样

滚雪球抽样是指先随机选择一些被访者并对其实施访问，再请他们提供另外一些属于所研究目标总体的调查对象，根据所形成的线索选择此后的调查对象。

在滚雪球抽样中，第一组访问对象一般是随机选择的。此后，调研人员要求第一组的访问对象推荐属于目标总体的其他个体，这些人构成第二组；第二组的访问对象再推荐属于目标总体的其他个体，这些人构成第三组；依此类推，后面的访问对象均基于前一组的推荐。这样，样本是一层一层被推荐得到的，形成滚雪球效应，故叫作滚雪球抽样。

显然，滚雪球抽样是一种由推荐获得样本的抽样模式。它能够较好地满足调研方案中抽样设计对样本的诸如人口统计学和心理学等特征的要求，因为推荐人能够较好地把握下一层样本是否具备这些特征。另外，滚雪球抽样还可以实现对特殊总体的稀有特征的测试，这也是该方法希望达到的主要目的。例如，在政府机关的某些特殊分支机构里，工作人员的姓名是保密的，对这些人员的心理素质测试最好采取滚雪球抽样；再比如，对年龄在35岁以上女性参加健身俱乐部的动机调研，对竞争品牌消费者的品牌偏好调研，以及对买卖双方行业行为的调研等，都可以使用这种方法。

延伸阅读5-1

“灰色收入”统计引出方法之争

2010年8月25日，国家统计局官方网站发表署名为王有捐的文章《也谈城镇居民收入的统计与调查方法——与王小鲁博士及其课题组关于调查推算方法的商榷》，对媒体记者采访中国改革基金会国民经济研究所副所长王小鲁博士撰写的报道《不应回避的灰色收入》作出回应。

王有捐的文章认为，王小鲁测算的2008年城镇居民被统计遗漏的隐性收入高达9.26万亿元，其中5.4万亿元是灰色收入。文章中称，王小鲁使用的调查方法，如利用居民主要支出的数据来验证收入数据有可借鉴之处，“但其课题组使用的调查和估算方法有值得商讨之处，自然其估算结果也有过高之嫌”。

“首先，由滚雪球法调查得出的结论受主观因素影响较大。”文章称，王小鲁博士课题组的调查方法是让调查者找自己的亲戚、朋友或者邻居来做调查，再通过这些人又找他们的亲戚、朋友或者邻居进行调查，从而取得居民收入和一系列消费结构方面的数据。“这种滚雪球抽样尽管最初选择调查对象时是采用随机抽样，但是最后的样本都是非概率样本。”文章说，报道中提到，研究人员认为滚雪球抽样调查取得的数据具有较高的可信度，但是，这一结论是如何得来的则缺少说明。“试想，这些不愿意向统计局调查员透露自己实际收入的高收入人群会仅因为调查员是熟人就如实相告？这显然与中国几千年来的传统不相符，怕露富是常态，对熟人恐怕也是如此。”

资料来源：改编自陆纯．居民“灰色收入”统计引出方法之争．北京青年报，2010-08-25，B1.

为了方便对比，表5-4列出了以上四种非随机抽样方法的优缺点。

表5-4　非随机抽样方法的优缺点

抽样方法	优点	缺点
方便抽样	省时、省钱，样本容易获得，测量容易，且容易获得调研对象的合作；可用于形成观点和假设的探索性调研和预测试调研及实施一些大型调研	样本偏差往往较大，有时不能较好地代表总体；它不适合描述性或因果性调研
判断抽样	成本较低、方便快捷，广泛应用于商业领域的市场调研；不需要进行广泛的总体推断	工作人员的主观因素对调研质量的影响较大，这种影响取决于调研人员的判断力、专业知识水平及创造力
配额抽样	在实践中简便易行，节省费用，能够较快地取得资料数据；样本能大致上按总体的分布抽出	如果与问题相关的某个特征未被考虑进配额，配额样本可能不具有代表性；在实施中包括太多的控制特征；存在调查员的选择偏好，难以避免主观因素的影响
滚雪球抽样	在保证样本具有某种特征的情况下，能使抽样误差较小，且样本容量较小；适用于对特殊人群的某些特征的调查	抽样时过分依赖人际关系，且抽样质量受到下一层人员质量和判断力的影响

5.2.3　抽样方法的选择

在实际市场调研过程中，面对各种各样的抽样方法，应该根据调查项目的特点和抽样方法的特点来作出选择。

1. 随机抽样的特点

随机抽样的特点主要表现在其优缺点上。其优点是：一方面，随机抽样是从总体中按照随机原则抽取一部分单位进行调查，调查范围和工作量比较小，且排除了人为的干扰，因此能省时、省力、省费用，又能较快地取得调查的结果。另一方面，随机抽样能够计算调查结果的可靠程度。可通过概率推算值与实际值的差异，将抽样误差控制在一定范围内。但随机抽样也存在缺陷。首先，对所要调查的样本都同等看待，难以体现重点。其次，抽样范围比较广，所需时间长，参加调查的人员和费用多。最后，需要专业人员进行抽样和资料分析，一般调查人员难以胜任。

2. 非随机抽样的特点

非随机抽样按一定的主观标准抽选样本，可以充分利用已有资料，选择较为典型的样本，使样本更好地代表总体。同时可以缩小抽样范围，节约调查时间、调查人员和调查费用。这是其优点。当然，由于样本被抽取的概率不一样，概率值的大小不清楚，非随机抽样无法借助概率计算推算值与实际值的差异，因此无法判断其误差，检查调查结果的准确性。这是其最主要的缺点。

随机抽样比较适合结论性调研，因为结论性调研为了保证结论（描述性结论或因果性结论）的严谨性，需要较精确地估计抽样误差，需要较大的样本，操作上应十分严谨。非随机抽样调查更适合探索性调研，因为探索性调研为了更快地探明问题的原因和大胆地提出方案假设，需要更灵活的、小样本的调查，而不必过多地计较调查误差。事实上，调查误差可以通过方案评估过程中进行的结论性调研去处理。

目前，大多数用于调研的样本都是非随机抽样得到的。如果进行真正意义上的非随机抽样，比如对人口进行配额调研，结果通常是有效的。但是，由于其要求严格，对大多数实际应用来讲，其成本太高，而且太耗时。因此，必须对特定调研的抽样方法予以认真说明，给出其可接受的理由及提供精确数据的可能性。

3. 选择抽样方法的标准

表5－5给出了综合的选择标准。当对总体特征评估精度要求较高时，应采用随机抽样。因为随机抽样能够较好地消除选择样本的偏见，并可估计抽样误差。如果非抽样误差突出，则非随机抽样较适合。

表5－5　选择抽样方法的标准

因素	非随机抽样	随机抽样
调研性质	探索性	描述性、因果性
主要误差	非抽样误差	抽样误差
总体特点	同质	异质
统计分析	不适合	适合

选择抽样方法还要考虑总体本身的特点。对异质性较强的总体，采用随机抽样可以获得一个有代表性的样本。从统计学的观点出发，还可以使用常用的统计方法对随机抽样的结果做进一步的理论分析。对此，非随机抽样方法是不适用的。但是，随机抽样复杂且需要调研人员具备统计学知识，故其成本高且费时。由于在市场调研项目中，时间

和预算都受到限制，因此在实践中究竟采用哪种抽样方法，还应根据调研资源条件、性质和目的综合决定。

一般地，非随机抽样通常用于无须推断总体特征的概念测试、包装测试及复制测试等，这些调研主要关注某一问题的不同答案或不同态度的样本的比例。随机抽样适用于诸如对整个市场、市场份额或销售额等做精确评估的调研。在全国性的市场跟踪调研中，提供产品分类及品牌使用率以及消费者人口统计学及心理统计学特征的分析等，也主要采用随机抽样。

延伸阅读 5－2

千人异地随机查，发现问题查到底

2019 年 6 月 22 日中午抵达武汉后，第四次全国经济普查事后质量抽查工作组赶赴湖北赤壁市，至此，全国 31 个工作组先后奔赴全国 31 个省（自治区、直辖市），开展历史上最大规模的全国经济普查事后质量抽查。

根据随机抽样和保密的原则，国务院经济普查办公室会随机抽取样本县（区），每个样本县（区）又随机抽取样本普查区（小区），每个普查小区再随机抽取核查单位，具体查哪里，只有抽查组到了抽查地才能开封确定。

按照国务院经济普查办公室的要求，抽查工作人员要全程使用手持移动电子终端（PAD）填报核查数据，通过统一数据处理平台完成抽查数据的接收、审核、比对和汇总分析。企业此前填报的普查资料都已即时在线显示在 PAD 上，会同企业现场回答的信息比对确认数据真实情况。现场比对、现场核实提高了事后质量抽查工作效率和抗干扰能力，保证抽查结果的客观、公正、公平。

与以往经济普查不同的是，这次事后质量抽查参与人员最多、规模史上最大，而且异地交叉抽查，严防数据造假。国务院经济普查办公室从各地统计机构、国家统计局司级单位共抽调了 1 059 名业务骨干参与事后质量抽查工作，按照地域交叉、专业交叉的原则，组建了 31 个抽查工作组。除了抽查人员，国务院经济普查办公室还在全国招募了 31 名事后质量抽查社会义务监督员，全程参与事后质量抽查工作，并对抽查工作全过程实行监督。

资料来源：改编自重华．史上最大规模普查数据抽查：千人异地随机查、发现问题查到底．第一财经，https://www.yicai.com/news/100236887.html.

5.3 制定抽样计划

抽样计划是市场调研人员从总消费群体中抽取一小部分样本进行研究，然后得出关于总体的结论。样本是指从总体中挑选的能代表总体的一部分。理论上，样本应具有代表性，以便调查者能准确地估量总体的思想与行为。

5.3.1 设计样本的四个决策

1. 调查对象

调查者必须决定需要什么信息，以及从谁那里能得到这一信息。例如，为研究家庭购买汽车的决策过程，调查者的询问对象应该是丈夫、妻子、其他家庭成员、经销商的销售人员，还是所有的人。

2. 抽样规模

抽样规模可以采用统计理论中的样本规模确定方法，在规定了精确度的水平后，使用标准方差的相关公式来计算得出。

一般来说，大样本要比小样本可靠。没有必要为得到可靠答案而去调查整个目标市场，或其中的一大部分。只要选择得当，占总体不到1%的样本就可以提供可靠的答案。

3. 样本选取

使用随机样本，总体中的每个人都有被抽取的机会，而且调查者可以计算可信度，以计算取样误差。不过如果随机抽样成本太高或费时太长，营销人员就会采取非随机样本，这样的话取样误差就无法计算出来了。不同的抽样方法有不同的成本和时间限制，其准确度和统计属性也不相同。最佳方式的选择取决于调查项目的需要。

4. 抽样程序

抽样程序可以按照各种抽样调查类型的不同要求进行。

5.3.2 抽样设计的原则

1. 高效率

在抽样方案设计中，费用与精度是一对基本矛盾，这类似经济学中投入与产出的关系，我们希望抽样所耗费用尽可能少，而取得的数据精度尽可能高，即设计出高效率的样本。在抽样方案设计中，高效率有两种情况：

（1）在规定的费用之内达到尽可能高的精度。

（2）以尽可能少的费用达到规定的精度。

这两种表述的本质是一样的，都是要获得尽可能高的精度费用比。

2. 目的性

抽样方案设计作为整个调研设计的一个组成部分，是服务于调研课题目标的，是为了达到调研目标的手段。如果纯粹从抽样设计本身来说，精度费用比很高的样本就是一个好样本，但假如这个样本不能满足调研目标的要求，就算不上完美的样本。因此抽样设计中必须认准调研目标，服从调研课题的要求，例如总体定义的范围是否符合调研设计中对调研对象的规定，抽样单位的确定是否恰当，某种抽样程序所产生的样本能否满足所有主要变量对总体的推断等。

3. 可度量性

可度量性是指能够从样本自身计算出随机抽样误差。只有具有可度量性的样本，才能对总体进行统计推断。前面提到，非随机抽样无法计算出抽样误差，因而不具备可度量性，只有随机抽样才可能计算出抽样误差。但是，并不是说所有随机抽样都具有可度量性，不恰当的抽样设计也可能无法计算抽样误差，比如在分层抽样中，每一层至少应抽选两个抽样单位，如果只选一个就无法计算抽样误差。

4. 可行性

在抽样方案的设计中，必须考虑该方案在实地实施抽样时是否易于执行，为此，方案设计者应尽可能多地了解所欲实施抽样调查的地区当时当地的具体条件。另外，为防止抽样方案在执行中走样，还应该用简明易懂的语言编制一套实地工作文件，使不懂抽样理论的调查人员也能明确知道在实地抽样过程中应该干什么和怎么干，以尽量减少实地抽样作业中的错误。

5.3.3 抽样设计的步骤

开发一个具有可操作性的样本计划大致需要五个步骤，如图 5－3 所示。

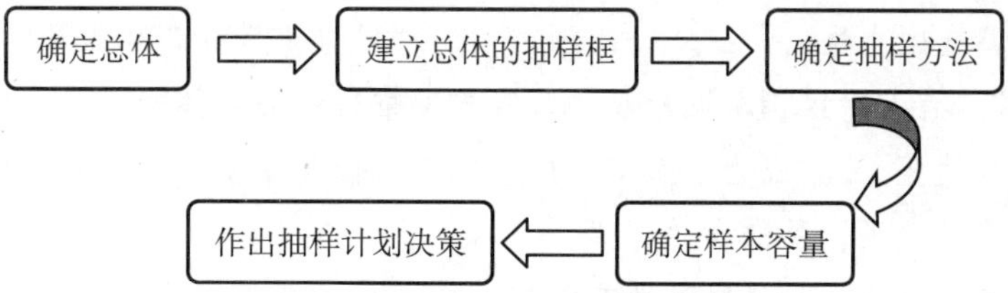

图 5－3　抽样设计的基本步骤

1. 确定总体

这个总体是根据调研目的定义的一个目标总体。这个目标总体的外延范围在现场调查中往往是由现场观察询问者具体确定的。比如直接访问消费者时，访问员遇到某一特定的消费者，认为其合格才使其成为目标总体的一员。因此，目标总体的范围和完整性并不特别重要，重要的是其科学的定义，也就是说为了满足研究目的需要，必须详细说明可提供信息或与所需信息有关的个体或实体（如公司、商店等）所具有的特性，一般可从以下几方面进行描述：地域特征、人口统计学特征、产品或服务使用情况、认知程度等。

2. 建立总体的抽样框

从某种意义上说，抽样结构起着划定总体界限的作用，完善的抽样框架的建立对于科学抽样来说显然是非常必要的。这里主要是对于可建立具体抽样结构的目标总体而言，例如，注册的学生编号列表与家庭住户对应的电话号码簿等，就属于目录结构类；要想在某地区抽取样本，需要在地图上具体标出地域地点，就属于地域结构类。这些都是具体的抽样框架。

但是，实际上电话号码簿不包括那些没电话的居民和那些没有公布自己号码的居民。一些潜在的因素证明，公布电话的居民和不公布电话号码的居民在一些重要的特征上具有很大的区别。很明显，那些不主动提供电话号码的居民很有可能是房客（租房者），最近刚搬家或人口多、孩子小、收入低的家庭。在某些产品的购买、拥有、使用方面，这两种类型的人具有显著的差别。

因此，在抽样调查中形成一个适当的抽样框，经常是调查者面临的最有挑战性的问题之一。

延伸阅读 5-3

调查权威性遭质疑

2014年，APEC领导人峰会在北京举办，在会议开始前，一份“过半受访北京人支持长期单双号限行”的调查问卷引起了网友的争论。有网友认为，调查问卷本身设计并不科学，有将“APEC蓝”完全归功于单双号限行的嫌疑。

在这份调查问卷里，共有4个问题，按照顺序分别为：“对APEC期间空气质量的满意度”“有人建议将单双号限行政策长期推行下去，你的态度如何”“如何让北京出现更多的蓝天”“成为北京空气质量常态大概需要多少时间的努力”。

调查结果引发了网民的争论。调查结果显示，有84%的受访者对APEC期间的空气质量表示满意，过半受访北京人（56.9%）支持长期单双号限行。多数网民将焦点放在了“是否长期支持单双号限行”的调查数据上。调查结果显示，50岁以上年龄组受访者“强烈支持”或“支持”长期实行单双号限行的比例最高，女性受访者比男性更支持该政策。而不支持该政策的受访者比例仅为22.2%。在这4个问题中，有3个问题直接或间接涉及“APEC蓝”，而关于单双号限行的调查问题，则穿插在有关“APEC 蓝”的问题中。有网民认为，这会误导受访者，让他们误以为“APEC 蓝”即单双号限行的结果，“使得调查结果不科学”。除此之外，对于问题的设置，也有一些网民认为不科学，“在问题之前提示‘有人建议’，本身就是一种误导”。

一家专业的数据分析机构的工作人员介绍，这份调查在样本量和抽样形式等多个方面都不够严谨。该工作人员说，对于诸如单双号限行这样重大的公共政策，需要更准确的信息，需要较大样本，不能太随意。这个调查样本的种类还应分为“家里没有人开车”和“家里有人开车”两种，现在得出的调查结果，只能代表部分民众，而这部分投赞成票的可能大多是没有车的民众。

资料来源：过半北京人支持单双号限行引争议 调查权威性遭质疑．新京报，2014－11－15.

3. 确定抽样方法

选择哪种抽样方法取决于研究目的、经济实力、时间限制、调查问题的性质。可供选择的重要抽样方法如前文所述可分为两大类：随机抽样与非随机抽样，每大类中又有许多可供选择的具体方法。总的来说，这两类方法中，前者在获取准确的样本方面更科学、更有效，但后者在有些情况下又较实用或更可取。

4. 确定样本容量

样本选取方法一旦确定，就应确定所需样本的大小即样本容量。样本容量的确定是一个较复杂的问题，需使用数理统计方法。关于这个问题，下一节会有详细阐述。

对非随机抽样，通常我们仅依靠可得到的预算经费、抽选规则、子集量分析来决定样本量。然而，就随机抽样而言，还需要在允许误差的目标水平（抽样结果和总体指标的差异）和置信水平（指置信区间的概率，置信区间是样本结果加减允许误差形成一个涵盖总体真值的范围）下计算样本量。

5. 作出抽样计划决策

这是从最终样本中收集基本资料的准备工作。其中包括一份非常准确而又具体的指导实地选取样本工作的说明书。只有备妥了说明书，抽样设计和计划工作才算完成。

5.4 确定样本规模

在调查实践中，样本规模的确定是一个非常关键的环节。随机抽样的主要目的是通过样本的情况去估计调查总体的情况。如果样本量过小，抽样误差太大，调查结果就不具有说明总体情况的代表性，也就失去了定量研究的意义；而样本量过大，又会导致成本支出较高，无法体现抽样调查的优越性。因此，样本规模的确定总是涉及调查成本与样本代表性之间的权衡。

5.4.1 样本规模的概念

样本规模（sample size）又称为样本容量，指的是样本中所含个案的多少。确定样本规模也是每一项具体的市场调查所必须解决的问题之一。统计学中通常以30为界，把样本分为大样本（30个个案及以上）和小样本（30个个案以下）。之所以这样区分，是因为当样本规模大于30时，其平均数的分布接近正态分布，许多统计学的公式就可以运用，也可以用样本的资料对总体进行推论。

5.4.2 决定样本量大小的主要因素

样本量是指样本中所包含的抽样单位的数目。影响样本量大小的因素比较多，从实际情况看，一项调查活动样本量的最终确定，是对数理统计、管理需求、调查实施三个方面进行综合权衡的结果。因此，确定一个科学而合理的样本量，至少要考虑三方面的因素：一是数理统计方面的因素；二是管理需求方面的因素；三是调查实施方面的因素。

1. 数理统计方面影响样本量大小的因素

样本是从总体中抽选出的一部分，其作用是通过对抽出的这部分的了解，去估计或推断总体的相应情况。例如，想要了解一个选定的住宅小区所有常住居民的年龄状况。从理论上讲，如果想要得到准确的数据，可以采取全面调查的方式，逐个登记该小区的所有常住居民的年龄。假设小区共有居民1 000人，通过对这1 000人的逐个登记，可以得到这1 000名居民中不同年龄或年龄段在总体中的比例，也可以计算出这个小区1 000名居民的平均年龄。而采用抽样的方式，只需从小区的1 000名居民中选取一部分进行调查。如果采用随机抽样的方式，抽选的样本量越大，就越能接近小区总体的真实情况。一般而言，样本量越大，对总体的代表性越强，样本的统计值偏离总体的参数值就越小。

从统计上讲，影响样本量大小的主要因素有四种：

（1）总体的构成情况。总体的构成情况分为两个方面：一是总体规模的大小，即一个总体中所包含的抽样单位的多少。总体规模大，样本量相应要大；总体规模小，样本量相应要小。二是总体内部的构成情况，即总体的异质情况。总体内各构成单位之间在某些特征方面的差异特性称为异质性，差异的程度称为异质程度。而特征的相似性及相似程度就称为同质性和同质程度。样本量的大小除了受总体规模的影响，还受总体异质性的影响。总体的异质程度越高，需要的样本量就越多。在完全同质的总体中，由于总体内部个体之间不存在任何差异，因而不管其规模多大，任选一个个体就足以说明总体的情况，不存在样本量大小的问题。从总体的内部构成情况方面去考虑样本量，主要就是考虑组成总体的各个个体之间的异质性程度。

（2）抽样误差的大小。抽样误差是由抽样的随机波动性特征所导致的样本代表性偏差。假如我们从一个特定的总体中随机抽取相同数量的样本，每抽取完规定的样本数，就完成一轮抽样。如果进行第二轮、第三轮甚至更多轮抽样，每次得到的样本都不会完全一样。第一轮的样本统计值与第二轮、第三轮的样本统计值之间会有差异。这种差异就是由抽样的随机波动性引起的。为什么会出现这种情况呢？这是由于用随机抽样的方法抽取总体中的单位，每个单位都有相同的被抽中的机会，但能够抽中哪个单位纯属偶然。尽管每一轮抽样的样本量都相同，但被抽中的单位是不完全一样的，样本的统计值也不会完全相同。抽样误差直接反映的是样本之间的差异，而不是样本统计值与总体参数值之间的差值。但我们关注的是样本统计值与总体参数值之间的差异。那么，抽样误差又如何能反映样本统计值与总体参数值之间的关系呢？

在用样本统计值去估计总体参数值时，就会有样本统计值偏离总体参数值的问题。假如有一个 1 万人的总体，通过随机抽样选取 100 人的样本，这 100 人的平均年龄为 35.2 岁，用 35.2 岁去估计总体 1 万人的平均年龄。但是我们通过全面调查的方式，对总体 1 万人的年龄逐一登记，得到的实际年龄值是 38.7 岁，则在样本统计值与总体参数值之间存在着 3.5 岁的差异。造成这种差异的原因有两个：一是由抽样导致的；二是由抽样以外的人为因素造成的。人为因素可以通过诸如加强管理等方式克服，但不能完全消除。而抽样误差却是由于抽样本身导致的，不可能通过人为努力克服。在此专门讨论抽样误差。

在讨论抽样误差之前，还需要明白一个事实，那就是总体参数值往往只是一个理论值，一般难以在调查实践中得到。即使总体规模确定，如全国人口普查，也因为人为因素不可能完全避免误差，得到的总体结果与真实的情况之间始终存在误差。更何况在市场调查中，许多总体的界线是非常模糊的，难以涵盖组成总体的所有个体。在抽样调查中，总体的参数值通常是一个未知的常数。

从理论上讲，总体参数值可以由下列方法得到：我们可以设想，从总体中用同样一种抽样方法反复抽取规模相同的样本，并计算出每轮样本的统计值，直到穷尽所有可能的样本组合，得到所有可能的样本统计值。在理想状态下，所有可能的样本统计值的平均值就应当等于总体的参数值。

抽样误差的大小实际上反映了一个样本统计值偏离总体参数值的程度——抽样的精度。抽样误差越大，说明该次抽样得到的样本统计值偏离总体的程度越大，样本对总体的代表性越差，精度越低；抽样误差越小，说明样本统计值偏离总体参数值的程度越小，样本对总体的代表性越好，精度越高。抽样误差反映出样本对总体的代表能力。

（3）分组统计频数与最低样本量。一份调查问卷通常包含了数十个问题，每个问题有几个到十几个不等的选项。在进行统计分析时，我们常常根据问题的选项将调查对象分为若干组别，以比较他们在某些方面的异同。

例如，在一项关于广告效果的调查中，我们除了想知道所有被调查者对该则广告的态度外，还想比较男性和女性对该则广告态度的差异。如果总的样本容量为 300 人，要求男女各占一半，则每组的样本量为 150 人。如果再按受教育程度分为初中学历及以下、高中学历、大学学历及以上三组，则每个小组的样本量为50人。具体的分组情况及各组的样本量如表5-6所示。

表5-6 分组情况与样本量

分组标识	样本量		合计
男	初中学历及以下	50	150
	高中学历	50	
	大学学历及以上	50	
女	初中学历及以下	50	150
	高中学历	50	
	大学学历及以上	50	
合计		300	300

需要指出的是，在表5-6中，各组的样本量分配是在一种理想状态下进行的。在许多情况下，各组的样本数量是不相等的，有多有少，这样就可能出现单个组别的样本数远低于50个的情况。

同时，每组还需要对每个问题的选项进行选择。假设对广告的态度有5个选项：非常喜欢、比较喜欢、中立、反感、非常反感。如果对大学学历的男性进行态度选项的统计，则最理想的情况是平分样本量，每个选项可能得到的样本量在10个左右。实际上，许多情况下个别选项的样本量很小，甚至为零。

不难看出，样本量一定时，细分的组别越多，每组分配的样本量就越少。一个在整体上符合要求的样本量，如果分组过多，就可能出现某些组别的样本量不足的情况，从而失去统计的意义。因此，在确定样本量之前，要认真考虑分组的数量。

每组应当有多少个样本才能满足基本的统计要求呢？经验认可的数量是不低于50个，尽可能保证每个细分后的组别都拥有50个以上的样本量，以使调查结果具有定量研究的意义。

（4）抽样方法。不同的抽样方法需要的样本量也不相同。对总体没有进行任何处理的简单随机抽样，在重复抽样的情况下，构成总体中的每个个体都有被重复抽到的可能性。因此，相对于分层抽样、等距抽样而言，简单随机抽样对总体的代表性要差些，需要的样本量也相对要多些。整群抽样以群作为抽样单位，对总体代表性的损失较大，因此需要的样本量比简单随机抽样要大。

总之，在抽样误差相同的前提下，分层抽样需要的样本量最小，等距抽样所需的样本量稍大于分层抽样的样本量，简单随机抽样所需的样本量又比等距抽样的样本量大，整群抽样所需的样本量最大。

2. 管理需求方面影响样本量大小的因素

无论什么样的调查，其动机与目的总是围绕着市场营销的核心。调查的结果是企业制定市场战略、诊断营销问题、进行有效的市场推广等营销活动的科学决策依据。同时，企业进行调查的费用也是营销中的一项成本投入，企业需要根据某项具体调查对一项决策的重要性程度来决定调查费用投入的多少。从管理需求方面讲，影响样本量大小的重要因素有经费预算和调查的精度要求。

（1）经费预算。企业对一项调查应当投入多少经费有一个大致预算范围。由于调查也是一项营销成本投入，经费预算的大小就要看调查在整个营销中的重要性程度。譬如，市场调查的目的是获得较为精确的某类产品市场消费总量及潜在发展空间方面的信息，以作为论证是否购买一条先进生产线、开发生产新产品的重要决策依据。这种用于论证大型项目投入的调查，其结果的重要性自不待言，如果失误，造成的经济损失很大，因而调查的费用投入也比较大。如果调查仅仅是为了跟踪一次促销活动的效果，费用也就相应较小。

（2）调查的精度要求。一般而言，样本量越大，抽样误差越小，调查精度相应越高。但精度高意味着样本量大，成本也高。为了使误差率降低一个百分点，可能需要增加几倍的投入。从管理的角度看，这种代价是不值得的。

3. 调查实施方面影响样本量大小的因素

在调查的实施方面，主要有两个因素会对样本量产生影响：一是问题的回答率；二是问卷的回收率。

（1）问题的回答率。问题的回答率表明调查对象对所有问题的回答情况。如在一份问卷中有 50 个问题，有的被调查者可能全部回答，有的被调查者却只能回答一部分。其主要原因是：首先，某些问题只有具备一定条件的被调查者才能回答。在问卷中，有时可能会设计一个过滤性问题，根据被调查者对该问题的回答来决定下一个问题是否需要回答。例如，在一项有关广告效果的市场调查中，问卷中有这样的问题："Q1 你看见过××品牌的电视广告吗？"可供选择的答案为："1. 有，2. 没有。"后面有一个后续问题："Q1－1（选'有'的回答，选'没有'的跳过）你对这则广告的印象如何？"从该例可见，问题知晓情况与印象之间有一定的逻辑顺序。只有知晓该广告，才能对该广告进行评价。因此，知晓该广告与否是回答印象问题的前提条件，而只有部分被调查者能满足这一前提。总的来说，由于只要求对过滤性问题作出特定回答的被调查者完成后续问题，它的样本量少于回答过滤性问题的被调查者的样本量。其次，问卷设计中的一些缺陷也可能导致被调查者不能作出回答。

这些因素的存在，使得每个问题的回答率高低不一，每个问题可分配到的实际样本量相差较大，从而可能导致某些问题的样本量过少，在统计中失去意义。要根据实际需要，通过增加样本量来解决这类问题。

（2）问卷的回收率。问卷的回收率即回收的合格问卷占发出的问卷总数的百分比。在实际调查中，要根据问卷的回收率考虑样本量。例如，邮寄问卷调查的回收率一般很低，如果要保证有 800 个有效的样本量，实际发出的问卷总数可能达到 4 000 份。由访问员填写的现场访谈问卷的回收率就很高，要保证 800 个有效样本量，可能只需要完成 1 000 份问卷的调查。

5.4.3 样本规模的确定

样本规模的确定涉及多方面因素，它受调查研究的精度、抽样调查费用及调查对象特征的制约和影响。表5-7是调研人员在实际操作中遵循的经验样本容量数值。

表5-7 市场调研中常用的样本量

类型	最小量	典型范围
问题识别（市场潜力）	500	1 000～2 500
问题解决	200	300～500
产品测试	200	300～500
试销研究	200	300～500
广告测试	150	200～300
试销市场审计	10个店	10～20个店
专题组	6组	10～15组

对于随机抽样，要确定能够较好地代表总体的样本规模，可以采用统计方法。本节通过研究简单随机抽样下样本容量的确定问题，来展示研究的基本方法和思路。

1. 费用函数

如果只考虑调查费用，则样本容量 z 与单位调查费用 c 有线性关系，其函数式为：

$$C=c_0+c_n \tag{5.1}$$

式中，C 为总调查费用；c_0 为固定调查费用，如管理人员开支、办公费、组织宣传费、场租费等，这些费用都与样本量 n 无关；c_n 为每调查一个样本单元所需的费用，如调查费、差旅费、礼品费等。

2. 误差函数

如果只考虑抽样调查的精度要求，则可利用误差限或误差函数来确定样本容量。

$$p(|\hat{\theta}-\theta|\leqslant d)=1-\alpha \tag{5.2}$$

式中，p 或（$1-\alpha$）表示估计误差不超过 d 的概率；$\hat{\theta}$ 表示估计量；θ 表示总体真值；d 表示允许绝对误差。当样本容量足够大时（$n\geqslant30$），样本的分布可以用正态分布来近似地表示。

（1）在重复抽样方式下：

$$d=t\sqrt{V(\hat{\theta})}=tS(\hat{\theta})=\frac{ts}{\sqrt{n}} \tag{5.3}$$

即 $$n=(t^2s^2)/d^2 \tag{5.4}$$

式中，t 为正态分布的双侧 α 分位数；$V(\hat{\theta})$ 为 $\hat{\theta}$ 的方差；$S(\hat{\theta})$ 为 $\hat{\theta}$ 的抽样误差；s 为样本均值的标准差。

（2）在不重复方式下：

$$d = t\sqrt{V(\hat{\theta})\left(1-\frac{n}{N}\right)} = tS(\hat{\theta})\sqrt{\left(1-\frac{n}{N}\right)} = \frac{ts}{\sqrt{n}}\sqrt{\left(1-\frac{n}{N}\right)} \tag{5.5}$$

即

$$n = (Nt^2 s^2)/(Nd^2 + t^2 s^2) \tag{5.6}$$

例如，要调查某市郊区的每户平均年收入，已知该郊区共有 1 100 户，收入特别高和特别低的约有 100 户，余下的 1 000 户收入大致呈正态分布，高收入户与低收入户之间大约相差 400 元。若要估计收入正常的 1 000 户的户均收入，以 95.45%的置信系数保证估计误差不超过 20 元，应抽多少户作样本？

解：由于总体的方差未知，但已知收入服从正态分布，而且高收入户与低收入户之间大约相差 400 元，根据全距与标准差的关系，大约 95.45%的户在 $\pm 2s$ 之间，因此 $4s = 400$，$s = 100$，$s^2 = 10\ 000$。

$$\begin{aligned} n &= (Nt^2 s^2)/(Nd^2 + t^2 s^2) \\ &= \frac{1\ 000 \times 2^2 \times 100^2}{1\ 000 \times 20^2 + 2^2 \times 100^2} = 90.91 \approx 91 \end{aligned}$$

即大约要抽 91 户。

5.4.4 抽样误差

在市场调查中，样本规模的选择会导致抽样过程产生一定程度的误差。由于抽样调查不是对总体中的每个个体进行调查，而是按照随机原则抽取其中的一部分作为样本进行调查，并以此来推断总体，如果所抽取的样本的结构不足以代表总体结构，就会产生样本指标与总体指标的差异。这种由样本代表总体产生的误差就是抽样误差。

抽样误差反映了样本代表性的大小：抽样误差越小，表明样本对总体的代表性越高；反之，抽样误差越大，表明样本对总体的代表性就越低。抽样误差在抽样调查中是不可避免的，但我们可以运用数理统计方法计算，并将其控制在一定的范围内。

1. 影响抽样误差大小的因素

抽样误差的大小主要受以下三个因素影响：

（1）总体方差 σ^2 的大小。总体方差 σ^2 代表的就是总体各单位（个体）之间的差异程度。在其他条件不变的情况下，总体的方差越大，抽样误差就越大；反之，则抽样误差越小。如果总体单位之间没有差异，也就不会存在抽样误差，哪怕只抽取一个单位都能代表总体。

（2）抽取的样本量 n。抽样误差的大小可通过样本量的调整来控制。在其他条件不变的情况下，抽取的样本单位数越多（样本容量增大），抽样误差就越小；反之，抽样误差就越大。随着样本容量的增大，样本结构会越来越接近总体结构；当样本容量等于总体的单位个数时，就是对总体的全面调查，此时也就不存在抽样误差了。

（3）抽样调查的组织方式和抽样方法。抽样调查的组织方式和抽样方法对抽样误差也有一定的影响。采用不同的抽样组织方式和抽样方法，抽取出的样本对总体的代表程度不同，其抽样误差也会不同。比如，简单随机抽样比分层抽样、整群抽样的误差要大，重复抽样也比不重复抽样的误差要大。

2. 抽样误差计算

以简单随机抽样为例，其样本平均数和样本比例数的抽样平均误差是不一样的，其计算公式也不同。

（1）样本平均数的抽样平均误差。抽样平均误差是反映抽样误差一般水平的指标，它的实质含义是指抽样平均数的标准差，反映了抽样指标与总体指标的平均离差程度。抽样平均误差的作用首先表现在它能够说明样本指标代表性的大小。平均误差大，说明样本指标对总体指标的代表性低；反之，说明样本指标对总体指标的代表性高。

在重复抽样条件下：

$$\mu_x=\sqrt{\frac{\sigma^2}{n}} \tag{5.7}$$

在不重复抽样条件下：

$$\mu_x=\sqrt{\frac{\sigma^2}{n}\left(1-\frac{n}{N}\right)} \tag{5.8}$$

式中，μ_x 为样本平均数的抽样平均误差；σ^2 为总体标准差；n 为样本容量单位数；N 为总体单位数；$1-\frac{n}{N}$为修正系数。

（2）样本比例数的抽样平均误差。

在重复抽样条件下：

$$\mu_p=\sqrt{\frac{p(1-p)}{n}} \tag{5.9}$$

在不重复抽样条件下：

$$\mu_p=\sqrt{\frac{p(1-p)}{n}\left(1-\frac{n}{N}\right)} \tag{5.10}$$

式中，μ_p 为样本比例数的抽样平均误差；p 为总体比例数（频率）。

基本概念

总体	样本	随机抽样	非随机抽样
抽样框	简单随机抽样	等距抽样	整群抽样
分层抽样	判断抽样	方便抽样	配额抽样
滚雪球抽样	抽样计划	样本容量	

思考题

1. 抽样调查的优点是什么？
2. 简述随机抽样和非随机抽样的分类。
3. 讨论随机抽样和非随机抽样的优缺点。
4. 抽样设计的原则是什么？如何制定抽样计划？
5. 确定样本容量要考虑哪些因素？

第6章 定性调研方法

学习目标

- 掌握观察法的概念、特点及分类
- 掌握深度访谈法的概念及特点
- 了解德尔菲法的概念和实施步骤
- 理解焦点小组访谈法的概念及应用
- 了解投射法的概念及分类

引 例

贝克啤酒

德国啤酒口味纯正，颇受美国人青睐，于是在美国声称是“德国啤酒”的啤酒非常之多，真假并存，令消费者眼花缭乱，不知如何是好。这更让纯正的德国啤酒——贝克啤酒处境尴尬，难以凸显竞争优势。按照一般的思路，企业可能会在贝克的品牌名称之前加上“真正的德国啤酒”几个字，然而这只不过是一种心理上的“自我安慰”。事实上，声称是“德国啤酒”的啤酒品牌，有一半以上都有“真正的”“正宗的”字样。面对这一市场状况，贝克啤酒生产商并未手足无措，而是认真开展市场调查以寻找自身的市场定位。后来，一份调查报告让贝克啤酒的广告策划人欣喜若狂：除了贝克啤酒以外，在美国所有的“德国啤酒”的生产地都不在德国，而是在美国本土！于是下面一段广告文字为贝克啤酒找到了解决之道：“您已经品尝过美国产最受欢迎的德国啤酒，现在请您品尝一下德国产最受欢迎的德国啤酒。”

资料来源：田明华．广告学．北京：北京交通大学出版社，2013.

定性调研指的是调研结果往往不通过量化或数量分析的调研方法，一般多用于因果性调研、探索性调研。它与定量调研相互补充、相辅相成，是市场调研中不可或缺的方法。定性调研能更好地了解被调查者的动机、态度与感觉，其调研成本相对定量调研较低，也可获得丰富的资料。

6.1 观察法

观察法是市场调研活动中使用最为频繁的调研方法，它的结果直观可靠，方法简单易行。本节介绍观察法的相关概念，以及如何有效准确地在市场调研中实施观察法。

6.1.1 观察法的概念及特点

观察法，是指调查人员直接或利用仪器对所要研究的个人行为、活动、反应、感受以及现场事物等进行亲自检查、观测与记录，从而获得第一手资料的调查方法。它是市场调研活动中使用最为频繁的方法，然而也是在实际操作中最容易被忽视的方法。

观察法常用于街头消费者行为和店铺内顾客选购行为等方面的调查。其具体做法有：调查人员到现场，通过自己的感觉直接观察被调查者，而不与被调查者接触，比如通过听觉观察声音，通过视觉观察行为，通过触觉观察形态；利用仪器对被调查者的行为进行测录；通过一定的途径，观察事物发生变化后的痕迹，收集有关信息等。

例6-1

7-11便利店陈列的秘密

提及便利店，7-11已成为标杆，业内甚至流传着这样一句话：日本只有两家便利店，7-11便利店和其他便利店。不过要让所有到店的顾客满意，并不是件容易的事。怎样才能更好地了解消费者呢？

7-11商品开发人员通过店内设置的微型摄像机以及顾客与工作人员的对话，及时关注销售数据，知道商品销售方向，了解消费者喜好，并根据这些数据对商品陈列做了细微调整：冷冻或者加热的货品永远放在最外面，让消费者容易获取；越重的物品越靠近门口，方便顾客拿走。除此之外，通过观察消费者行为还调整了微波炉的放置地点。7-11原来将微波炉放在收银员身后，顾客把便当交给收银员加热造成排队时间过长。如今把微波炉置于店内门口处，顾客可以自己加热，此举大大减少了排队时间，无形之中形成了7-11的竞争优势。

资料来源：7-11便利店盈利揭秘：对顾客做深入细致的洞察．网易新闻，http://news.163.com/15/0504/00/AONT8M1K00014AED_mobile.html.

观察法有以下主要特点：

首先，采用观察法时往往不会让被调查者知道自己正在被观察。观察者不与被调查者发生接触，而是通过直接观察或间接借助仪器的方式，把被调查者的实际情况记录下来。因此，被调查者的行为反应真实可靠。

其次，通过观察法，观察者可以获得较为深入、客观的资料。现场观察可以了解事件发生和发展的过程，还可以抓住被调查者的各种细节，较为深入地了解事物的本来面目，有较强的客观性。由于观察法会受到观察者个人的情感、知识与经验因素的影响，其客观性不在于一概排除观察者的个人因素的影响，而在于坚持科学标准，实事求是，不因个人偏见或个人狭隘的经验而歪曲、掩饰或编造事实，观察者必须按照事物的本来面目进行记录才能正确认识事物。

最后，观察法有利于全面了解客观事物的真实面貌。通过观察法获得的资料，是对有限时间空间内发生的事物以及新出现的市场现象没有遗漏的详细记录和全面反映，是多侧面、多角度、全方位地观察市场所获得的结果。

6.1.2　观察法的类别及应用

在决定运用观察法进行调查后，要根据调查的目标和要求选择一种合适的观察方式。按照不同的标准，观察法可以分为不同的类型。

1. 按观察的方式分类

按观察的方式，观察法可分为直接观察和间接观察。

（1）直接观察。这一方法一般应用于对商店客流量、道路车流量、街头流行服饰以及特定刊物的阅读情形的调查等。

直接观察大致分为两类：

1）参与观察。这是指观察者置身于观察活动之中进行观察，是企业获取信息的重要方式之一。譬如，佳能公司曾发现其产品在美国的市场份额逐步被蚕食，经过初步调查分析，认为主要原因在于美国经销商没能给予足够的支持，为此公司决定采取措施。不过，佳能公司并没有从庞大的消费者群体中去获取数据，而是将三位经理派去美国，寻找问题所在。三位经理在美国待了六个星期，每天就像普通顾客那样进入商店，主要观察照相机是如何摆放的，店员是怎样对待顾客的，等等。他们发现，经销商对佳能照相机的销售缺乏热情，杂货店和其他折扣店也并不是有效的销售渠道，甚至会对品牌产生不利影响。根据他们观察的结果，佳能公司决定在美国开设自己的销售分公司，最终扭转了市场份额下滑的势头。

2）非参与观察。这是指观察者置身于调查群体之外，以旁观者的身份进行的观察。在非参与观察中，观察者像新闻记者一样进行现场观察，不参加被调查者的任何活动。非参与观察一般适用于观察者无法或无须介入被调查者的情况，一般用于预测试、探索性调查和简单

延伸阅读6-1　肯德基的神秘顾客制度

观察。这种方法简便客观，但难以深入了解事实真相。避免非参与观察法的局限性的关键在于：一要保持在自然状态下进行观察，观察者的观察活动不能影响和干扰被调查者的正常活动；二要保证观察的持续性，要对观察对象作较长时间的深入观察。

（2）间接观察。这是观察者利用专业的仪器设备，或者采用一定的手段间接观察被调查者，以获得所需资料的方法。这种方法的观察结果较客观，准确率也高，但成本较高，难以普及。间接观察中使用的仪器主要有以下几种：

1）视向测定器（又称为眼睛照相机）。它可以在一秒钟内拍摄人的多个视线动作，用于探测被调查者对广告的反应。用这种仪器虽然可以测出视线的停留位置和时间，却难以测试视线的移动情况。

2）瞬间显露器。这种仪器可在短暂的时间内显示广告，显示的时间可以从千分之五秒至千分之十秒作适度调整。利用它，可以观察到广告的各个构成要素所需的时间。

3）自动记录器。这是指装在收音机、电视机上可自动把样本收听、收视的频道及时间记录下来的仪器。这种仪器在做关于广播、电视的视听率调查时应用比较普遍，可与计算中心相连，但成本较高，而且样本要求严格。

还有其他一些可用的仪器，包括行为观察仪、皮肤电流反射器、单面镜、记忆鼓等。

延伸阅读 6-2

收视率调查中的技术应用

电视节目收视率的调查通常使用测量仪来详细记录样本户中所有4岁及以上家庭成员收看电视的情况，从而获取电视观众收视信息。电视频道的变化直接通过测量仪采集，数据可以精确到秒，准确反映收视变化。前一天的数据在凌晨通过电话线或GPRS传输回CSM服务器进行数据处理，第二天客户即可以看到数据。CSM目前主要采用三种测量技术：DFM、Si-code、声音匹配。

DFM（direct frequency measurement）：是用于模拟电视信号进行测量的技术。收看不同频道时，电视机高频头的本振频率不同，测量仪通过测量电视机高频头输入的本振频率结合频道对应关系掌握收看的频道。

Si-code：是用于数字电视信号的一种操作性较强的测量技术，同时，也是准确度最高的方法。测量仪通过监测机顶盒输出的频道系统信息代码结合频道对应关系掌握收看的频道。由于是机顶盒直接给出工作状态信息，不需要其他任何转换或识别，因此这种方式是最准确的。

声音匹配（audio matching）：是同时可以用于模拟电视和数字电视的测量技术。通过记录样本户家庭电视机播放的声音信号特征，与服务器记录的播放声音信号特征库进行比对，掌握样本户正在收看的频道。另外，图像匹配技术也可用于收视率调查，由于声音匹配效果更差，CSM没有采用此技术进行收视率调查。

资料来源：https://site.douban.com/229386/widget/notes/15687623/note/324772851/.

2. 按观察结果的标准化程度分类

按观察结果的标准化程度，观察法可分为控制观察和无控制观察。

（1）控制观察。控制观察是指观察者在观察过程中，对观察对象、观察范围在某种程度上进行人为控制的观察。这种方式适用于因果性调查，根据观察目的预先规定观察范围，并在实施观察时使观察技术、观察手段、观察程序和记录方式标准化。例如将消费者请入实验室观察其购买行为就属于控制观察。

（2）无控制观察。无控制观察是指观察者对观察目的、程序等不做严格规定，记录也可采取随意的方式，使观察对象处在完全自然的环境当中。这种方式比较灵活，适用于机会调查、探索性调查或有深度的专题调查。例如，在普通购物场所观察消费者的购买行为就属于无控制观察。

3. 按获取资料的时间特征分类

按获取资料的时间特征，观察法可分为纵向观察、横向观察和纵横结合观察。

（1）纵向观察。又称时间序列观察，指在一定时间段内连续观察同一现象或事物并进行一连串的记录，使之保持时序性。如对广告处理的调查即可用此方法，第一次刊播广告后记录一次产品销售情况，第二次、第三次逐次刊播后，再分别观察记录产品销售情况，依此类推。这样一方面可以测定出广告的总体效果，另一方面还可以寻找到最佳广告次数。

（2）横向观察。又称静态观察，指在某一特定时间内观察同类现象或事物，取得横断面的记录。例如观察几个商店销售的同种商品，在同一时段几个调查员分别对不同商店的同类商品进行观察。

（3）纵横结合观察。这是指为保证观察结果更准确，把纵向观察与横向观察两种形式结合使用的方法。这种观察方式操作比较麻烦，一般在有时间和精力的情况下才采用，但它更容易了解到调查对象的真实情况。关于品牌、商标对顾客影响力的调查，可使用此法。

4. 按观察的具体形式分类

按观察的具体形式，观察法可分为现场观察、实际痕迹观察和比较观察。

（1）现场观察。现场观察又可依具体情况不同分为以下三种：

1）使用现场观察。这是指在用户的使用现场，了解用户使用本企业生产或经营的商品的情况，包括用途、使用条件、顾客在使用时遇到的困难、顾客要求等，以发现问题并及时改进。

2）销售现场观察。这是指调查者到商场、经销店、展销会、交易会等现场，亲自观察和记录顾客的购买情况、购买情绪、踊跃程度、同类产品竞争程度、新产品的设计以及各种商品的性能、式样、价格、包装等。

3）供应厂家现场观察。即派人到原材料、配套件、协作件的生产企业，观察它们的生产条件、技术水平、工艺过程，以了解其所生产商品能否满足要求，或到商业企业观察货源的准备情况。

（2）实际痕迹观察。这是指根据被调查者实际留下的痕迹进行调查。例如为调查媒介传播效果，可以在几种媒介上刊登广告，并附有意见回条，顾客凭回条购买商品可优惠。企业根据各回条的比例数和内容，就可判断出哪种媒介能更好地把商品信息传递给消费者。

例6-2

金宝汤成为邮刊广告客户

金宝汤是美国首屈一指的罐头汤生产商，产品畅销全球120国家及地区。总体上，金宝汤以汤类专家的形象出现，在消费者心目中的地位相当稳固，哪怕是在市场总体衰退的情况下，金宝汤依然凭借强有力的广告宣传保持了良好的销售业绩，其著名的广告主题之一“从不低估汤的力量”脍炙人口。

柯的斯出版公司是美国乃至全球率先设立市场调研组织的企业。其商务代表试图向金宝汤推销星期六邮刊的广告版面，但对方认为邮刊对调配好的汤这类产品来说不是一个好的广告媒体，因为邮刊的主要读者是工薪阶层，而金宝汤产品的主要购买者是高收入家庭。工薪阶层家庭主妇为了省钱往往自己烧汤，只有高收入家庭才愿意花钱购买调配好的汤。

商务代表希望得到信息，以指出金宝汤广告部对市场的这些观点是否正确。为此，他抽取了一个垃圾运输路线，从相关区域的每一个垃圾堆中收集垃圾。他发现从富裕区收集到的垃圾中几乎没有汤料罐头，这是因为富裕家庭总是让他们的佣人动手准备汤料，而大部分汤料罐头是从蓝领区收集到的。他据此推测认为，蓝领阶层的主妇可能认为更值得节约做汤的时间，以便更多地为家庭和孩子做衣服或做其他挣钱的活。在摆出这些主要发现后，金宝汤很快成为邮刊的广告客户，直至其停刊。

（3）比较观察。这是指调查者对事物所做的对比观察。例如，某企业要了解何种包装的洗衣粉对消费者最有吸引力，于是把需要比较的各种包装（规格、容器、精美程度等有所不同）的洗衣粉放在同一商店内销售，现场观察消费者的购买态度，结果发现，小包洗衣粉最受欢迎，企业据此组织生产，使销量大增。

6.1.3 观察法的优缺点

1. 优点

（1）调查结果直观、可靠。观察法直接记录调查的事实和被调查者的现场行为，收集的是基于事实的第一手资料，因此是直观可靠的。

(2) 获取信息比较客观。观察法基本上是调查者的单方面活动，一般不正面接触被调查者，不依赖语言交流，不会受到被调查者意愿和回答能力等的困扰，在被调查者未意识到自己被观察的情况下得到的数据，有利于排除语言交流或人际交往中可能发生的各种误差和干扰。

(3) 可以避免许多由于访问员和询问方法所导致的误差因素。

(4) 简便易行，灵活性强，可随时随地采用。

2. 缺点

(1) 只能反映客观事实的发生经过，不能说明发生的原因和动机。

(2) 只能观察到公开的行为，私下的行为超出了观察的范围。

(3) 观察到的公开的行为并不能代表未来的行为。

(4) 需要大量的观察员到现场做长时间观察，调查时间较长，调查费用较高。在实施观察法时，常常受到时间、空间和经费的限制，比较适用于小范围的微观市场调研。

(5) 对调查人员的业务技术水平要求较高，如敏锐的观察力，良好的记忆力，必要的心理学、社会学知识及现代化设备的操作技能等。

6.1.4 观察法的应用范围和注意事项

1. 观察法的应用范围

(1) 对消费者需求情况的观察。在商品销售现场、展销会、展览会等地点，直接观察消费者喜爱的商品品牌、款式、规格、花色、包装、价格等信息，通过记录分析，可以掌握大量真实的第一手资料；也可借助行为观察仪，记录消费者进入现场后的目光、行走、表情以及购买等行为，使用仪器观察的资料不仅详尽、精确，还可避免人员观察的诸多不便。通过资料分析，可以掌握市场上商品需求的趋势。

(2) 对企业经营环境状况的观察。通过对各个企业经营环境的观察、对比，可以了解这个市场的经营状况。可以对各个企业的商品陈列、橱窗布置、接待顾客的服务态度、客流量等情况进行观察，从而获取比较真实全面的资料。

(3) 品牌调查。用于调查消费者对某品牌产品的需求强度以及其他品牌同类产品的替代强度。譬如，消费者在某商店需要某一品牌的商品，而销售人员并不按要求提供，却代之以其他品牌的同类商品，通过多个消费者接受替代品的情况来确定某一品牌的替代强度。

(4) 对商品生产数量和质量的观察。对生产现场和使用现场进行观察，了解商品生产过程和商品质量以及商品性能、操作技巧和维修等情况。农副产品生产情况更应深入田间或动物饲养地，实地观察其生长情况和应采取的对策，这样才能获得真实的第一手资料作出正确的判断和决策。

(5) 对广告效果的观察。观察各种广告媒体的效果，可以通过消费者对不同广告的注意程度、记忆和理解度、知名度和视听率来推断，还可以借助专业仪器记录人们收听、收看广播电视节目的时间、频率等。

2. 使用观察法的注意事项

首先，为了使观察结果具有代表性，即可以反映某类事物的一般情况，应该设计好抽样方案；其次，在进行实际观察时，最好不让被调查者有所察觉，否则，就无法了解被调查者的自然反应、行为和感受；然后，观察者在实际观察时必须实事求是、公正客观，不得带有主观偏见，更不能歪曲事实真相；再次，调查人员的记录用纸和观察项目最好有一定的格式，便于尽可能详细地记录调查事项；最后，为了观察客观事物的发展变化过程且能进行动态对比研究，需要做长期反复的观察。

6.1.5 观察法的实施过程

1. 制定计划

在正式观察之前，应制定一个观察计划，以保证调查活动有效、顺利地进行，并取得满意的结果。计划内容大致包括：观察对象和范围、目的和任务、观察方法和手段、观察地点与时间；观察提纲和观察问卷、观察人员的选择和培训、观察注意事项、报告的撰写；经费的筹集与开支；观察资料整理和分析的方法。

2. 实施计划

有了比较明确的观察内容和观察计划后，就可以进入实际观察阶段。

首先，获准进入观察现场，这是观察能否进行的前提。获得准许是为了使调查合法化。为此，要准备一些证明材料，如介绍信、身份证、工作证等，以证明自己的任务和身份；同时，也需要与有关部门取得联系，获得支持。

其次，与观察对象建立友好关系，产生相互信任，这是观察能否顺利进行的必要条件，也是最关键、最困难的一步。一般可以通过以下方式达到这一目的：与被调查者共同生活、工作，尽可能参加他们的各种活动，与之建立友好关系；了解被调查者的习惯，深入他们的生活；帮助被调查者解决一些问题，有助于取得他们的好感。

再次，运用各种方法进行观察，收集资料，并做好观察的现场记录。

最后，从观察现场退出。

3. 记录、整理资料

把观察得来的信息变成文字记录，是实施观察中十分重要的一环。观察记录应与观察内容一致，记录方法有以下几种：

（1）同步记录。即在观察的同时做详尽的记录，这是丢失信息较少的一种记录方法。为了提高记录速度，可以采用速记方法。可以记下当场的个人印象、分析意见和推论，但要注意记录下的个人见解与观察到的细节区分开来。也可用录音工具录下口述，观察结束后再根据录音整理成文字资料。

（2）事后追忆。同步记录常会引起被调查者的注意和反感，采用事后追忆的方法可以避免这种情况。追忆可采用记日记或单独事件记录的方式，将观察到的事件根据记忆顺序或事件分类追录下来。事后追忆是根据记忆补记所观察到的情况，因此应注意抓紧时间补记，否则，随时间推移会有遗忘。

（3）卡片记录。即预先制作好观察卡片或表格等记录工具，在观察时及时在卡片上做记号。这种方法可以提高观察记录的速度和质量，有利于分类整理和对观察结果进行定量分析。

6.2 深度访谈法

有些调研人员希望能发现消费者行为的真正原因，而不仅仅局限于观察其表面的活动，于是希望与被调查者进行充分接触，并在调研的开始阶段采用相对无序或范围很广的访问，以探查被调查者的内心活动，这就促成了深度访谈法的运用。

6.2.1 深度访谈法的概念及特点

深度访谈法是指受过严格训练的访谈人员，在一种无结构、无预定程序、直接的个人访问中，对调查对象进行面对面的深入访谈，使受访者在轻松自然的气氛中围绕某一问题进行深入讨论，以揭示对这一问题的隐藏动机。

深度访谈法的主要特点就在于它是无结构的、直接的、一对一的访问。因深度访谈是无结构的访问，随着访谈的逐渐展开，其走向依据被调查者的回答而定，但访谈人员要善于掌控，使之不偏离主题。例如，一次深度访谈可能从探讨小食品开始，然后转向讨论对不同食品成分的看法，接下来又讨论小食品的社会性，等等。

深度访谈法的另一特点就是适合了解一些复杂和抽象的问题。这类问题往往三言两语说不清楚，只有通过自由交谈才可以谈得详尽。深度访谈是一对一的访问，受访者有很多说话机会，能够把自己的观点完全表达出来，对于诸如动机、意见、态度的调查，以及正式研究之前确立研究假设的预备性研究和调查研究之后有关问题的深入探讨等，常常采用深度访谈法。

目前，深度访谈法在市场调查中的应用日趋广泛，主要因为：首先它能详细地探究被访者的想法（例如经销商对某种新产品的看法）；其次它可以详细地了解复杂的消费行为（例如选择家用轿车时的想法）；最后它有利于访问专业人员或管理人员（例如广告人士对某产品广告的看法）。

6.2.2 深度访谈法的优缺点

1. 优点

（1）可以获得比较全面的资料。访谈形式轻松自由，没有对答案加以限制，可以获得研究者意想不到的资料。

（2）适合了解一些复杂和抽象的问题。

（3）有较多机会评价所得资料或答案的效度和信度。访问员可以从被访者的行动、表情和语调来观察他们的动机和态度，分辨他们的回答是真是假。

（4）访谈弹性大。可以重复询问，可以对问题作出解释，以保证被访者明白问题的含义，访问员明白被访者回答的真正意思。

2. 缺点

（1）调查的结果在很大程度上取决于访问员自身的素质和技巧。由于事先难以确定调查的程序结构，而访问员的素质参差不齐，难以保证每个人都具有高水平，所得调查结果的质量也有高有低。

（2）深度访谈后的结果数据有时难以分析和解释，需要专业的心理学家帮助解决这一问题。

（3）样本量小，偏差或误差较大。

（4）所花时间和经费较多，因而在一个调研项目中采用深度访谈的数量十分有限。

6.2.3 深度访谈法的应用范围

深度访谈法主要用于获取对问题理解的探索性研究，适合了解复杂、抽象的问题，常用于详细探究受访者的想法。它适用于对复杂行为，保密、敏感的话题，竞争对手、专业人员或高层领导，以及特殊商品等的研究。只有通过自由交谈、深入探讨，才能从中概括出所需信息。

6.2.4 深度访谈法对访问员的要求

在深度访谈中，访问员具有非常重要的作用。一般的问卷调查只要求访问员按照规定的程序进行即可，而深度访谈在执行中如何进行访问、问什么问题，全部由访问员掌握。在一般的访谈中，能否获得信息在很大程度上取决于被访者；而在深度访谈中，能否获得所需信息主要取决于访问员。因此，深度访谈对访问员的要求很高，访问员至少应做到以下几点：

（1）避免表现自己的优越感和高高在上的态度，要有风度和人情味，让被访者轻松接受访问。

（2）态度中立、客观，不在谈话中表露自己的内心。

（3）掌握谈话方向和进度，能在话题被转移时不露痕迹地扭转过来。

（4）不要只接受简单的“是”或“不是”的回答，要能巧妙地探究被访者的真实想法。

深度访谈前，访问员一般不会事先拟定问卷或访谈的标准程序，但至少要有一个粗略的访谈提纲。为了获取更多有意义并能揭示问题内在原因的信息，访问员的追问技术十分关键。常用的追问技术有以下几种：

（1）重复提问。用同样的措辞重复提问，可以引起被访者的注意并有效地引出答案。

（2）重复被访者的答案。重复被访者的答案可能会刺激他们，使他们继续思考，给出进一步看法。

（3）利用停顿或沉默。适当的停顿与沉默可以暗示被访者进一步回答，但一定要掌握好停顿或沉默的时机。

（4）利用客观的或中性的评论。

（5）适当鼓励调查对象，以引起其谈话的兴趣。

6.2.5　深度访谈法的实施过程

1. 准备阶段

（1）明确访谈主题。为保证访谈获得必要的信息，访问员在访谈之前必须对访谈的中心有所思考、准备，如果不清楚访谈的主题，就很难把握应该问什么样的问题，也无法判断被访者回答的信息是否有用、是否偏离了主题、是否偏离了研究的目的。

（2）选择访谈对象。选择合适的访谈对象是深度访谈成功的关键，应该选择那些对所要研究的问题比较了解，有较丰富的经验，并且比较健谈的人。例如，在关于保健品调查的预备性深度访谈中，合适的访谈对象应该是那些近期购买并经常服用的消费者，这样的消费者对保健品有较多的体会和感受，与他们进行交谈才能获取必要的信息。访问员在选择访谈对象时，一般采用判断抽样法，以保证被访者的意见有代表性，不会偏离研究目的。

（3）选择访问员。深度访谈要求访问员掌握访谈技巧，善于挖掘被访者的内心感受。好的访问员对深度访谈的成功至关重要。

（4）预约访谈时间。由于深度访谈的时间一般较长，而且被访者常常身居要职，最好进行电话预约，在被访者方便的时候进行访问。

（5）准备访谈用品。访谈前，访问员除了准备好自身的证件、访谈记录用品（如录音笔、智能手机等）之外，还应准备好赠与被访者的礼品或适当的礼金。

2. 实施阶段

在上述准备工作就绪后，深度访谈就可以进入正式实施阶段，这一阶段的任务是与访谈对象交谈，以最大限度地获取所需资料。在这一阶段，访问员应注意以下问题：

（1）接近被访者。接近被访者主要有两种方式，最常用的是正面接近，即开门见山介绍自己的身份，直接说明意图，之后就可以开始正式访谈。自我介绍是为了取得被访者的信任，介绍时要首先出示有关证件，落落大方、不卑不亢。如果遇到不太友善的被访者，访问员一定要忍耐，不要因为别人的偏见和无礼而影响自己的情绪和态度，更不要与被访者争吵。还有一种方式是侧面接近，即先不公开身份，在某些共同的活动中接近被访者，如与被访者一起开会、学习、住宿、娱乐等，等到与被访者建立起一定的友谊时，再在一种自然和谐的气氛中说明来意，进行正式访谈。这种方式有利于消除对方的戒备心理，但是费时又费力。

(2) 在交谈开始后，访问员应详细地介绍此次访谈的目的和意图、被访者的回答的意义和重要性等，应指出被访者的回答对其自身没有任何不利的影响，并要尽量营造友好、轻松的氛围，让被访者无拘无束，充分发表自己的意见。

(3) 访问员应有一个防止偏离访谈目标的访谈提纲，但不必严格按照提纲顺序进行，而是根据被访者回答的状况灵活调整访谈的方向。

(4) 在必要或时间允许的情况下，可从被访者关心的话题开始，逐步缩小访谈范围，最后问及所要提出的问题。

(5) 在访谈中，访问员应该始终保持中立的态度，使被访者感觉到其对人对事都不带有偏见，也不希望左右别人的观点和思想。

(6) 在访谈过程中，访问员应文明有礼，用语准确明了、贴切恰当，尽量避免使用生僻的专业术语，不要以审讯或命令的口吻提问，不要随便打断对方的回答，或表现出厌烦或无奈的情绪，更不要使用对方忌讳、反感的语言。

(7) 在访谈过程中，当出现被访者对所提问题不理解或产生误解或对某一问题的答案有所顾虑或漫无边际闲谈的情况时，访问员要礼貌且巧妙地加以引导。而当被访者的回答含糊不清、过于笼统或残缺不全时，访问员要适当追问，以使访谈顺利进行。

(8) 在被访者回答问题或陈述观点时，访问员要认真倾听。为表明认真倾听了被访者的意见，访问员要表示出兴趣，这会鼓励被问者多说。只有通过倾听才能加深理解，从而得到更深入的提问线索。

3. 结束阶段

结束阶段是深度访谈的最后一个环节，这个环节也很重要，不可忽视。

首先，访谈结束时，访问员应该迅速回顾一下访谈结果或检查一遍访谈提纲，以免遗漏重要项目。

其次，访谈结束时，不要回答完提纲中的问题马上离去，应再次征求被访者意见，了解他们还有什么想法和要求等，这样可能会掌握更多的情况和信息。

最后，要真诚感谢被访者对本次调查工作的支持与合作，同时将准备的礼品或礼金送给对方。

例6-3

小罐茶团队的“寻茶”之旅

即使你是不爱喝茶的人，也可能听说过“小罐茶”。精美的小罐包装、高端的品牌形象让小罐茶迅速走红。为了让更多消费者接受，在品牌创立之初，小罐茶成立了专门的调研小组，遍访国内茶农、茶企、行业专家，开启了三年多的“寻茶”之旅。

小罐茶团队在武夷山调研时，偶然看到一家茶企的墙上挂着一个牌子，上面写着“非物质文化遗产武夷岩茶（大红袍）制作技艺传承人”。详细询问后，他们了解到非遗传承人是国家为了保护茶叶制作技艺，从每个茶叶品类制作人中甄选出的高技艺传承者。这次偶然的经历为小罐茶团队带来了灵感。北京小罐茶业有限公司副总裁、曾经参与“寻茶”的徐海玉表示，公司拥有原产地的优质茶叶，如果能够结合非遗传承人的制茶技艺，就可以制作出高端好茶，让更多爱茶人喝到中国好茶，为其建立起统一的认知标准。

在保障品质的基础上，小罐茶接下来需要思考的便是如何通过产品设计和创新，方便消费者饮茶。经过长期的消费者访谈调研，小罐茶发现中国茶行业存在“买茶时缺标准，喝茶时太烦琐”等问题，以及“老气、土气”等刻板印象，农产品的思维和形态主导着行业。这为小罐茶确立定位、找准发展方向提供了信息。

小罐茶团队认识到，想要进一步发展，基于消费者的访谈调研必不可少。

资料来源：多泡装的背后：小罐茶的“大市场”．经济观察网，http://www.eeo.com.cn/2019/0527/357150.shtml.

6.3 其他定性调研方法

定性调研方法很多，除了观察法和深度访谈法，还有文案调查法、头脑风暴法、德尔菲法、焦点访谈法、投射法等，虽然采用这些方法得到的调研结果差异不大，但各具特色，在不同的领域发挥着独特的优势。

6.3.1 文案调查法

1. 文案调查法的含义、特点与作用

（1）含义。文案调查法又叫间接调查法，是指通过收集多种历史和现实的动态文献资料，从中摘取与市场调查课题有关的情报，对调查内容进行分析研究的调查方法。文案调查法是对第二手资料的收集、整理、加工和分析，是一种高效的调查方法。

（2）特点。调查必须选用科学的方法，调查方法的选择恰当与否，对调查结果影响甚大。各种调查方法都有利有弊，只有了解各种方法，才能正确选择和应用。

与实地调查相比，文案调查有以下几个特点：

1）收集加工过的文案，而不是原始资料。

2）以收集文献信息为主。

3）收集的资料包括动态和静态两个方面，偏重于从动态角度收集反映市场变化趋势的历史及现实资料。

4）不受时空限制，可以获得大量历史资料。

文案调查法存在一定的局限性，具体表现在以下几个方面：

1）较多地依赖历史资料，难以很好地反映新情况。

2）调查的项目多数为现在正在发生的问题或者即将发生的情况，收集的历史资料往往与调查目的不能很好地吻合，数据对要解决的问题不完全适用。

3）文案调查法对现有资料的收集必须周详、广泛，要求调查人员具有丰富的理论知识、较深厚的专业知识和技能，否则将感到无能为力。

由于存在以上局限性，在运用文案调查法进行资料的分析研究时，首先要对资料的质量进行评估。

（3）作用。根据市场调查的实践经验，文案调查常被作为市场调查的首选方式。几乎所有的市场调查都开始于收集现有的资料；只有当现有的资料不能解决实际问题时，才会进行实地调查。所以，文案调查法可以作为一种独立的调查方法使用，这将有助于确定问题、定义问题、拟定问题的研究框架、阐述适当的研究设计、回答特定的研究问题、更深刻地解释原始数据等。在人手少、时间紧的情况下，文献调查还可以采取间接的方式，委托专业机构进行专题调查，然后综合整理。在信息产业日益发达的今天，这种方式的应用越来越普遍。

2. 文案调查资料的来源

文案调查资料的来源包括企业内部资料和外部资料。

（1）内部资料。这些资料主要是反映企业市场经济活动的多种记录，主要包括：业务资料、统计资料、财务资料以及企业积累的其他资料等。

（2）外部资料。企业外部资料是文案调查最主要的资料来源。这些资料是公共机构提供的已出版或未出版的资料。例如，统计部门、政府机关公布的资料及其官方网站发布的信息、其他市场调研机构提供的资料；从各种媒体、官方微博、微信订阅号、广告、博览会、展销会等获得的资料。

3. 文案调查的方法

（1）参考文献筛选法。这是从各类有关文献资料中分析和筛选出与调查目的相关联的信息和资料的方法。在我国，最常用的是从印刷文献资料中筛选。印刷文献一般有统计年鉴、论文集、科研报告、专利文献、政府政策条例、内部资料等。此外，也常利用一些数据库进行文献资料的筛选。此种方法主要是依据调查目的和要求，有针对性地去寻找有关的文献，以提高文献资料的准确度。

（2）报刊剪辑分析法。这是一种由调查人员平时从各种报纸杂志、在线刊物以及微信、微博等新媒介所发文章、报告中分析和收集情报信息的一种方法。市场信息瞬息万变，这种变化在日常新闻报道中有所体现，只要平时用心观察，细心收集分析，便能得到很多对今后的调查有用的信息。

（3）情报联络网法。企业在一定范围内设立情报联络网，可使资料收集工作延伸至企业想要涉及的地区。互联网的普及使情报联络网法成为文案调查的有效方法。

例 6-4　从公开资料中捕捉有关大庆油田的信息

6.3.2　头脑风暴法

1. 头脑风暴法的概念

头脑风暴法又称智力激励法、BS（Brain Storm）法、自由思考法，是美国 BBDO 广告公司经理奥斯本（A. F. Osborn）提出的。其基本原理是围绕某一问题召开专家会议，通过共同讨论进行信息交流和相互诱发，激发出专家们创造性思维的连锁反应，产生许多有创造性的设想，从而进行集体判断预测。此法经各国创造学研究者的实践和发展，至今已经形成了一个发明技法群，如奥斯本智力激励法、默写式智力激励法、卡片式智力激励法。

2. 头脑风暴法的操作程序

一次成功的头脑风暴除了注重探讨方式、心态上的转变、无偏见的交流，关键在于满足程序上的要求。具体而言，头脑风暴包括以下阶段：

（1）准备阶段。负责人应事先对所议问题进行一定的研究，弄清问题的实质，找到问题的关键，设定解决问题所要达到的目标。同时选定参加会议人员，一般以 5～10 人为宜，不宜太多。然后将会议的时间、地点、所要解决的问题、可供参考的资料、要达到的目标等事宜一并提前通知与会人员，让大家做好充分的准备。

（2）热身阶段。这个阶段的目的是创造一种自由、宽松、祥和的氛围，使大家得以放松，进入一种无拘无束的状态。主持人宣布开会后，先说明会议的规则，然后随便谈点有趣的话题，让大家的思维处于轻松活跃的状态。如果所谈内容与会议主题有着某种联系，人们便会轻松自如地导入会议议题，效果自然更好。

（3）畅谈阶段。畅谈是头脑风暴法的创意阶段。为了使大家能够畅所欲言，需要强调以下规则：第一，不要私下交谈，以免分散注意力。第二，不妨碍他人发言，不打断他人发言，不去批判他人的言论。第三，发表见解时要简单明了，一次发言只谈一种见解。主持人应导引大家自由发言，自由想象，自由发挥，相互启发，相互补充，然后将会议发言记录进行整理。

（4）筛选阶段。会议结束后的一两天内，主持人应向与会者了解大家会后的新想法和新思路，以此补充会议记录。然后将大家的想法整理成若干方案，再根据设计的一般标准，诸如可识别性、创新性、可实施性等标准进行筛选。经过多次反复比较和优中择优，最后确定 1～3 个最佳方案。这些最佳方案往往是多种创意的优势组合，是大家的集体智慧综合作用的结果。

3. 头脑风暴法应遵循的原则

头脑风暴法应遵循如下原则：

（1）庭外判决原则（延迟评判原则）。对各种意见、方案的评判必须放到最后阶段，此前不能对别人的意见进行批评和评价。认真对待任何一种设想，而不管其是否适当和可行。

（2）自由畅想原则。欢迎各抒己见，自由鸣放，营造一种自由、活跃的气氛，激发参加者提出各种想法，使他们思想放松，这是头脑风暴法的关键。

（3）以量求质原则。意见越多，产生好意见的可能性越大，这是获得高质量创造性设想的条件。

（4）综合改善原则。探索取长补短和改进的办法。除提出自己的意见外，鼓励参加者对他人提出的设想进行补充、改进和综合，强调相互启发、相互补充和相互完善，这是头脑风暴法能否成功的标准。

（5）求异创新原则。突出求异创新，是头脑风暴法的宗旨。

（6）限时限人原则。与会者一般以5～10人为宜，会议时间为半小时到一小时。

4. 优点及缺点

（1）优点：成本低，效率高；提供较全面的预测方案。

（2）缺点：易受权威和名誉的影响；易受表达能力的影响；易受个人自尊心的影响；易受多数人的影响。

6.3.3 德尔菲法

1. 德尔菲法的概念

德尔菲法（Delphi method）是20世纪60年代由美国兰德公司（Rand）首创和使用的一种特殊的调查方法，在西方非常流行。德尔菲是古希腊的一个地名，因阿波罗神殿而闻名。由于传说中的阿波罗有着非凡的预测未来的能力，德尔菲就成了预言家的代名词。

德尔菲法是指按照规定的程序，采用函询的方式，依靠分布在各地的专家小组背对背地作出判断分析，并对结果反复征询，使不同意见趋于一致，得出调查结果的方法。

2. 德尔菲法的特点

例6-5 德尔菲法的军事使用

（1）匿名性。为克服专家会议易受权威和心理因素影响的不足，德尔菲法采用匿名函询的方式征求意见。应邀参加预测的专家之间不发生联系，专家们可以不受任何干扰，独立对调查表所提问题发表自己的意见，而且有充分的时间思考和调查研究，查阅资料。匿名性保证了专家意见的充分性和可靠性。

（2）反馈性。德尔菲法一般要经过几轮的函询与反馈。组织者要对每一轮函询的结果进行整理、分析、综合，作为反馈材料再寄给每位专家，达到相互启发的目的。

（3）统计性。为了给出预测结果，德尔菲法采用统计方法处理每一轮的专家意见，使预测结果具有统计性特点。预测结果往往以概率的形式出现，它既可反映专家意见的集中程度，又可反映专家意见的离散程度。

3. 德尔菲法的实施步骤

（1）拟定意见征询表。意见征询表是专家回答问题的主要依据，也是进行德尔菲法调查的主要手段。调查机构根据委托方的要求，拟定需要调查了解的问题，制成意见征询表。拟定意见征询表应注意以下几点：问题要简单明确，数量不宜太多；问题的内容要尽量接近专家所熟悉的领域，以充分利用专家的经验；意见征询表中还要提供专家作出判断时可参考的比较齐全的背景资料。

（2）选择征询专家。专家的选择是否合适，直接关系到德尔菲法的成败。在选择专家时要注意以下几个方面：按照调查客体涉及的专业范围，选择业务精通、见多识广、熟悉市场情况、具有分析能力和预见能力的专家；专家人数的多少要视客体的大小和涉及面的宽窄而定，一般在 8～20 人；专家之间彼此不联系。

（3）轮回反复征询专家意见。

第一轮，将意见征询表和现有的背景材料寄给专家，要求专家明确回答征询中的问题，并在规定时间内将答案寄回，调查人员对各个问题的结论进行归纳和统计。

第二轮，将第一轮汇总过的专家意见及新的调查要求寄给专家，要求专家在了解全局情况后提出自己的见解。在这个阶段，他们可以保留或修改自己的意见，对于所持意见和总体结论差异较大的专家，应请他们充分陈述理由。这样，可再次将专家寄回的资料进行统计，并提出新的要求。

如此经过几轮的反复征询，使专家意见逐步趋于一致。征询的轮次和征询的时间间隔不能一概而论，需视调查内容的复杂程度、专家意见的离散程度而定。通常征询轮次为 3～5 轮，征询时间间隔为 7～10 天。随着互联网的普及发展，社会化媒介、即时通信工具日趋普及，采用这类新媒介进行沟通，大大提高沟通效率，缩短调查时间。

（4）作出调查结论。根据几轮提供的全部资料和记录、反复修改的各方面意见，由调查人员作出最后的调查结论。

例 6 - 6

德尔菲法的一次实际应用

某公司研制出一种新产品，现在市场上还没有相似的产品，因此没有历史数据。公司需要对可能的销售量作出预测，以决定产量。于是该公司成立专家小组，并聘请业务经理、市场专家和销售人员等8位专家，预测全年可能的销售量。8位专家提出个人判断，经过三次反馈得到的结果如表6-1所示。

表6-1 销售量预测结果汇总

单位：千件

专家编号	第一次判断			第二次判断			第三次判断		
	最低销售量	最可能销售量	最高销售量	最低销售量	最可能销售量	最高销售量	最低销售量	最可能销售量	最高销售量
1	500	750	900	600	750	900	550	750	900
2	200	450	600	300	500	650	400	500	650
3	400	600	800	500	700	800	500	700	800
4	750	900	1 500	600	750	1 500	500	600	1 250
5	100	200	350	220	400	500	300	500	600
6	300	500	750	300	500	750	300	600	750
7	250	300	400	250	400	500	400	500	600
8	260	300	500	350	400	600	370	410	610
平均数	345	500	725	390	550	775	415	570	770

平均值预测：

在预测时，最终一次判断是综合前几次的反馈作出的，因此一般以最后一次判断为主。如果按照8位专家第三次判断的平均值计算，预测新产品的平均销售量为：

$$\frac{415+570+770}{3}=585(\text{千件})$$

加权平均预测：

将最可能销售量、最低销售量和最高销售量分别按0.50，0.20和0.30的概率加权平均（权数由专家预测而来），则预测平均销售量为：

$$570\times0.5+415\times0.2+770\times0.3=599(\text{千件})$$

中位数预测：

用中位数计算，可将第三次判断结果按预测值高低排列如下。

最低销售量：

300　300　370　400　400　500　500　550

最可能销售量：

410　500　500　500　600　600　700　750

最高销售量：

600　600　610　650　750　800　900　1 250

当 n 为奇数时，中位数为：

$$Q_2=x\left(\frac{n+1}{2}\right)$$

当 n 为偶数时，中位数为：

$$Q_2=\frac{x\left(\frac{n}{2}\right)+x\left(\frac{n}{2}+1\right)}{2}$$

最低销售量的中位数为 400，最可能销售量的中位数为 550，最高销售量的中位数为 700。将可最能销售量、最低销售量和最高销售量分别按 0.50，0.20 和 0.30 的概率加权平均（权数由专家预测而来），则预测平均销售量为：

$$550\times0.5+400\times0.2+700\times0.3=565(\text{千件})$$

4. 德尔菲法的优缺点

德尔菲法简便灵活，对问题挖掘深入，但也存在一些不足之处，表 6－2 详细列出了德尔菲法的优劣之处。

表 6－2　德尔菲法的优缺点

优点	缺点
调查的组织和实施简便灵活。对组织工作要求不高，不需要太多的人力、物力、财力，也不需要组织大型的讨论会或人员众多的调查活动。对工作场所、工作时间也没有严格要求，比较灵活	缺乏客观标准，有一定的主观片面性。专家对调查问题的回答全凭自我判断，主观色彩较为浓厚，甚至有较强的主观片面性，因而这种方法主要适用于缺乏历史资料或未来不确定因素较多的调查问题
便于征询对象独立思考、独立判断。使用调查表征询专家意见时，专家采用匿名方式，专家之间没有联系，避免了专家意见之间互相干扰和影响，专家的回答是独立思考和独立判断的结果	调查时间较长。需经过多轮的反复征询，由于反馈次数较多，因而需要耗费较长时间。调查过程中还可能发生有的专家由于个人原因而中途退出的情况，影响调查结果的科学性，甚至可能破坏整个调查方案
有利于专家探索式地解决问题。专家之间是背对背地回答问题，每个专家对调查问题的回答必须依赖自己对问题的独立研究，探索调查问题内在的联系与规律性，寻求解决问题的途径方法	调查结论有可能趋于中位数和算术平均数。有的专家在得到调查组织者汇总的反馈资料后，由于水平不高或对调查问题的回答不够认真，或不了解其他专家所发表看法的依据，可能作出趋于中位数或者算术平均数的回答，影响调查结论的准确性和科学性

为了克服上述不足，可以采取以下措施：向专家说明德尔菲法的原理，让他们了解这种方法的特点；向专家提供尽可能详尽的与调查项目有关的背景材料；请专家对自己的判断结果给出最高值、一般值和最低值，并分别估计其概率，以保证整个判断的可靠性，减少轮回次数；在第二轮反馈后，只给出专家意见的极差值，而不反馈中位数或算术平均数，以免发生简单求同现象。

6.3.4 焦点小组访谈法

1. 焦点小组访谈法的概念及应用

焦点小组访谈法又称小组座谈法，由7～12名被调查者组成小组，在一名经过培训的主持人的引导下，针对某一特殊主题或概念，以一种无预定程序的自然形式进行深入讨论，其目的是了解人们的想法及其原因。在小组讨论过程中，可借助仪器观察小组成员的表情及发言情形。

焦点小组访谈与人们日常工作中的座谈会和深度访谈类似，但又不太相同，因为它虽然无预定程序，但事先经过精心组织安排，不是随意进行的聚会闲聊。

焦点小组访谈法可以应用于以下几个方面：了解被访者对某类产品的认识、偏好和行为；获取对新产品的概念的印象；研究广告创意、广告脚本的测试；研究产品的合理定价；了解被访者对某项市场营销计划的初步反应等。

参与讨论的小组成员对小组讨论的结果有这样那样的影响，所以小组成员应以具有相同性质者为佳，例如年龄、学历、职业等相同，以免造成沟通障碍，影响讨论气氛；他们的共同特征还应与讨论主题相关。同时，小组访谈的环境也相当重要，轻松、非正式的气氛才能有效激发人们自由、本能地发表评论。座谈时间应限制在三个小时之内，最好在一个半小时至两小时之间，时间过短不能进行深入的讨论，时间过长会影响小组成员的状态，所以时间的把握非常重要。

2. 焦点小组访谈法的类型

（1）试探型焦点小组访谈法。试探型焦点小组访谈法常用在市场调研的试探阶段，有助于精确定义问题。例如，试探型焦点小组访谈法可用来确定在一个研究中应包括的问题，也可用来帮助建立测试的假设。

（2）临床型焦点小组访谈法。使用临床型焦点小组访谈法的原因是，一个人真正的动机和感觉是潜意识的，我们不能只把表面价值看作是顾客必须谈的东西，研究必须探求那些意识之下的东西。通过临床判断可以发现一个人真正的动机，焦点小组访谈法为临床判断提供了数据，并且要求主持人必须有很高的技巧来说服参与者表现他们内在的想法和感觉。

（3）实验型焦点小组访谈法。实验型焦点小组访谈法能够使研究人员挖掘出真正的顾客，它给研究人员探测顾客对产品的情感结构提供了一个机会，研究人员可有效测出顾客使用产品时的满意与失望、夸奖与批评。

（4）雇佣型焦点小组访谈法。雇佣型焦点小组访谈法通过群体动力机制产生相关问题的数据。这种方法的特点是，小组成员自行讨论，并有一位主持人在场，规模相对较小，受到关注的小组能产生比每个参与者分开面谈更有价值的想法和主意。当一群对某一主题或产品感兴趣的人坐在一起讨论他们的感觉时，能产生更好的效果。根据提出的建议，有经验的主持人可以促进一定程度的互动和合作，有可能得到意想不到的想法。

3. 焦点小组访谈法的优缺点

（1）优点。

1）协同增效。将一组人放在一起讨论，与询问单个人得到的私人的、保密的回答相比，可以得到更广泛的信息、更深入的理解和看法。

2）滚雪球效应。在焦点小组访谈中，一个人的评论会启动参加者的一连串反应，这就是滚雪球效应。

3）刺激性。通常在访谈期间，随着小组中对所谈论问题的兴奋水平提升，参加者想要表达他们的观点和感情的愿望也会增强。

4）安全感。因为参加者的感觉和小组中其他成员是类似的，所以参加者感到比较舒服，并愿意表达他们的观点和感情。

5）自发性。参加者没有被要求回答某个具体的问题，他们的回答可以是自发的、不遵循常规的，因而能够准确表达他们的看法。

6）发现灵感。与一对一的访问相比，小组的讨论更容易激发灵感、产生想法。

7）专门化。因为多个被调查者要同时参与，所以雇用一个受过高水平训练的主持人是合适的。

8）科学监控。焦点小组访谈允许对数据的收集进行密切的监控，观察者可以亲自观看访谈的情况，并可以将讨论过程录制下来用于后期分析。

9）结构灵活。焦点小组访谈在覆盖的主题的广度及深度方面都可以很灵活。

10）速度快。由于同一时间能同时访问多个被调查者，因此数据收集和分析过程都是比较快的。

（2）缺点。

1）误用。焦点小组访谈是探索性的，但是可能会被误用和滥用，其结果被作为结论来对待。

2）错误判断。焦点小组访谈的结果比其他数据收集方法的结果更容易被错误地判断。

3）影响因素多。焦点小组访谈特别容易对受客户和调研者偏差的影响；难主持，高素质的主持人很少，而调查质量对主持人的技术有很强的依赖。

4）凌乱。回答的无结构性使得编码、分析和解释都很困难。焦点小组访谈得到的数据是凌乱的。

5）错误代表。焦点小组访谈的结果对总体是没有代表性的，因此不能把结果当作决策的唯一标准。

例 6-7

红罐王老吉找到正确的定位

2002年以前，从表面上看，红罐王老吉是一个很不错的品牌，在广东、浙南地区销量稳定，盈利状况良好，有比较固定的消费群，销售额连续几年维持在1亿多元。发展到这个规模后，企业的管理层发现，要把企业做大，要走向全国，就必须解决一连串的问题，一些优势甚至成为困扰企业继续成长的障碍。而所有困扰中，最核心的问题是企业不得不面对一个现实难题——红罐王老吉当“凉茶”卖，还是当“饮料”卖？

在品牌定位中，红罐王老吉遇到了一些难题。首先，广东、浙南消费者对红罐王老吉与传统凉茶的认知混淆。在广东，传统凉茶因下火功效显著，消费者普遍当成药服用，无须也不能经常饮用。因此，红罐王老吉没能很顺利地让广东人将之作为一种可以经常饮用的饮料，销量大大受限。其次，红罐王老吉无法走出广东、浙南。在这些地区以外，人们并没有凉茶的概念，在调查中甚至频频出现“凉茶就是凉白开”“我们泡热茶，不喝凉的茶水”等看法。另外，产品推广概念模糊。如果用凉茶概念来推广，企业担心其销量受到限制，但作为饮料推广又没有找到合适的区隔，因此在广告宣传上模棱两可。

为了解消费者的认知，研究人员对消费者进行了访谈。在访谈中发现，广东的消费者饮用红罐王老吉主要在烧烤、登山等场合。其原因不外乎“吃烧烤容易上火，喝一罐先预防一下”“可能会上火，但这时候没有必要吃牛黄解毒片”。而在浙南，饮用场合主要集中在外出就餐、家庭聚会。在对当地饮食文化的了解过程中，研究人员发现：该地区消费者对于上火的担忧比广东有过之而无不及，如消费者座谈会桌上的话梅蜜饯、可口可乐都被说成了会上火的食品而无人问津。而他们对红罐王老吉的评价是“不会上火”“健康”“小孩老人都能喝”。

研究表明，消费者对红罐王老吉并无“治疗”要求，而是作为一个功能饮料来购买，购买动机是预防上火。这就给红罐王老吉的定位提供了依据。

红罐王老吉成功的品牌定位和传播，给这个有175年历史、带有浓厚岭南特色的产品带来了巨大的效益。

4. 焦点小组访谈主持人的特征

在焦点小组访谈中，主持人的重要作用体现在要从小组中获取最好的、最具有创新特性的观点，为主办者提供深入研究方面有价值的建议。

主持人应具备的特征如下：

（1）被小组接受，容易和小组成员一起工作；

（2）反应敏捷，善于发现并记录小组讨论产生的新观点；

（3）重视小组成员，让小组成员感受到自己的观点是重要的，激发他们的热情；

（4）有能力掌控小组讨论的中心，但不显得过分强势。

主持人应当通过适当的甄选选出，而不是随意确定的，一个对主题没有兴趣或不了解主题的主持人，将会错过小组讨论中产生的出人预料的好创意。

6.3.5　投射法

1. 投射法的概念

投射法来源于心理学，是通过一种无结构的、非直接的询问形式，鼓励被调查者把他们所关心的问题的潜在动机反映出来。简言之，投射测试的目的是探究隐藏在表面反应下的真实心理。在投射法中，并不要求被调查者描述自己的行为，而是要他们解释其他人的行为。在解释他人的行为时，被调查者就间接地将自己的内在情感投射到了有关的情境之中。使用投射法的根本理由在于，人们通常不愿或不能表达深层的情感。

2. 投射法的类型

（1）文字联想法。文字联想法是向调研对象呈现一连串的词语，每给出一个词语，都让他们回答首先想到的是什么词（称为反应词），并记录下口头或非口头的反应行为，如犹豫不决等。为了掩盖研究的真正目的，在给出的词语中有一些是充数的、没有测试价值的。例如研究人员对销售人员说出一系列工作任务，希望通过这种联想法揭示出他们对这些任务的真实感受。销售人员的第一个想法大概是自发的，因为他没有足够的时间来思考对自己有利的答案。

对回答或反应的分析可计算如下几个量：每个反应词出现的频数；在给出反应词之间停顿的长度；在合理的时间段内，对某一词语完全无反应的被访问者数目等。研究者常常把这些联想分为赞成的、不赞成的和中性的三类。一个被访问者的反应模式及反应的细节，可用来决定其对所研究问题的潜在态度或情感。

文字联想法可用于测试潜在的品牌名称。如酒水生产商希望推出一种无色轻度威士忌，他测试了很多品牌名字，如 Frost，Ultra，Verve，Master's Choice 等。最终显示的结果是消费者对 Frost 一词特别偏爱。

类似地，该方法还可以用于测试产品的消费动机和偏好调查。

（2）句子完成法。该方法也是建立在自由联想的基础上，调研对象需要将呈现给他们的未完成的句子，用最先想到的词或短语来填补完整。由于被调查者专注于问题的答案，其潜意识常常会不自觉地流露出来。需要注意的是，为了避免被调查者产生防备心理，在未完成的句子中一般不要有第一或第二人称。

在分析和解释所获得的资料时，研究者需要具备专门的知识（如心理学专业知识），这样才能准确地解释答案真正的含义，例如对于“拥有一辆汽车是________”，女性被调查者的回答是“拥有一辆汽车是很好的事”，男性被调查者的回答则是“拥有一辆汽车是必需的”。据此可以推断，女性消费者认为拥有一辆汽车是很体面的事，而男性消费者则把汽车看成是一种必需品。这种资料对广告宣传策略、营销策略的确定都很有意义。

（3）图画测验法。该方法是将一幅图画（一般是漫画）展示在被调查者面前。图画内容表示一种对话情境，其中有一方提问题，另一方的回答是空白的，要求被调查者替图画中的另一方作答。

例如，图画内容可能展示的是在一家快餐店柜台前，售货员与顾客的对话情境（见图6-1）。售货员向顾客问道："请问您需要什么?"顾客的回答则留下了空白。被调查者替顾客作出的回答可能是："您可以推荐一下什么较好吗?"如果答案如此，说明被调查者对快餐店的食品不太了解；如果被调查者的回答是某种食物，则说明被调查者对该类别食物比较偏爱。

图6-1 图画测验法示例

采用图画测验时应注意，图画的内容要尽量简略，特别是人物面部表情要一目了然，不应对被调查者的回答产生影响；而且应当提醒被调查者，要注意的对象是文字和所提出的问题，而不是图画中的人或物。

由于图画测验法成本较高、所得的信息较少、不便于统计分析等，所以在实际调查中运用较少，一般只用作辅助性调查手段。

（4）故事构建法。该方法与图画测验法类似，由研究者向被调查者展示一张（或多张）照片或图片，要求他们根据自己的理解虚构一个故事或者虚构出图片中人物的内心想法。例如，图片上可以展示一位家庭主妇，手提购物篮，面对罐头食品陈列架。被调查者看后要谈谈家庭主妇在想什么。被调查者的回答可能是："这位家庭主妇看到包装很漂亮的零食犹豫不决，因为没有尝试过，不知道好不好吃，但是又想买来试一试。"那么可以认为这位被调查者喜欢吃零食，而且对包装、口味很讲究；被调查者的回答也可能是："她看到产品正在促销，准备购买。"那么这位被调查者可能比较看重价格因素。

（5）图片分类法。图片分类技术是美国最大的广告公司之一BBDO Worldwide开发的一种投射法。具体做法是显示给被调查者一些图片，图片中展示的是从商务经理到大学生各种各样的人，让被调查者将人与品牌联系起来，即判断什么样的人使用该品牌。BBDO在为美国通用电气进行图片分类时发现，被调查者认为该品牌最吸引保守的、年龄大的商人。为了改变这样的形象，通用电气开展了名为"Bring Good Things to Life"的活动。BBDO还利用图片分类技术访问了啤酒目标市场100名消费者（男性，21～49岁，每周喝6次以上啤酒）。调查人员给每个被调查者展示98张图片，要求他们将每一张图片与啤酒品牌进行匹配。结果显示，80%的产品是给男性消费的，而有些产品如Coors与女性形象有一定的联系。

（6）第三人称法。这是最容易使用的一种方法，和一般的询问方法相似，都是将问题直接提出来。不同的是，该方法不是直接询问被调查者的感受或看法，而是让他们说出其他人的看法。例如，男性家长可能被调研人员询问："我们曾经和很多像你这样的家长讨论这种新型的学习机，很多人感觉不错，但是也有一部分人认为有待改进。请考虑一下你的朋友或邻居，谈谈他们对这种学习机可能有什么看法。"调研人员就是让调研对象把自己的想法转移给邻居、朋友和同事等，他们可以同意也可以不同意一个不知名的第三方的意见。

（7）类推法。使用类推法有助于暴露人们的内在情感。例如，人们通常想买一辆适合自己个性的汽车，通过汽车表达他们的个性。个人类推法的使用有时可以使研究人员发现人的个性和潜在购买目标之间的联系。

我们有情感和感觉。个人类推法的原理是通过我们的情感来洞察人们是怎么理解结论和问题的。我们把自己的情感转移到购买者或使用者身上，并设想他会有怎样的感觉，在遇到问题时是如何应对的。

举例来说，我们可能会被问到：作为一辆新款宝马车的车主，会有什么感觉？回答可如下：

- 我感觉很有魅力。
- 我感觉还不太适合外出。
- 我感觉我已经准备好开它去兜风了。

基于这样的分析，可以针对特殊的顾客群体来设计广告主题。通过这样的方法，可以使我们从依据原先的分析因素看问题的状态中解脱出来。

延伸阅读 6-3

罗夏墨迹测验

罗夏墨迹测验是由瑞士精神科医生、精神病学家罗夏（Hermann Rorschach）创立的，又称为罗夏技术、罗夏测验或罗沙克测验等，现在已经被世界各国广泛使用。

罗夏墨迹测验是最著名的投射法人格测验。它是让被试者通过一定的媒介建立起自己的想象世界，在无拘束的情景中显露出其个性特征的一种个性测试方法。测试中的媒介，可以是一些没有规则的线条，可以是一些有意义的图片，可以是一些有头没尾的句子，也可是一个故事的开头，让被试者来编故事的结尾。因为这一画面是模糊的，所以一个人的说明只能是来自他的想象。通过不同的回答和反应，可以知道对方的人格与人生态度。投射法的最大优点在于主试者的意图目的藏而不露，可以创造一个比较客观的外界条件，使测试的结果比较真实、客观，对心理活动了解得比较深入，缺点是分析比较困难，需要有经过专门培训的主试者。因此，投射测验在员工招聘中运用得比较少，只在招聘高层次的管理人员时才考虑运用。

罗夏墨迹测验是由10张经过精心制作的墨迹图构成的。7张为水墨墨迹图（其中5张为黑白墨迹图，2张在黑白墨迹图上附有红色墨迹），3张为彩色墨迹图。这些图片在被试者面前出现的次序是有规定的。主试者的说明很简单，例如："这看上去像什么？""这可能是什么？""这使你想到什么？"主试者要记录：引起反应的语句；每张图片出现到开始第一个反应所需的时间；各反应之间较长的停顿时间；对每张图片产生反应所需的时间；被试者的附带动作和其他重要行为等。其目的是诱导被试者将生活经验、情感、个性倾向等反映出来。被试者在不知不觉中会暴露自己的真实心理，因为他在讲述图片上的故事时，已经把自己的心态投射到情境之中了。

资料来源：改编自沈宗南．营销传播学研究系列（四） ZMET隐喻抽取技术介绍及营销传播调研应用．中国营销传播网，http://www.emkt.com.cn/article/446/44662.html.

基本概念

观察法	文案调查法	德尔菲法	头脑风暴法
深度访谈法	焦点小组访谈法	投射法	

思考题

1. 什么是观察法？应该如何运用观察法获取资料？
2. 深度访谈法的优缺点有哪些？访问员应具备什么素质？
3. 焦点小组访谈法的主持人应具备什么素质？
4. 对比深度访谈法和焦点小组访谈法。
5. 什么是投射法？投射法具体划分为哪几种？
6. 简述德尔菲法的概念以及优缺点。

课后实践

1. 目的

（1）了解定性调研方法，掌握访谈法的实施过程。

（2）培养学生运用定性调研方法收集数据并解决营销问题的能力，提升学生的访谈技巧以及沟通能力。

2. 内容和要求

（1）实训内容。就大学生自主创业的原因和心态进行深度访谈研究。

（2）具体要求。

A. 选择3～5名大学生创业者进行深度访谈。

B. 归纳大学生创业者的特点、创业原因、创业心态、创业面临的困难和问题。

C. 分析大学生创业特有的问题，并尝试提出建设性意见。

D. 完成包括以上内容的小组报告。

3. 步骤

(1) 指导教师说明实践目的、任务、进度以及要求。

(2) 将班级成员分为若干小组，每组3～5人，各组推选组长。各小组进行深度访谈的前期准备工作，包括：熟悉访谈的实施过程；筛选以及收集被访者资料；阅读与创业相关的文献及网上相关资料，形成初步认识；统一工作思路，明确主题，完成访谈提纲。

(3) 在组长带领下，对拟调研的大学生创业者进行访谈，完成第一手数据资料的收集，并进行整理。

(4) 由组长组织小组课外讨论，形成小组报告。

(5) 分小组进行课堂展示与报告，进行课堂讨论，由指导老师进行综合评定和总结。

第3篇

市场调研数据处理

第7章

收集市场调研数据

学习目标

- 掌握电话调查、邮寄调查、留置调查、人员访问和网络调查等数据收集方法
- 理解选择调查方法时需要考虑的因素
- 掌握数据收集过程中可能产生误差的种类
- 理解如何进行数据质量控制
- 掌握对无应答和不可靠应答的处理方法

引　例

快时尚品牌的市场调研

许多知名快时尚品牌都是以“快速响应”为制造模式的服装品牌，它们的定位几乎都是“买得起的快时尚”，主要目标客户是20～30岁、高度敏感性但消费能力有限的都市人群。为更好地了解不同受众对搭配展陈的反馈，这些品牌进行了问卷调查。

接下来的问题就是：如何调查？调查多少人？调查范围是什么？应该采用什么方式？

经过初步估算，它们得出了所调查门店附近的潜在顾客数量，认为在门店直接发放纸质问卷将会得到较为准确的数据。由于消费者人数较多，此次问卷调查主要采用纸质问卷与网络问卷两种，共发出1 000份问卷，其中纸质问卷600份，网络问卷400份。网络问卷调查所获取信息的真实性和安全性不高且适用范围受限，可能出现一些偏差。它们也在考虑，为了得到较为真实的数据，是否可以采用其他方式如人员访问或全自动电话调查等方法。

资料来源：韦宝宝．快时尚品牌服装门店服饰搭配展陈设计对消费行为的影响研究．美与时代，2017（7）．

在市场调研中，收集原始数据的方法主要有三种：调查法、观察法和实验法，其中调查法在商业市场调研中使用最广泛。常用的调查方法有人员访问法、邮寄调查和留置调查法、电话调查法、网络调查法等。成功的调研管理可以辅助企业管理者进行决策，通过有效满足消费者的需求赢得市场。然而，失败的调研管理可能误导企业管理者的决策，甚至给企业带来致命的打击。因此，在市场调研活动整个过程中都要遵守科学规律，通过努力减少误差，对数据进行质量控制，提升市场调研的可靠性。

7.1 调查数据收集方法

在调查法中，调研人员一般会提前设置几个和调研主题相关的问题，然后由访问人员向调研对象提问，从而得知调研对象的想法，例如他们的态度、意愿或者偏好等。根据调查者与被调查者或应答者接触的方式，调查法可分为四种：人员访问法、邮寄调查和留置调查法、电话调查法、网络调查法。

7.1.1 人员访问法

人员访问法也称面谈调查，是指访问人员通过面对面地询问和观察被调查者而获取市场信息的方法。它是市场调研中最通用、最灵活的一种调查方法。根据调查地点的不同，人员访问法可以分为入户访问、经理访问和街头拦截访问。

1. 入户访问

入户访问是指访问人员根据抽样方案中的要求，到被抽中的家庭，按照事先规定的方法选择适当的被调查者，再依照问卷或调查提纲进行面对面直接的访问。入户访问一般可以分为六个步骤：寻找—登门—抽样—询问并记录—检查—致谢。

延伸阅读 7-1 入户访问的基本过程

（1）入户访问的优点。

1）有效问卷回收率高。入户访问使得访问人员和被调查者面对面交流，容易建立信任和合作的关系，对于一些比较敏感的问题也比较容易询问，能够保证有效问卷的回收率。

2）具有较高的真实性。访问人员可以在询问过程中观察被访者的表情、姿态等非语言行为，以此来判断被调查者回答的真实性。

3）访问人员容易控制问卷质量。在访问过程中，被调查者对问题的理解出现困难或偏差时，访问人员可以及时进行解释和纠正。同时，还可以避免被调查者有意或无意漏答题目的现象。

（2）入户访问的缺点。

1）费用较高。入户访问要求访问人员和被调查者一对一进行交流，需要付出大量的人力、物力和时间，费用较高。

2）入户困难。现在许多居民的警惕性比较高，陌生人来访有时连门都不开，访问人员也很难有解释的机会，经常会被拒之门外。

3）被调查者容易受到访问人员影响。在交流过程中，访问人员的态度或语气难免会对被调查者产生一些影响，可能会导致问卷质量下降。

4）访问过程不易控制。由于访问人员分散开来，检查监督的人员很难对访问人员的工作进行监督控制。

2. 经理访问

经理访问是一种特殊的入户访问，是指对工业品用户进行的相当于入户访问的访问，包括对商务人员在他们的办公室进行的有关工业品或服务内容的访问。这是一种成本比较高的访问类型，因为这类访问对访问人员的要求非常高，一般情况下，他们可能会就一个自己不太了解的话题进行访谈，而访谈的对象可能是相关领域的从业者或是专家。因此，这类访问的访问人员劳务费较高。

进行经理访问需要注意以下几个问题：第一，需要确定产品的购买者或者实际的决策者是谁。在小公司中，决策者一般比较容易确定。但在大公司中，确认哪些人对购买行为产生影响是一项高成本的工作。第二，确定了关键人物之后，需要说服他们接受访问，并确定访问的时间。访问的过程并不像想象中那么困难，因为大多数专业人士比较愿意谈论和他们工作相关的内容。第三，访问人员必须按照规定的时间到达指定地点，一般情况下访问人员需要等待一段时间，取消访问的情况也不鲜见。

3. 街头拦截访问

街头拦截访问是指访问人员在合适的地点（如商场、火车站等）拦住合适的被调查者进行的访问。拦截访问通常是在调查对象具有一定特殊性或总体抽样框难以建立的情况下采用。街头拦截访问一般分为三个步骤：抽样—拦截并访问—致谢。

（1）街头拦截访问的优点。街头拦截访问除了具有入户访问的主要优点之外，还具有一些入户访问不具有的优点：

1）成本相对较低。街头拦截访问的访问时间和地点比较集中，对调查对象的要求也不那么严格，可以节省每个样本的访问费用。

2）避免入户困难。入户困难是入户访问时访问人员的一大困扰，拦截访问不存在这一问题。

3）便于对访问人员进行监控。拦截访问的时间和地点比较集中，便于指派监督人员在现场对访问人员的工作加以监督。

（2）街头拦截访问的缺点。

1）访问环境不够舒适。街头拦截访问不像入户访问那样有舒适的访问环境，街头嘈杂的状况可能对被调查者产生一定的影响。

2）被调查者拒绝回答的可能性比较大。

3）不适合较长的问卷调查。街头拦截访问中，被调查者一般是站着接受访问，问卷过长会让被调查者感到厌倦，从而拒绝访问或是影响访问质量。

4）不适合复杂或不能公开提问的调查。拦截访问是在大庭广众之下进行的，如果问卷涉及不能公开的问题，被调查者很可能会拒绝访问。

5）样本的选择有一定的偶然性。

7.1.2 邮寄调查和留置调查法

1. 邮寄调查

邮寄调查是指调研人员将设计好的问卷邮寄给被调查者，请他们填写完问卷之后再邮寄回调查机构的一种调查方法。邮寄调查的基本程序是：准备邮件—寄出问卷—催复。

（1）邮寄调查的优点。

1）调查费用低。一般来说，邮寄调查比面谈调查和电话调查的费用都要低，因为邮寄调查节省了访问人员的劳务费、培训费和交通费等。

2）调查范围广。原则上讲，只要通邮的地方都可以使用邮寄调查的方法，因此可以调查一些边远地区或海外地区。

3）保密性强。邮寄调查一般是匿名的，而且被调查者在回答时不用面对陌生的访问人员，因此被调查者更有安全感，信息保密性更强，特别适合于对于敏感问题的调查。

4）无调查人员偏差。在面谈调查和电话调查中，访问人员的素质在很大程度上影响调查的质量，邮寄调查避免了因访问人员而产生的误差。

（2）邮寄调查的缺点。

1）调查周期较长。邮寄调查一般会花费较长的时间，时效性不强，不适宜那些对时效性要求较高的调查项目。

2）回收率低。邮寄调查在几种调查方法中是问卷回收率最低的，因此调研人员需要特别注意采取措施提高问卷回收率，同时对低回收率造成的偏差进行处理。

3）填写问卷的质量难以控制。被调查者填写的问卷可能是由别人代答的，也可能就个别问题询问过他人，这些都会影响到数据的质量。

4）调查对象受到限制。被调查者需要自己阅读问卷并理解题目，对于文化水平较低的调查对象很难开展邮寄调查。

（3）邮寄调查的适用范围。邮寄调查一般适用于对调查结果的时效性要求比较低的调查项目，同时调研人员需要对调查对象的地址和姓名比较清楚。在调查经费比较紧缺，而调查的内容又比较多、比较敏感的情况下可以采用邮寄调查。

例 7－1

中国经济生活大调查：成功的邮寄调查

2014 年 9 月 25 日，中央电视台联合国家统计局、中国邮政集团公司在北京发布 2013—2014 年度《中国经济生活大调查》数据报告。报告显示，内地居民更愿选择在地级市居住，选择北京、上海、广州和深圳等一线城市居住的比例居于末位。

此项大调查最与众不同的是，它开创了在免邮资明信片上印制调查问卷的新模式，成为全世界唯一用明信片进行的民意调查和抽样调查。大调查由国家统计局负责抽样和统计，依托覆盖最广的邮政网络，深入全国 31 个省（自治区、直辖市）104 个城市和 300 个县，每年发放 10 万张明信片问卷，调查 10 万个中国家庭的宏观经济感受、消费投资行为与预期、民生困难和幸福感。该调查连续 8 年已累计抽样 80 万户中国家庭，回收率超过 80%，抽样误差不超过 1%。

大调查数据报告涵盖中国百姓消费购物、投资理财、收入信心、幸福观念等 13 个民生方向，共发布“旅游消费生机勃勃”“农村市场成为汽车产业增长新动力”“央视居民收入信心指数”“双高人群期待二胎”“北上广去留抉择”“健康超收入成幸福第一要素”等近百个独家调查发现。报告显示，受访者首选在地级市居住（28.6%），其次是县级市（24.8%），省会城市排名第三（21.8%），第四选择是镇（12.9%），排在最后面的是北上广深等一线城市（10.2%）。调查认为，高房价、空气污染、交通拥堵等城市化进程中凸显的问题让众多流动人口的选择更趋理性。

2. 留置调查

留置调查是指调研人员将问卷当面交给被调查者，说明填写要求后由被调查者自行填写，最后调研人员再进行回收的一种调查方法。

留置调查是一种介于邮寄调查和面谈调查之间的调查方法，综合了邮寄调查中保密性高的特点和面谈调查中回收率高的优点。由于在留置调查中被调查者是自主完成问卷，所以邮寄问卷的设计要求同样适用于留置调查问卷，调查人员在把问卷交给被调查者时也要进行一些必要的说明。回收问卷时，发现漏填、错填或填写不规范的问题要及时指出。

例 7－2

vivo 的留置调查

2016 年 vivo 开始以拍照为品牌定位，美图手机在自拍专业用户中获得了很多好评，为了获得更加深入的了解，调研人员在项目中加入了留置调查，将产品提供给美图用户进行试用。

试用时间为一周，要求用户每天必须用两部手机各拍一张照片。调研人员对一些常用的拍照场景做了硬性要求，每天也会和用户进行简单的沟通，了解具体的使用情况、覆盖的场景，以及部分问题的反馈。根据每天的记录，在最后两天有针对性地要求用户去覆盖那些十分常用但没有完成试用的场景，以达到所有场景的全面试用；甚至会跟随用户去一两个场景进行观察，以更好地记录使用行为。

通过留置调查，可以了解一些使用频率高、满意度低的场景下，什么样的效果是被调查者认为好的，什么样的效果是被调查者认为不好的，从而有针对性地提升产品效能。

资料来源：严文娟．产品留置测试探索．工业设计研究，2018（1）.

（1）留置调查的优点。

1）回收率高。由于问卷由调研人员当面送交给被调查者，说明填写要求和方法，容易让被调查者配合，并且能控制回收时间，提高回收率。

2）可信度高。被调查者不受调研人员的影响，可以充分考虑问题，作出的回答一般比较准确。

（2）留置调查的缺点。

1）调查区域有限。一般不适合范围较大的市场调查。

2）调查费用较高。留置调查需要调查人员当面送交问卷，有时候还需要调查人员二次拜访回收问卷，增加了调查的费用。

7.1.3 电话调查法

电话调查法是指访问人员通过电话与调查对象进行交流并收集数据的方法。进行电话调查需要一个相对安静的环境，尽量减少外界的干扰。访问人员需要根据在电话沟通中被调查者的回答进行记录。随着计算机技术的发展，一些电话调查也开始使用计算机直接记录调查数据。

1. 传统电话调查

传统电话调查使用的工具就是普通的电话、提前印制的问卷和笔。整个调查过程需要访问人员逐题提问，并迅速地记下被调查者的回答。传统的电话调查过程如下：收集、编制电话号码—选择适当的调查时间—实施调查。

2. 计算机辅助电话调查

计算机辅助电话调查（computer assisted telephone interview，CATI）一般是在一个装有计算机辅助电话调查设备的地点进行。这个设备包括自动随机拨号系统、问卷设计系统、自动数据录入系统、简单统计系统和自动访问管理系统。

在进行调查时，访问人员戴上耳机坐在计算机终端前，在接到命令后，计算机拨出电话号码，同时在屏幕上显示调查的问题，访问人员根据屏幕的提示向被调查者提出问题，并通过键盘或鼠标将数据及时录入计算机。

与传统电话调查相比，计算机辅助电话调查中，计算机代替了传统的笔和纸，调查数据将直接输入计算机中，很大程度上减少了问卷编码和录入的烦琐过程，减少了调查所需的人员和时间成本，同时也减少了数据在录入过程中可能出现的失误，在一定程度上保证了收集的数据的质量。

3. 全自动电话调查

全自动电话调查（computer assisted telephone system，CATS）是完全由计算机操控，但又不是通过网络在线的形式进行的调研。运用全自动电话调查系统，由计算机拨打电话号码，在电话接通后自动播放一段预先录制的介绍本次调研项目的录音，并且在调查过程中利用录音代替了访问人员逐字逐句地念出问题和答案。被调查者通过电话的拨号键选择符合的答案，数据直接录入计算机。

全自动电话调查系统的适应性很强，适用于多种类型的调查，可以在较短的时间里以较低的费用快速收集大量的数据。虽然全自动电话调查不能完全代替传统电话调查，但它为调研人员提供了另外一种高效的选择。

4. 电话调查法的优缺点及适用范围

（1）电话调查法的优点。

1）节省经费和时间。电话调查只需要访问人员在一个固定的地点拨打电话，节省了访问人员在采用入户访问等调查方法时产生的交通费用等，也减少了访问人员在不同地点之间往返的时间。

例7-3　人工智能帮助可口可乐公司了解消费者

2）更容易访问到不易接触的对象。例如，一些调查需要访问地位较高的人，这部分人工作比较忙，入户访问一般都会遭到拒绝，电话调查时间比较灵活，更容易被这类人群接受。

3）可以得到相对更真实的回答。有些调查问题可能会涉及个人问题，比如教育水平、分期付款等，有些被调查者在面对面的访问中回答这类问题时往往会感到不自然，回答也可能不够坦诚。而在电话访问中，被调查者的回答一般会比较真实。

4）易于控制质量。由于电话调查中访问人员一般都是在一个集中的地点进行调查，监督员或其他调研人员可以及时纠正访问人员的不恰当操作。

（2）电话调查法的缺点。

1）抽样总体不完整。电话调查法需要的被调查者为有电话并且能够通过电话沟通的人群，抽样总体就局限于这类人群。而在电话普及率不太高的地方，抽样的样本将不具有很高的代表性，可能会影响调查结果的代表性。

2）调查内容难以深入。电话调查时间不宜过长，问题不宜过于复杂，这使得调查的内容难以深入。

3）调查成功率较低。影响电话调查成功率的因素包括：随机拨打的号码是空号或错号，被调查者不方便接受调查，接听电话的人不是潜在的被调查者等。这些因素都会导致电话调查的成功率降低。

（3）电话调查法的适用范围。电话调查适用于调查问题不太多、相对简单，但是调查时间紧迫、被调查者分布范围比较广的情况。例如对于某突发性问题的消费者调查、企业调查和特殊群体的调查等。

例 7-4

电话调查应用于客户满意度研究

某知名房地产开发企业希望通过了解已签约和已入住业主的满意情况，全面评价各地项目销售、客服及物业等方面的工作业绩，并为改进各项服务提供参考依据。一家咨询公司受其委托，连续两年在北京、天津、重庆、沈阳、济南、长沙、南宁、柳州、阳朔、烟台、东营11个城市，对该企业下属所有项目的已签约但未入住业主、已入住业主，采用计算机辅助随机抽样电话调查方法，对各地项目销售、客服及物业等方面进行了全面的客户满意度研究。研究结果为集团总部客观评价各地项目工作提供了科学依据，该房地产服务水平在此基础上得到提升。

7.1.4 网络调查法

互联网的迅速发展为企业进行市场调研提供了现代化的技术工具。世界进入信息时代，互联网成为继报刊、广播、电视等传统大众传媒之后的一种新型媒体，企业通过网络及时获取市场信息，才可以跟上快速变化的市场和消费者的需求。

网络调查最早出现在美国，美国本土的互联网一建成，调查就开始在网上进行了，刚开始的调查内容大多涉及网站访问者的背景、动机、对网站的建议和看法、上网情况等。随着网络规模迅速扩大，网络调查的内容范围迅速扩展到人类生活的各个领域。在美国，网络调查在整个市场调查中所占的比例已经达到15%。我国的网络调查起步相对较晚，正处于快速发展之中。

1. E-mail 调查

E-mail 调查是指将调查问卷通过电子邮件形式发送到已知的 E-mail 邮箱中，被调查者完成后回复给调研机构的调查方法。E-mail 调查方式其实就是传统的邮寄调查法在互联网上的扩展，具备传统的邮寄调查法的一些优缺点。

和传统的邮寄调查法相比，E-mail 调查方式的特点在于：E-mail 问卷制作方便，分发迅速，比传统的邮寄调查法周期要短；邮件被发送到被调查者的私人信箱，更容易被注意到。不过，邮件往往难以得到素不相识的被调查者的注意，在朋友、同学等熟人中使用效果较好；这类邮件有时会被当作垃圾邮件拦截。

2. 网页调查

网页调查是指调研人员将问卷置于网页上，人们登录网页并对问卷进行回答的调查方法。这是最基本也是最常用的网络调查方法。具体的操作方法一般是：在一些预期调查对象访问率高的网站上发布消息，解释该调查的性质并邀请他们参加。调研人员在网页上设置多项需要调查的内容，吸引被调查者主动访问网站。被调查者根据自己对调查内容的兴趣选择回答。这种调查方法取决于调查者群体的态度，调查专页所在网页的访问率越高，反映调查对象总体意见的可能性越大。另外，通过 IP 控制调查的样本，可防止一个人多次回答问卷。

3. 网络会议调查

网络会议调查是指基于互联网将分散在不同地域的被调查者虚拟地组织起来，在调研人员的引导下讨论调查问题的方法。网络会议是以网络为媒介的多媒体会议平台，使用时可突破时间地域的限制，通过互联网实现面对面的交流。它可以利用互联网实现不同地点多个用户的数据共享。网络视频会议是网络会议的一个重要组成部分。具体的操作方法是：调研人员把设计好的调查内容以网页的形式在网站上公布，并在调查对象中征集与会者在约定的时间内进行网上视频座谈。这种调查方式可以用来对某项专题进行深入细致的研讨。

4. 社会化媒体调查

社会化媒体调查是指采用社交网站、微博、微信、博客、维基在线论坛（BBS）等社会化媒体形式对被调查者进行调查的方法。社会化媒体为网络调查的实施提供了新的平台，调查者可利用该平台，采用混合调查模式来收集数据，以弥补单一调查方式样本涵盖率低的缺陷。

5. 网络调查法的优缺点及适用范围

（1）网络调查法的优点。

1）速度快。网络调查省略了传统调查中印刷、邮寄和数据录入的过程，问卷的制作、发放及数据的回收速度都得到了提高。调研人员可以在几个小时内完成问卷并统计结果、制作报表，这是传统的调查方法很难实现的。

2）费用相对较低。在网络调查中，印刷、邮寄、录入以及访问人员的劳务费用等都被节省下来，而增加的调研费用相对有限。因此，在进行大规模的调研时，与邮寄问卷或电话调研等方法比起来，网络调查的费用要低得多。

3）便于跟踪。随着网上固定样本调研的出现，调研人员能够通过跟踪被调查者的态度、行为和时间等进行纵向调研。已有的跟踪软件能够做到根据上一次的回答情况进行本次问卷的筛选，而且能填补漏选项目。

4）简单易行。网络调查的问卷可以很容易地放到网站上，或是跟一些与调研内容相关的网站进行链接。例如，网民在某门户网站上浏览财经方面的新闻，点击了财经新闻的链接，在进入正式网页之前，可在弹出的一个页面上就最近某个热点财经新闻接受调查。

5）调查对象广泛，不易受到时间和地域的限制。现在的互联网已经全球化，用户广泛，因此调查对象也可以全球化。而且，网络调查基本上不会受到时间和地域的限制。

6）良好的视觉效果。声像并茂的网络问卷是网络调查独一无二的优点。在网络问卷中，可以制造一些视觉效果以吸引人们的注意，运用图像和超链接等功能来展示产品和介绍服务，甚至可以运用新技术把声音加入到问卷中。这是传统的调查方法难以做到的。

（2）网络调查法的缺点。

1）调查对象仅限于网民。在网络调查中，参与调查的都是上网的人，但是这些人并不能代表所有的人口。中国互联网络信息中心（CNNIC）2020年9月29日发布的第46次《中国互联网络发展状况统计报告》显示，截至2020年6月，我国网民规模达9.4亿，普及率达67%；我国手机网民规模达9.32亿。互联网覆盖范围进一步扩大，贫困地区网络基础设施“最后一公里”逐步打通，“数字鸿沟”加快弥合；移动流量资费大幅下降，跨省“漫游”成为历史，居民入网门槛进一步降低，信息交流效率得到提升。

2）信息的安全性不高。目前的网络安全技术难以确保接受网络调查者私人信息的安全性。出于安全考虑，许多网民都不愿意接受网络调查。

3）信息的真实性有限。在多数人看来，网络是一个虚拟的世界，很多被调查者在填写问卷时有很大的随意性，信息往往不够真实，调研人员无法判断被调查者的真实身份，也很难确定问卷中数据的真实性。

4）重复填写问卷。网络问卷一旦被放在网站上就是公开的，任何人都可以填写。特别是在一些网络调查中，为了吸引人们参与会提供一些礼品或其他的回报，导致有些人为了奖励重复填写问卷。虽然现在有一些技术（例如IP限制技术）可以限制人们重复填写问卷，但是这些限制都不太有效。同一个人或同一类人重复填写问卷，会对调查结果的准确性造成影响。

（3）网络调查的适用范围。由于网络调查本身的特点以及现阶段我国网络调查客观上存在的不足，目前我国网络调查的应用范围还受到一些限制。为了避免出现严重的选择性和代表性偏差，网络调查应主要用于以网民为对象的项目，进行一些与网络有关的调查。具体来说，主要包括：网络基础数据调查，电子商务个人消费市场研究调查及与电子商务用户密切相关的调查，对企业客户的网上调查，企业的广告或品牌追踪调查及客户满意度监控，政府网络调查，其他网络调查。

在网络调查系统方面，国内一些调查公司或者研究机构开发了一些专用平台，例如“问卷星”“调研宝”“乐调研 CAPI”“零点网上调查系统”“智库在线”“态度 8 调查网”等，既有网下进行设计、结果数据分析与网上开展调查的 C/S 和 B/S 模式结合的平台，也有纯粹的模式的系统，所有操作都可以在网上完成。这些系统大部分不提供在线试用，无法获知其具体功能、表现，只能通过介绍来了解。在这方面国外机构做得稍好些，它们都提供在线试用，但限制较多，仅能使用部分功能。

例 7-5 小米社区：为产品调研提供用户信息

7.2 数据收集中可能产生的误差

调研结果的有效性直接与抽样和非抽样误差的数目和规模有关。本书第 5 章讨论了抽样与非抽样误差。本节主要描述实际数据收集中相关的误差来源，并对误差来源进行归类分析。

数据收集中的误差可以分成两大类。第一大类是由调查人员进行问卷调查时所产生的误差，即调查人员误差。必须注意的是，无论是自己动手进行数据收集人，还是专业的数据收集者，都有可能产生现场工作人员误差。第二大类是由被调查者造成的被调查者误差。当然，此类误差的产生与采用何种数据收集方式无关。在每一个大类下面，又可以作如下区分：故意误差和非故意误差，前者是有意造成的，后者是在无意中产生的。

7.2.1 调查人员误差

1. 故意误差

调查人员的故意误差是调查人员出于某种目的扭曲或篡改规则，有意识地作弊，编造、修改或删除调查数据造成的。它是误差产生的最基本原因，主要表现为访问者欺骗和诱导被调查者。

（1）访问者欺骗。访问者欺骗是指访问者故意伪造调查问卷。产生访问者欺骗的主要原因可能是报酬体制和工作机制，比如电话访问或街头访问经常是按完成调查问卷的份数给付酬劳，而调查问卷的完成数量会受到客流量和被调查者是否符合要求的影响。通常在报酬较低、工作时间较长、工作进展困难的情况下，访问者为了在一定时间内访问到一定量的目标群体，就有可能伪造调查问卷。

（2）诱导被调查者。诱导被调查者表现为访问者在遣词、评阅或形体语言方面影响被调查者的回答。最坏的情况是访问者可能改变问题的用词以造成诱导。例如，如果访问者将问题“你关心环境保护吗?”改为“难道你不关心环境保护吗?”就会影响被调查者的回答。

2. 非故意误差

非故意误差是指当调查人员犯了错误却误以为自己操作正确时产生的误差。它包括三大类，分别是访问者的个性特征误差、访问者的误解误差和访问者的疲劳误差。

（1）访问者的个性特征误差。调查过程中因为访问者的个性特征比如性别、口音、举止、行为引起的误差。

（2）访问者的误解误差。访问者自认为知道怎样进行调查，但在操作时并没有正确认识实际情况。

（3）访问者的疲劳误差。访谈过程往往冗长乏味，并且是一项重复性的工作，在进行长时间的访谈之后，访问者容易疲倦，这时很容易造成疏漏和错误。访问者或许跳过了问题，或忘记检查被调查者的回答，或草草完成问卷的某一部分，或表现出厌倦，使得那些本愿意接受调查的人拒绝参与。

7.2.2 被调查者误差

1. 故意误差

有些被调查者在调查中故意谎报他们的情况，一般包括说谎和拒绝这两种类型。

（1）说谎。被调查者说谎可能是因为对某些问题感到窘迫，也许是想保护个人隐私，也许是对访问者抱有怀疑的态度而不愿说出自己的真实情况或想法。其实某些问题本身是敏感话题，会使被调查者不愿如实回答。例如面对节约能源的话题，被调查者知道应节约能源，所以他们中的有些人会说谎，以免被人认为自己浪费能源或没有社会责任感。

（2）拒绝。拒绝是指预期的被调查者不参加调查或不回答调查问卷中的某些特定问题，也就是不响应。实际上，不响应这种情况是调研人员所遇到的最常见的被调查者故意误差，他们或许是出于保护个人隐私的目的，或许是出于不愿意浪费自己时间的目的。

2. 非故意误差

非故意误差是指被调查者自以为根据事实提供了答案，但其实所提供的答案是无效的。具体包括五种类型：误解、猜测、注意力减弱、干扰、疲劳。

（1）误解。被调查者的误解是指被调查者在没有理解问题的情况下回答问题或没有按照要求回答问题。这样的误解既包括要求选择一个答案却选了两个答案这样的简单错误，也包括误解术语这样的复杂错误。例如，调研者需要的是税前收入的数据，而被调查者可能想的是去年的净收入。这样的误解不论多少，都会给调查带来麻烦。

（2）猜测。被调查者的猜测是指被调查者在没有确切把握的情况下回答问题。在有些情况下，被调查者会被问到一些他们知之甚少或已遗忘的问题，但他们又觉得有必要作出回答。在这种情况下，他们就会猜测答案，所有的猜测都可能包含错误。

（3）注意力减弱。被调查者的注意力减弱即被调查者对调查的兴趣降低。一般的被调查者并不像调研者那样对调查感兴趣，在回答问卷的过程中参加调查的兴趣可能会越来越弱。

（4）干扰。问卷调查过程中还会有干扰，干扰会使被调查者注意力分散或不像调研者要求的那样严肃认真。

(5) 疲劳。被调查者对参加调查变得厌倦称为被调查者疲劳。无论在什么时候，只要被调查者对调查感到厌倦，其思考与反应能力就会降低。由于对回答问题感到厌倦，为了快点做完问卷，被调查者甚至会选择“没有意见”来回答。

数据收集中的误差如图 7-1 所示。

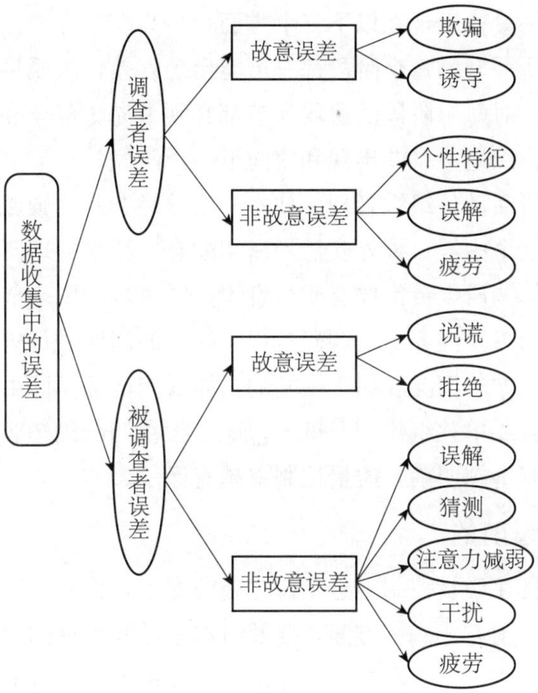

图 7-1　数据收集中的误差

7.3 数据收集的质量控制

虽然误差的存在是不可避免的，但我们可以采取很多预防措施将其影响降至最低。通过制定质量控制方法，调查者可以确保数据收集过程中各种导致非抽样调查误差的因素的影响尽可能降低。

7.3.1　控制的原则

按照全面质量控制的要求，市场调研质量控制应符合以下四个原则。

1. 控制应当是客观的

从整体上看，市场调研的实施是由调查部门统筹、协调，各方面人员贯彻执行的。

在这样一个行为过程中，难免会出现人为的主观影响因素。但对调研质量的衡量和评价应当是客观的，应以规定的标准或决策所需要的准确度来衡量，不能降低标准，也不应提出过高的要求。质量控制要做到符合客观实际，就要求调研人员在控制时必须广泛了解情况，及时沟通信息，在检查过程中务必求真务实。

2. 控制应当是全面的

控制的全面性原则具体表现在以下三个方面：

（1）全程性。调研活动的每个阶段都有可能出现误差，故质量控制要贯穿市场调查活动的全过程。因此，对每个阶段的薄弱环节都必须事先防范，并对错误进行及时的检查和修正，层层把关，以避免误差出现和流向下一个阶段。

（2）全域性。调研活动的组织管理、技术方法、经费及后勤保障等各个方面都要紧紧围绕提高调查质量这个中心，统筹安排，密切配合，科学管理。

（3）全员性。全体调研人员都要有质量意识，同时各主要环节都要有专人负责。由于调研质量控制工作的主要内容是对调研过程中存在的问题进行检查和纠正，因此必须明确调研过程中发生误差的情况和纠正措施的具体落实情况，即由哪个部门及责任人承担责任。这并不意味着要单独组建一套班子，而是指在调研机构职责划分上应当明确有关质量控制的职责，职责越明确，质量控制就越有保证。

3. 控制应当是超前的

这就要求有关人员在质量控制中必须树立超前意识，放弃那种在何时出现问题就在何时解决问题的被动控制方式。一方面，要及时纠正已经出现的误差，以防止将来发生同类误差；另一方面，要根据事实和经验作出判断和推测，对可能出现的误差加以预防控制。

4. 控制应处理好与其他相关问题的关系

质量控制始终是调研中的关键问题，这是每个调研者都应明确的基本原则。但在遵守这一原则时，也应处理好与调研其他相关问题（如调研及时性和调研经费等）的关系。就及时性来讲，一项调研质量虽然很高，但各级审查、逐级反馈时间过长，就会影响到资料的使用，甚至丧失其效用。就调研经费来讲，调研精度要求越高，调研费用一般也越高。因此，在强调调研质量的同时，也要考虑到调研者的条件以及人力、财力的耗费情况。假如多耗费20%的人力、财力去降低1‰的误差，而降低这个误差又并非必需，就不应要求这样做。

7.3.2 调查人员的误差控制

1. 对调查人员故意误差的控制

有两种一般性策略可用来防止调查人员的故意误差，即监督和证实。

（1）监督。监督是指派管理人员对数据收集人员的工作进行监督。大部分集权式的电话访问公司都有监听能力，即管理人员可以在任何调查人员进行访谈时，在被调查者和调查人员都不知情的情况下进行旁听或监督。监督可以有效地减少调查人员对被调查者的诱导或者不负责任的影响，保证调查人员尽可能采取正确的行动。

(2) 证实。证实是指管理人员主要针对篡改和欺骗问题对调查人员的工作进行核实。核实调查人员工作的方法较多，一种是监督者再次与被调查者取得联系来证明他是否接受了调查；另一种是在不进行再访问的情况下，监督者检查整个问卷，以发现调查人员问卷中的某种模式。这种模式会令监督者对其是否真实产生怀疑。那些伪造问卷的调查人员不可能总是小心地模仿真正的被调查者而做到天衣无缝，监督者可能会发现问卷中的不一致问题。例如，年轻的被调查者却有孩子，据此可以质疑问卷的真实性。

2. 对调查人员非故意误差的控制

控制调查人员非故意误差有两种方法：选择和培训。通过仔细选择调查人员来避免其因个人性格特征而产生非故意误差，在选择之后还有必要进行培训，从而避免因其举止行为等引起的误差。

(1) 对调查人员的选择。数据收集对于营销调查活动相当关键，是整个调研工作展开的基础。要保证调查数据的客观与科学，要求调查人员具有较高的素质和丰富的经验以及较高的数据收集能力。调查人员是市场调查工作的主体，是调查实施的具体执行者，在调查过程中，调查人员本身的素质、条件、责任心等都在很大程度上制约着调查工作的质量。一个调查项目的质量除了与公司本身的技术条件和研究水平有关外，很大程度上取决于调查人员对于每个样本的访问质量。一般来说，对于调查人员的选择主要注重以下几方面：

1) 思想道德素质。由于公司通常将调查人员的经济收入与其调查的工作量相联系，因此在调查过程中作弊的可能性很大。在挑选调查人员的过程中，思想道德素质是决定数据收集真实可靠的一个重要因素。

思想道德素质主要包括政治素质、道德修养、责任感等。调查人员在调查过程中应当遵守国家的方针政策及法律法规，具有强烈的社会责任感和事业心，同时有较高的职业道德修养，主要表现为在调查工作中能够实事求是、公正无私，绝对不能为完成任务而敷衍了事，也不能迫于压力迎合某些单位和个人的意志。责任感在市场调查中也尤其重要，缺乏责任感的人，即使有很强的工作能力也难以按照要求完成任务。

2) 业务能力。调查人员的业务能力主要涉及以下几方面：

语言能力：包括阅读能力、表达能力和书写能力。具有良好的阅读能力才能理解问卷的意思，明确相关要求，准确无误地传达问卷中的提问项目和回答项目。一个优秀的调查人员必须口齿清晰、语言流利，表述简明扼要，这样才能将所要询问的问题表达清楚。此外，对于某些涉及不同口音和方言地区的调查，最好选择当地或者熟悉该地区口音的人员担任调查人员，这样可以增强调查人员与被调查者之间的亲切感和调查效果。调查人员的书写能力表现在能够准确、快速地将被调查者的回答无遗漏地记录下来。

沟通交际能力：在调查过程中，调查人员需要和陌生人打交道。由于相互之间不了解，如果没有较强的交流沟通的能力，想要获得对方的合作就很困难。在调查中应保持谦逊平和，平易近人，为对方着想，这样才能获取对方的信赖，得到相对真实的数据。

随机应变能力：调查人员在调查过程中会遇到各种各样的调查对象，随时可能遇到突发情况。所以，调查人员要能随机应变，适应不同类型的被调查者的特点，同时也要具备敏锐的观察能力，判断被调查者回答的真实性。

3）身体条件和性格。市场调研是一项非常艰苦的工作，特别是入户访谈和拦截调查，对调查人员的体力精力要求较高。虽然不同的市场调研项目的要求不同，但在一般情况下，调研人员应该身体健康，有良好的仪表。调查人员最好是外向型性格，会交际、善谈吐、多倾听，能够提出问题、分析和解决问题，谨慎而机敏。

4）对调查人员人口特征的考虑。调查人员的性别、年龄、受教育程度和其他背景都会对被调查者造成影响，因此，在为具体调研项目选择调查人员时要予以注意。

性别：通常来讲，女性比男性更容易与被调查者建立合作关系。一般情况下，男性调查人员适合访问男性调查对象，而女性调查人员对男女两性调查对象都适合。女性调查人员适合进行家庭消费、购物方面的调查，男性调查人员适合进行经济形势、市场总体状况、企业产销和组织结构、人力资源管理方面的调查。

年龄：一般情况下倾向于青年人作为调查人员。但是，如果调查对象职级较高、影响较大，对其采取深度访谈、召开座谈会等特定调查方式时不宜选用青年人。

受教育程度：调查人员的受教育程度对调查效果有很大影响，因此，一般要求有较高的文化水准。提出文化水准方面的要求，不仅是工作要求，而且是出于调查对象对调研机构和调查人员是否信任和尊重的考虑。

（2）调查人员的培训。在挑选了调查人员之后，要对他们进行培训，以提高他们的工作技能，降低拒访率，使调查工作更有效率。对于有较强能力、调查经验丰富的调查人员，也有必要针对本次调查的特点强化训练，以保证调查目的顺利实现。培训主要包括基本技能训练和项目培训。

1）基本技能训练。基本技能训练主要是针对新聘用的调查人员，就如何进行初始接触、如何提问、如何追问、如何记录和如何结束访问等进行的训练。其目的是使调查员明确责任，树立信心，掌握与人沟通的技巧等。

责任心教育：为保证调查结果的质量，调查人员在调查过程中必须以实事求是的态度去收集市场信息，坚决杜绝弄虚作假和作弊行为。另外，调查人员不能将被调查者的个人信息以及有关个人隐私的调查结果透露给其他人员，对于涉及个人隐私的调查，若有其他人在场，应委婉地向被调查者提出另约时间。

如何与初访者接触：初始接触要达到双方建立起融洽关系的目的。在访问时，首先作自我介绍，说明自己所属的服务机构，进行哪方面的调查，并请求对方给予合作；要讲清楚本次调查的意义和对方被选为调查对象的理由，以增强对方的合作意识。如果被调查者拒绝配合访问，则必须按要求向督导反映，或严格按要求寻找替代的调查对象。

提出问题：由于是标准化访问，要严格按照问卷设计提问，对于每一个问题都要按照问卷所用词语提问，不得替换成调查人员自己认为的其他同义词语。提出问题的顺序也应严格遵循问卷上的顺序，不能随意变动。要询问问卷所列全部问题，不得合并，更不能删除。这样做的目的是尽可能减少因调查人员个人特征造成的误差，以便对调查数据做标准化处理。

追问：当发现被调查者给出的答案模糊不清、模棱两可，或有明显的前后矛盾时，需要进行追问。追问时切忌用批评、怀疑或质疑的口吻，而应当采取中立的、含蓄的态度。

表 7-1 是常用的中性的深入提问例句及相应的缩写语，调查人员可以将这些缩写符号标在所提问题的旁边。

表 7-1　调查用语及缩写

标准调查人员用语	缩写语	缩写符号
还有另外的原因吗？	他因？	(＋?)
还有其他的想法吗？	另因？	(△＋?)
您的意思是什么？	意思？	(……)
重复问题！	重复！	(<?)
哪一种更接近您的感觉？	近似？	(∽)
为什么您会这么认为？	原因？	(⊙?)
您能告诉我您的想法吗？	想法？	(?:)

记录：要求全体调查人员采用统一的记录工具，字迹要清晰，不可随意涂改。要求调查人员对每一个问题都要作记录，而且要在询问之时记录，一般不能事后补记，实在没有得到答案的，要注明“不明”、“未详”或“未答”等字样。

结束访问：在结束访问前要确认需要的资料是否都已经取得。为了保证数据记录的准确性，也为了消除被调查者可能的对调查人员误记的顾虑，在结束访问前最好能把主要内容和容易出错的数字型答案重新核实一遍。在正式结束访问时，再次向被调查者致谢，如果对被调查者有酬谢，要按要求发放礼金或礼品，注意不要多发或少发，更不能私自隐匿。

审查：在调查结束时，调查人员要检查整个问卷是否准确完成，字迹、答案是否清楚等，以保证问卷的有效性。

访问时间、地点和场合的选择：应选被调查者不太繁忙、心情较为舒畅的时候，如发现对方正忙于某事或心情不佳、身体不适等，应首先致歉，然后提出另约时间。对消费者的访问，可以选择家里或公共场合；对企业管理问题的访问，要安排在工作单位。访问时最好能与被调查者单独交谈，以避免他人的潜在影响和干扰。

2）项目培训。不同的市场调研项目在访问方式、内容上有所不同。因此，在每个项目实施前都要对调查人员进行专门的培训，让他们了解该项目的相关要求和标准做法，以统一的模式和标准去对待调查对象。培训主要包括以下几个方面。

行业背景简介：市场调查会涉及各种行业，每个行业都有不同的情况和专业知识，而调查人员未必全都有基本的了解。适当了解一些行业背景以及与调查有关的专业知识，有助于调查人员理解调查问题的含义和目的，更准确地理解被调查者回答的含义。

问卷内容讲解：向调查人员逐一讲解调查问卷中每个问题的含义，以及对如何提问、如何追问、如何记录、如何注意前后题的逻辑关系等，确保调查人员全面了解问卷内容并掌握访问技巧。

调查准备：告知调查人员在调查前所需要携带的各种东西，比如问卷、被调查者名单、身份证明、调查介绍信、礼品等。

其他内容：说明被调查者条件，需要完成的样本量等。另外，还应向调查人员说明会有相应的监督措施来检查调查质量。

7.3.3 被调查者的误差控制

1. 对被调查者故意误差的控制

控制被调查者故意误差的方法有：确保匿名和保密、激励、证实检查以及“第三者”技巧等。

（1）匿名和保密。匿名是指向被调查者说明会采取不署名的方式调查，以保证他们的回答不与他们个人有任何牵连。保密是指向被调查者保证他们的回答将不会被公开。这两种保证有助于先发制人地控制说谎行为。在确信不被公开的情况下，被调查者会更乐于自我袒露，从而避免说谎或错报。

（2）激励。激励是指向被调查者许诺在其参与调查的情况下给予现金、礼物或其他有价值的东西作为回报。从某种意义上讲，被调查者通过接受报酬而被诱导讲出真话。被调查者可能从道义上觉得应该讲真话，因为他将得到补偿；或者说如果他接受了报酬而没有实事求是，则会有负罪感。

（3）证实检查。证实检查即对被调查者所提供的信息进行确认，可以让一个受过训练的对虚假回答比较警觉的调查人员来检查某些被调查者的回答以发现错误，如看起来年老却说自己年轻，穿得寒酸却说自己很富有等。

（4）“第三者”技巧。这是从问卷设计的角度出发降低误差的方法，即不直接问被调查者，而是将问题设计为针对一个与被调查者相似的第三者的情境。如对一个中年人可以这样提问：“你是否认为一个像你一样的人会使用米诺希德特来治疗脱发？”在这种情况下，大多数被调查者将从自己的角度来回答问题，但因为问题的主体是一个匿名的第三者，问题本身就不会被视为私人问题。换句话说，通过谈一个虚构的第三者，被调查者将不会拒绝透露个人信息或隐私。“第三者”技巧既可用来减少说谎，也可用来降低不响应率。

2. 对被调查者非故意误差的控制

控制被调查者非故意误差的方法包括周密设计问卷说明和范例、调整程度极端词和使用提示语等。

（1）周密设计问卷说明和范例。这是一种常用的避免被调查者混淆的方法，考虑到被调查者有可能对问卷产生误解，需要尽可能详尽地对问卷进行解释说明。

（2）调整程度极端词。即调查者不是将所有消极意义的形容词放在一方，积极意义的形容词放在另一方，而是将一些词语的位置作些变换。这种变换提醒被调查者必须就每一种极端情况单独作出回答。利用表示赞同和反对的陈述，这种方法不时用负面的措辞来引导被调查者对每一个陈述给予注意，令被调查者集中注意力。

（3）使用提示语。对于偏长的问卷可经常使用一些提示语，如“我们快完成调查了”或“现在是最难回答的问题”，或是策略性地用其他一些措辞来鼓励被调查者继续接受调查。

7.3.4　统计数据的质量要求

数据的质量评价标准主要有以下六个方面。

（1）精度：最小的抽样误差或随机误差；

（2）准确性：最小的非抽样误差或偏差；

（3）关联性：满足用户决策、管理和研究的需要；

（4）及时性：在最短的时间里取得并公布数据；

（5）一致性：保持时间序列的可比性；

（6）最低成本：在满足以上标准的前提下，以最经济的方式取得数据。

数据的质量对调查结果有重要影响，因此我们在调查方案的设计、数据的收集、数据的处理和分析各个环节中，都要确保数据的质量，只有这样才能得出切合实际的客观结论。

7.4　无应答与不可靠应答的处理

在访问调查中，无应答和不可靠应答是经常遇到的情况，我们应对此有所了解，并找出相应的解决方案。

7.4.1　无应答问题

1. 无应答问题的类型

无应答是指预期的被调查者拒绝参与调查或是拒绝回答问卷中的某些问题。当对选定的研究对象进行调查时，经常出现联系不上、不愿配合、拒绝调查、回答不真实或不能准确回答问题等情况，这些都称为无应答。在市场调研过程中，至少存在三种潜在的无应答问题：拒绝参加调查、调查中断和拒绝回答某些具体问题（也称为项目遗漏）。

（1）拒绝参加调查。引起被调查者拒绝参加调查的原因有很多，会因所处地区和人文差别而不同。比如被调查者很忙，对参加调查不感兴趣，对调查内容本身不感兴趣，受到调查者的看法的影响，或认为这是对隐私的侵犯。

（2）调查中断。调查中断是指访谈进行到某一点，被调查者决定不再回答更多的问题。中断的理由也有很多，如访谈的时间超过了被调查者最初的估计，某一问题的内容令人不快或过多涉及私人问题，突然的干扰令被调查者中断访问以便处理其他事务等。

（3）拒绝回答某些问题（项目遗漏）。即使没有发生拒绝参与或中断访谈的情况，调研者有时也会发现有些问题的响应率低于其他问题的响应率。事实上，如果市场调研者能够事先预料到某些问题可能被拒答，那么在问卷的设计中加上“可拒绝回答”是明智的，如关于被调查者的收入等问题。但是，在自填式问卷的调查中，如果在没有设计这一选项的情况下可以提供准确答案，那么增添这样的设计是不明智的，因为这会使有些被调查者利用这一选项来达到推诿的目的。

拒绝访问的原因如表7-2所示。

表7-2　拒访原因的分类

	主观原因	客观原因
开始时拒访	对接受访问反感； 对调查人员不信任	有事需要处理； 身体不适
中途拒访	问题不好或是不便于回答（如开放性问题或问题涉及隐私）； 问卷过长，需花费较长时间完成	有人（或电话）突然拜访； 突然有急事需要处理等

2. 无应答问题的控制

（1）力争有较高的初次回答率。有些被调查者拒绝参加调查，可能是因为他们不理解调研项目的意义，或者对所问内容缺乏兴趣。针对这种情况，调查人员可以多做一些启发性的宣传工作，让被调查者明确所做调查旨在解决什么问题，公众或相关人士可以直接或间接受到什么样的正面影响，尽可能激发被调查者对调查内容的好感以及接受调查积极性，提高其主动配合调查访问的自觉性。一项研究表明，教育机构发起的调查社会感召力较强，会有效提高响应率。当发起者是商业组织时，强调自我的感召形式更为有效。强调自我的感召就是告知被调查者，他的参与对完成这项调研任务很重要。

同时，强调对所收集的资料严格保密，维护被调查者的正当权益的举措是用来打消被调查者顾虑的必要手段。

另外，采取物质激励，向被调查者提供礼金或礼品，有利于激发他们的回答热情。据调查，在针对15个不同邮寄调查项目的评估中，那些赠送小礼品的调查可以使响应率提高14个百分点。

（2）追访。追访是指前一次访问时被调查者拒绝合作，调查人员再次试图取得与被调查者的合作。在入户访问和电话访问中，如果恰逢被调查者忙于事务或身体不舒服，或临时状态不好而拒答，过一段时间后进行追访则很有可能取得被调查者的合作。在邮寄问卷调查中，如果是因被调查者不重视而没有收到回复，那么他在收到第二封乃至第三封问卷时，很可能被调查人员的执着所打动而作出回应。

（3）替换样本。替换样本就是在调查中用一个相似的被调查者来替换一个不响应者（联系不上或是遭到拒绝）。例如，如果给一个电话访问者一本电话号码簿，并告诉他每隔 25 个人进行访问，他可能会发现有那么一两个人拒绝参加调查。为了替换不响应者，可以利用"转入下一个"替换程序。也就是说，调查人员给紧接着拒绝回答者的那个人打电话而不是隔 25 个人。他可以一直这样进行下去，直到找到被调查者的合适的替换者为止。找到替换者后，继续执行原来的访问规则。

（4）对调查结果进行校正。对调查结果的校正是应对无应答的另一种策略，指不是把精力花费在如何提高回答率上，而是根据相关信息对已获得数据进行校正，以避免无应答的影响。

假如要研究某一总体的平均收入，通过访问，只有一定比率的被调查者提供了数据。如果能够通过其他来源取得无应答的那部分被调查者的平均收入的估计值，就可以通过以下公式得到该总体的平均收入：

$$\overline{X}=\overline{X}_r p_r+\overline{X}_{nr} p_{nr} \tag{7.1}$$

式中，$\overline{X}$表示总体的平均收入；$\overline{X}_r$ 表示通过访问取得的平均收入；p_r表示作出回答的被调查者所占比率；$\overline{X}_{nr}$表示无应答被调查者平均收入的估计数；p_{nr}表示无应答的比率。

无应答者的平均收入估计数可以通过追访取得，尽管追访不能使每一个首次访问中的无应答者都作出回答，但只要其中有一部分人肯合作，即可取得无应答者的平均收入估计数。也可以参考以往调研积累的资料，这种做法对于那些使用同样的抽样程序进行调查的调研机构较为适用。

倒数加权法是取得拟调研指标估计值的另一种方法，这种方法根本不需要进行追访。在第一次与被调查者联系上以后，除了回答问卷上所列问题外，只需要再问一个问题："如果在过去 5 天中我们都在此刻到您家访问，会有几次机会见到您?"这个问题的答案可用来确定他在连续 6 天内同一时间在家的概率。例如，他说过去 5 天此刻都不在家，那么这一概率数即为 1/6；如果他说他过去 5 天此刻有 3 天在家，那么这一概率数即为 2/3。我们只要把访问所得数据以这一概率数的倒数为权数进行加权平均，就可以得到总体指标的估计值。

7.4.2　不可靠应答问题

1. 不可靠应答的类型

在市场调研过程中，存在这样一种情况：被调查者在回答时可能带有某种倾向性，而这种倾向会导致人们不自觉地歪曲事实真相，产生不可靠的应答。在很多情况下，被调查者故意给出错误答案。例如，人们为了表现自己的博学、掩盖个人信息或者避免尴尬而不如实说出自己的想法。如果被调查者扭曲了答案，不论是故意的还是忘记了具体细节，这种不可靠应答都会使调研结果出现偏差。

不可靠应答产生的原因可能有很多种，如问题的格式、问题的内容、提问的方式以及其他因素等。例如，不可靠应答是由实施调研的客观环境所引起的，以下对飞机偏好的两次调查的结果就表明了这一点。乘坐B-747的乘客偏好B-747，而不是L-1011。乘坐L-1011的乘客则更偏好L-1011，而不喜欢B-747。之所以产生这种偏好差异，是因为乘客接受调查时受他们所乘坐飞机的影响，尽管样本差异也是其中的一个重要因素。换句话说，被访者只会考虑自己乘机的过程，然后作出自己的偏好选择。

不可靠应答主要包括以下五种具体的类别：

（1）默许偏差引起的不可靠应答。有些被调查者很容易接受别人的观点，有些只会说“是”的人可能同意别人问他的所有问题。在新产品调研中，被调查者尤其倾向于同意所有或绝大部分问题。由于被调查者对大部分新想法都持同意的态度，所以关于新产品构思的问题经常会出现不可靠的应答。例如，斯伯尔丁、罗林斯和美津浓等品牌发现消费者对一种棒球手套持赞许态度，但当它们把这种昂贵的手套推向市场后，根本没有顾客购买。

（2）极端偏差导致的不可靠应答。有些被调查者在回答问题时容易走极端，而有些人为了避免走极端，倾向于走中庸之道。每个人的应答风格不同，极端的回答可能导致调查数据失真。

（3）调查人员引导导致的不可靠应答。在调查过程中，被调查者和调查人员相互影响，被调查者很有可能因为调查人员的表现而给出不真实或者修正过的答案。例如，有些家庭主妇或退休人员欢迎调查人员来访，以便调节自己的日常生活。被调查者很可能为取悦调查人员而给出不真实的答案，而且他们希望表现得聪明富有，所以他们绝不说自己阅读娱乐新闻，而是说经常阅读时政新闻。

被调查者的回答会受调查人员的各种因素影响，如他们的年龄、性别、着装风格、说话语气、面部表情及其他特点等。如果调查人员面带笑容，对被调查者的回答持肯定态度，被调查者就可能会给出类似的回应。

很多调查人员为了满足自己的调查需要，经常会缩短或重新叙述有关问题，有意识地把被调查者引导至自己想要的答案上。

（4）主体偏差引起的不可靠应答。被调查者容易受到执行调查的组织的影响，他们可能故意或下意识地曲解问题。比如国家人口普查小组和银行分别对居民收入进行调查，其结果是不一样的。

（5）社会期望导致的不可靠应答。如果被调查者希望给他人留下良好的印象，或者想在调查人员面前保持体面，可能会因为社会期望的影响产生不可靠应答。如果某人自认为属于中上层，为了赢得自己的威望，他很可能夸大自己的收入，专门说体面的答案。

2. 不可靠应答的控制

由于不可靠应答与被调查者的性格、成长环境等所导致的不可控的心理因素密切相关，调查人员很难直接辨别被调查者的回答是否可靠，只能采取一定的办法尽量减少不可靠应答，而不能完全避免。

（1）强调匿名、保密的原则。一再向被调查者承诺他们所有的回答都不会被泄露，并且采用匿名的方式以保证他们的名字不会与他们的回答联系在一起。只有在确信信息不被公开或者个人完全不受影响的情况下，被调查者才更愿意自我袒露，从而减少由于社会期望或者默许偏差所导致的不可靠应答。

（2）调查内容尽量少涉及被调查者隐私。调查内容如果频繁涉及被调查者的隐私，会让被调查者产生不安全感，对自己回答的内容变得警惕，难以轻易表露出真正的想法。因此应减少涉及个人隐私的各种问题，或者在建立了稳定的关系之后再进行深入了解。

（3）选择合适的调查环境。不同的调查环境会对被调查者有正面或负面的影响，如前文所提及，对飞机乘坐偏好的调查结果因环境变化而产生了巨大的变化。在调查过程中，应该选择一个不涉及调查内容本身的环境，不要使被调查者在这个过程中因为环境产生一时的并非真实的想法。

（4）调查人员态度中立。调查人员的态度对被调查者的影响最为直接，因此，调查人员应保持中立的态度，不要带着任何感情偏好去评价被调查者的回答，即使是表情的变化也应特别注意。这需要在调查人员的培训过程中予以强调。

例 7-6

市场调查为何出现偏差

蒂伯·费希尔在不到30岁时创建的以自己名字命名的TF家居产品连锁公司经营得非常成功。它的目标客户是“婴儿潮”时期出生的这代人，也就是以打破社会习俗而闻名的反叛一代。TF公司的产品俘获了他们的心、思维以及钱袋。蒂伯始终引领着时尚潮流，为这些年轻人推出了熔岩灯以及色彩鲜艳、价格实惠的时尚家具。随着这代人年龄渐长，公司又及时推出了环保产品，并倡导森林的可持续开发等前卫理念，深受这代人的赞赏。

几年前，针对渐入老龄的“婴儿潮”一代，蒂伯又创办了“新一代”家居店。TF公司通过市场调研中发现的许多数据判断：如果针对这群老年目标客户设计一些灵巧适用的家居产品，市场自然就会壮大起来。市场调研显示，“婴儿潮”群体认为，这个世界有责任来适应他们这一代不断变化的喜好和品位。其他数据还表明，“婴儿潮”群体的可支配收入颇为可观，尤其是他们不再需要为子女支付大学学费，而其购买的第二套住房也需要配置家具和添置生活用品。一项对200多名顾客进行的电话调查显示，TF“新一代”店确实存在一批潜在客户。在公司组织焦点小组参与产品体验时，所有体验者都对品牌的宣传口号“TF新一代——欢度人生最佳阶段”给予了肯定，也很赞赏新产品的创意。

首家商店在北卡罗来纳州开张时，好奇的顾客蜂拥而至，都想开开眼界。在蒂伯看来，商店接下来只要想办法吸引客流量就行了。然而，事实证明，客流量并没有带来预期的销售量，这些开在全国顶级大商场里的家居用品店生意很不好。最后，蒂伯被迫投入资金对商店进行全面整改，包括增加照明设施和大量安装镜子，好让商店看上去更加亮堂，同时还增设了餐饮服务。用于商店装修和形象重塑的总费用已接近4 000万美元。

蒂伯在新装修的“新一代”店堂里接受了《华尔街日报》记者的专访。他一边向记者介绍一些设计巧妙的产品，一边滔滔不绝地发表他的宏论。而店堂另一侧，一对老年夫妇正在挑选适合自己的家居产品。当太太兴致勃勃地摆弄着一些方便老年人使用的家用工具时，先生却抱怨这里的产品又老又丑，全是给老人用的。整个店就像个老年人之家。他觉得好像所有的东西都在提醒他注意自己的年龄。最后，两位老人相互搀扶着离开店堂，什么也没买。财务总监给蒂伯发来的形象重塑后的销售数据表明，这次全面整改行动失败了。为什么TF公司当初的市场调研和消费者的实际购买行为不一致呢？问题究竟出在哪个环节？

专家认为，蒂伯的市场调研方法本身并没有错，只是在调研过程中缺失了对于消费者情感的分析，从而导致TF“新一代”店在市场定位上出现了偏差。对于蒂伯来说，在未来的市场调研中应更加关注目标消费者（“婴儿潮”群体）在特定生命周期（步入老年）所体现的心理特质——他们注重自我；尽管有强烈的归属需求，却并不愿意被归类为“老年人”；他们追求身体健康、精神富足、受人尊敬的生活状态。这些心理特质可不是在店里播放怀旧音乐、提供咖啡糕点就能满足的。

资料来源：改编自杰拉尔德·扎特曼．TF家居产品连锁公司的市场调查为何与消费者出现偏差?. http://analyse.tbshops.com/html/news/43/21010.html.

基本概念

CATI	邮寄调查	留置调查	故意误差
调查人员误差	被调查者误差	误差控制	不可靠应答

思考题

1. 邮寄调查和留置调查分别有哪些优缺点？适用于哪些调研项目？
2. 人员访问法包括哪些调查方法？这些调查方法有什么共同点和不同点？
3. 网络调查法有哪些优势，有哪些局限？

4. 数据收集过程中可能产生哪些误差？

5. 全面的质量控制有哪些原则？

6. 调查人员的培训包括哪些方面的内容？

7. 怎样处理无应答问题？

案例分析

手机市场调查计划

某智能手机生产厂家委托上海一家咨询公司进行其产品调查，该智能手机针对学生消费市场，具有高性能、低价格、时尚等符合学生群体的消费特点。接到该项目后，咨询公司撰写了如下《手机市场调查计划》（摘录）。

一、引言

智能手机是现代人生活中不可或缺的设备，可以实现打电话、拍照、听音乐、上网、玩游戏、办公等诸多功能，为摸清某品牌智能手机的市场占有率，评估该智能手机的营销环境，制定相关的营销策略，预先进行手机市场调查是必要的。

本次市场调查将围绕学生手机市场环境、消费者和竞争者来进行。

二、调查目的

通过详细了解智能手机市场的现状，为该智能手机在上海学生市场的推广制定科学合理的营销方案提供依据。

1. 全面摸清企业品牌在消费者中的知名度、渗透率、美誉度和忠诚度。

2. 全面了解本品牌及主要竞争品牌在上海的销售现状。

3. 全面了解目前上海主要竞争品牌的价格、广告、促销等营销策略。

4. 了解上海学生消费者对智能手机消费的观点及习惯。

5. 了解相关的人口统计学资料，预测手机市场容量及潜力。

三、调查内容

市场调查的内容依据市场调查的目的来确定，主要包括以下几方面：

（一）行业市场环境调查

1. 智能手机市场的容量及发展潜力。

2. 该行业的营销特点及竞争状况。

3. 学生生活环境对该行业发展的影响。

4. 当前智能手机的种类、品牌及其销售状况。

5. 该行业各产品的经销网络状态。

（二）消费者调查

1. 消费者对智能手机的购买态度，购买过的品牌、购买地点和选购标准等；消费心理，如必需品、品牌偏爱、经济、便利和时尚等。

2. 消费者对各智能手机品牌的了解程度，包括操作系统、功能、性能、特点、价格、包装等。

3. 消费者对品牌的意识、对本品牌及竞争品牌的观念和品牌忠诚度。

4. 相关消费群平均月开支及消费比例的统计。

5. 消费者对理想的智能手机的描述。

（三）竞争者调查

1. 主要竞争者的产品与品牌优劣势。

2. 主要竞争者的营销方式与营销策略。

3. 主要竞争者市场状况。

4. 主要竞争者的经销网络状态。

四、调查对象及抽样

此次调查决定选择3所高校进行重点调查，全体在校学生都是调查对象。

由于家庭经济背景的差异，全校学生生活支出存在较大差异，导致购买习惯的差异，他们所选择手机的品牌、档次及价格都会有所不同。

为了准确快速地得出调查结果，此次调查决定采用分层随机抽样法：先按住宿条件的不同分为两层（住宿条件基本可以反映学生的家庭经济条件）——住公寓的学生和住普通宿舍的学生，然后进行随机抽样。

此外，分布在学校周边的经销商、专卖店也是本次调查的重点对象，考虑到其规模、档次的差异，决定采用判断抽样法。具体情况如下：

1. 重点对象抽样数

（1）学生消费者：400名（其中住公寓的学生占50%）；

（2）购物中心：1家；

（3）大型家电商城：2家；

（4）专卖店：10家。

2. 消费者样本要求

（1）家庭成员中，没有人在智能手机生产单位或经销点工作；

（2）家庭成员中，没有人在市场调研公司或广告公司工作；

（3）消费者没有在最近半年中接受过类似产品的市场调查；

（4）消费者所学专业不能为市场营销、市场调研或广告类。

五、调查人员的选择和培训（略）

六、人员安排

在高校及市区进行本次调查需要三类人员：调查督导员、调查人员、复核员。具体配置如下：

调查督导员：2名；

调查人员：20名，其中15名对消费者进行问卷调查，5名对经销商进行深度访谈；

复核员：1～2名，可由调查督导员兼任，也可另外招聘。

说明：问卷的复核比例为全部问卷数量的30%，全部采用电话复核方式，复核时间为问卷回收的24小时内。

问题：

1. 根据以上摘录的《手机市场调查计划》，指出在哪些方面可能存在产生数据收集误差的情况。

2. 根据以上摘录的《手机市场调查计划》的要求，应该怎样选择调查人员并如何对其进行有针对性的培训？

附　录

某企业兼职访问员管理条例

1. 总则

（1）公司的所有兼职访问员都有保守公司秘密的责任，对参与项目所涉及的客户、品牌、项目内容和方法等任何信息不得向外透露。公司的问卷、资料不得私下抄录、复印或向他人透露。

（2）兼职访问员要服从有关项目督导的安排，对所做的工作认真负责，确保工作质量。

（3）如果兼职访问员所做工作达不到培训或督导预先确定的要求，公司有权酌情扣除劳务费，直到扣除在公司的全部劳务费为止。

（4）对于所有的访问项目，兼职访问员须在培训时交纳项目保证金，在项目结束后，如兼职访问员完成了所有工作，则予以退还。

2. 处罚

凡有下面（1）～（11）项的情况，废除该兼职访问员在该项目中做的所有问卷，扣除所有劳务费及项目保证金，予以除名并通告全体兼职访问员。

（1）根本未去指定地点访问，自己编造问卷；

（2）不遵守公司的保密原则，私自将项目资料及内容透露给他人或不将项目的有关资料交回公司；

（3）问卷填写完整，但访问时间不到正常访问时间的一半，按常规无法完成访问；

（4）使用随机表时，加入部分不符合甄别条件的被访者候选人、置换被访者候选人的排列顺序或选错被访者；

（5）开放式问题有互相抄袭行为；

（6）不按地址表中的地址顺序进行访问；

（7）问卷上地址与地址表上一致，但经复核与实际不符；

（8）自行篡改地址表，与实际地址不符；

（9）自行决定分发问卷给别人代做；

（10）被要求进行补问、补做时，不去补问、补做，自己圈选填写应问内容；

（11）在被要求进行补问、补做时，只补问、补做一部分，剩余部分自己圈选填写。

凡有下面（12）～（17）项的情况，扣除该兼职访问员该批所有问卷50%的劳务费。若兼职访问员愿意补做，两天内交卷，并保证质量无问题，则扣除对应出错问卷劳务费两倍的费用，并严重警告一次；若再有以下任何一种情况，则扣除全部劳务费并除名。

（12）问卷上的地址与地址表不符；

（13）跳问或少问问卷内容；

（14）访问指定地址内非常住居民；

（15）不按规定循环使用问卷；

（16）不出示或不按规定出示卡片、实物、照片等；

（17）自行截留应赠予被访者的赠品、礼品等。

凡有下面（18）～（19）项的情况，废除该份问卷。若兼职访问员改正，则只扣除该份问卷50%的劳务费。

（18）开放式问题追问不详细；

（19）开放式问题书写不规范，字迹潦草。

凡有下面（20）～（21）项的情况，扣除该批劳务费的50%，并严重警告一次。若再有以下任何一种情况，则扣除全部劳务费及项目保证金。

（20）不按规定时间上交问卷；

（21）由他人代交问卷。

凡有下面（22）～（24）项的情况，取消该项目培训资格并严重警告一次；出现以下任何一种情况两次以上，对兼职访问员予以除名并扣除项目保证金。

（22）挑调查区域；

（23）接到培训通知不参加；

（24）培训迟到。

凡有下面（25）～（27）项的情况，扣除当批问卷50%的劳务费，并警告一次。

（25）不预约就放弃合适的被访者；

（26）不能入户三次，浪费有效地址；

（27）不服从督导安排。

其他处罚：

（28）对项目开始后无正当理由不完成最少工作量即无故中途退出者，不结算该项目劳务费并扣除项目保证金，出现该情况两次以上，予以除名；

（29）兼职访问员凡受到两次或两次以上警告的，在半年的兼职访问员评估中，降为低一级访问员。

3. 奖励

若兼职访问员在工作半年内未受到过任何警告，公司将在其工作半年后进行级别评定，达到标准的升为高一级兼职访问员。若兼职访问员中途离职，视为放弃升级。

4. 投诉

兼职访问员如对督导处理作弊情况不满，或认为督导有意刁难，可向访问部经理投诉。如经核实确实没有作弊情况，公司将向兼职访问员道歉，补发劳务费并公布；如存在督导刁难兼职访问员的情况，经核实将由访问部经理陪同督导向兼职访问员道歉，补发劳务费并公布。如作弊情况属实，扣除兼职访问员所有劳务费及项目保证金并开除。

5. 报酬

访问劳务费在整个项目全部完成一个月后领取。项目保证金在整个项目结束后一周内退还。

6. 附则

本公司访问部保留对本条例的解释权。

第8章 初步整理市场调研数据

学习目标

- 了解数据初步整理的程序
- 掌握事后编码的方法
- 了解数据统计分析方法的类型
- 理解数据的描述性分析

引　例

房价数据采集

国家统计局从2011年2月起开始实施新的房价统计方案。《住宅销售价格统计调查方案》于2月16日公布，依据新方案统计的2011年1月70个大中城市房价数据随后发布。

此次新房价统计调查方案的调整主要包括数据采集方式的调整、调查指标的调整、指数计算方法的调整以及数据发布方式和时间的调整。具体体现在以下方面：

1. 网签数据代替房企直报数据

基础数据来源渠道的调整是这次房价统计改革的重要内容。新方案规定，直辖市、省会城市、自治区首府城市（不含拉萨市）、计划单列市等35个大中城市新建住宅销售价格数据，直接采用当地房地产管理部门的网签数据，不再采用样本数据。

之所以做这样的调整，主要有三个方面的原因。一是数据齐全。网签数据涵盖了新建商品住宅的全部交易情况。二是信息完整。网签数据包含地址、楼层、价格和金额等详细信息，有助于价格指数的计算。三是获取方便。经过不断的改进和完善，房地产管理部门在网签数据管理与使用方面积累了丰富的经验，数据提取比较容易。

国家统计局强调，网签数据的采用数量取决于各个城市当期新建住宅的实际成交量。鉴于各个城市新建商品住宅成交量不可能完全相同，网签数据采用数量也就会存在差别。但由于各个城市的网签数据记录了当期新建住宅的实际成交情况，因此不论数据量大小，据此计算的房价指数可以反映当地实际情况。

2. 70 个大中城市房价涨幅平均数不再发布

新方案实施后，国家统计局不再计算和发布全国 70 个大中城市房价涨幅的平均数，重点发布各个城市不同对比基期的分类指数和总指数。

国家统计局表示，之所以这样做，主要有以下三方面的考虑：一是用平均数表示一组数据，具有直观简明的特点。但是平均数在样本值离散程度较大的情况下有一定的局限性。也就是说在个体差异较大的情况下，往往会削峰填谷，抹平个体间的差异。二是不再计算和发布平均数，重点发布各个城市的房价数据，这既有助于社会公众及时了解所在城市房价的具体变化，也有利于更好地为地方政府有效调控房价提供服务。三是采纳一些专家学者的建议。如有的专家指出，综合平均价格指数的概念过于模糊，无法与某个时点相对应，并且在各季度（或各月份）房价变动比较大的时候，计算出的平均值更是缺乏实际意义。过于强调全国综合的数字容易引起误读，会掩盖各个城市的典型特征。

3. 划定 90 平方米和 144 平方米基本分类设置标准

新方案规定，二手住宅销售价格通过重点调查与典型调查相结合的方式，派人调查采集。由于这种调查属于非全面调查，调查样本的规模大小及其分布直接关系到基础数据的代表性，因此，关于“75%以上”的规定完全是为了确保调查数据来源的代表性，提高二手住宅销售价格基础数据的真实性和准确性。

新方案还调整了基本分类设置标准，突出了新建住宅和二手住宅，设置了 90 平方米及以下、90～144 平方米和 144 平方米以上等指标。从各地的政策落实情况看，大多数大中城市都以 144 平方米（120 平方米×120%）作为享受优惠政策普通住宅与非普通住宅的建筑面积分界点。

新方案增加了计算定基价格指数的内容，首轮基期确定为 2010 年。选择 2010 年作为对比基期，主要基于三个方面的考虑：一是与国民经济和社会发展五年规划期保持一致。二是 2010 年的基础数据资料较为完整并且易于获取，可操作性强。三是与 CPI 和 PPI 定基价格指数的对比基期保持一致，方便数据分析和使用。与同比价格指数相比较，房价定基价格指数在使用上更为直观方便，以便观察不同时期房价的变化情况。

资料来源：改编自李春．统计局：18 日将公布新调查方法统计后的房价数据．新华网，http://news.xinhuanet.com/fortune/2011-02/16/c_121087250.htm.

市场调研的实践告诉我们，收集的原始数据难免出现虚假、差错、冗余等现象。如果简单地把这些数据用于分析，可能会导致错误的结论，使得整个调研工作都失去意义。因此，市场调研数据收集回来以后，必须经过去粗取精、去伪存真、由此及彼、由表及里的数据整理过程，之后才能进行相关的处理。

8.1 问卷审核与数据录入

在获得大量的数据后，便进入整理工作这个十分重要的环节。对问卷资料的整理过程，一般包括问卷审核、数据编码、数据录入、数据统计整理、选择数据分析方法几个阶段。整理环节的工作程序一般如图8-1所示。本节主要介绍前三个阶段。

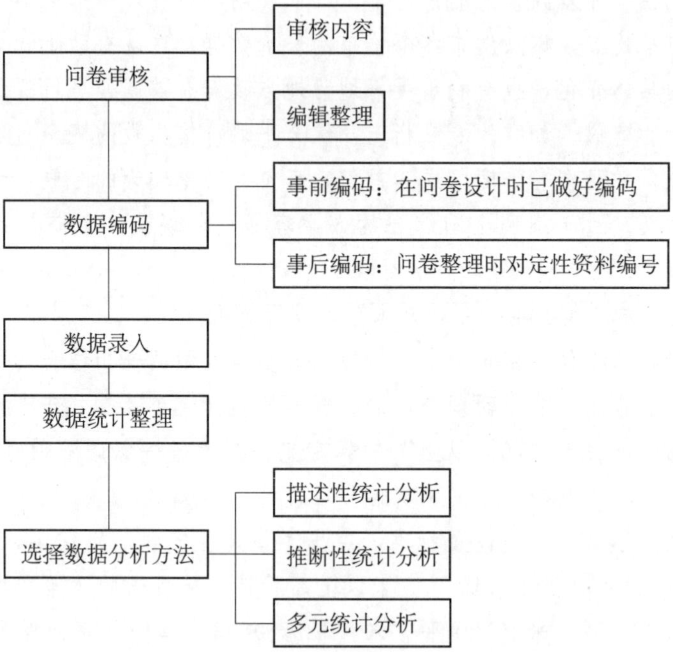

图8-1 整理环节的工作程序

8.1.1 问卷审核

对调查问卷进行审核是保证调查工作质量的关键。资料的审核是指对回收问卷的完整性和访问质量的检查，目的是确定哪些问卷可以接受，哪些问卷要作废。这些检查通常在调查进行的过程中就已经开始了。

1. 审核内容

（1）完整性的审核。审核应包括被调查单位是否都已调查，问卷或调查表内的项目是否都填写齐全，即检查是否有单位无回答或项目无回答。如果发现没有答案的问题，可能是被调查者不能回答或不愿回答，也可能是调查人员的疏忽所致，应进行询问，尽量填补。如果问卷中出现“不知道”的答案所占比重过大，就会影响调查资料的完整性，应采取适当措施处理并加以说明。

（2）正确性的审核。主要是审核调查资料的口径、计算方法、计量单位等是否符合要求。剔除不可靠的资料，可使资料更加准确。

（3）一致性的审核。主要是审核被调查者的回答是否前后一致，有无逻辑错误。调查人员在审核调查问卷时，可能发现某被调查者的回答前后不一致，或者一个资料来源的数字与其他资料来源的数字不一致，这就需要调查人员深入调查，探询原因，剔除或调整资料，使之真实准确。

（4）及时性的审核。主要是看被调查单位是否都按规定日期填写和送出，填写的资料是不是最新资料，切勿将失效、过时的信息用于决策。此外，要剔除不必要的资料，把重要的资料筛选出来。

（5）记录书写的审核。即书写的记录应字迹清楚，明白易懂。如果所记录的回答字迹模糊，或者除调查人员以外谁都不明白，则应返回问卷，让调查人员校正或写清楚。

延伸阅读 8-1

通常不能接受的问卷类型

（1）不完整的问卷，尤其是存在缺页现象的问卷；

（2）回答不完整的问卷，即存在某些项目没有回答的问卷；

（3）明显没有理解或遵循访问指南的问卷，如没有按照要求，存在跳答等；

（4）明显没有认真回答的问卷，如在 7 点量表测量的一系列问答题中，都只选了答案 4；

（5）没有在规定的时间段内完成的问卷，如在截止日期后回收的问卷；

（6）调查对象不符合设计要求的问卷，如针对儿童的调查问卷由成人填答；

（7）明显雷同的问卷；

（8）其他明显违背调研原则的问卷。

2. 编辑整理

编辑是一个去粗取精、去伪存真的过程，一般包括现场的编辑和办公室的编辑两个方面。编辑整理的主要工作有剔除不必要的资料和数据，处理不完整、不规范的资料和数据，对资料和数据进行分类等。

在对问卷进行审查后，将那些存在问题的答案分类，作出适当的处理。通常有以下三种处理办法：

（1）退回实施现场去获取较好的数据。把有不满意答案的问卷退回实施现场，让访问员再次去接触被访者。在商业性的市场调查中，有时样本量比较小，而且被访者比较容易识别，故可退回现场重新获取数据。但是，由于访问时间和所采用的方法的变化，第二次得到的数据和第一次的数据可能有些差别。

（2）按缺失值处理。如果将问卷退回实施现场无法实现，编辑人员可能要把不满意的答案按缺失值来处理。在满足以下条件的前提下，这种方法是可行的：第一，有不满意答案的问卷的数量很少；第二，每份有这种情况的问卷中，不满意的答案的比例很小；第三，有不满意答案的变量不是关键的变量。

（3）整个问卷作废。如果满足以下条件，将有不满意答案的问卷作废是可行的：第一，不满意的问卷的比例很小，不足10%；第二，样本量很大；第三，不满意的问卷和满意的问卷之间没有明显的差别；第四，每份不满意的问卷中，不满意答案的比例很大；第五，关键变量的答案是缺失的。

8.1.2 数据编码

编码就是对每一个问题的每一个可能答案，给出一个电脑能够识别的统一的数字代码的过程。编码可以在设计问卷时进行，也可以在数据收集结束以后进行，分别称为事前编码和事后编码。

事前编码又称预编码。预编码的设计在前面已有详细讲解，在此不再赘述，下面重点介绍事后编码。

1. 事后编码的类型

事后编码指的是给某个没有事先编码的答案分配一个代码。通常需要事后编码的有以下两种情况。

（1）封闭式问题的“其他”项。封闭式问题可能有几个供选择的答案，再加上需要被访者具体说明的“其他”类别。

例8-1

封闭式问题示例

问：在过去一年里，你饮用过哪种品牌的鲜奶？

________________（请将数字填写在横线上）

如果你想回答的品牌未列出，请将名称填写在横线上：

其他：________________

分析：列出了7个鲜奶品牌，受访者可以从中选择答案，但这个名单不一定包括每一个受访者的所有项目。如，受访者可能饮用“娃哈哈”或“三元”的鲜奶，前文中就没有列出，那么受访者就要把这个品牌记录在最后一行中，将之归入“其他”类别。由于这样的答案没有事先规定的代码，因此在数据录入前编码员要做事后编码的工作，如：将“娃哈哈”编码为8，“三元”编码为9等。

（2）开放式问题。对于开放式问题，事后编码的工作量就更大。这是因为研究人员一般无法告诉编码员会出现多少新的答案和代码，而且有一些答案是类似的，必须决定是将它们分成几类，还是合并成一类。

对开放式问题的回答进行编码，需要采用以下四个步骤。

1）列出答案。编码员列出一份含有每个开放式问题答案的清单。在只有几百名被调查者的调研中，所有的答案都应列出。在大型抽样调查中，只需列出某些样本的回答。这项工作可以作为编辑过程的一部分或单独的一个步骤来完成。

2）合并答案。对开放式问题的回答，有些形式上不同的回答，在本质上是一致的，可以适当地合并为一类。

3）设置编码。这一步骤在获得合并表之后进行，对每个合并后的类别都分配一个数字编码。

4）选定编码。根据设定的编码，给每个答案选定一个编码。

例 8－2

开放式编码设计

某研究人员想对高职生的家长参与教育的内容与形式等情况进行调查，由于家长参与教育的结构并不稳定，随着孩子年龄的增长，家长参与教育的内容不同，其结构会不断变化，因此该研究人员以开放式问卷作为研究工具，基于学业参与、生活参与、情感参与、交往能力培养、自主性培养和家校联系这六个维度，询问家长参与了哪些教育项目以促进高职生的成长、家长做过哪些事情等。根据上述结构，参考现有的家长参与教育问卷（小学生版）初步拟定了高职生家长参与教育问卷（分母亲卷和父亲卷，项目同），共51个项目。请专业人士对项目的表述及合理性进行评定，删除或修改有歧义的，得到项目45个：学业参与（11个），生活参与（7个），情感参与（8个），交往能力培养（7个），自主性培养（5个），家校联系（7个）。问卷采用李克特5点评分标准（1＝从不，2＝较少，3＝有时，4＝常常，5＝总是），得分越高，说明家长参与教育的水平越高。

开放式问卷收集的资料从内容到形式都处于零散的、无固定的结构状态，通常难以量化。本次调查为合理设计选项，为最终的问卷设计做准备，采用开放式的编码方式，将资料机械化地减少并类别化。在每道题目答案的整理上，首先通览问卷，将被调查者填写的资料归纳为若干类型（主题），给数字编码；然后将最初的原始答案分配到设定的类型（主题）中，把原始的零散资料转变成不同的类别；最后用SPSS建库并录入数据，将定性资料转变为定量资料，为提炼封闭式问卷的答案类别做好准备。

资料来源：王晓琳．高职生家长参与教育问卷的编制．青年与社会，2019（19）．

2. 事后编码的要点

事后编码可遵循以下要点：

（1）给编码员提供一份空白的“参照问卷”；

（2）对每一个需要事后编码的项目提供一份编码表或编码名单；

（3）对每一个项目做一个编码本，内含一页或几张单页；

（4）让所有的编码员都在同一地点使用同一编码本进行工作；

（5）提供编码指南，说明什么时候以及怎样设立一个新的代码或合并答案；

（6）设立较多较窄的类别要优于设立较少较宽的类别；

（7）保持编码本的整洁和清晰。

空白的“参照问卷”用于指明需要考察和编码的项目。将这些项目用红笔圈出，以避免编码员遗漏。

每个需要事后编码的项目都必须有一个编码表。最好再做一个编码本，内含一页或几张单页，将项目号码或问题的位置清楚地标在每页的顶端。由于调研人员事先不知道会有多少新的代码或答案出现，所以要预备足够的空间来添加新码，以便所有的问卷都能编完。

如果只需要一个编码员负责此项工作，那么事后编码是相对简短且容易的。但是如果需要多名编码员，那么所有的编码员应该在不同的时间，或同时在同一地点使用同一编码本。因为如果两个或多个编码员同时在不同地点工作，他们就无法知道其他编码员在编码本中设立了什么新码。很有可能同一个代码会对应两个不同的答案，而编码的目的是让每一个可接受的答案对应一个唯一的代码。

调研人员应当规定具体的准则，指导编码员如何识别答案，如何将其归入一定的类别，如何为其分配代码，等等。编码指南应尽可能具体，对于容易混淆的编码需要具体说明，比如，对问题“您过去一年里参加过哪些活动?”就需要指出可能的答案（如“听音乐会/演唱会”和“听音乐”）的明显区别。在现场听音乐，要归入“听音乐会/演唱会”，而不是“听音乐”那一类。

在缺乏非常具体的编码指南时，缺乏经验的编码员或对调查过程不熟悉的编码员可能有两种倾向：一是对每一个与已编码的答案不相似的新答案给一个新码，结果是类别和代码比预料的多，也许一个代码只对应一两个个案；二是为了简化工作，将许多答案甚至不相似的答案都归入同一个大类，结果丢弃了数据中有意义的差异，而这些差异可能对调研人员有用。因此，一定要给编码员具体的指南，并进行监督检查，特别是在开始的时候要确保编码员能正确工作。

不过，有时编码员自己很难决定是再设立一个新代码，还是将其合并到已有的某类当中。如果很难决定，大多数有经验的调研人员会宁愿多设立一个新码，因为以后做分析时将数据合并成大些的类别是很容易通过计算机实现的。反过来，一旦合并成了大类，失去的差异是无法再找回来的，除非去参考原始文件。

十分重要的是，要确保编码本中的字书写整洁、清楚。缺乏经验的调研人员不到分析和报告阶段实际使用信息时，可能不会重视这一点。例如，一页纸写满时，编码员一般都会在纸边上记录，而不会去添加一张新纸。这样一来，其他编码员可能就注意不到最后的代码，而将同样的代码分给了其他不同的答案。所以，保持编码本的整洁不仅是为了美观。如果编码名单的编号顺序乱了或看不清楚了，费些时间和精力重新抄写一遍以得到更有条理的编码本是十分值得的。

8.1.3　编码手册

事前编码和事后编码所用的编码本最后将合并为一个编码手册。编码手册不但是编码人员的工作指南，还提供了数据集中变量的必要信息。编码手册一般包含变量以下几个方面的信息：所在列的位置，即列数；变量的顺序编号；变量名称及变量说明，即变量及变量标识；问题编号；编码说明，即变量值及变量值标识。

编码手册有三个功能。首先，它是编码者的指南；其次，它帮助调研人员把希望使用的变量分配到一次特殊数据分析流量中；最后，在解释计算机输出时，它考虑到变量类别的恰当鉴别。如果没有好的编码手册，调研人员就会感到困惑。

对于十分简单的调研项目，可以仅仅在问卷上写出相关的列号码及应答号码。完全预编码的材料可以当作其编码手册。在更复杂的调研项目中，调研人员经常希望有开放式问题文档的细节，或者希望用计算机运行中分配的数字来指代变量，所以包含更多信息的编码手册是很有用的。

基于计算机的系统有一个显著优势，即一旦在计算机中设定了编码结构，那么系统可自动生成并印刷出编码手册。表 8－1 是对四个城市的 16～60 岁的 500 个样本进行调查后，整理成的一个编码手册。

表 8－1　编码手册示例

列数	变量编号	变量名称及变量说明	变量位数	编码说明
1～3	1	问卷编号（受访者编号）	3	001～500
4	2	城市编号	1	1—北京、2—上海、3—广州、4—成都
5	3	访问员编码	3	首位是城市编码 1～4，后两位是访问员编码 01～50
6	4	Q1 受访者性别（访问员记录）	1	1—男、2—女
7	5	Q2 受访者年龄：（　　）岁	2	按照受访者的实际年龄填写：16～60
8～10	6	Q3 受访者学历：小学及以下、初中、高中或中专、大学专科、大学本科、研究生或以上	1	1—小学及以下、2—初中、3—高中或中专、4—大学专科、5—大学本科、6—研究生或以上
⋮				

续表

列数	变量编号	变量名称及变量说明	变量位数	编码说明
21～23	15	Q12 请问您购买产品时考虑的因素有（限选三项）：功能、品质、外观、价格、品牌、售后服务、朋友推荐、其他	1	1—功能、2—品质、3—外观、4—价格、5—品牌、6—售后服务、7—朋友推荐、8—其他
24～26	16	Q13 真正的好产品不需要广告：非常同意、同意、无所谓、不同意、非常不同意	1	5—非常同意、4—同意、3—无所谓、2—不同意、1—非常不同意
27～29	17	Q14 买东西时我常常货比三家：非常同意、同意、无所谓、不同意、非常不同意	1	5—非常同意、4—同意、3—无所谓、2—不同意、1—非常不同意
⋮				

8.1.4 数据录入

数据录入指的是将问卷或编码表中的每一项目对应的代码读到磁盘、磁带中，或通过键盘直接输入计算机中。在发达国家，数据的收集常常是采用计算机辅助电话调查（CATI）或计算机辅助调查（CAPI）进行的，因此不再需要键盘输入。此外，还可以利用特殊的 Mark Sense Forms、光学扫描等方法来读取数据。在我国，虽然近年来 CATI 的使用越来越普遍，但键盘输入仍比较常用。

键盘输入是个出错率较高的环节，录入员可能因为手指错位、错看、串行等造成录入错误。即使是操作熟练、工作仔细的录入员也有一定的出错率。为了将错误控制在最低水平，下面的几点提示可能是有帮助的：

- 给每个录入员提供一份清楚的记录格式；
- 开始录入前几个个案时，调研人员必须在场；
- 绝不能假定录入员是懂得如何做数据录入的；
- 如有可能，对录入的数据进行全面的核查；
- 如果全面核查不可行，就采取抽查的方法。

8.2 市场调研中统计分析的类型

一旦数据准备就绪，即可进入市场调查的数据分析阶段。数据分析是市场调查程序中的重要阶段，它是指围绕不同的调查目的，针对不同类型的调查数据，采用一种或几种数据分析方法，按照一定的程序，对调查得到并经过整理的数据资料进行分组、汇总、检验和分析，得到所调查事物或现象的本质及规律性，进而指导实践的过程。所选的分析方法要能有效地满足调查目的，并非使用的方法越多越好，或者越难越好。

8.2.1　统计分析方法的分类

随着统计学的发展以及电子计算机的广泛应用，统计分析方法也在不断发展。根据研究目的的不同，现代统计分析方法可以分为描述性统计分析和推断性统计分析两大类。根据涉及变量的多少，还可以分为单变量统计分析、双变量统计分析、多变量统计分析。

1. 描述性统计分析

描述性统计分析是市场调查分析中最常用的分析方法，即将数据以表格、图形或数值形式表现出来，主要侧重于对数量水平或其他特征的描述，可能是通过某具体指标反映某一方面的特征，也可能是通过若干变量描述它们的相互关系。这类方法对数据的可靠性和准确性、测度的选择有一定要求。其结果重在数量描述，但不具有推断性质。

（1）频数分析。对于一组数据，考察不同的数值出现的频数，或者数据落入指定区域内的频数，可以了解数据的分布状况。通过频数分析，调研人员在得到描述性统计结果的同时，还能了解变量取值的分布情况，从而使总体数据的分布得到更为清晰准确的输出。

通过频数分析，能在一定程度上反映出样本是否具有总体代表性，抽样是否存在系统偏差等，并以此证明以后相关问题分析的代表性和可信性。频数分析的统计结果是组别、次数、百分比和累计百分比等。

例 8－3

某车间 30 名工人每周加工某种零件的件数如表 8－2 所示：

表 8－2

工人编号	周加工零件数	工人编号	周加工零件数	工人编号	周加工零件数
1	106	11	99	21	85
2	84	12	94	22	106
3	110	13	119	23	101
4	91	14	88	24	105
5	109	15	118	25	96
6	91	16	97	26	105
7	111	17	103	27	107
8	107	18	106	28	128
9	121	19	95	29	111
10	105	20	106	30	101

进行频数分析后的统计结果如表8-3所示：

表8-3

按周加工零件数分组	次数	百分比	累计百分比
80～90	3	10%	10%
90～100	7	23%	33%
100～110	13	43%	76%
110～120	5	17%	93%
120～130	2	7%	100%
合计	30	100%	—

（2）趋势分析。对调查数据的某些趋势特征进行分析是准确描述总体特征的重要前提。总体数据分布大致有三种趋势：集中趋势、离散趋势、形态趋势。

集中趋势的分析指标有算术平均数、几何平均数、调和平均数、众数、中位数；离散趋势的分析指标有极差、平均差、标准差、离散系数；形态趋势的分析指标有偏度和峰度。

（3）相关分析。相关分析研究两个或两个以上变量间的线性关系。相关分析的方法较多，常用的包括皮尔逊相关分析、偏相关分析与斯皮尔曼相关分析。皮尔逊相关分析用于两个变量均为定距变量的情况，描述了两个变量间联系的紧密程度，譬如，产品销售额与人均可支配收入水平之间的关系。偏相关分析则用于测量在控制或调整一个或多个其他变量的基础上两个变量之间的关系，譬如，在考虑一定人均可支配收入的影响后，产品销售额与广告支出之间的关系。当需要计算两个非定量变量之间的相关系数时，即非定量变量是定序或定类变量时，可以采用斯皮尔曼相关分析或肯德尔相关分析，通常前者更适用于类别比较多的数据，而后者更适用于大样本且类别较少的情况。

2. 推断性统计分析

在市场调查中，除了对样本数据的水平或其他特征进行描述外，还经常需要根据样本的信息，对总体的分布以及分布的数字特征进行统计推断，即推断性统计分析。推断性统计分析的前提要求是，样本是随机抽取的，对总体有一定的代表性。这种分析方法主要包括两部分：参数估计和假设检验。参数估计是在总体分布已知的情况下，用样本统计量估计总体参数的方法。假设检验是在总体分布未知，或已知总体分布但不知其参数的情况下，为了推断总体的某些性质，提出有关总体的假设，再根据样本信息对假设进行判断的方法。

常用的推断性统计分析方法有方差分析和回归分析。

（1）方差分析。在市场调查中，我们经常关注某因素不同水平下对因变量的影响是否有显著差异。例如，观看不同电视广告的消费者对某品牌的评价是否有显著差异；零售商、批发商和代理商对公司营销政策的看法是否有显著差异；在不同的价格水平下，消费者对某品牌商品的购买欲是否不同；等等。使用方差分析可以分析这类问题。

应用方差分析时，一般假定所比较的总体都服从正态分布，而且具有相同的方差。不过方差分析具有稳健性，在更宽泛的条件下也是近似有效的。

（2）回归分析。回归分析就是利用两个或两个以上变量之间的关系，由一个或几个变量来预测另一个变量。进行回归分析的一般步骤为：选择自变量，建立理论模型，参数估计，显著性检验，残差检验，模型的有效性检验，预测。但是在建立理想模型之前，自变量的选择、模型形式的选择、估计方法的选择、显著性检验等环节都可能需要多次尝试。

3. 多元统计分析

研究客观事物中多个变量或多个因素之间相互依赖的统计规律性，分析多元数据的统计方法，称为多元统计分析。随着计算机的发展和普及，多元统计分析在地质、气象、生物、医学、图像处理、经济分析等许多领域得到了广泛应用，同时也促进了理论的发展。各种统计软件包（如 SAS、SPSS 等）让实际工作者利用多元统计分析方法解决实际问题更简单方便。重要的多元统计分析方法有：判别分析、聚类分析、主成分分析、因子分析等。

（1）判别分析。判别分析是判别样本所属类型的一种多元统计分析方法，在生产、科研与日常生活中都经常用到。例如，在天气预报中根据气温、气压、温度等气象因子来预报明天是晴天、阴天还是雨天；医生可以根据体温、气压以及各项检验指标来判断病人生病的程度；经济研究者根据经济、政治、军事、人口、资源等多种指标来判断国家的竞争力等。

判别分析就是在已知研究对象分为若干类型并取得各种类型的一批已知样品的观测数据的基础上，根据某些准则建立起判别函数，尽可能把属于不同类型的数据区分开来，然后用它们来判别未知类型的样品应该属于哪一类。

根据判别的组数，判别分析可分为两组判别分析和多组判别分析；根据判别函数的形式，判别分析可分为线性判别和非线性判别；根据判别时处理变量方法的不同，判别分析可分为逐步判别和序贯判别等；根据判别准则的不同，判别分析有距离判别、Fisher 判别、Bayes 判别等。

（2）聚类分析。聚类分析又称群分析和类分析，是依据某种准则变量进行分类的一种多元统计分析方法。聚类分析就是多元统计分析中研究“物以类聚”现象的一种方法，其职能是对一批样本或指标，按照它们性质上的亲疏程度进行分类。

聚类分析可以作为简化数据的工具，它所建立的分类数据或子类数据比个体数据更易于管理与操作。聚类分析方法多种多样，包括系统聚类法、动态聚类法、模糊聚类法等。

（3）主成分分析。主成分分析就是把多个变量重新组合为一组相互无关的综合变量，从中取较少的综合变量尽可能多地反映原来变量的信息。简而言之，主成分分析就是把多个变量化为少数几个相互无关的综合变量的简化数据结构的方法。在实践中经常会遇到多变量问题，而且变量之间多数是有相关性的，这使问题更加复杂。例如，评价企业的竞争力会涉及很多指标，如固定资产、流动资金、产值、利润、人员素质、科技水平、管理水平、环境等。如果能从中找出少量几个综合指标代替原指标，分析起来就简单多了。

（4）因子分析。因子分析的目的是使数据简单化，它是将具有错综复杂关系的变量综合为数量较少的几个因子，以再现原始变量与因子之间的相互关系，同时根据不同因子对变量进行分类。因子分析既适用于不可观测的潜变量，也适用于可观测的显变量。市场调研时，因子分析可以应用于对消费者使用习惯和态度研究、产品研究、价格研究及满意度研究等调查活动中。

因子分析可以分为探索性因子分析和验证性因子分析。因子分析的基本思想是寻找公共因子以达到降维的目的。在寻找公共因子的过程中，是否利用先验信息是探索性因子分析和验证性因子分析的区别所在。

探索性因子分析是在事先不知道影响因素的基础上，结合理论分析与调查资料，以一定的原则展开因子分析，最后得出各因子及其观测项的过程。而验证性因子分析充分利用了先验信息，在已知因子结构的情况下检验所收集的数据资料是否按事先预定的结构方式产生作用。因此，探索性因子分析主要是为了找出影响观测变量的因子个数，以及各个因子和各个观测变量之间的相关程度；而验证性因子分析的主要目的是决定事前定义因子的模型拟合实际数据的能力。进行探索性因子分析之前，我们不必知道要用几个因子，各个因子和观测变量之间的联系如何；而验证性因子分析要求事先假设因子结构，我们要做的是检验它是否与观测数据一致。

如果从量表的信度与效度视角考察，也可以说，探索性因子分析用于检测量表的信度，而验证性因子分析往往用于检测量表的效度。

8.2.2 统计方法的选择

要准确客观地描述资料的特征，采用适当的统计方法十分重要。在选择统计方法时，要考虑下列两个因素。

1. 调研问题的性质

市场调研的问题基本上分为描述性问题和关系性问题。在描述性问题研究中，研究者一般只想了解单一或若干事物或现象的状况，如被调查者对某电视广告的接触状况和反应、对某品牌产品各方面性能的评价、不同阶层被调查者对某品牌的偏好差异等。对于这类研究，在统计处理资料时常常采用频率分析和描述性统计方法。

关系性问题探讨的是两个变量之间或一个变量与一组变量之间有无关系及其关系程度。关系性问题分为相关关系问题和因果关系问题。前者探讨变量之间的共变关系，后者则探讨变量之间谁因谁果及其关系的密切程度。关系性问题的统计分析可采用相关分析、方差分析和回归分析等方法。

2. 数据资料的性质

不论是什么样的调研资料，都可以归为质变资料和量变资料。质变资料是指变量本身并不具有可以测量的数值单位，而是仅可根据一项或数项所描述的特质加以区分的数据资料，如性别、职业等。通常由命名量表所得的资料均属于这一类。次序量表资料严格地说也属于这一类。质变资料在统计方法的运用上较受限制，一般只能采用频数分析、非参数检验进行处理。

量变资料则指变量本身具有可以测量的数值单位，可以根据某些变量的特征连续排列的资料，如年龄、收入、销售量、知名度等。一般来说，等距、比率量表资料均属于量变资料。次序量表资料也可通过数学转换变成量变资料。对于量变资料，几乎所有的统计方法，包括相关分析、回归分析、因子分析、方差分析等都可以运用。

8.2.3 常用的统计分析软件

现今，绝大部分的统计工作都是通过计算机来执行的，计算机不仅可以用来进行数据分类、整理和简单的计算，还可以进行复杂的计算以及展示结果。目前可用于统计分析的计算机软件有很多种，比较常用的有以下三种。

1. SPSS

SPSS（Statistical Package for the Social Science）即社会科学统计软件包，它适用于社会科学、自然科学的各个领域。尤其在市场调查中，SPSS 可以说是数据处理和分析的利器。

SPSS 软件至今已发展到 SPSS 26.0。目前的 SPSS 是一个集数据整理、分析功能于一身的组合式软件包。它使用 Windows 的窗口方式展示各种管理和分析数据方法的功能，使用对话框展示各功能选项。由于它清晰、直观、易学易用，用户不需要精通统计分析的各种方法就可以得到较满意的分析结果。

2. SAS

SAS（Statistical Analysis System）由美国 SAS 研究所编制发行。与 SPSS、STATISTICA 等大多数统计分析软件相比，SAS 软件的特点是功能强大以及操作灵活。它可以有效地解决数据分析时所遇到的绝大多数问题，因此科研机构、大型商业企业都在广泛使用。此外，在进行大量数据或复杂的统计运算时，不同的统计分析软件对相同数据进行统计分析，结果有时会不一致，SAS 软件的结果由于其权威性而被用户信赖。可以说，SAS 软件是统计分析应用工作的一个质量象征。

3. STATA

STATA 是用于 Windows、Macintosh 以及 Unix 电脑系统下的一种功能完备的统计软件包。它具有易操作、速度快等特点，且包含一整套预先编好的分析与数据管理功能，用户可以根据自己的需要创建程序并添加更多其他功能。大部分操作既可以通过下拉菜单系统来完成，也可以更直接地通过键入命令来完成。初学者可以在菜单的帮助下学习使用STATA。它的命令有很强的一致性且很直观，可以提高使用者工作效率，并且使一些重复性工作的编程变得十分容易。

8.3 通过描述性分析理解数据

通过调查获得、经过整理后展现的数据已经可以反映出研究对象的一些状态与特征，但认知还比较肤浅，反映的精确度不够，为此，我们要使用各类代表性的数量特征值来准确地描述这些数据。描述性统计分析注重测量的准确性，对数据的准确性、可靠性和测度方法有一定的要求。

8.3.1 集中趋势的描述

集中趋势（central tendency）反映的是一组数据向某一中心值靠拢的倾向，在中心值附近的数据数目较多，而远离中心值的较少。对集中趋势进行描述就是寻找数据一般水平的中心值或代表值。根据取得这个中心值的方法不同，我们把测度集中趋势的指标分为两类：数值平均数和位置平均数。

1. 数值平均数

数值平均数是同质总体内各个体某一数量标志的具体表现在一定时间、地点、条件下所达到的一般水平，是反映现象总体综合数量特征的重要指标，又称为平均指标。

数值平均数有三种形式：算术平均数、调和平均数和几何平均数。

（1）算术平均数。算术平均数（arithmetic mean）是总体中个体的某个数量标志的总和与个体总数的比值，一般用符号 $\bar{x}$ 表示。算术平均数是集中趋势最主要的测度值。它的基本公式是：

$$算术平均数=\frac{某数量标志的总和}{对应的个体总数}$$

由于所掌握的资料形式不同，算术平均数可以推导出两组公式：

1）简单算术平均数。即根据未经分组整理的原始数据计算的算术平均数。设一组数据为 x_1，x_2，…，x_n，则

$$\bar{x}=\frac{x_1+x_2+\cdots+x_n}{n}=\frac{\sum_{i=1}^{n}x_i}{n} \tag{8.1}$$

2）加权算术平均数。即根据分组整理的数据计算的算术平均数。设原始数据被分成 n 组，各组的变量值分别为 x_1，x_2，…，x_n，各组变量值出现的次数分别为 f_1，f_2，…，f_n，则

$$\bar{x}=\frac{x_1f_1+x_2f_2+\cdots+x_nf_n}{f_1+f_2+\cdots+f_n}=\frac{\sum_{i=1}^{n}x_if_i}{\sum_{i=1}^{n}f_i} \tag{8.2}$$

计算加权算术平均数运用的变量数列资料有两种：单项变量数列和组距变量数列。单项变量数列直接对各组变量值进行加权平均计算；组距变量数列需要先求出各组变量值的组中值，然后对组中值进行加权平均计算。

例 8-4

根据某车间 200 名工人加工零件的资料，计算平均每个工人的零件生产量，资料见表 8-4。

表 8-4　某车间工人加工零件平均数计算表

按零件数分组（个）	职工人数 f	人数比重	组中值 x	xf
40～50	20	0.10	45	900
50～60	40	0.20	55	2 200
60～70	80	0.40	65	5 200
70～80	50	0.25	75	3 750
80～90	10	0.05	5	850
合计	200	1.00	—	12 900

解：根据式（8.2），得

$$\bar{x}=\frac{\sum_{i=1}^{n}x_if_i}{\sum_{i=1}^{n}f_i}=\frac{12\,900}{200}=64.5(\text{个})$$

从以上计算过程可以看出次数 f 的作用：当变量值比较大的次数多时，平均数就接近于变量值大的一方；当变量值比较小的次数多时，平均数就接近于变量值小的一方。可见，次数对变量值在平均数中的影响起着某种权衡轻重的作用，因此又称为权数。

如果各组的次数（权数）均相同，即 $f_1=f_2=\cdots=f_n$，则权数权衡轻重的作用也就消失了。这时，加权算术平均数会变成简单算术平均数，即

$$\bar{x}=\frac{\sum_{i=1}^{n}x_if_i}{\sum_{i=1}^{n}f_i}=\frac{f\sum_{i=1}^{n}x_i}{f_n}=\frac{\sum_{i=1}^{n}x_i}{n} \tag{8.3}$$

可见，简单算术平均数实质上是加权算术平均数在权数相等条件下的一个特例。

简单算术平均数值的大小只与变量值的大小有关。加权算术平均数值的大小不仅受各组变量值大小的影响，而且受各组变量值出现的次数即权数大小的影响。

权数既可以用绝对数表示，也可以用相对数（比重）表示。因此，加权算术平均数也可表示为：

$$\bar{x}=\sum_{i=1}^{n}x_i\cdot\frac{f_i}{\sum_{i=1}^{n}f_i} \tag{8.4}$$

（2）调和平均数。在统计分析中，有时会由于种种原因没有频数的资料，只有每组的变量值和相应的标志总量。这种情况下就不能直接运用算术平均的方法来计算了，需要以迂回的形式，即用每组的标志总量除以该组的变量值推算出各组的单位数，从而计算出平均数，我们可以用调和平均的方法完成这个计算。

调和平均数（harmonic mean）是各变量值倒数的算术平均数的倒数。由于它是根据变量值倒数计算的，所以又称为倒数平均数，通常用 $\bar{x}_H$ 表示。根据掌握的资料不同，调和平均数可分为简单调和平均数和加权调和平均数两种。

1）简单调和平均数。简单调和平均数是权数均相等条件下的加权调和平均数的特例，可表示为：

$$\bar{x}_H=\frac{n}{\frac{1}{x_1}+\frac{1}{x_2}+\cdots+\frac{1}{x_n}}=\frac{n}{\sum_{i=1}^{n}\frac{1}{x_i}} \tag{8.5}$$

例 8-5

假如某种蔬菜在早、中、晚市每千克的单价分别为 0.5 元、0.4 元、0.2 元，若早、中、晚市各买 1 千克，其平均价格用简单算术平均数计算，结果是 0.37 元。但若早、中、晚市各买 1 元钱的蔬菜，其平均价格是多少？

解：先把总重量计算出来，再用总金额除以总重量，即

$$\text{平均价格}=\frac{\text{总金额}}{\text{总重量}}=\frac{1+1+1}{\frac{1}{0.5}+\frac{1}{0.4}+\frac{1}{0.2}}=\frac{3}{9.5}\approx 0.32(\text{元})$$

②加权调和平均数。设 m 为加权调和平均数的权数，加权调和平均数的计算公式为：

$$\bar{x}_H=\frac{m_1+m_2+\cdots+m_n}{\frac{m_1}{x_1}+\frac{m_2}{x_2}+\cdots+\frac{m_n}{x_n}}=\frac{\sum_{i=1}^{n}m_i}{\sum_{i=1}^{n}\frac{m_i}{x_i}} \tag{8.6}$$

例 8-6

沿用例 8-5 的资料，如果现在早、中、晚市所花钱不再是 1 元，而是如表 8-5 所示，求购进蔬菜的平均价格。

表 8-5　调和平均数计算表

时间	单价（元/千克）x	所花钱数（元）m	购买量（千克）m/x
早市	0.5	4	8
中市	0.4	3	7.5
晚市	0.2	2	10
合计	—	9	25.5

解：所购蔬菜的平均价格为：

$$\bar{x}_H = \frac{\sum_{i=1}^{n} m_i}{\sum_{i=1}^{n} \frac{m_i}{x_i}} = \frac{9}{25.5} \approx 0.35(\text{元})$$

(3) 几何平均数。几何平均数（geometric mean）是 n 个变量值连乘积的 n 次方根。几何平均数是计算平均比率和平均速度最适用的一种方法。通常用 $\bar{x}_G$ 表示。根据掌握的数据资料不同，几何平均数可分为简单几何平均数和加权几何平均数两种。

1）简单几何平均数。即根据未经分组资料计算的平均数。几何平均数的计算公式如下：

$$\bar{x}_G = \sqrt[n]{x_1 \cdot x_2 \cdot \cdots \cdot x_n} = \sqrt[n]{\prod_{i=1}^{n} x_i} \tag{8.7}$$

2）加权几何平均数。当掌握的数据资料为分组资料，且各个变量值出现的次数不相同时，要用加权方法计算几何平均数。加权几何平均数的计算公式为：

$$\bar{x}_G = \sqrt[f_1+f_2+\cdots+f_n]{x_1^{f_1} \cdot x_2^{f_2} \cdot \cdots \cdot x_n^{f_n}} = \sqrt[\sum f]{\prod_{i=1}^{n} x_i^{f_i}} \tag{8.8}$$

例 8-7

某市从 2001 年以来的 14 年里各年的工业增加值的增长率如表 8-6 所示，计算这 14 年的平均增长率。

表 8-6　几何平均数计算表

时间	年数	工业增加值的增长率（%）
2001—2004 年	4	10.2

续表

时间	年数	工业增加值的增长率（%）
2005—2009年	5	8.7
2010—2014年	5	9.6
合计	14	—

解：首先根据式（8.8）计算平均发展速度：

$$\bar{x}_G=\sqrt{x_1^{f^1}\cdot x_2^{f^2}\cdot\cdots\cdot x_n^{f^n}}=\sqrt{110.2\%^4\times108.7\%^5\times109.6\%^5}$$

$$\approx109.45\%$$

再还原成平均增长率：

平均增长率＝平均发展速度－100%＝109.45%－100%＝9.45%

2. 位置平均数

位置平均数是指按数据的大小顺序或出现频数的多少确定的集中趋势的代表值，主要有众数、中位数。

（1）众数。众数（mode）是一组数据中出现次数最多的那个变量值，通常用 M_o 表示。众数具有普遍性，在统计实践中，常利用众数来近似反映社会经济现象的一般水平。

统计分析中，有时需要采用确切的数字来反映其一般水平，这时往往计算算术平均数。但有时只要求掌握最普遍、最常见的数值，此时可采用众数。

根据资料的不同情况，即变量数列的不同种类，确定众数可采用不同的方法。

1）单项数列确定众数。采用直接观察法确定众数。单项数列确定众数比较简单，只需找出次数最多的标志值，即为众数。例如，某班级40个学生中年龄为20岁的人数最多，则众数 M_o 为20岁。

2）组距数列确定众数。组距数列确定众数稍复杂些，首先要根据出现次数确定众数所在组，然后利用公式计算众数的近似值。其计算公式为：

下限公式

$$M_o=L+\frac{\Delta1}{\Delta1+\Delta2}\times d \tag{8.9}$$

上限公式

$$M_o=U-\frac{\Delta1}{\Delta1+\Delta1}\times d \tag{8.10}$$

式中，M_o 表示众数；L 表示众数所在组的下限；U 表示众数所在组的上限；$\Delta1$ 表示众数所在组次数与前一组次数之差；$\Delta2$ 表示众数所在组次数与后一组次数之差；d 表示众数所在组的组距。

众数是由标志值出现次数的多少决定的，不受资料中极端数值的影响，这样增强了众数对总体一般水平的代表性。但当总体分布没有明显的集中趋势，而趋于均匀分布时，则没有众数。如果变量数列中有两个标志值出现次数最多，称为双众数，双众数的出现可能是由于总体单位不具同质性。

利用确定众数的方法来反映一般水平，必须同时具备两个条件：列数的单位数很多；具有明显的集中趋势。否则，众数的计算没有代表意义。

（2）中位数。中位数（median）是一组数据按大小顺序排列后，处于中间位置的那个变量值，通常用 M_e 表示。其定义表明，中位数就是将某变量的全部数据均等地分为两半的那个变量值。其中，一半数值小于中位数，另一半数值大于中位数。中位数是一个位置代表值，因此它不受极端变量值的影响。

确定中位数的方法根据具体资料而定。

1）由未分组资料确定中位数。对未分组数据资料，需先将各变量值按大小顺序排列，并根据公式 $\frac{n+1}{2}$ 确定中位数的位置。

当一个序列中的项数 n 为奇数时，处于序列中间位置的变量值就是中位数。例如：求 7，6，8，2，3 这五个数的中位数，先按大小顺序排成 2，3，6，7，8。在这个序列中，选取中间一个数 6，小于 6 的数有两个，大于 6 的数也有两个，所以 6 就是这五个数的中位数。

当一个序列的项数是偶数时，则应取中间两个数的中点值作为中位数，即取中间两个变量值的平均数为中位数。例如一个按大小顺序排列的序列 2，5，7，8，11，12，其中位数的位置在 7 与 8 之间，中位数就是 7 与 8 的平均数，即 $M_e=\frac{7+8}{2}=7.5$。

2）由单项数列确定中位数。根据单项数列资料确定中位数与根据未分组资料确定中位数，方法基本一致。它是先计算各组的累计次数（或频数），再按式（8.11）确定中位数的位置，并对照累计次数确定中位数。

$$M_e=\frac{\sum_{i=1}^{n} f_i+1}{2} \tag{8.11}$$

例 8-8

某班同学按年龄分组，资料如表 8-7 所示，求中位数。

表 8-7　单项数列求中位数计算表

年龄（岁）	学生人数	较小制累计次数	较大制累计次数
17	5	5	50
18	8	13	45
19	26	39	37
20	9	48	11
21	2	50	2
合计	50	—	—

解：年龄中位数的位置为$\frac{50+1}{2}=25.5$，说明位于第25与第26位同学之间，根据累计次数可确定中位数为第三组的变量值19岁。

3）由组距数列确定中位数。根据组距数列资料确定中位数与根据单项分组资料相似，不同的是根据中位数位次及累计法确定中位数组后，无法得到中位数的准确值，而要利用公式计算中位数的近似值。其计算公式为：

下限公式

$$Me=L+\frac{\frac{\sum f}{2}-S_{m-1}}{f_m}\times d(\text{用较小制累计次数}) \tag{8.12}$$

上限公式

$$M_e=U-\frac{\frac{\sum f}{2}-S_{m+1}}{f_m}\times d(\text{用较大制累计次数}) \tag{8.13}$$

式中，L表示中位数组的下限；U表示中位数组的上限；f_m表示中位数组的次数；S_{m-1}表示中位数所在组以前各组的累计次数；S_{m+1}表示中位数所在组以后各组的累计次数；f表示总次数；d表示中位数所在组的组距。

这里要说明一点，根据组距数列确定中位数位次时，其公式为$\frac{\sum f}{2}$，这是因为绝大多数组距数列的标志值的变化是连续不断的，总次数是否加1可以忽略不计。

（3）众数、中位数和算术平均数的关系。大部分数据都属于单峰分布，其众数、中位数和算术平均数之间具有以下关系：如果数据的分布是对称的，则$M_o=M_e=\bar{x}$，如图8-2（a）所示；如果数据是左偏分布，说明数据中偏小的数较多，这就必然拉动算术平均数向小的一方靠近，而众数和中位数是位置代表值，不受极值的影响，因此三者之间的关系表现为$M_o>M_e>\bar{x}$，又叫负偏，如图8-2（b）所示；如果数据是右偏分布，说明数据中偏大的数较多，必然拉动算术平均数向大的一方靠近，则$M_o<M_e<\bar{x}$，又叫正偏，如图8-2（c）所示。

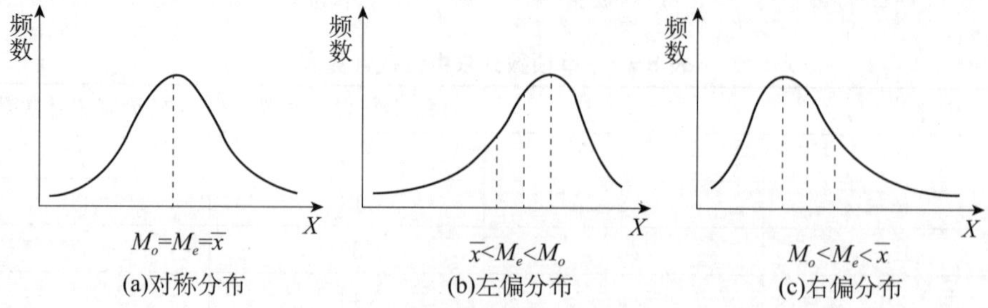

图8-2　众数、中位数和算术平均数的关系示意图

8.3.2　离散程度的描述

要全面描述资料数据的规律性，在计算了平均指标以后，还需要计算分析数据的离散趋势。数据的离散程度越大，则反映变量集中趋势的平均指标的代表性越差；离散程度越小，则平均指标的代表性就越好，两者成反比；如果离散程度等于零，说明所有的变量值没有差异，则平均数具有绝对的代表性。常用的反映离散程度的指标有绝对数和相对数两类。

1. 离散程度的绝对指标

离散程度的绝对指标有极差、平均差、标准差。

（1）极差。极差（range）也叫全距，它是总体各单位标志值中最大值与最小值之差，即

$$R=\max(x_i)-\min(x_i) \tag{8.14}$$

极差可以说明总体中标志值变动的范围，极差越大，说明总体中标志值变动的范围越大，从而说明总体单位标志值差异大；反之则小。

用极差测定离散程度的优点是计算简单，但它取决于总体中两个极端数值的差距，与变量数列的其他数值无关，所提供的信息是不全面的，因而不能全面反映标志值的离散程度。如果极端数值相差较大，而中间数值分布比较均匀，极差便不能确切反映其离散程度。

（2）平均差。平均差（mean deviation）也称平均离差，是各变量值与其平均数离差绝对值的平均数，通常用 M_D 表示。由于各变量值与其平均数离差之和等于零，所以，在计算平均差时会取绝对值。平均差的计算根据掌握数据资料的不同而采用两种不同形式。

1）简单式。对未经分组的数据资料，采用简单式，计算公式如下：

$$M_D=\frac{\sum_{i=1}^{n}|x-\bar{x}|}{n} \tag{8.15}$$

2）加权式。根据分组整理的数据计算平均差，应采用加权式，计算公式如下：

$$M_D=\frac{\sum_{i=1}^{n}|x-\bar{x}|f_i}{\sum_{i=1}^{n}f_i} \tag{8.16}$$

在可比的情况下，一般平均差的数值越大，则其平均数的代表性越小，说明该组变量值分布越分散；反之，平均差的数值越小，则其平均数的代表性越大，说明该组变量值分布越集中。

平均差由于采用绝对值的离差形式加以数学假定，在应用上有较大的局限性。

（3）标准差。标准差（standard deviation）又称均方差，是各单位变量值与其平均

数离差平方的平均数的方根，通常用σ表示。它是测度数据离散程度的最主要指标。标准差是具有量纲的，它与变量值的计量单位相同。

标准差的本质是求各变量值与其平均数的距离和，即先求出各变量值与其平均数离差的平方，再求其平均数，最后对其开方。之所以称为标准差，是因为在正态分布条件下，它和平均数有明确的数量关系，是真正度量离中趋势的标准。

根据掌握的数据资料不同，计算标准差有简单式和加权式两种方法。

1）简单式。对未经分组的数据资料，采用简单式，计算公式如下：

$$\sigma=\sqrt{\frac{\sum_{i=1}^{n}(x_i-\overline{x})^2}{n}} \tag{8.17}$$

2）加权式。根据分组整理的数据计算标准差，应采用加权式，计算公式如下：

$$\sigma=\sqrt{\frac{\sum_{i=1}^{n}(x_i-\overline{x})^2 f_i}{\sum_{i=1}^{n}f_i}} \tag{8.18}$$

标准差是根据全部数据计算的，它反映了每个数据与其平均数相比平均相差的数值，因此，它能准确地反映出数据的离散程度。与平均差相比，标准差通过平方消去了离差的正负号，更便于数学上的处理。因此，标准差是实际中应用最广泛的离散程度测度值。

标准差有总体标准差与样本标准差之分，前面说的都是总体标准差，如果要计算样本标准差，只需要在分母上减1。一般把样本标准差记为s，所以对简单式而言，有

$$s=\sqrt{\frac{\sum_{i=1}^{n}(x_i-\overline{x})^2}{n-1}} \tag{8.19}$$

对加权式而言，有

$$s=\sqrt{\frac{\sum_{i=1}^{n}(x_i-\overline{x})^2 f_i}{\sum_{i=1}^{n}f_i-1}} \tag{8.20}$$

2. 离散程度的相对指标

前面介绍的极差、平均差和标准差都是反映数据离散程度的绝对值，其数据的大小一方面取决于原变量值本身水平高低的影响，也就是与变量的平均数大小有关，变量值绝对水平高，离散程度的测度值自然也就大，绝对水平低，离散程度的测度值自然也就小；另一方面，它们与原变量值的计量单位相同，采用不同计量单位计量的变量值，其离散程度的测度值也就不同。

因此，对于平均数不等或计量单位不同的不同组别的变量值，是不能直接用离散程度的绝对指标比较其离散程度的。为了消除变量平均数不等和计量单位不同对离散程度

测度值的影响，需要计算离散程度的相对指标，即离散系数，其一般计算公式为：

$$离散系数=\frac{离散程度的绝对指标}{对应的平均指标}$$

离散程度（coefficient of variation）通常是根据标准差来计算的，因此，也称为标准差系数，它是一组数据的标准差与其对应的平均数之比，是测度数据离散程度的相对指标，其计算公式如下：

$$V_\sigma=\frac{\sigma}{x}\times 100\% \tag{8.21}$$

例 8-9

有以下两个不同水平的数列，计算并比较其离散系数：

甲　20　30　40　50　60

乙　2　3　4　5　6

解：$\overline{X}_{甲}=40$

$$\sigma_{甲}=\sqrt{\frac{\sum(x-\overline{x})^2}{n}}=14.14$$

$$\overline{X}_{乙}=4$$

$$\sigma_{乙}=\sqrt{\frac{\sum(x-\overline{x})^2}{n}}=1.414$$

从上面两个数列的情况可以看出，两个数列的标志变动程度即离散程度实际上是一样的，只是由于甲数列是乙数列水平的 10 倍，所以计算得出的标准差也相差 10 倍。为了消除这种影响，真正反映总体各单位标志值变异程度的大小，就要用离散系数进行对比。

$$甲：V_\sigma=\frac{\sigma}{x}\times 100\%=\frac{14.14}{40}=0.3535=35.35\%$$

$$乙：V_\sigma=\frac{\sigma}{x}\times 100\%=\frac{1.414}{40}=0.3535=35.35\%$$

所以，两个数列的离散系数是一样的。

8.3.3 形态趋势的描述

集中趋势和离散程度是数据分布的两个重要特征，但要全面了解数据分布的特点，还需要掌握数据分布的形状是否对称、偏斜程度以及扁平程度等。反映这些分布特征的测度值是偏态和峰度。

1. 分布的偏态

偏态（skewness）是对分布偏斜方向和程度的测度。有些变量值出现的次数往往是非对称型的，如收入分配、市场占有份额、资源配置等。变量分组后，总体中个体在不同的分组变量值下分布并不均匀对称，而呈现出偏斜的分布状况，统计上称为偏态分布。

利用众数、中位数和平均数之间的关系就可以判断分布是对称、左偏还是右偏，但要测度偏斜的程度则需要计算偏度系数。统计分析中测定偏态系数的方法很多，一般采用矩的概念计算，其计算公式为三阶中心矩（v_3）与标准差（σ）的三次方之比。具体计算公式如下：

$$\alpha=\frac{v^3}{\sigma^3}=\frac{\sum_{i=1}^{n}(x_i-\overline{x})^3 f_i}{\sum_{i=1}^{n}f_i\cdot\sigma^3} \tag{8.22}$$

式中，α 为偏态系数。

由式（8.22）可以看到，它是离差三次方的平均数再除以标准差的三次方。当分布对称时，离差三次方后正负离差可以相互抵消，因而 α 的分子等于0，则 $\alpha=0$；当分布不对称时，正负离差不能抵消，就形成了正与负的偏态系数 α。当 α 为正值时，表示正偏离差值较大，可以判断为正偏或右偏；反之，当 α 为负值时，表示负偏离差值较大，可以判断为负偏或左偏。

偏态系数 α 的数值一般在0～±3之间，α 越接近0，分布的偏斜度越小；α 越接近±3，分布的偏斜度越大。

例 8-10

某管理局所属30个企业2019年3月利润额统计资料如表8-8所示，要求计算该变量数列的偏斜状况。

表 8-8 偏斜系数计算示例表

利润额（万元）	企业数 f	组中值 x	$(x-\overline{x})^2 f$	$(x-\overline{x})^3 f$	$(x-\overline{x})^4 f$
10～30	2	20	2 312	−78 608	2 672 672
30～50	10	40	1 960	−27 440	384 160
50～70	13	60	468	2 808	16 848
70～90	5	80	3 380	87 880	2 284 880
合计	30	—	8 120	−15 360	5 358 560

解：利用表中有关数据计算标准差如下：

$$\sigma = \sqrt{\frac{\sum_{i=1}^{n}(x_i - \bar{x})^2 f_i}{\sum_{i=1}^{n} f_i}} = \sqrt{\frac{8\,120}{30}} \approx 16.45(\text{万元})$$

$$v_3 = \frac{\sum_{i=1}^{n}(x_i - \bar{x})^3 f_i}{\sum_{i=1}^{n} f_i} = \frac{-15\,360}{30} = -512$$

$$\alpha = \frac{v^3}{\sigma^3} = \frac{-512}{16.45^3} \approx -0.12$$

计算结果表明：该管理局所属企业利润额的分布状况呈轻微负偏分布。

2. 分布的峰度

峰度（kurtosis）描述的是分布集中趋势高峰的形状。在变量数列的分布特征中，常常以正态分布为标准，观察变量数列分布曲线顶峰的尖平程度，统计上称为峰度。如果分布的形状比正态分布更高更瘦，则称为尖峰分布，见图 8-3（a）；如果分布的形状比正态分布更矮更胖，则称为平峰分布，见图 8-3（b）。

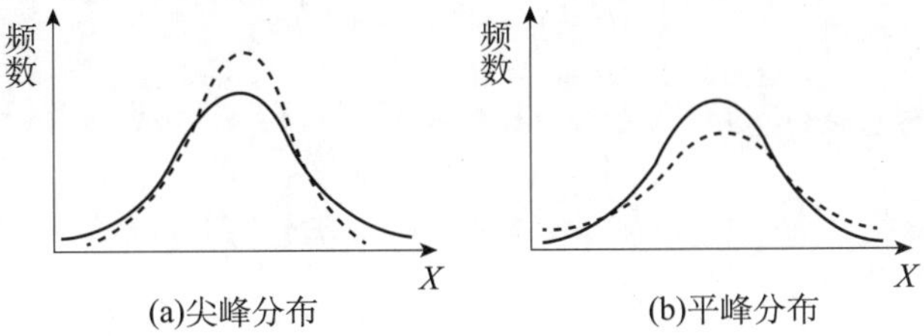

图 8-3　尖峰、平峰分布示意图

测度峰度，一般采用矩的概念计算，即运用四阶中心矩（v_4）与标准差（σ）的四次方对比，以此来判断各分布曲线峰度的尖平程度。计算公式如下：

$$\beta = \frac{v_4}{\sigma^4} - 3 = \frac{\sum_{i=1}^{n}(x_i - \bar{x})^4 f_i}{\sum_{i=1}^{n} f_i \cdot \sigma^4} \tag{8.23}$$

式中，β 为峰度系数。

峰度系数是统计中描述次数分布状态的又一个重要特征值，用以测定邻近数值周围变量值分布的集中或分散程度。它以四阶中心矩为测量标准，除以 σ^4 是为了消除单位量纲的影响，而得到以无名数表示的相对数形式，以便在不同的分布曲线之间进行比较。正态分布的峰度系数为 0，当 $\beta>0$ 时为尖峰分布，当 $\beta<0$ 时为平峰分布。

基本概念

事后编码	计量尺度	描述性统计分析	推断性统计分析
多元统计分析	集中趋势	离散程度	形态趋势

思考题

1. 数据处理主要有哪些程序？
2. 对开放式问题的回答进行事后编码时，有哪几个步骤？
3. 常用的统计分析方法有哪些类型？
4. 在市场调查中，常用的数据统计量有哪些？

第9章 市场调研数据分析

学习目标

- 了解六种分析方法的含义与原理
- 理解六种分析方法的步骤
- 学会运用本章介绍的方法进行简单的市场预测

引 例

聚类分析：汽车市场的划分

某地区的汽车制造商为了评价当前汽车市场，判断企业制造的汽车在市场上的竞争地位，发现潜在的竞争对手，常常需要调查或者探访当前汽车市场各种车辆的价格、发动机构造、型号和一些物理特性。在探访过程中制造商要调查的变量有很多，最终数据文件中的变量名及其含义如表9-1所示。

表9-1 汽车行业市场调查探访变量名及含义

变量名	含义	变量名	含义	变量名	含义
manufact	厂商	price	价格	curb_wgt	限重
model	型号	engine_s	发动机尺寸	fuel_cap	燃料容量
sales	销售量	horsepower	马力	mpg	燃料功效
width	宽度	wheelbase	轴距		
type	类型	length	长度		

面对这些数据，制造商想知道汽车市场可以分成哪几类，每一类市场有哪些特点，各个变量之间有没有关系，有什么样的关系。这就需要分析市场调研数据。

9.1 列联表分析

列联表是观测数据按两个或更多属性（定性变量）分类时所列出的频数表。列联表又称交叉表、交互分类表，是指同时依据两个变量的值将所研究的个案分类。列联表分析的目的是将两个变量分组，然后比较各组的分布状况，并进行分类变量之间的独立性检验，以发现变量间的关系。若考虑的属性多于两个，也可按类似的方式制作列联表，称为多维列联表。

9.1.1 2×2 列联表的分析过程

1. 2×2 列联表的建立

由两个二值变量所产生的列联表是最简单的，称为 2×2 列联表，简称 2×2 表。构成 2×2 表的数据在市场调研与分析中屡见不鲜。比如性别与是否喜欢体育锻炼之间是否存在关联？性别与收入高低之间是否存在关联？销售量高低与价格高低之间是否存在关联？这类数据可由不同方式产生。例如，从某总体中共抽取了 N 个受试对象，并按照两个二值变量对个体进行分类，便能产生这样的数据。又如，研究产品价格与销售量之间的关系，抽查了 100 个地区，按价格高于和低于 100 元以及销售量高于或低于 1 000 件进行分类。表 9－2 中展示了一组假设的数据。

表 9－2　一组假设数据

		产品价格		合计
		高于 100 元	低于 100 元	
销售量	低于 1 000 件	50	15	65
	高于 1 000 件	10	25	35
合计		60	40	100

这类数据也可如此产生：在一项研究中，从一个变量的每类中抽取预定的个体数，再针对每类样本，确定第二个变量每类中的个体数。例如在研究某滋补酒类产品的副作用头晕所出现的频数时，50 个受试者试用该产品，50 个受试者试用同等度数的白酒，并确定每类样本中出现头晕的受试者数目。表 9－3 给出了可能的结果。

表 9－3

		副作用（头晕）		合计
		有	无	
处理	滋补酒	15	35	50
	白酒	4	46	50
合计		19	81	100

从交叉表可以清楚看到饮用不同酒的头晕者有无频数分布状况，而饮用酒的类型和头晕之间有无联系要借助卡方检验来分析。

2. 2×2 表的卡方检验

一般的 2×2 表可以写成表 9-4 中所示的形式。

表 9-4

		变量 A		合计
		类 1	类 2	
变量 B	类 1	a	b	$a+b$
	类 2	c	d	$c+d$
合计		$a+c$	$b+d$	$N=a+b+c+d$

计算统计量 χ^2 的常用表达式为：

$$\chi^2=\sum\frac{(f_0-f_e)^2}{f_e} \tag{9.1}$$

式中，f_0 为观测频数；f_e 为期望频数。

可将 2×2 表简化成如下形式：

$$\chi^2=\frac{n(ad-bc)^2}{(a+b)(c+d)(a+c)(b+d)} \tag{9.2}$$

上述统计量的显著性可通过比较它与自由度为 1、置信水平为 95%的卡方值来判断。例如，对表 9-3 中的数据应用公式得到：

$$\chi^2=\frac{100\times(15\times46-35\times4)^2}{50\times50\times19\times81}\approx7.86$$

在 95%的置信水平上，由自由度为 1 的表查值是 3.84。计算得到的 χ^2 值大于这个值，我们怀疑副作用（头晕）的出现与所饮用产品（滋补酒和白酒）无关的假设的真实性。此结果可解释为：饮用滋补酒头晕者的比例数不同于饮用白酒头晕者的比例数。根据表 9-3 估计，这两个比例数分别为 0.30 和 0.08。

9.1.2　$r\times c$ 列联表的分析过程

1. $r\times c$ 列联表的建立

一般地，若总体中的个体可按两个属性 A 与 B 分类，A 有 r 个等级 A_1，A_2，…，A_r，B 有 c 个等级 B_1，B_2，…，B_c，从总体中抽取大小为 n 的样本，设其中有 n_{ij} 个属于等级 A_i 和 B_j，n_{ij} 称为频数，将 $r\times c$ 个 n_{ij} ($i=1$，2，…，r；$j=1$，2，…，c) 排列为一个 r 行 c 列的二维列联表，简称 $r\times c$ 表。

当 r 或 c 或两者都大于 2 时，$r\times c$ 列联表分析提出了一些前文中未曾遇到的问题。例如在 2×2 表的情况下，对独立性卡方检验结果的解释是清楚的，即两个比例相等或不等。在自由度大于 1 的列联表中，这种解释不再如此清晰，需进行更细致的分析，以判明是在表的什么部分引起了任何独立性的偏离。2×2 表中未曾遇到的另一个问题是变量具有一些分成等级的类别，例如产品的质量可分为“低”、“中”或“高”；吸烟量可分为“不吸”、“一天少于 10 支”、“一天 10～20 支”或“一天多于 20 支”。下面将介绍 3×3 表独立性的普通卡方检验的一个例子。

2. $r\times c$ 表的卡方检验

表 9－5 给出了一组数据，某品牌对其 141 家专卖店在北京各大商场的楼层和销售量做了市场调研。首先将该品牌专卖店按所在楼层高低分为三组：低层（1～5 层）、中层（6～10 层）、高层（11～15 层）；按销售量也分为三组：较低（1 000 件以下）、中等（1 000～2 000 件）、较高（2 000 件以上）。

表 9－5

		所在楼层			合计
		低	中	高	
销售量	较低	9	6	38	23
	中等	4	3	28	21
	较高	24	17	75	34
合计		37	26	141	78

在此例中，$r=c=3$，零假设 H_0 为销售量与所在楼层无关。首先计算在 H_0 假设下的期望频数，为了提高计算的精度，对本应是整数的频数保留小数点后的数字。以高楼层、较低销售量为例，其期望频数的计算过程如下：首先计算高楼层的概率，等于 78/141；其次，计算较低销售量的概率，等于 38/141；由此，可以计算出其期望频数＝141×(78/141)×(38/141)＝21.02。各期望频数如表 9－6 所示。

表 9－6

		所在楼层			合计
		低	中	高	
销售量	较低	9.97	7.01	38	21.02
	中等	7.35	5.16	28	15.49
	较高	19.68	13.83	75	41.49
合计		37	26	141	78

计算可得：

$$\chi^2=\frac{(23.0-21.02)^2}{21.02}+\frac{(9.0-9.97)^2}{9.97}+\cdots+\frac{(17.0-13.83)^2}{13.83}$$

$$=0.19+1.96+\cdots+0.72$$

$$=7.84$$

表 9－5 的自由度为 4（自由度＝$(r-1)(c-1)$）。在 5%的显著性水平上给出的卡方值为 9.49。由于 χ^2 小于表查值，我们接受零假设：这两种分类法是独立的。依据这些数据的检验结果，不能认为销售量与所在楼层有连带关系。

9.1.3　多维列联表

若所考虑的属性多于两个，也可按类似的方式制作列联表，称为多维列联表。由于属性或定性变量的取值是离散的，因此多维列联表分析属于离散多元分析的范畴。列联表分析在多个领域，特别是医学、生物学及社会科学中有重要的应用。

9.1.4　案例分析：列联表分析在 SPSS 中的应用

某企业在一次市场调查中想研究分析顾客广告回忆和性别有无关系，这时，就可以采用列联表和卡方检验（数据见表 9－7）。

表 9－7　市场调查数据

Gender	1	1	1	1	1	1	1	1	1	1	1	1	1	1	1	2	2	2	2	2	2	2	2	2	2	2	2	2	2	2
Ads Recall	2	2	2	2	2	2	2	1	1	1	1	1	1	1	1	2	2	2	2	2	2	2	1	1	1	1	1	1	1	1

Gender 1＝“male”；2＝“female”　Ads Recall 1＝“Not Recall Ads”；2＝“Recall Ads”

1. 将数据录入 SPSS 后建立交叉表的操作步骤

（1）如图 9－1 所示，点击“Analyze”（分析）→“Descriptive Statistics”（描述性统计）→“Crosstabs”（列联表），打开列联表的对话框。

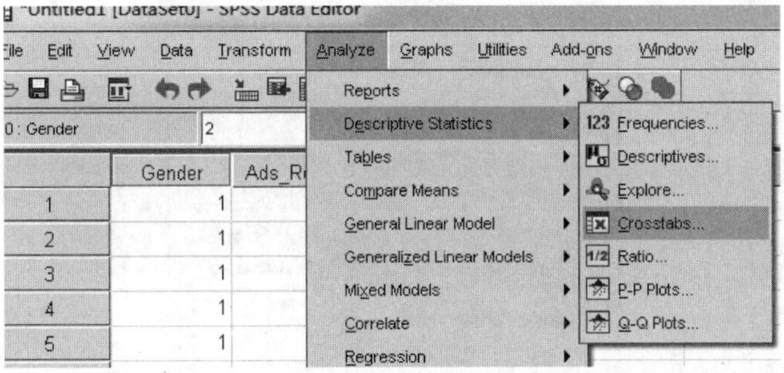

图 9－1　列联表对话框

（2）将性别和广告回忆分别填入“Row”（行）与“Column”（列）。

（3）单击“Exact”（精确），弹出如图 9－2 所示的对话框，系统默认选择“Asymptotic only”（仅渐进法）。该法适用于呈渐进分布的大样本数据。若选择 Monte Carlo，即使用蒙特卡洛估计法，置信区间的默认范围是 99%，样本抽样次数默认值是 10 000。若选择“Exact”，是在给定时间限制下计算 P 值，默认时间是 5 分钟。

选择仅渐进法后，单击“Continue”。

（4）单击“Statistics”（统计量），如图 9－3 所示，选择“Chi-square”（卡方）和“Cor-

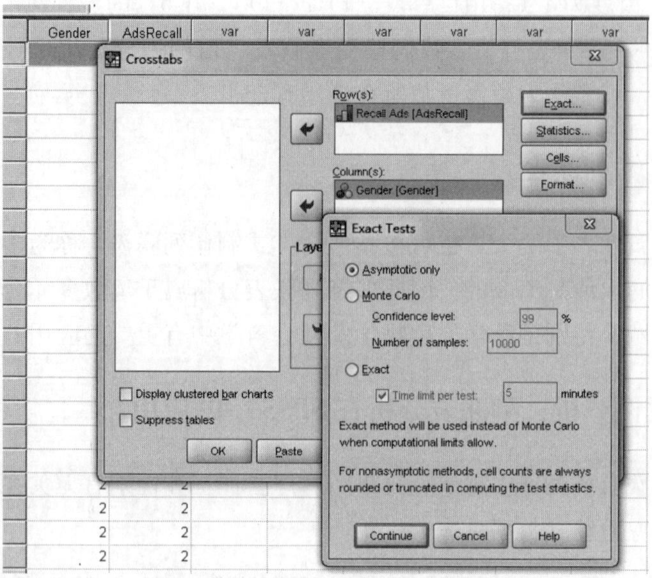

图 9-2　Crosstabs 的 Exact 对话框

relations”（相关性）两个复选框。卡方检验对行变量和列变量的独立性进行检验，有 Pearson 卡方检验、连续性校正的卡方检验、Fisher 的精确检验等方法。相关性检验包含两类相关系数：Pearson 相关系数（按区间检验）和 Spearman 相关系数（按顺序检验）。Pearson 检验要求数据必须满足两个假设：一是数据是成对的从正态分布中抽取的；二是数据在逻辑范畴内是等间距的。当这两个假设不满足时，就要采用 Spearman 相关系数检验。

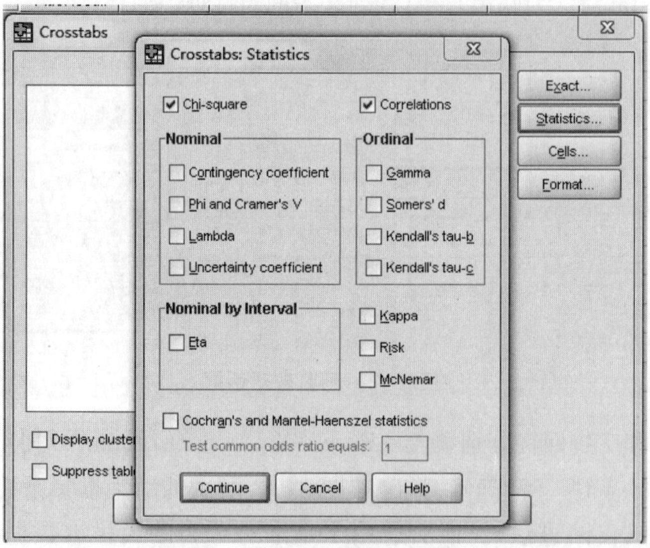

图 9-3　Crosstabs 的 Statistics 对话框

（5）单击“Cells”（单元格），如图 9-4 所示，选择“Counts”（计数）中的“Observed”（观察值）和“Percentages”（百分比）中的“Total”（总计），其他的可以选择默认，点击“Continue”。

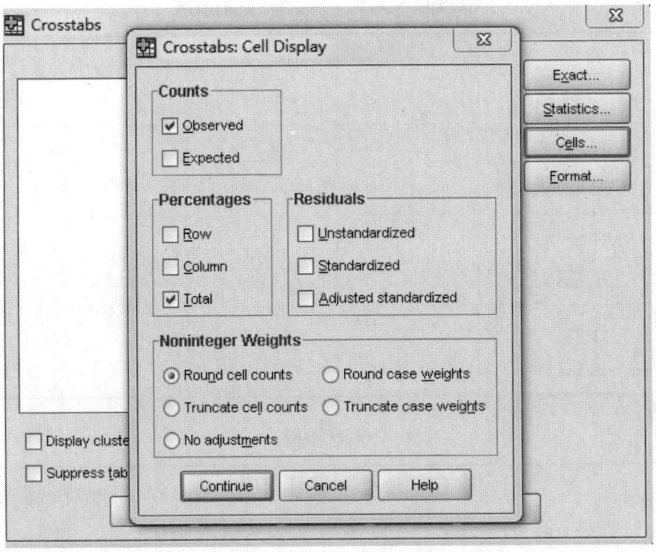

图 9-4　Crosstabs 的 Cells 对话框

（6）“Format”（格式）保持默认的升序，如图 9-5 所示，在页面下方的复选框中选择“Display clustered bar charts”（显示复式条形图）。

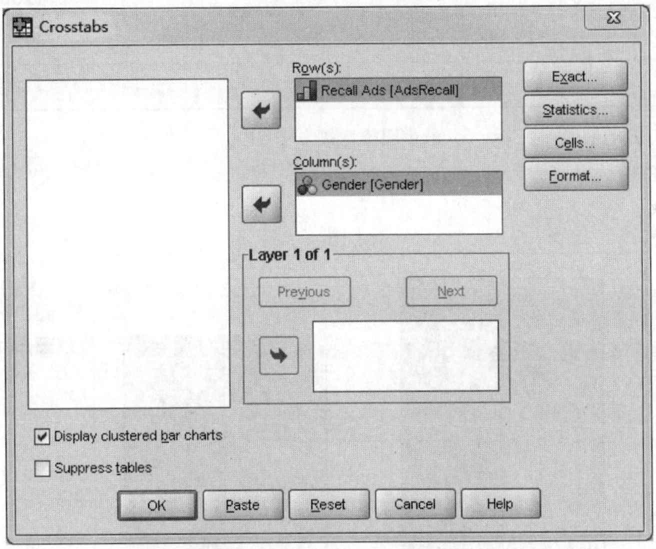

图 9-5　Crosstabs 对话框

（7）单击“OK”，生成的结果如图 9-6 所示。

案例处理摘要

	案例					
	有效的		缺失		合计	
	N	百分比	N	百分比	N	百分比
Gender * Ads _ Recall	30	100.0%	0	0%	30	100.0%

Gender * Ads _ Recall 交叉制表

			Ads _ Recall		合计
			1	2	
Gender	1	计数 总数的%	8 26.7%	7 23.3%	15 50.0%
	2	计数 总数的%	8 26.7%	7 23.3%	15 50.0%
合计	2	计数 总数的%	16 53.3%	14 46.7%	30 100.0%

卡方检验

	值	df	渐进 Sig.（双侧）	精确 Sig.（双侧）	精确 Sig.（单侧）
Pearson 卡方	0.000[a]	1	1.000		
连续性校正[b]	0.000	1	1.000		
似然比	0.000	1	1.000		
Fisher 的精确检验				1.000	0.642
线性和线性组合	0.000	1	1.000		
有效案例中的 N[b]	30				

a. 0 单元格（.0%）的期望计数少于 5。最小期望计数为 7.00。

b. 仅对 2×2 表算。

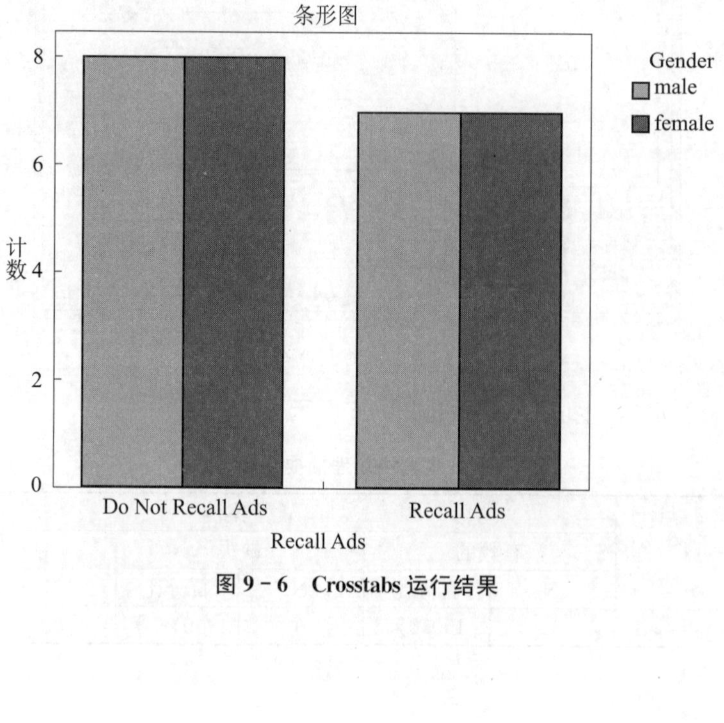

图 9－6 Crosstabs 运行结果

2. 结果分析

案例处理摘要给出了列联表案例分析中变量样本的有效值和缺失值。由交叉制表可以看出消费者中 8 名男性不能回忆起广告，7 名男性能回忆起广告，女性的情况和男性相同。由卡方检验表可以看出 Pearson 卡方、连续性校正和似然比等检验中"渐进 Sig.（双侧）"值均为 1，表明性别对回忆起广告没有显著影响，男性和女性对广告的记忆没有什么不同。由最后的条形图也可以一眼看出，案例中的女性和男性对广告的记忆情况是一样的。

9.2 *T* 检验分析

在市场调研的数据分析过程中，我们通过观测变量，很容易获得一些分组输出的描述性统计量，比如均值。我们将获得的统计量均值进行比较，即 T 检验分析。只有研究差异，才有可能获得有价值的市场细分依据，进一步进行目标营销。T 检验分析按照比较的样本个数可以分为单一样本 T 检验和多样本 T 检验。多样本 T 检验可以分为独立样本 T 检验和配对样本 T 检验。

9.2.1　单一样本 *T* 检验的分析过程

1. 单一样本 *T* 检验

单一样本 T 检验是检验单个变量的均值是否与给定的常数之间存在差异。用统计学语言描述就是已知总体均值，对样本均值和总体均值之间的差异进行显著性检验。例如某市场调研小组得知公司旗下的某产品在广告投放前的全国市场占有率为 30%。在广告投放后，该调研小组获取了该产品在全国 30 个城市的市场占有率，将 30 个城市的市场占有率均值与常数 30%进行比较，就可以了解显著性水平 $\alpha=0.01$ 时，产品的市场占有率是否在广告投放后发生了变化。

如果显著性水平为 α，样本均值为 $\bar{x}$，总体均值为 μ_0，即给定的常数，检验的零假设是 $\bar{x}=\mu_0$，计算公式为：

$$t=\frac{\bar{x}-\mu_0}{s_{\bar{x}}} \tag{9.3}$$

式中，s 是变量的标准差；$s_{\bar{x}}$ 为均值标准误，$s_{\bar{x}}=\frac{s}{\sqrt{n}}$。

比较计算出的 t 值和查表得到的 t_α，若 $t>t_\alpha$，则拒绝零假设；若 $t\leqslant t_\alpha$，则接受零假设。

2. 单一样本 *T* 检验实例

已知某地区 12 岁男孩平均身高为 142.5 厘米，某人测量了该地区某城市 120 名 12 岁男孩的身高，通过单一样本 T 检验，可以检验该市男孩身高与区域的平均身高是否有显著不同。具体数据及分析详见教辅网站*，文件名为“单一样本 T 检验数据与分析结果”。

（1）如图 9－7 所示，点击“Analyze”（分析）→“Compare Means”（比较均值）→“One-Sample T Test”（单一样本 T 检验），弹出单一样本 T 检验对话框，如图 9－8 所示。

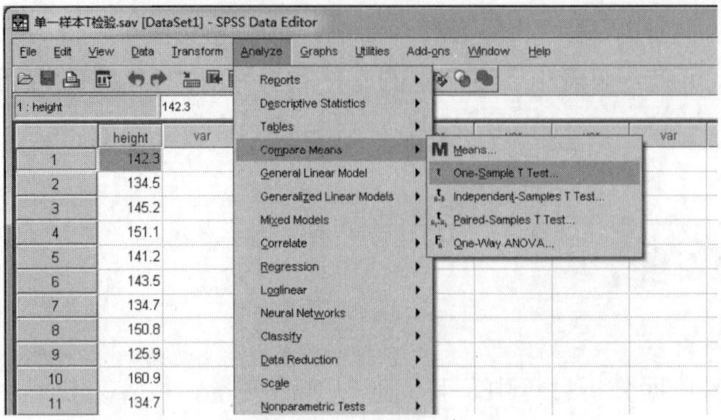

图 9－7　单一变量 T 检验

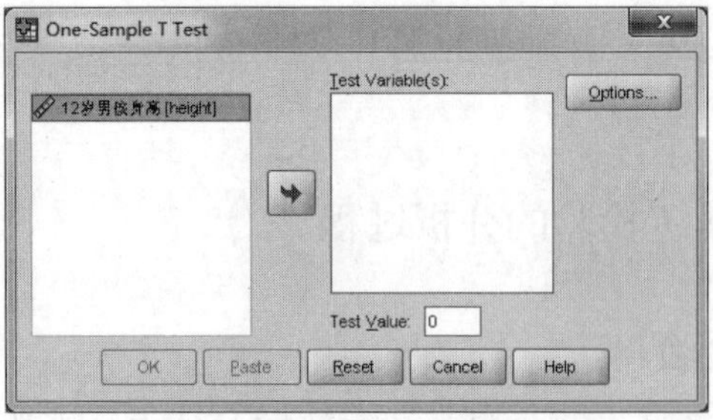

图 9－8　单一样本 T 检验对话框

（2）如图 9－9 所示，将 12 岁男孩身高移入“Test Variable（s）”（检验变量）栏，将 142.5 输入“Test Value”（检验值），单击“Option”（选项），选择系统默认。

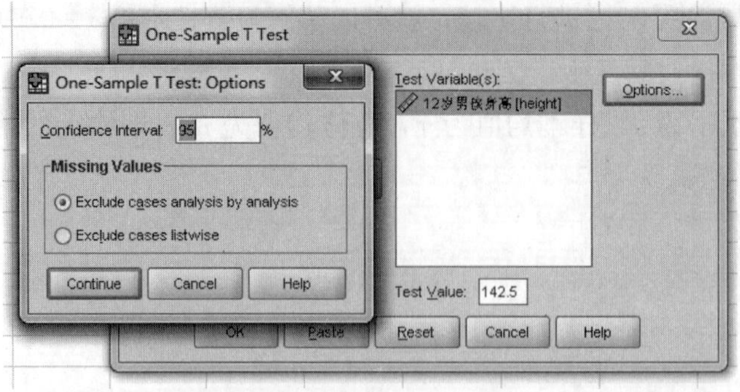

图 9－9　单一样本 T 检验选项

（3）点击“Continue”回到原来的对话框，单击“OK”，结果如表 9－8 所示。

* 可登录 www.crup.com.cn，查阅本书的相关文件。

表 9－8　单一样本 *T* 检验结果

单个样本统计量

	N	均值	标准差	均值的标准误
12 岁男孩身高	120	143.048	5.820 6	0.531 3

单个样本检验

	检验值＝142.5					
	1	df	Sig.（双侧）	均值差值	差分的 95%置信区间	
					下限	上限
12 岁男孩身高	1.032	119	0.304	0.548 3	－0.504	1.600

由表 9－8 可以看出该城市 12 岁男孩平均身高为 143.048 厘米，高于该地区的平均身高。案例中 t 值为 1.032，自由度为 119，查表可知，当置信度为 95%时，$t_{\alpha/2}>$ 1.032。而且显著性水平 Sig.（双侧）为 0.304，大于 0.05，所以接受零假设，即该城市 12 岁男孩身高与该地区 12 岁男孩的平均身高并无显著差异。

9.2.2　独立样本 *T* 检验的分析过程

1. 独立样本 *T* 检验

独立样本 *T* 检验是检验两个彼此独立的样本是否来自具有相同均值的总体，也就是在某个显著水平下比较两个样本获得的均值是否存在差异。比如某家餐厅的市场调研部门对男性和女性顾客的用餐满意度进行了调查，通过将顾客按照性别分组，可以求得不同性别的顾客满意度均值，通过独立样本 *T* 检验，就可以研究男性和女性顾客对餐厅满意度是否存在差异。

2. 独立样本 *T* 检验实例

以某银行调查员工工资的数据为例，我们可以对男性、女性员工工资是否存在差异进行独立样本 *T* 检验。具体数据及分析详见教辅网站，文件名为“独立样本 *T* 检验数据与分析结果”。

（1）如图 9－10 所示，单击“Analyze”（分析）→“Compare Means”（比较均值）→“Independent-Samples T Test”（独立样本 *T* 检验），弹出独立样本 *T* 检验对话框。

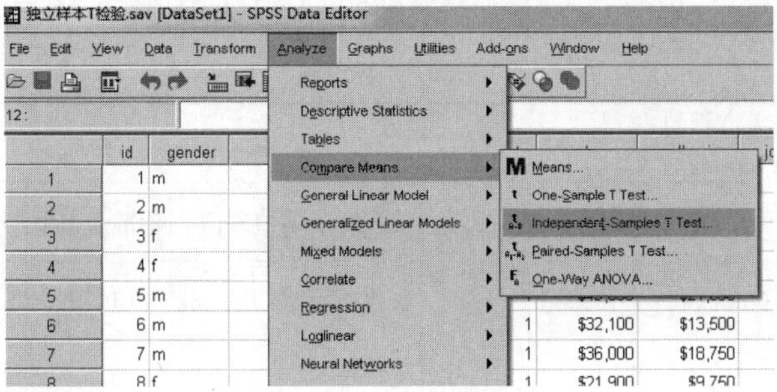

图 9－10　独立样本 *T* 检验

（2）如图 9－11 所示，将当前工资移入“Test Variable(s)”（检验变量），性别移入“Grouping Variable”（分组变量），点击“Define Groups”（定义分组），在弹出的对话框中分别填入“f”和“m”代表女性和男性，然后点击“Continue”。

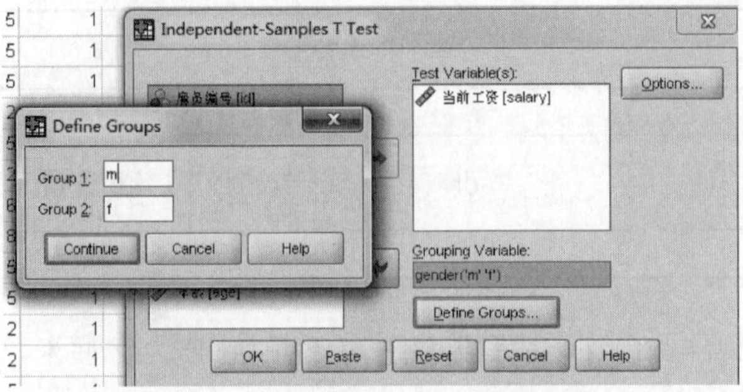

图 9－11 独立样本 *T* 检验对话框

（3）如图 9－12 所示，点击对话框右侧的“Option”（选项），弹出独立样本 *T* 检验的选项对话框，选择默认，点击“Continue”。

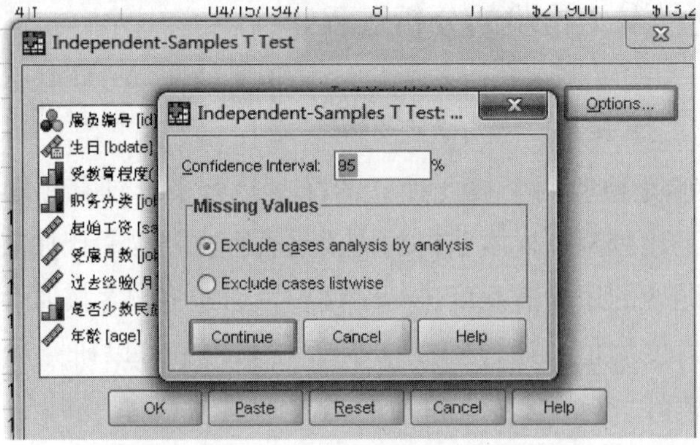

图 9－12 独立样本 *T* 检验选项对话框

（4）点击“OK”，得到结果，如表 9－9 所示。

表 9－9 独立样本 *T* 检验结果

组统计量

	性别	N	均值	标准差	均值的标准误
当前工资	m	258	$41441.78	$19499.214	$1213.968
	f	216	$26031.92	$7558.021	$514.258

独立样本检验

		方差方程的 Levene 检验		均值方程的 T 检验						
		F	Sig.	t	df	Sig.（双侧）	均值差值	标准误差值	差分的 95%置信区间 下限	差分的 95%置信区间 上限
当前工资	假设方差相等	119.669	0.000	10.945	472	0.000	$15409.862	$1407.906	$12643.322	$18176.401
	假设方差不相等			11.688	344.262	0.000	$15409.862	$1318.400	$12816.728	$18002.996

如表 9－9 所示，调查数据中有男性 258 名，女性 216 名，均值分别为 41 441.78 和 26 031.92。下方表格左边的方差方程的 Levene 检验旨在检验两样本是否方差相等，检验的统计量 F 值的显著性水平 Sig. 值为 0.000，结论是两样本方差差异显著。所以后面的均值方程 T 检验应选择方差不相等的 t 值 1.688，双尾 T 检验的显著性概率为 0.000，远小于默认的 0.05，因此可以得出结论：男性、女性员工的工资存在显著差异，女性员工工资低于男性。

9.2.3　配对样本 *T* 检验的分析过程

1. 配对样本 *T* 检验

配对样本 T 检验就是检验两个有联系的正态总体的均值是否有显著差异。例如在市场调查中，餐厅的食物味道评分比食物温度评分明显要高，而食物的温度会影响到食物的味道，所以可以采用配对样本 T 检验研究二者是否在统计学上有显著差异。又比如，对同一组糖尿病病人，先后测量其服药前和服药后的血糖，从而研究该药物对血糖控制的疗效。再比如，测量若干人身体不同部位的体温，比较两个部位的体温是否有显著差异。

2. 配对样本 *T* 检验实例

继续以某银行调查员工工资的数据为例，我们可以对员工当前工资与起始工资是否存在差异进行独立样本 T 检验。具体数据及分析详见教辅网站，文件名为“配对样本 T 检验数据与分析结果”。

（1）如图 9－13 所示，点击“Analyze”（分析）→“Compare Means”（比较均值）→“Paired-Samples T Test”（配对样本 T 检验），弹出配对样本 T 检验对话框。

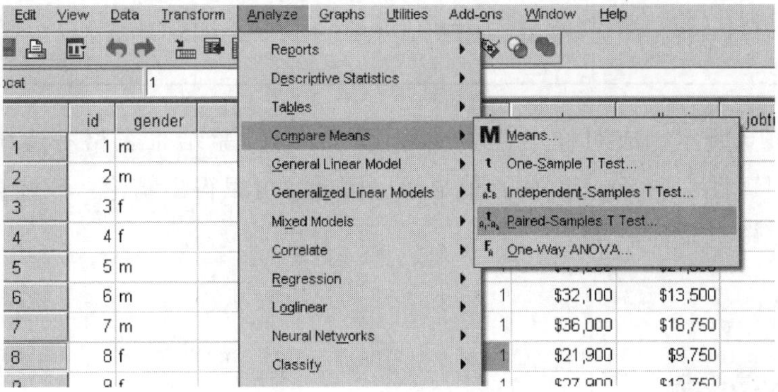

图 9－13　配对样本 *T* 检验

（2）如图 9－14 所示，将起始工资移入“Paired Variables”（配对变量）中的“Variable 1”（变量 1），当前工资移入配对变量中的“Variable 2”（变量 2），单击“Options”（选项）按钮，选择系统默认，点击“Continue”。

（3）点击“OK”，生成结果如表 9－10 所示。

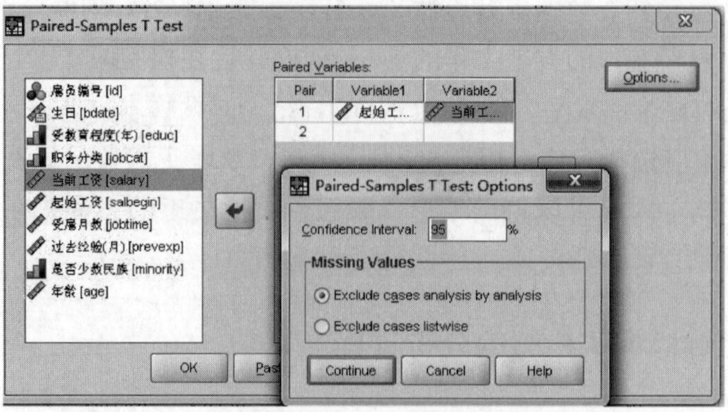

图 9-14　配对样本 *T* 检验对话框以及选项对话框

表 9-10　配对样本 *T* 检验结果

成对样本统计量

		均值	N	标准差	均值的标准误
对 1	起始工资	$17 016.09	474	$7 870.638	$361.510
	当前工资	$34 419.57	474	$17 075.661	$784.311

成对样本相关系数

	N	相关系数	Sig.
对 1　起始工资 & 当前工资	474	0.880	0.000

成对样本检验

	成对差分					t	df	Sig.（双侧）
	均值	标准差	均值的标准误	差分的 95%置信区间				
				下限	上限			
对 1　起始工资－当前工资	$－17 403.481	$10 814.620	$496.732	$－18 379.555	$－16 427.407	－35.036	473	0.000

如表 9-10 所示，成对样本检验或称配对样本检验结果表格右边统计量 t 值为－35.036，显著性水平 Sig.（双侧）值显著。因此，可以得出结论：该调查数据中起始工资和当前工资有显著差异。

9.3　方差分析

方差分析（analysis of variance，ANOVA），又称变异数分析或 F 检验，是由费希尔（R. A. Fisher）发明的，用于两个及两个以上样本均值差异的显著性检验。由于各种不同因素的影响，研究所得的数据一般呈现波动状。造成波动的原因可分成两类：不可控的随机因素，可控的研究中施加的会对结果造成影响的因素。方差分析是研究对观测变量有显著影响的控制变量是哪些，一般从观测变量的方差入手。通过数据分析找出对研究对象有显著影响的因素、各影响因素之间的交互作用，以及显著影响因素的最佳水平，这是方差分析的目的。方差分析采用离差平方和对变差进行度量，在可比较的数组中，把总的变差按各指定的变差来源进行分解。方差分析就是把可追溯到指定来源的部分离差平方和从总离差平方和分解出来，这是一个很重要的思想。

9.3.1　单因素方差分析

1. 单因素方差分析的概念

（1）单因素方差分析概念的理解步骤。市场调研的研究者通常需要考察因变量在单一自变量或因子的各种状态下均值的差异。由于仅研究单个因素对观测变量的影响，因此称为单因素方差分析，也称为一维方差分析。例如，分析各个细分市场的产品消费量是否有差异，企业不同价格的广告投入是否给销售量带来显著影响，消费者购买某品牌的目的如何随价格水平变化，顾客对商店的熟悉程度对其偏好有什么影响。通过单因素方差分析，我们可以解决这些问题。

第一步是明确什么是观测变量和控制变量。例如，上述问题中的观测变量分别是销售量、购买目的、顾客对商店的偏好；控制变量分别为广告投入、价格水平、顾客对商店的熟悉程度。

第二步是对观测变量的方差进行剖析。方差分析认为，观测变量值的变动不仅受控制变量的影响，也受随机变量的影响。据此，在单因素方差分析中，观测变量总离差平方和（SST）可以分解为两部分：组间离差平方和（SSA）以及组内离差平方和（SSE），用数学形式表述为：

$$SST=SSA+SSE$$

第三步是分析控制变量是否给观测变量带来了显著影响，分析的方法是比较观测变量总离差平方和各部分所占的比例。

（2）单因素方差分析的原理。观测变量总离差平方和有可能出现以下两种情况：

1）组间离差平方和所占比例较大。说明观测变量的变动主要是由控制变量引起的，可以主要由控制变量来解释，控制变量给观测变量带来了显著影响。

2）组间离差平方和所占比例较小。说明观测变量的变动不是主要由控制变量引起的，不可以主要由控制变量来解释，即控制变量的不同水平没有给观测变量带来显著影响，观测变量值的变动是由随机变量因素引起的。

2. 单因素方差分析的基本步骤

（1）提出原假设：H_0——无差异；H_1——有显著差异。

（2）选择检验统计量：方差分析采用的检验统计量是 F 统计量，即 F 值检验。

（3）计算检验统计量的观测值和概率 P 值。

（4）给定显著性水平，并作出决策。

3. 单因素方差分析的进一步分析

在完成上述单因素方差分析的基本分析后，可得到关于控制变量是否对观测变量造成显著影响的结论，接下来还应做其他重要分析，主要包括方差齐性检验、多重比较检验。

（1）方差齐性检验。检验在控制变量不同水平下各观测变量总体方差是否相等。

必须做这一检验是由于方差分析有前提要求，即控制变量不同水平下各观测变量总体方差无显著差异。只有满足这个前提要求，才能认为各总体分布相同。因此，有必要对方差齐性进行检验。

（2）多重比较检验。单因素方差分析的基本分析只能判断控制变量是否对观测变量产生了显著影响。在分析出控制变量确实对观测变量产生了显著影响的情况下，调研人员往往还需进一步确定控制变量的不同水平对观测变量的影响程度如何，诸如哪种水平的作用明显区别于其他水平，哪种水平的作用是不显著的，等等。

例如，如果确定了不同广告投入对销售量有显著影响，那么还需要了解 10 万元、20 万元、30 万元广告投入对销售量的影响程度是否有差异，其中哪种投入水平对提高销售量的作用不明显，哪种投入水平最有利于提高销售量等。掌握了这些重要的信息就能够帮助公司决策层制定合理的广告投入方案，实现低投入高产出。

多重比较检验利用了全部观测变量值，实现对各个水平下观测变量总体均值的逐对比较。由于多重比较检验问题也是假设检验问题，因此也遵循假设检验的基本步骤。

4. 单因素方差分析实例

某市场调研机构对某乳产品企业的四种促销方式对其牛奶销售量的影响进行了测量，数据为各大销售点 20 天的每日总销售量。现用 SPSS 中的单因素方差分析研究四种促销方式对牛奶销售水平的影响是否相同。具体数据及分析详见教辅网站，文件名为“单因素方差分析数据与分析结果”。

（1）如图 9－15 所示，点击“Analyze”（分析）→“Compare Means”（比较均值）→“One-Way ANOVA”（单因素方差分析），弹出单因素方差分析对话框。

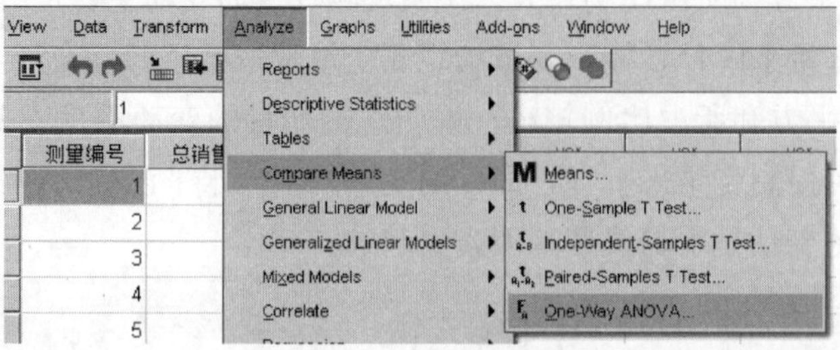

图 9－15　单因素方差分析

（2）如图 9－16 所示，将总销售量移入“Dependent List”（因变量列表）中，促销方式移入“Factor”（因子），单击“Contrasts”（对比）按钮，在弹出的对话框中选择

“Polynomial”（多项式），在“Degree”（维度）中选择默认的“Linear”（线性），然后点击“Continue”。

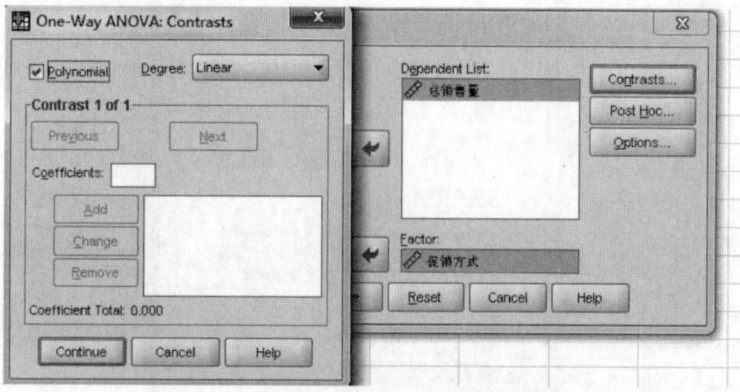

图 9－16　单因素方差分析对话框以及对比对话框

（3）如图 9－17 所示，点击“Post Hoc”（两两比较），在弹出的对话框中选择假设方差齐性下面的 Bonferroni 检验方法，点击“Continue”。

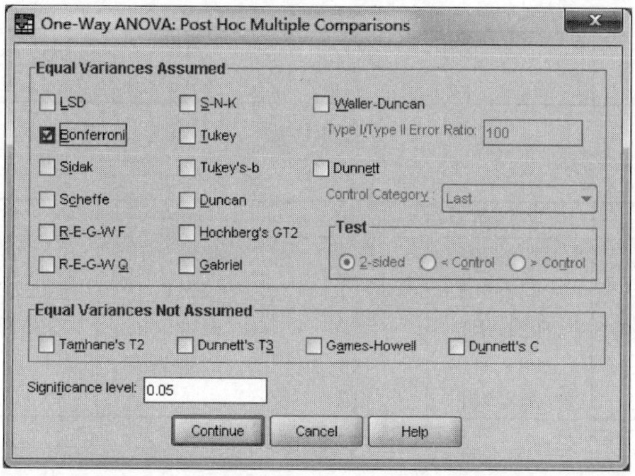

图 9－17　单因素方差分析的两两比较对话框

（4）如图 9－18 所示，点击“Option”（选项）按钮，在弹出的选项对话框中选择统计值下方的“Homogeneity of variance test”（方差同质性检验）和“Means polt”（均值图），缺失值保持系统默认，按分析顺序排除系统个案，然后点击“Continue”。

（5）单击“OK”，得到数据分析结果。

延伸阅读 9－1
LSD 和 Bonferroni 检验方法比较

如表 9－11 所示，首先由方差齐性检验可以看到显著性 Sig. 值为 0.504，接受原假设，样本数据之间方差无显著差异。然后可以看到单因素方差分析的结果组间平方和是 1 379.722，组内平方和为 1 938.760，组间平方和的检验统计量 F 值为 3.795，显著性 Sig. 值为 0.031，小于 0.05，说明不同的促销方式产生的销售水平确实存在显著差异。在接下来的多重比较的表格中可以看到不同促销方式销售水平均值的差，很明显，第三种和第一种均值差显著，但是其他几种促销方式之间并无显著不同。

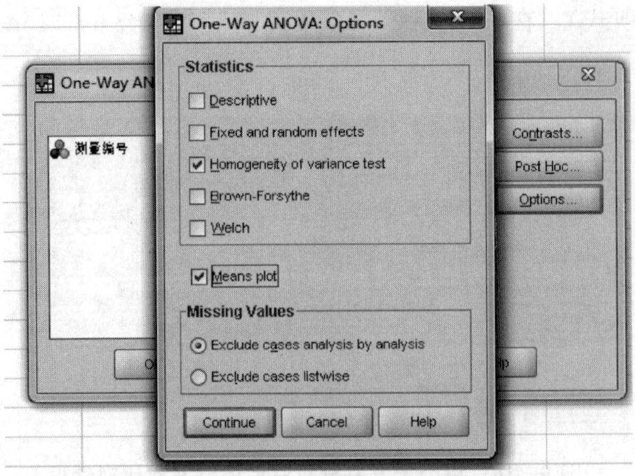

图 9-18　单因素方差分析的选项对话框

表 9-11　单因素方差分析的结果

方差齐性检验

总销售量

Levene 统计量	df1	df2	显著性
0.816	3	16	0.504

ANOVA

总销售量

			平方和	df	均方	F	显著性
组间	（组合）		1 379.722	3	459.907	3.795	0.031
	线性项	对比	557.904	1	557.904	4.604	0.048
		偏差	821.818	2	410.909	3.391	0.059
组内			1 938.760	16	121.172		
总数			3 318.482	19			

多重比较

总销售量

Bonferroni

(I) 促销方式	(J) 促销方式	均值差 (I—J)	标准误	显著性	95%置信区间	
					下限	上限
1	2	7.380	6.962	1.000	13.56	28.32
	3	23.000*	6.962	0.027	2.06	43.94
	4	10.540	6.962	0.897	−10.40	31.48
2	1	−7.380	6.962	1.000	−28.32	13.56
	3	15.620	6.962	0.236	−5.32	36.56
	4	3.160	6.962	1.000	−17.78	24.10
3	1	−23.000*	6.962	0.027	−43.94	−2.06
	2	−15.620	6.962	0.236	−36.56	5.32
	4	−12.460	6.962	0.555	−33.40	8.48
4	1	−10.540	6.962	0.897	−31.48	10.40
	2	−3.160	6.962	1.000	−24.10	17.78
	3	12.460	6.962	0.555	−8.48	33.40

* 均值差的显著性水平为 0.05。

最后，我们可以从图 9－19 所示的四种促销方式销售水平均值图一眼看出，第三种促销方式和第一种差别最大，其销售水平是最低的。在四种促销方式中，第一种促销方式产生的销售水平是最高的。

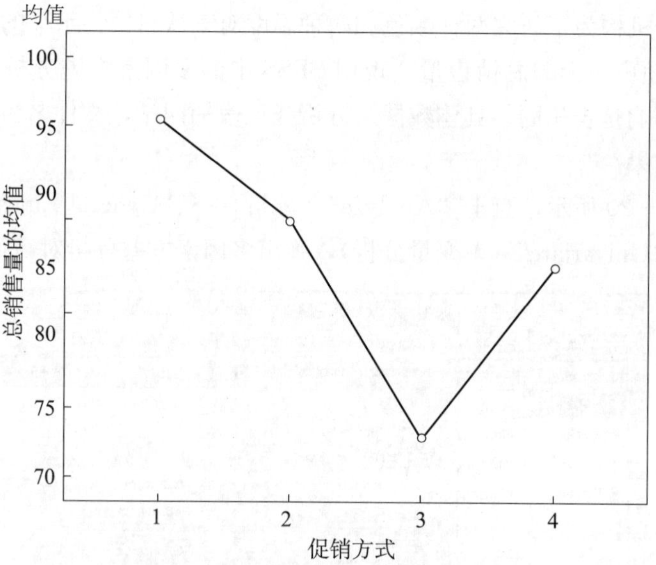

图 9－19　四种促销方式销售水平均值图

9.3.2　多因素方差分析

1. 多因素方差分析的基本思想

多因素方差分析用来研究两个及两个以上控制变量是否对观测变量产生显著影响。由于是研究多个因素对观测变量的影响，因此称为多因素方差分析。多因素方差分析不仅能够分析多个因素对观测变量的独立影响，更能够分析多个控制因素的交互作用能否对观测变量的分布产生显著影响，进而最终找到利于观测变量的最优组合。

例如，分析不同地区、不同广告投入对销售量的影响时，可将销售量作为观测变量，地区和广告投入作为控制变量。利用多因素方差分析方法，可研究不同地区、不同广告投入是如何影响销售量的，进一步研究哪个地区与哪种水平的广告投入是提高销售量的最优组合。

2. 多因素方差分析的均值检验功能

利用多因素方差分析还能够对各控制变量不同水平下观测变量的均值是否存在显著差异进行比较，实现的方式有两种，即多重比较检验和对比检验。多重比较检验与单因素方差分析类似。对比检验采用的是单样本 T 检验的方法，它将控制变量不同水平下的观测变量值看作来自不同总体的样本，并依次检验这些总体的均值是否与某个指定的检验值存在显著差异。其中，检验值可以指定为以下几种：

- 观测变量的均值（deviation）；
- 第一水平或最后一个水平上观测变量的均值（simple）；

- 前一水平上观测变量的均值（difference）；
- 后一水平上观测变量的均值（helmert）。

3. 多因素方差分析实例

某市场调研机构为了研究两种颜色和两种温度对某饮料销售水平的影响，获得了四种饮料在 20 家超市一天的总销售量。现用 SPSS 中的多因素方差分析检验颜色和温度对总销售量的影响是否相同。具体数据及分析详见教辅网站，文件名为"多因素方差分析数据与分析结果"。

（1）如图 9-20 所示，点击"Analyze"（分析）→"General Linear Model"（一般线性模型）→"Univariate"（单变量分析），弹出多因素方差分析对话框。

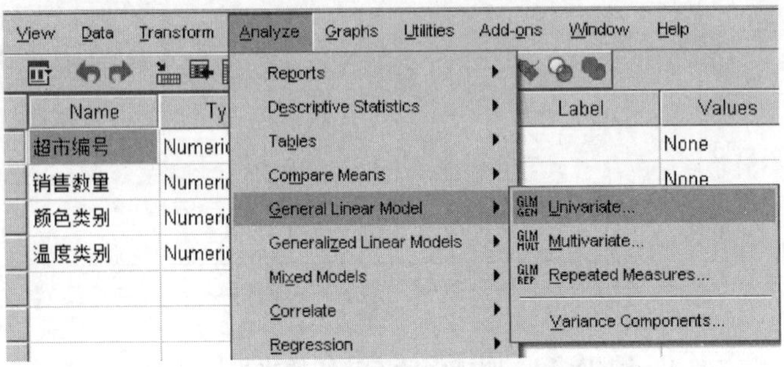

图 9-20　多因素方差分析

（2）如图 9-21 所示，将销售数量移入"Dependent Variable"（因变量）中，颜色类别和温度类别移入"Fixed Factor(s)"（固定因子）。

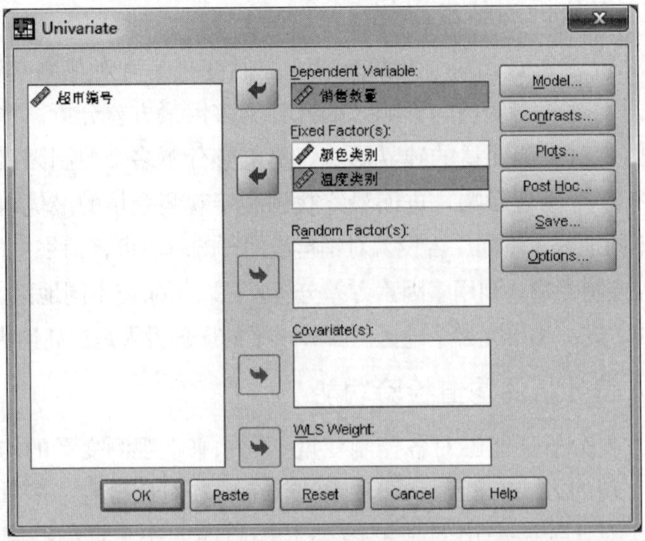

图 9-21　多因素方差分析对话框以及对比对话框

（3）如图 9-22 所示，点击"Option"（选项）按钮，在弹出的对话框"Display"（输出）中选择"Descriptive statistics"（描述性统计）、"Homogeneity tests"（方差齐性检验）和"Spread vs. level plot"（水平分布图），点击"Continue"。

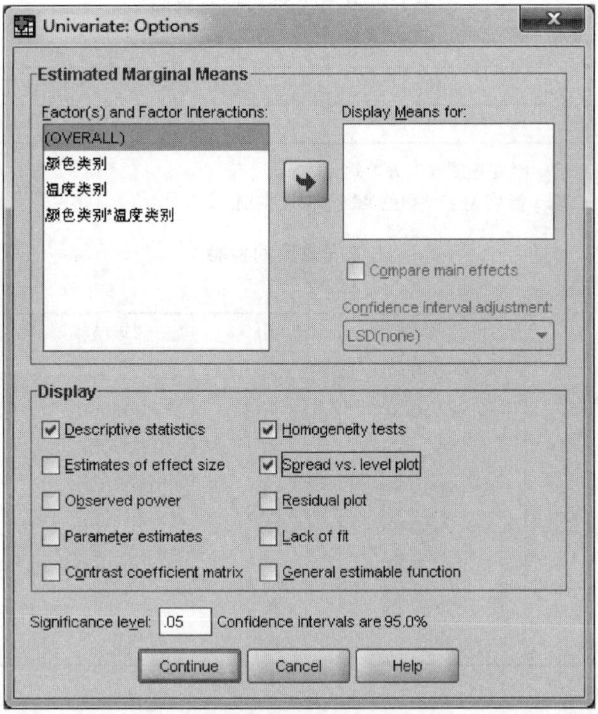

图 9－22　多因素方差分析的选项对话框

（4）最后，单击“OK”，得到如表 9－12 和图 9－23 所示的结果。

表 9－12　多因素方差分析结果（1）

主体间因子

		N
颜色类别	1	10
	2	10
温度类别	1	10
	2	10

描述性统计量

因变量：销售数量

颜…	温…	均值	标准差	N
1	1	24.00	19.494	5
	2	44.00	19.494	5
	总计	34.00	21.187	10
2	1	28.00	14.832	5
	2	52.00	14.832	5
	总计	40.00	18.856	10
总计	1	26.00	16.465	10
	2	48.00	16.865	10
	总计	37.00	19.762	20

误差方差等同性的 Levene 检验[a]

因变量：销售数量

F	df1	df2	Sig.
1.219	3	16	0.335

检验零假设，即在所有组中因变量的误差方差均相等。

a. 设计：截距＋颜色类别＋温度类别＋颜色类别＊温度类别

主体间效应的检验

因变量：销售数量

源	Ⅲ型平方和	df	均方	F	Sig.
校正模型	2 620.000[a]	3	873.333	2.911	0.067
截距	27 380.000	1	27 380.000	91.267	0.000
颜色类别	180.000	1	180.000	0.600	0.450
温度类别	2 420.000	1	2 420.000	8.067	0.012
颜色类别＊温度类别	20.000	1	20.000	0.067	0.800
误差	4 800.000	16	300.000		
总计	34 800.000	20			
校正的总计	7 420.000	19			

a. $R^2=0.353$（调整的 $R^2=0.232$）

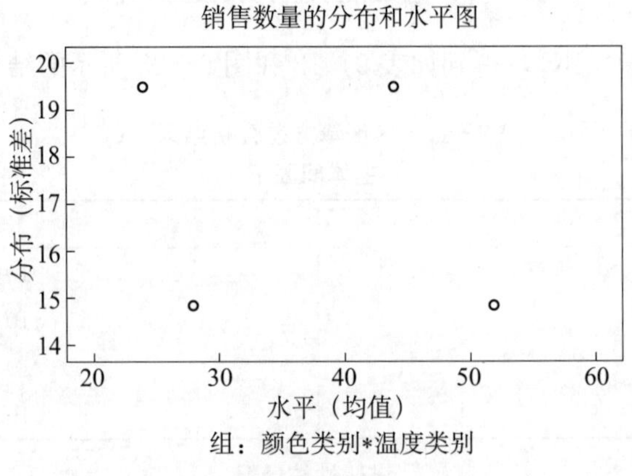

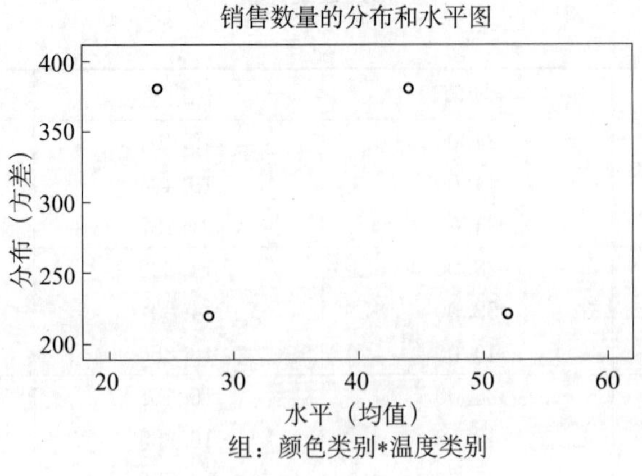

图 9－23　多因素方差分析结果（2）

在描述性统计的表格中，可以看到四种饮料总的销售量均值。从接下来的方差齐性检验表可以看到，显著性水平 Sig. 值大于 0.05，接受零假设，方差没有显著不同。最后的两张点图中，由第一张标准差的图也可以看出各个水平均值下的标准差没有递增或递减趋势，这进一步说明方差齐性检验的结果是正确的。查看多因素方差分析的结果，在校正模型一栏的右侧，Sig. 值为 0.067，大于 0.05。表格下方的判决系数 R^2 为 0.353，说明案例中饮料的颜色和温度对其销售水平的影响不大，口味、甜度、价格等因素对销售水平的影响可能更大。

9.4 因子分析

因子分析（factor analysis）是一种运用降维思想的数据简化技术，在研究的事物特征很多的情况下，可以通过分析变量间的相关系数矩阵，寻找一些不能直接观测但是对变量变化起支配作用的潜在变量。我们将这些潜在的变量称为因子。找到这些因子之后，了解每个因子的意义，从而进一步对实际问题进行分析。

9.4.1 因子分析的概念

1. 因子分析的含义

在市场调研过程中，变量之间往往会有一定的相关性，所以存在着能控制所有变量的少数几个随机变量。这几个变量是起支配作用的变量，能够描述多个变量之间的相关关系。由此可以看出，因子分析的作用是简化研究问题，抓住主要矛盾，将事物的共同性萃取出来，提高分析效率。

2. 因子分析的模型

设有 m 个原始变量：x_1，x_2，x_3，…，x_m，m 个潜在因子：z_1，z_2，z_3，…，z_m，它们的关系可以表示为：

$$\begin{cases} x_1=a_{11}z_1+a_{12}z_2+a_{13}z_3+\cdots+a_{1m}z_m+e_1 \\ x_2=a_{21}z_1+a_{22}z_2+a_{23}z_3+\cdots+a_{2m}z_m+e_2 \\ x_3=a_{31}z_1+a_{32}z_2+a_{33}z_3+\cdots+a_{3m}z_m+e_3 \\ \vdots \\ x_m=a_{m1}z_1+a_{m2}z_2+a_{m3}z_3+\cdots+a_{mm}z_m+e_m \end{cases} \tag{9.4}$$

潜在因子是每个原始变量均包含的因子，称为公共因子；等式最右边的 m 个 e_i 是相互独立且和潜在因子不相关，只对第 i 个原始变量起作用的个性因子，也叫特殊因子。因子分析就是要找出影响原始变量的共性因子。

通过对上面的式子的变量进行均值为 0、标准差为 1 的标准化处理，可以得到下式：

$$\begin{cases} x_1'=a_{11}p_1+a_{12}p_2+a_{13}p_3+\cdots+a_{1m}p_k+e_1 \\ x_2'=a_{21}p_1+a_{22}p_2+a_{23}p_3+\cdots+a_{2m}p_k+e_2 \\ x_3'=a_{31}p_1+a_{32}p_2+a_{33}p_3+\cdots+a_{3m}p_k+e_3 \\ \vdots \\ x_m'=a_{m1}p_1+a_{m2}p_2+a_{m3}p_3+\cdots+a_{mm}p_k+e_m \end{cases} \tag{9.5}$$

式中，p_i 为第 i 个公共因子；a_{ij} 表示变量 x 在公共因子 p_i 上的载荷，即第 i 个变量与第 j 个因子的相关系数，表示变量对因子的依赖程度。将上式用矩阵表示为：

$$\begin{bmatrix} x_1' \\ x_2' \\ x_3' \\ \vdots \\ x_m' \end{bmatrix}=(a_{ij})_{m\times k}\begin{bmatrix} p_1 \\ p_2 \\ p_3 \\ \vdots \\ p_k \end{bmatrix}+\begin{bmatrix} e_1 \\ e_2 \\ e_3 \\ \vdots \\ e_m \end{bmatrix} \tag{9.6}$$

简记为：

$$X'_{m\times 1}=A_{m\times k}\cdot P_{k\times 1}+E_{m\times 1} \tag{9.7}$$

式中，$A_{m\times k}$ 为载荷矩阵；$P_{k\times 1}$ 为公共因子列矩阵。因子分析的目的就是用 P_k 来代替 X'_m，一般 $k<m$，从而起到简化的作用。

9.4.2 因子分析的基本步骤

1. 对数据进行标准化处理

标准化处理将数据的单位消除，从而得到无量纲数据，这样才能进行准确的因子分析。

2. 计算载荷矩阵

求解初始公共因子以及因子载荷矩阵，提取公共因子，确定公共因子的个数和求因子的方法。

3. 因子旋转

找出公共因子对变量进行分组之后，还要通过因子旋转研究每个公共因子的意义，以便对实际问题进行科学分析。线性代数可以证明模型的载荷矩阵 $A_{m\times k}$ 并不唯一，只要对初始的公共因子进行旋转，即坐标变换的旋转（正交旋转或者斜交旋转），就可以得到一组新的公共因子，变量对因子的依赖程度就会变得更大或者更小，方便对潜在因子作出专业解释，对公共因子的解释也变得容易。

9.4.3 因子分析实例

某调研公司收集了当年中国A股市场14家商业银行的8项财务指标和股价数据（如图9-24所示），希望利用因子分析寻找影响商业银行业绩的主要因素。为便于学习，具体数据及分析详见教辅网站，文件名为“因子分析数据与分析结果”。

证券名称	每股收益	每股净资产	每股营业收入	净资产收益率	资产负债率	股价	每股收益增长率	利润增长率
浦发	1.62	7.70	4.17	24.11	95.80	20.60	-26.68	13.02
华夏	0.75	6.06	3.43	13.04	96.42	11.52	7.09	20.49
民生	0.63	3.95	1.89	17.06	93.77	7.29	50.00	49.28
招商	0.95	4.85	2.69	21.17	95.51	15.28	-33.57	-16.35
南京	0.84	6.55	1.98	13.23	91.86	16.12	6.33	7.51
兴业	2.66	11.92	6.34	24.46	95.53	32.26	16.67	22.74
北京	0.90	6.03	1.91	15.79	92.96	15.44	3.45	3.13
交通	0.61	3.34	1.65	19.46	95.03	7.99	5.17	6.76
工商	0.39	2.02	0.93	20.14	94.24	4.83	18.18	15.10
建设	0.46	2.38	1.14	20.90	94.19	5.57	15.00	15.85
中国	0.32	2.03	0.91	16.44	93.77	4.10	28.00	28.81
中信	0.37	2.63	1.05	14.45	93.97	6.92	8.82	8.97
深发	1.62	6.59	4.87	27.29	96.52	21.20	710.00	681.03
宁波	0.58	3.90	1.67	15.72	94.04	14.62	9.43	14.89

图 9-24　14 家银行的 8 项业绩指标

1. 具体操作

打开 SPSS，导入各家银行的业绩指标等数据，进行如下操作。

（1）如图 9-25 所示，点击“Analyze”（分析）→“Data Reduction”（降维）→“Factor”（因子分析）。

图 9-25　因子分析操作

（2）在主对话框中将 8 个指标移入“Variables”（变量），如图 9-26 所示。

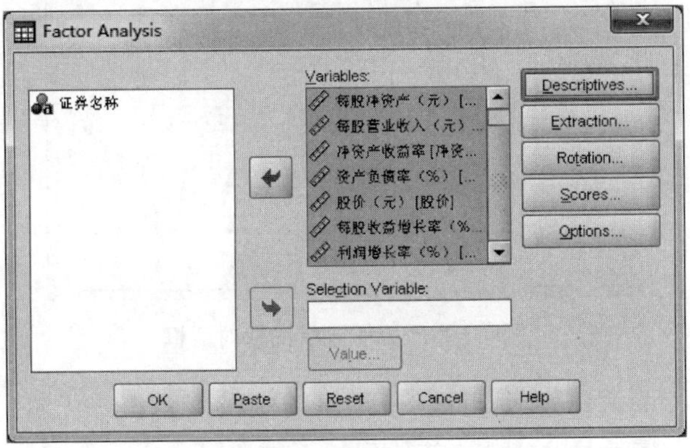

图 9-26　因子分析主对话框

（3）如图9-27所示，点击因子分析主对话框右侧的“Descriptives”（描述），在上方的“Statistics”（统计指标）中选择“Initial solution”（原始分析结果），在下方的“Correlation Matrix”（相关矩阵）中选择“KMO and Bartlett's test of sphericity”（KMO和Bartlett的球形度检验），点击“Continue”。

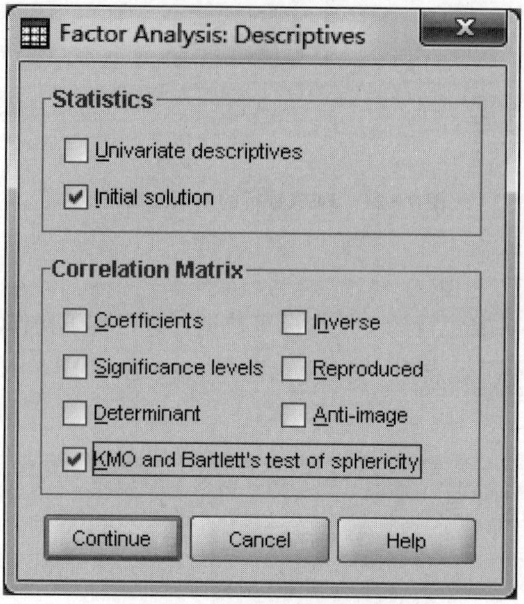

图9-27　因子分析描述对话框

（4）回到主对话框后，点击“Extraction”（抽取）按钮，如图9-28所示。所用方法默认为主成分分析方法，在“Display”（输出）的下方选择“Unrotated factor solution”（未旋转的因子解）和“Scree plot”（碎石图），其他保持系统默认，点击“Continue”回到主菜单。

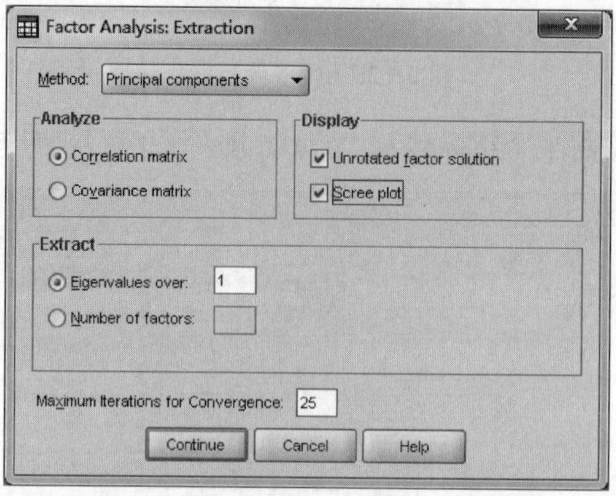

图9-28　因子分析抽取对话框

（5）再单击“Rotation”（旋转），在弹出的旋转对话框中，在“Method”（方法）下选择“Varimax”（最大方差法），其他保持系统默认，单击“Continue”回到主对话框，如图 9-29 所示。

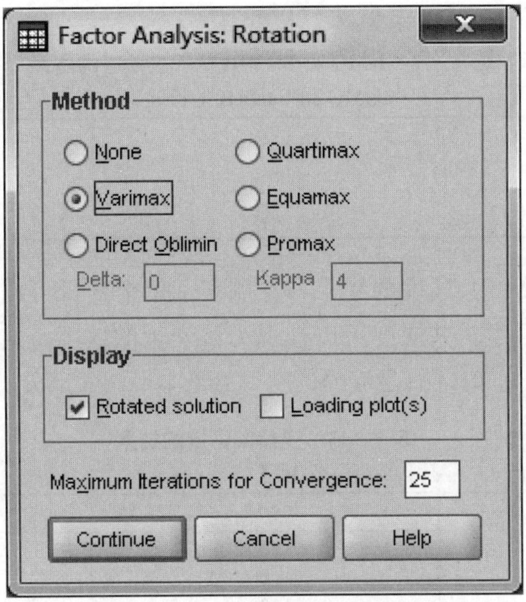

图 9-29　因子分析旋转对话框

(6) 再单击"Factor Scores"(得分)，在弹出的对话框中选择"Save as variables"(保存为变量) 和"Display factor score coefficient matrix"(显示因子得分系数矩阵)。最后单击"Continue"，回到主对话框，点击"OK"，输出因子分析的结果，如图 9-30 所示。

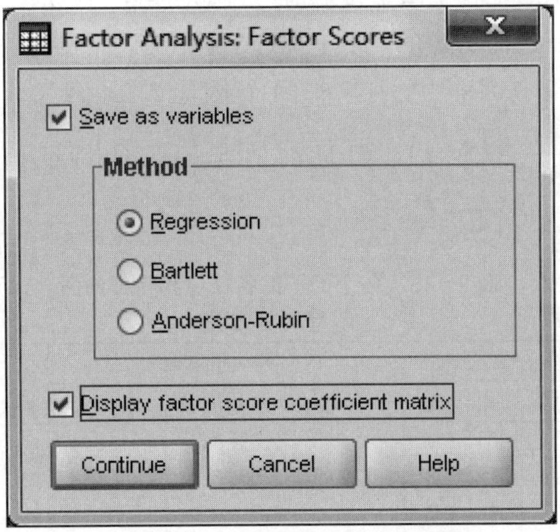

图 9-30　因子分析得分对话框

2. 结果分析

(1) 表 9-13 是 KMO 和 Bartlett 球形度检验的结果，KMO 越接近 1，变量越适合做因子分析，本例中 KMO 为 0.602，说明很适合做因子分析。同时 Bartlett 球形度检验显著性水平为 0.000，十分显著，说明可以拒绝原假设，承认变量之间存在相关关系，可以进行因子分析。

表 9-13 KMO 和 Bartlett 球形度检验的结果

KMO 和 Bartlett 的检验

取样足够度的 Kaiser-Meyer-Olkin 度量。		0.602
Bartlett 球形度检验	近似卡方	192.126
	df	28
	Sig.	0.000

（2）表 9-14 是变量共同度的结果，左侧表示每个变量可以被所有因素解释的方差，右侧表示变量共同度。共同度可以被视为该变量的信度，共同度越高表示信度越高，一般共同度大于 0.5 时才有足够的信度，可见本例中大部分变量的信度是足够的。

表 9-14 变量共同度的结果

公因子方差

	初始	提取
每股收益（元）	1.000	0.980
每股净资产（元）	1.000	0.948
每股营业收入（元）	1.000	0.973
净资产收益率	1.000	0.652
资产负债率（%）	1.000	0.487
股价（元）	1.000	0.928
每股收益增长率（%）	1.000	0.912
利润增长率（%）	1.000	0.925

提取方法：主成分分析法。

（3）表 9-15 显示的是各个因子特征值与特征向量，本例中一共有 8 个变量，所以可以萃取出 8 个因子，进而从 8 个因子中挑选出解释能力较强的因子。从表 9-15 中可以看出，所产生的 8 个因子中只有前两个因子特征值大于因子的平均特征值 $1\left(\frac{4.948+1.858+\cdots+0.001}{8}=1\right)$，而且前两个因子的特征值之和占总特征值的 85.068%，所以挑选前两个因子。

表 9-15 各个因子的特征值和特征向量

解释的总方差

成分	初始特征值			提取平方和载入			旋转平方和载入		
	合计	方差的%	累积%	合计	方差的%	累积%	合计	方差的%	累积%
1	4.948	61.844	61.844	4.948	61.844	61.844	4.027	50.340	50.340
2	1.858	23.224	85.068	1.858	23.224	85.068	2.778	34.728	85.068
3	0.745	9.313	94.381						
4	0.393	4.907	99.288						
5	0.046	0.569	99.857						
6	0.008	0.100	99.957						
7	0.003	0.036	99.993						
8	0.001	0.007	100.000						

提取方法：主成分分析法。

（4）图 9－31 显示的是特征值的碎石图，有较强解释能力的因子一般在图中有较大的斜率。本例中可以看出前两个因子斜率都很陡峭，后面的因子斜率很平缓，因此选择前两个因子为主因子。

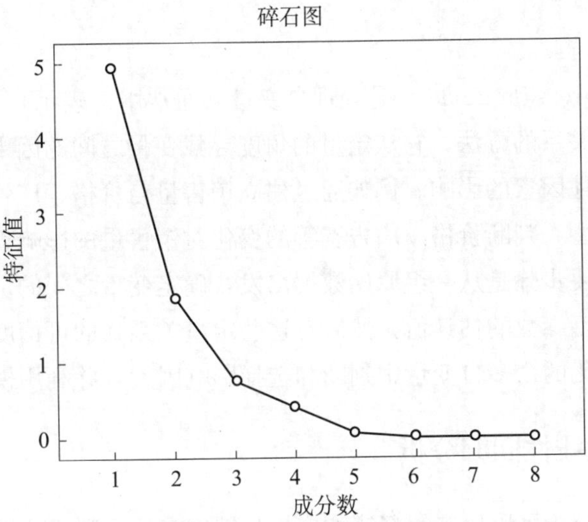

图 9－31　碎石图

（5）表 9－16 显示，由 a 到 b，因子通过正交旋转就有了明确的经济含义。可以看出第一个因子与每股收益、每股净资产、每股营业收入的相关性较强，可以概括为衡量公司收益能力的因子，即收益因子。同理，第二个因子和每股收益增长率、利润增长率及净资产收益率最为相关，可以称为成长因子。

表 9－16　因子载荷表

a. 旋转前因子载荷表

成分矩阵[a]

	成分	
	1	2
每股收益（元）	0.937	−0.320
每股净资产（元）	0.833	−0.505
每股营业收入（元）	0.966	−0.200
净资产收益率	0.757	0.280
资产负债率（%）	0.654	0.244
股价（元）	0.883	−0.387
每股收益增长率（%）	0.562	0.772
利润增长率（%）	0.590	0.760

提取方法：主成分分析法。
a. 已提取了 2 个成分。

b. 旋转的因子载荷表

旋转成分矩阵[a]

	成分	
	1	2
每股收益（元）	0.960	0.243
每股净资产（元）	0.973	0.032
每股营业收入（元）	0.918	0.360
净资产收益率	0.481	0.648
资产负债率（%）	0.414	0.562
股价（元）	0.950	0.158
每股收益增长率（%）	0.050	0.954
利润增长率（%）	0.080	0.959

提取方法：主成分分析法。
旋转法：具有 Kaiser 标准化的正交旋转法。
a. 旋转在 3 次迭代后收敛。

9.5 回归分析

回归分析（regression model）是处理自变量（通常用 x 表示）与因变量（通常用 y 表示）之间的相关关系的方法，它从定量的角度寻找变量之间的因果关系，从而判断某些因素的变化对其他因素的影响。例如通过建立销售量与价格、广告费、推销人员数量等的相关性数学模型，判断价格、广告费等的变化对销售量的影响程度。

回归分析的主要步骤是从一组原始数据出发，确定变量之间的定量关系，即确定模型的具体形式和模型参数的估计值，然后对这些定量关系式的可信度进行统计检验，最后从影响因变量变化的众多自变量中判断和选择影响因素，并利用模型进行预测。

9.5.1 一元线性回归分析

一元线性回归分析可以用来解释诸如广告与销售有什么数量关系，价格在多大程度上影响需求量等经营方面的问题。这里应当指出的是，经济变量之间的相关关系并不像物理、化学中所遇到的问题那样可以用精确的数量关系来解释、分析、推算，经济变量之间往往是一种统计关系。我们更多的是描述它们的相关方向，比较多个关系的密切程度，寻求能近似地反映其关系的数学模型及相应参数的估计方法。

1. 一元线性回归模型

一元线性回归是描述两个变量之间相关关系的最简单的回归模型。当我们运用这种方法时，也就是在为自变量（该自变量一般是可以控制的）确定一个值，然后预测或估计因变量的相应值。英国科学家弗朗西斯·高尔顿在他的一些关于人的遗传问题的研究报告中，首先提出了这种回归的思想。高尔顿最初用的是“回复”一词，后来又改用“回归”（regression）一词来描述这样一种现象：不论祖先是高是矮，成年后代的身高总是有向一般人口的平均身高回归的倾向。

例如，分析广告费用与产品销售量的关系时，如果投入的广告费用一定，我们总是希望预测销售量将达到什么水平，以分析广告投入的风险、效果等。

（1）一元线性回归关系的形式。为了研究自变量和因变量之间的关系，需要将自变量以及与之相对应的因变量用二维坐标图表现出来，形成点分布趋势图。因变量 y 标在纵轴上，自变量 x 标在横轴上。通过点分布趋势图，可以了解它们之间的一个大致的关系形式。若它们之间的关系呈现为直线或接近直线，就可以用线性回归模型来分析这种关系；若呈现为曲线关系，就需要采用非线性回归分析技术。非线性回归分析不在本书讨论范围之内。

例如，某地区的消费与收入有关，表 9－17 和图 9－32 显示了相应的统计数据（单位：百万元）。

表 9-17　某地区消费与收入的统计数据

	x_i（收入）	y_i（消费）	x_iy_i
1	100	80	8 000
2	200	150	30 000
3	300	210	63 000
4	400	260	1 040 000
5	500	300	150 000

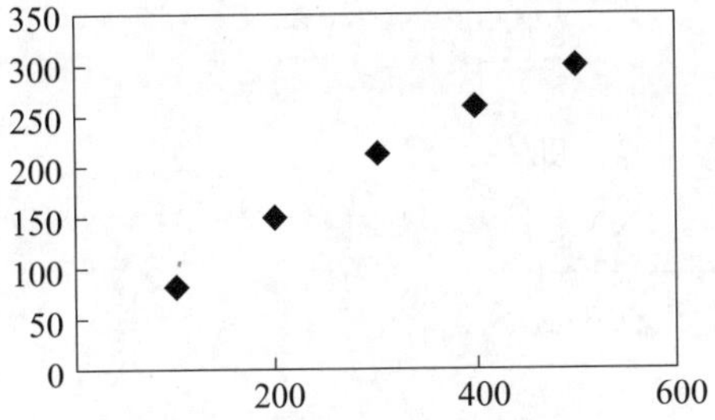

图 9-32　某地区消费与收入关系图

（2）回归模型的建立。回归分析就是根据统计资料求得两个相关经济变量的相关系数，确定回归方程以进行分析、预测的方法。在进行回归分析时，首先要建立一个线性回归模型：

$$y=a+bx \tag{9.8}$$

式中，x 为自变量；y 为因变量；a，b 是模型的参数。有了这一回归模型，我们就能顺利地进行回归分析。为了建立回归模型，首先需要估计模型参数 a，b。

（3）最小二乘法估计参数 a，b。最小二乘法是最能体现两个变量 x，y 之间关系的浅显易懂的数学方法。在散点图中，没有任何一条直线能完美地表现出每组观察结果所传达的信息。这表现为实际结果（散点分布）和用上述回归模型预测的结果（直线所表示的值）不完全相符，散点图上的任何一条适用直线都会有客观存在的误差，能够基本反映观察结果的直线可以画出许多条。用最小二乘法估计的参数 a，b 所形成的直线是最有说服力的拟合直线。

在使用最小二乘法估算参数 a，b 时，首先应有自变量和因变量的一系列相对应的 n 个历史时期或不同总体的数据：

$$y: y_1, y_2, \cdots, y_n$$

$$x: x_1, x_2, \cdots, x_n$$

并且 x 与 y 的 n 个数据间应有一定的关系，即

$$y_i = a + bx_i, \quad i = 1, 2, \cdots, n \tag{9.9}$$

由于 x 与 y 之间只是近似的函数关系，上式不可能对每一组的 x_i, y_i 完全成立，实测与通过上式计算的估计值 y_i 常常是不相等的，用数学公式表示为：

$$y_i = y_i + \varepsilon_i = a + bx_i + \varepsilon_i \tag{9.10}$$

式中，ε_i为实测值与估计值之差，称为离差。

回归模型与实际情况拟合的程度如何，可直接通过变量Q反映：

$$Q=\sum_{i=1}^{n}\varepsilon_i^2=\sum_{i=1}^{n}(y_i-\hat{y}_i)^2=\sum_{i=1}^{n}[y_i-(a+bx_i)]^2 \tag{9.11}$$

显然，Q值越小，说明回归模型与实际情况拟合得越好。由于Q为a与b的函数，$Q=f(a,b)$，因此可知使得Q最小的a，b是a与b的最佳估计量。这样的估计量可以通过下式求得：

$$\begin{cases}\dfrac{\partial Q}{\partial a}=0\\[2ex]\dfrac{\partial Q}{\partial b}=0\end{cases}$$

一般而言，上式有唯一解，即

$$\begin{cases}\hat{b}=\dfrac{\sum y_i x_i-\bar{x}\sum y_i}{\sum x_i^2-\bar{x}\sum x_i}\\[2ex]\hat{a}=\bar{y}-\hat{b}\,\bar{x}\end{cases}$$

式中，$\bar{x}=\dfrac{1}{n}\sum x_i$，$\bar{y}=\dfrac{1}{n}\sum y_i$。

2. 回归模型的检验

建立了回归模型后，有时会产生这样的问题：自变量和因变量之间是否存在我们所假设的那种相关关系？这里介绍两种简单的检验方法。

（1）R^2检验。进行R^2检验，可以反映回归方程的自变量和因变量之间的关系强度。

$$R^2=1-\frac{\sum_{i=1}^{n}(y_i-\hat{y}_i)^2}{\sum_{i=1}^{n}(y_i-\bar{y})^2} \tag{9.12}$$

显然有$0\leqslant R^2\leqslant 1$。

R^2越接近1，说明自变量和因变量之间的相关关系越强；相反，R^2越接近0，二者之间的相互关系越弱，表明建立回归模型没有多大价值。

（2）F检验。对于整个回归分析预测模型，通常采用基于方差分析的F检验。就二变量线性回归预测来讲，统计量F的计算公式为：

$$F_{k,n-k-1}=\frac{\sum_{i=1}^{n}(\hat{y}-\bar{y})^2/k}{\sum_{i=1}^{n}(y_i-\hat{y}_t)^2/(n-k-1)}\text{（运用一元线性回归分析时，}k=1\text{）} \tag{9.13}$$

式中，k表示自变量个数；n表示样本容量。依上式计算出$F_{k,n-k-1}$，再查F分布数值表，一般查显著性水平$\alpha=0.05$时k与$n-k-1$所对应的F_α值。若$F_{k,n-k-1}\geqslant F_\alpha$，则认为回归方程的作用是显著的。

3. 一元线性回归在 SPSS 中的应用

某超市注意到空啤酒瓶的回收价与回收率是有一定关系的，但只做了定性的了解，要研究它们的定量关系，需要对空啤酒瓶的回收价与回收率做回归分析。实验得到的空啤酒瓶的回收价与回收率数据如表 9－18 所示。预测 $x=25$ 时 y 的值。

表 9－18　空啤酒瓶回收价与回收率的关系

回收价 x（元/百只）	18	21	24	27	30	33
回收率 y（%）	30.4	34.7	35.5	35.6	37.5	39.4

第一步　做散点图

（1）如图 9－33 所示，点击“Graphs”（图表）→“Legacy Dialogs”（新对话框）→“Scatter/Dot”（散点图）。

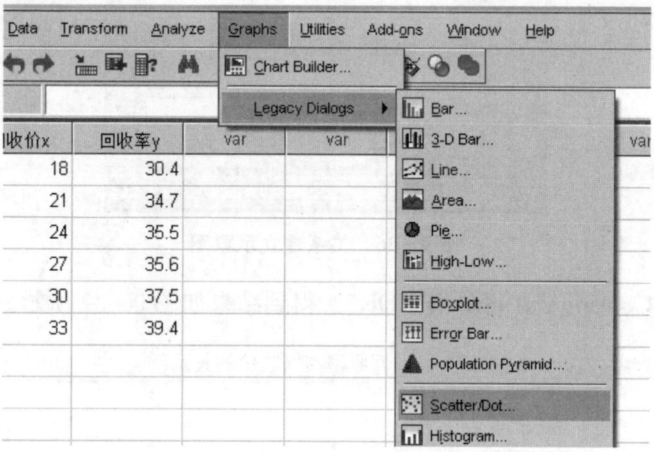

图 9－33　Scatter/Dot 对话框操作示意图

（2）如图 9－34 所示，选择“Simple Scatter”（简单散点图），单击“Define”（定义），弹出“Simple Scatterplot”（简单散点）对话框（见图 9－35），将回收率 y 键入 Y 轴，回收价 x 键入 X 轴。

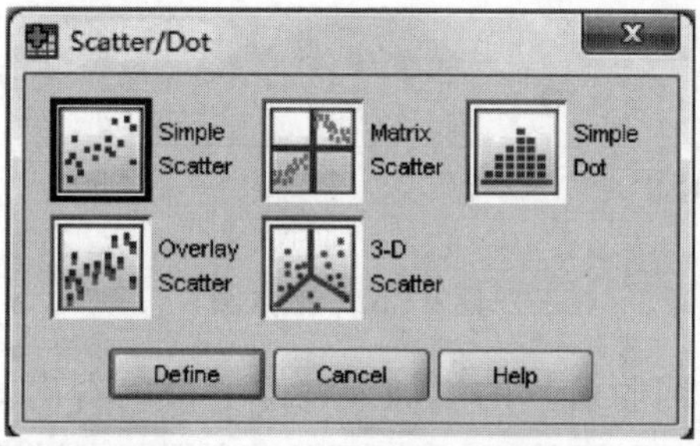

图 9－34　Scatter/Dot 对话框

（3）单击“Titles”（标题），如图 9－36 所示，在 Line1 中输入“回收率与回收价的关系”。

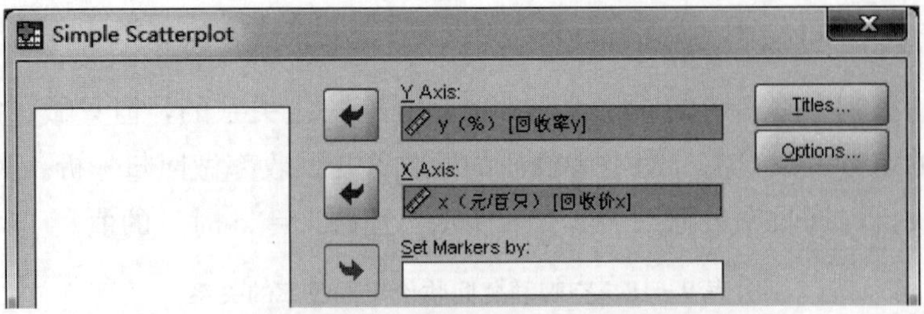

图 9-35　*x*与*y*数据导入示意图

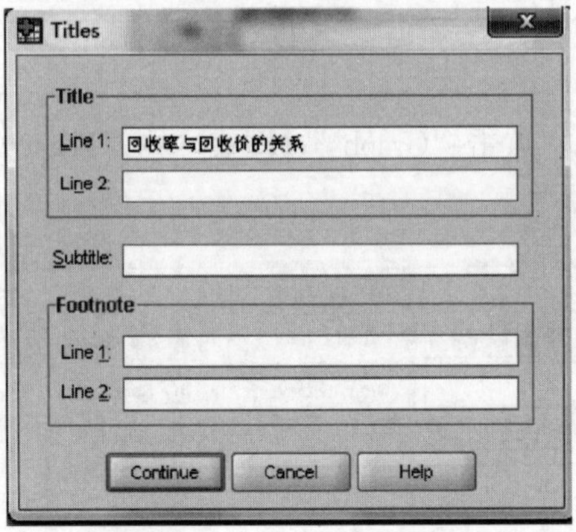

图 9-36　关系建立示意图

（4）单击“Continue”，再单击“OK”，得到结果如图 9-37 所示。

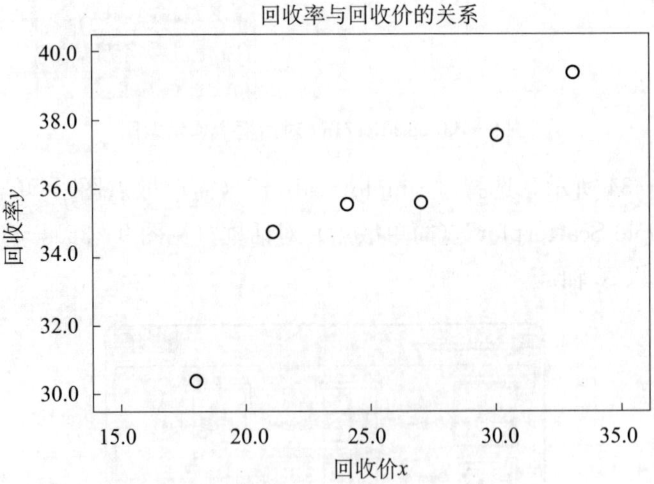

图 9-37　散点图

结果分析：随着 x（回收价）的增加，大体上可以看出 y（回收率）成一元函数（线性）增加。以这样的结果为基础，我们可以设定回归直线模型或回归线性模型。

第二步　线性回归分析的运行

（1）如图 9-38 所示，点击“Analyze”（分析）→“Regression”（回归）→“Linear”（线性）。

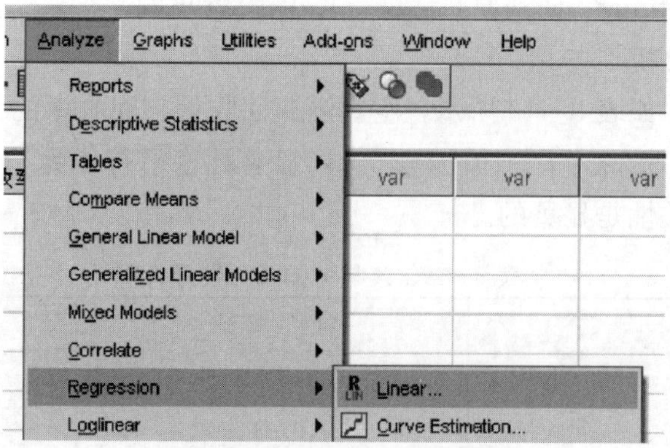

图 9-38　回归分析示意图

(2) 在弹出的线性回归对话框中，将回收率 y 作为回归分析的因变量，输入“Dependent”栏；将回收价 x 作为回归分析的自变量，输入“Independent(s)”栏，如图 9-39 所示。

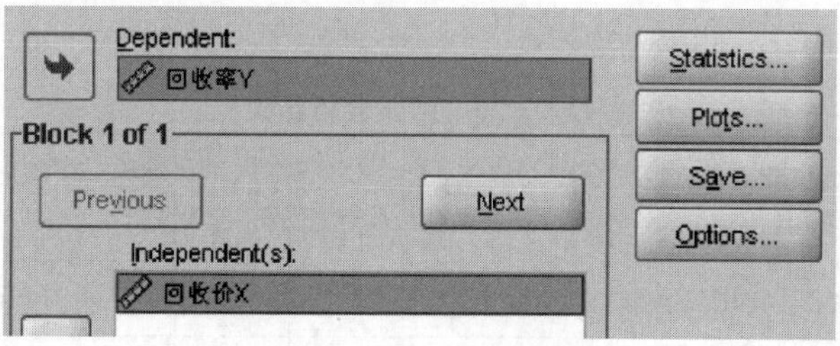

图 9-39　x 与 y 数据导入

(3) 单击右侧的“Statistics”（统计量），在弹出的“Linear Regression：Statistics”（线性回归）对话框中（如图 9-40 所示），选择回归统计量：“Estimates”（估计值），“Confidence intervals”（置信区间），“Covariance matrix”（协方差矩阵），“Model fit”（模型拟合度），“Descriptives”（描述统计量）。

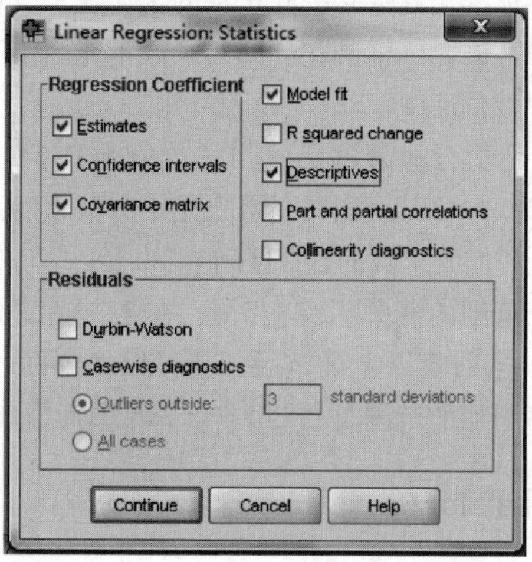

图 9-40　回归统计量选择示意图

（4）单击“Continue”回到原对话框，再单击“OK”。

第三步　结果分析

（1）相关分析。如表9-19所示，空啤酒瓶回收价与回收率的Pearson相关系数为0.944，显著性水平Sig.（单尾）值为0.002，显著性水平符号为“***”，可以断定回收价与回收率的相关性是显著的。

表9-19　X与Y的相关性分析

		回收率 Y	回收价 X
Pearson Correlation	回收率 Y	1.000	0.944
	回收价 X	0.944	1.000
Sig.（I-tailed）	回收率 Y		0.002
	回收价 X	0.002	
N	回收率 Y	6	6
	回收价 X	6	6

（2）回归分析。结果如表9-20。

表9-20　回归分析结果

Model	Unstandardized Coefficients		Standardized Coefficients	t	Sig.	95% Confidence Interval for B	
	B	Std. Error	Beta			Lower Bound	Upper Bound
1 （Constant）	22.524	2.312		9.741	0.001	16.104	28.944
回收价 X	0.510	0.089	0.944	5.731	0.005	0.263	0.756

a. Dependent Variable：回收率 Y

设回归方程为 $y=a+bx$，可知 $a=22.524$，$b=0.510$，则有 $y=22.524+0.510x$。

用SPSS进行线性回归分析时，得到的系数结果有标准化的和非标准化的，一般采用非标准化的回归系数。标准化系数是去除量纲的，体现了变量之间的相对重要性。标准化的常数项是没有值的，因此，标准化的回归系数不能用于回归方程。

因此，该方程回归常数值是22.524，显著性水平Sig.值为0.001，显著性水平符号为“***”，回归常数是十分显著的。回归系数值为0.510，显著性水平Sig.值为0.005，显著性水平符号为“***”，回归系数也是十分显著的。

在95%的置信水平上，回归常数的置信区间为16.104～28.944。预测 $x=25$ 时，$y=$ 28.8～41.6，而超出这个范围的概率不超过5%。在95%的置信水平上，回归系数的置信区间为0.263～0.756。当回收价 x 确定后，就可以得到回收率 y 的估计值，回收价每百只增加一元，回收率增加的范围是0.263～0.756个百分点。

9.5.2　多元线性回归分析

多元线性回归分析是指在市场调研中对研究对象的多重特征同时进行分析，以了解它们之间的内在关系。也就是说，凡多于三个变量且它们之间是线性关系的数据分析，就叫多元线性回归分析。它是一元回归分析的延伸。

多元线性回归分析的一般模型如下：

$$y = a + b_1x_1 + b_2x_2 + \cdots + b_kx_k + \varepsilon \tag{9.14}$$

式中，y 为因变量；a 为常数项（参数）；$b_i(i=1, 2, \cdots, k)$ 为回归系数（参数），它表明自变量 x_i 改变一个单位会引起 y 改变 b_i 个单位；$x_i(i=1, 2, \cdots, k)$ 为自变量；ε 为随机变量，它服从平均数为 0、方差为 σ^2 的正态分布。

1. 多元线性回归分析

（1）最小二乘法估计参数 a，$b_i(i=1, 2, \cdots, k)$。与一元回归分析一样，我们可以用最小二乘法求出 Q 的极小值，即得到参数 a，$b_i(i=1, 2, \cdots, k)$ 的估计值。

$$Q = \sum \varepsilon_j^2 = \sum (y_i - a - b_{1j}x_{1j} - b_{2j}x_{2j} - \cdots - b_{kj}x_{kj})^2 \tag{9.15}$$

式中，$j=1, 2, \cdots, n$；n 为样本数据组数。现在有了统计分析软件，上述烦琐的计算可以由计算机完成。最后，我们可以得到估计的多元线性回归模型：

$$\hat{y} = \hat{a} + \hat{b}_1x_1 + \hat{b}_2x_2 + \cdots + \hat{b}_kx_k$$

式中，$\hat{y}$ 为 y 的估计（预测）值；$\hat{a}$ 为 a 的估计值；$\hat{b}_i$ 为 b_i 的估计值。

例如，某日报的调研部门预测不同区域市场的报纸发行量。他们经过调研后认为，报纸发行量主要受两个独立变量，即社会商品的零售总额和人口密度的影响，而且它们之间的关系是线性的。这样，他们就可以找到几个区域样本数据作为估计参数的依据，将通过回归分析估计的区域销售量作为考核区域发行经理绩效的依据。

数学模式为：

$$y = a + b_1x_1 + b_2x_2$$

式中，y 为区域发行量（千份/日）；x_1 为社会商品零售总额（百万元/月）；x_2 为人口密度。

利用最小平方法可得到下列一组方程式，据此可求得参数的估计值。

$$a > x_{1i} + b_1 > x_{1i}^2 + b_2 > x_{1i}x_{2i} = > x_{1i}y_i$$

（2）哑变量。在某些情况下，在多元回归分析中，自变量中会包括一些定性变量，如性别、职业、种族等类别特征，这些定性变量称为哑变量（dummy variable）。如果可以将哑变量分为两类，就可以用 0 或 1 来表示它。例如性别，女性定为“0”，男性就可以定为“1”。在实践中，某些商品（如香烟）的消费中，男性与女性消费者有很大差异，在分析时应当考虑这种差异并设置相应的哑变量对这种差异进行分析。另外，哑变量也可能是多类别的，其取值自然不止两个。

（3）多元线性回归分析的复相关系数。在作出上述估计后，可以用复相关系数 R^2 来检验估计的结果：

$$R^2_{y\cdot x_1,x_2,\cdots,x_k}=\frac{\sum(\hat{y}_j-\overline{y})^2}{\sum(y_j-\overline{y})^2}=1-\frac{\sum(\hat{y}-y_j)^2}{\sum(y_j-\overline{y})^2} \tag{9.16}$$

$R^2_{y\cdot x_1,x_2,\cdots,x_k}$ 称为复决定系数，当观察值的项数较少而自变量个数较多时，复决定系数可以根据自由度加以调整。常用的调整公式为：

$$R^2_{y\cdot x_1,x_2,\cdots,x_k}=1-\frac{\sum(\hat{y}_j-y_j)^2/(n-k)}{\sum(y_j-\overline{y})^2/(n-1)} \tag{9.17}$$

统计量 R^2 的取值应在 0～1 之间，它表明总变量变差中应由自变量解释的比例。例如，R^2 为 0.80，说明因变量变差的 80%应由自变量解释。当然，R^2 接近 1 为最好。

（4）多元线性回归分析的检验。

1）整个回归方程的显著性检验。多元回归方程的显著性检验和一元回归的检验原理相同，都是利用 F 统计量进行方差分析。

2）方差齐性检验。多元回归的方差齐性是指观测值和预测值之差的分布即残差的分布是常数，与自变量和因变量无关。

3）残差的正态性检验。理想的正态分布一般很难实现，就算是理想的数据，残差也只近似于正态分布。

4）回归系数和常数项显著性的 T 检验。检验回归方程中各个偏回归系数和常数项是否显著使用 t 统计量。

5）共线性检验。当自变量之间存在明显的相关关系即共线性时，需要将模型中引起多重共线性的一个或者多个变量删除，否则不存在系数唯一的最小二乘估计。要识别多重共线性，可以绘制自变量之间的相关分析表，可以计算容许度、方差膨胀因子（VIF）、特征值等统计量。在 SPSS 中通常计算容许度和方差膨胀因子。一般地，若容许度小于 0.1 或 0.2，或者 VIF 大于 5 或 10，就认为存在多重共线性，需要剔除一些变量，增加样本量，或者重新抽取模拟回归方程的样本数据。

2. 多元线性回归在 SPSS 中的应用

使用某企业 474 名员工工资及相关信息的调查数据，建立以当前工资为因变量，初始工资、工作经验和受教育年数为自变量的回归模型。具体数据及分析详见教辅网站，文件名为“多元线性回归分析数据与分析结果”。

（1）如图 9-41 所示，点击“Analyze”（分析）→“Regression”（回归）→“Linear”（线性），弹出线性回归分析对话框。

（2）如图 9-42 所示，在弹出的线性回归分析对话框中，将左侧的“Current Salary”（当前工资）移入“Dependent”（因变量），将“Educational Level”（受教育年数）、“Beginning Salary”（初始工资）、“Previous Experience（moths）”（工作经验）和“Months since Hire”（受雇时间）移入“Independent Variable”（自变量），在下方的“Method”（方法）中选择“Stepwise”（逐步回归）。

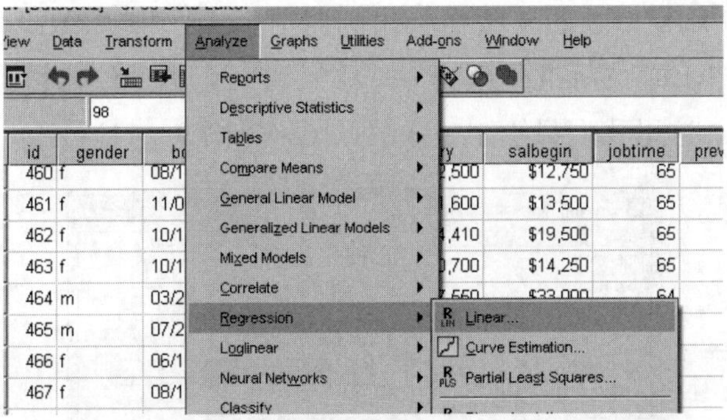

图 9 - 41　回归操作示意图

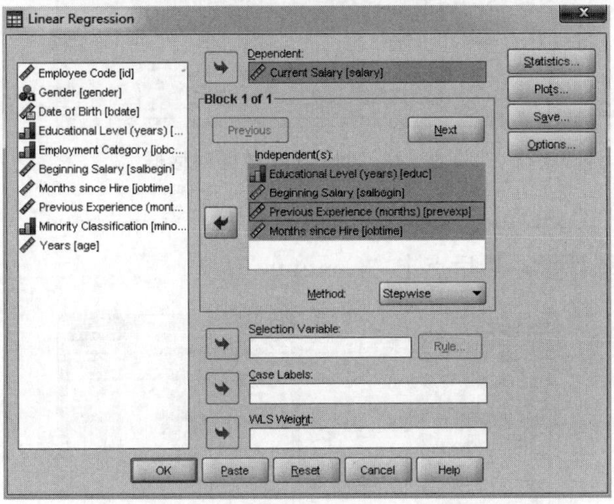

图 9 - 42　线性回归分析对话框

（3）单击“Statistics”（统计量）弹出“Linear Regression：Statistics”（线性回归：统计量）对话框，如图 9 - 43 所示，选择回归统计量。单击“Continue”，回到原来的对话框。

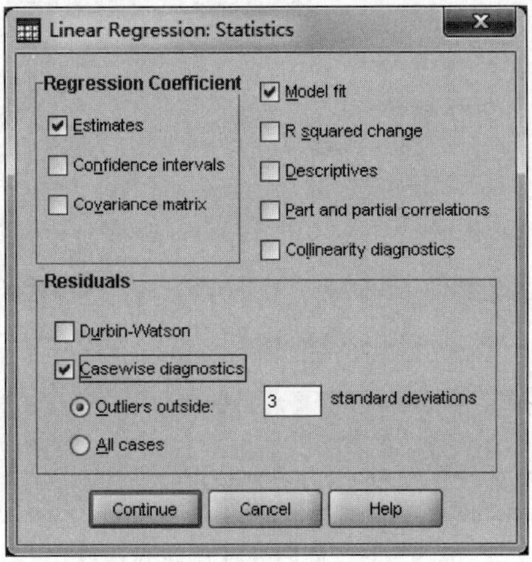

图 9 - 43　回归分析统计量选择

（4）在单击“Plots”（绘图）按钮弹出的对话框中，将“ZRESID”（标准化残差）移入“Y”，将“ZPRED”（标准化预测值）移入“X”，据此绘出散点图，单击“Next”可以绘制下一张图，这里我们只绘制一张散点图（见图 9－44）。

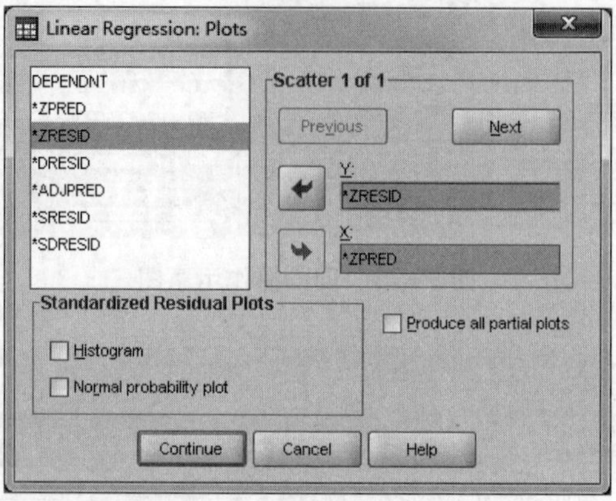

图 9－44　回归分析绘图对话框

（5）接着单击“Continue”，回到原来的对话框，点击“Save”（保存）按钮，选择如图 9－45 所示的统计量，然后点击“Continue”。

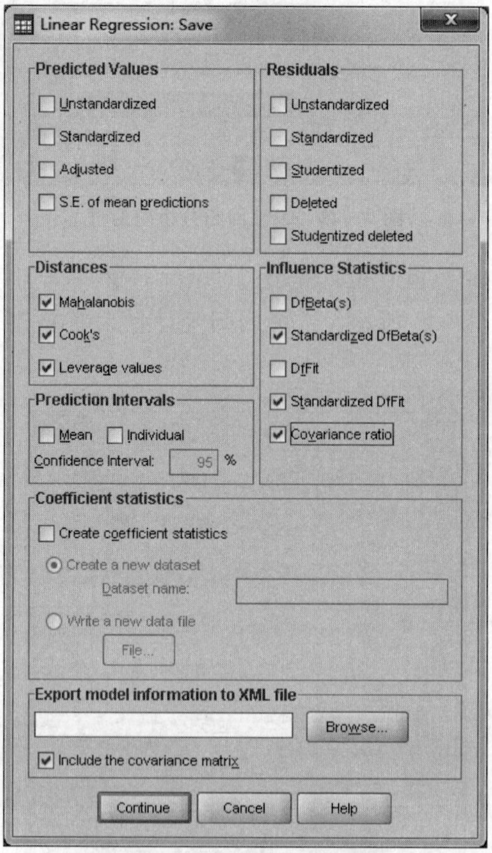

图 9－45　回归分析 Save 对话框

（6）回到回归分析的原对话框后，保持其他选项为默认值，单击“OK”。

下面介绍分析结果。

表 9－21 说明：4 个自变量全部输入回归模型，没有被移去。各模型的回归式的显著性水平符号均是“＊＊＊”。

表 9－21　输入或从模型中移去的变量

输入/移去的变量[a]

模型	输入的变量	移去的变量	方法
1	Beginning Salary		逐步（准则：F-to-enter 的概率＜＝0.050，F-to-remove 的概率＞＝0.100）。
2	Previous Experience (months)		逐步（准则：F-to-enter 的概率＜＝0.050，F-to-remove 的概率＞＝0.100）。
3	Months since Hire		逐步（准则：F-to-enter 的概率＜＝0.050，F-to-remove 的概率＞＝0.100）。
4	Educational Level (years)		逐步（准则：F-to-enter 的概率＜＝0.050，F-to-remove 的概率＞＝0.100）。

a. 因变量：Current Salary。

表 9－22 说明：建立的回归模型中，随着自变量的增加，模型的调整的复相关系数不断增加。模型 4 输入了 4 个自变量，调整后的 R^2 最大为 0.809。可以看出回归的拟合优度还是较高的。

表 9－22　回归常数及系数分析结果

模型摘要[e]

模型	R	R^2	调整的 R^2	估计的标准差
1	0.880[a]	0.775	0.774	$8 115.356
2	0.891[b]	0.793	0.793	$7 776.652
3	0.897[c]	0.804	0.803	$7 586.187
4	0.900[d]	0.810	0.809	$7 465.139

a. 预测变量：（常量），Beginning Salary。

b. 预测变量：（常量），Beginning Salary，Previous Experience (months)。

c. 预测变量：（常量），Beginning Salary，Previous Experience (months)，Months since Hire。

d. 预测变量：（常量），Beginning Salary，Previous Experience (months)，Months since Hire，Educational Level (years)。

e. 因变量：Current Salary。

表 9－23 说明：4 个模型的显著性水平 Sig. 值均小于 0.001，说明方差分析的结果是拒绝回归系数均为 0 的原假设，4 个自变量均应包含在回归方程内。

表 9－23　方差分析

ANOVA[e]

模型		平方和	df	均方	F	显著性
1	回归	1.068E-11	1	1.068E-11	1 622.118	0.000[a]
	残差	3.109E-10	472	6.586E-7		
	合计	1.379E-11	473			

续表

模型		平方和	df	均方	F	显著性
2	回归	1.094E-11	2	5.472E-10	904.752	0.000[b]
	残差	2.848E-10	471	6.048E-7		
	合计	1.379E-11	473			
3	回归	1.109E-11	3	3.696E-10	642.151	0.000[c]
	残差	2.705E-10	470	5.755E-7		
	合计	1.379E-11	473			
4	回归	1.118E-11	4	2.794E-20	501.450	0.000[d]
	残差	2.614E-10	469	5.573E-7		
	合计	1.379E-11	473			

a. 预测变量：(常量)，Beginning Salary。

b. 预测变量：(常量)，Beginning Salary，Previous Experience (months)。

c. 预测变量：(常量)，Beginning Salary，Previous Experience (months)，Months since Hire。

d. 预测变量：(常量)，Beginning Salary，Previous Experience (months)，Months since Hire，Educational Level (years)。

e. 因变量：Current Salary。

表 9－24 说明：在模型逐步回归过程中，模型 1 是初始工资和当前工资的回归模型。随后，在工作经验、受雇时间和受教育年数 3 个自变量中，当前工资和工作经验的偏回归系数的统计检验 T 值最大，说明与其他 2 个自变量相比，工作经验和当前工资的相关程度更高。而且表格右侧的共线性假设检验的统计量 VIF 很小，最小容差比较大，说明工作经验和初始工资不存在多重共线性。于是工作经验作为自变量进入了模型 2。之后依此类推，4 个自变量最终都进入了回归模型。

表 9－24　逐步回归过程中不在方程中的变量

已排除的变量[d]

模型		Beta In	t	显著性	偏相关	共线性统计量		
						容差	VIF	最小容差
1	Educational Level (years)	0.172[a]	6.356	0.000	0.281	0.599	1.669	0.599
	Months since Hire	0.102[a]	4.750	0.000	0.214	1.000	1.000	1.000
	Previous Experience (months)	−0.137[a]	−6.558	0.000	−0.289	0.998	1.002	0.998
2	Educational (years)	0.124[b]	4.363	0.000	−0.197	0.520	1.923	0.520
	Months since Hire	0.102[b]	4.995	0.000	0.225	1.000	1.000	0.998
3	Educational Level (years)	0.113[c]	4.045	0.000	0.184	0.516	1.937	0.516

a. 模型中的预测变量：(常量)，Beginning Salary。

b. 模型中的预测变量：(常量)，Beginning Salary，Previous Experience (months)。

c. 模型中的预测变量：(常量)，Beginning Salary，Previous Experience (months)，Months since Hire。

d. 因变量：Current Salary。

表 9－25 说明：最终 4 个自变量全部进入了回归方程，且回归系数均是相当显著的。而且共线性检验的两个指标容差和方差膨胀因子 VIF 都显示 4 个自变量并不存在多重共线性。

表 9-25　逐步回归过程及回归过程的统计量

系数[e]

模型	非标准化系数		标准化系数	t	显著性	共线性统计量	
	B	标准误	Beta			容差	VIF
1（常量）	1 928.206	888.680		2.170	0.031		
Beginning Salary	1.909	0.047	0.880	40.276	0.000	1.000	1.000
2（常量）	3 850.718	900.633		4.276	0.000		
Beginning Salary	1.923	0.045	0.886	42.283	0.000	0.998	1.002
Previous Experience (months)	−22.445	3.422	−0.137	−6.558	0.000	0.998	1.002
3（常量）	−10 266.629	2 959.838		−3.469	0.001		
Beginning Salary	1.927	0.044	0.888	43.435	0.000	0.998	1.002
Previous Experience (months)	−22.509	3.339	−0.138	−6.742	0.000	0.998	1.002
Months since Hire	173.203	34.677	0.102	4.995	0.000	1.000	1.000
4（常量）	−16 149.671	3 255.470		−4.961	0.000		
Beginning Salary	1.768	0.059	0.815	30.111	0.000	0.551	1.814
Previous Experience (months)	−17.303	3.528	−0.106	−4.904	0.000	0.865	1.156
Months since Hire	161.486	34.246	0.095	4.715	0.000	0.992	1.000
Educational Level (years)	669.914	165.596	0.113	4.045	0.000	0.516	1.937

a. 因变量：Current Salary。

表 9-26 说明：标准化残差绝对值大于 3，观测值中有个别的异常值，确定异常值还需要借助其他指标作出判断，在这里查找异常值不是本节重点，不做详细介绍。

表 9-26　残差统计量

残差统计量[a]

	极小值	极大值	均值	标准差	N
预测值	$13 354.82	$150 076.77	$34 419.57	$15 372.742	474
残值	$−29 600.439	$46 078.746	$−1.194E-12	$7 433.507	474
标准预测值	−1.370	7.524	0.000	1.000	474
标准残差	−3.965	6.173	0.000	0.996	474

a. 因变量：Current Salary。

图 9-46 说明：散点图中大部分观测量落在左下角的范围，所以预测值和学生化残差值并无明显关系。因此接受方差齐性假设。

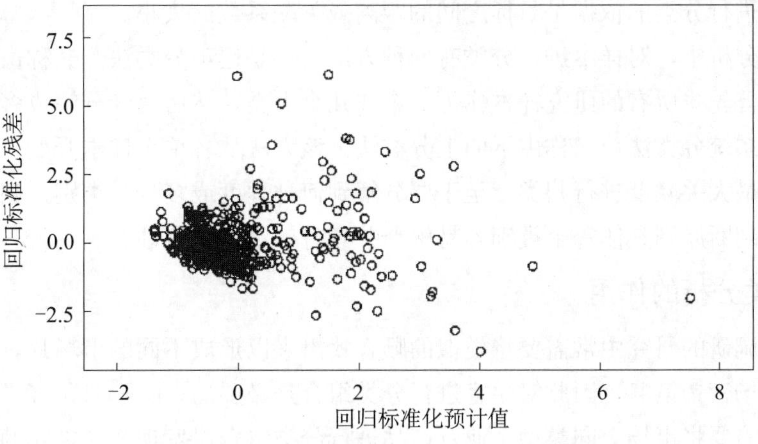

图 9-46　当前工资预测值和学生化残差散点图

9.6 聚类分析

聚类分析（cluster analysis）是一种将研究对象分为相同性质的群组的统计分析技术。每个群内部成员比较相似，而与其他群成员不同。聚类分析也叫分类分析（classification analysis）或数值分类（numerical taxonomy）。本节仅讨论将每一个对象归为一群的聚类方法。

9.6.1 聚类分析的概念

1. 聚类分析的基本原理

聚类分析的基本原理是测量研究目标之间的相似性，根据相似的程度将研究目标进行分类。测量研究目标之间相似性的方法通常有两种：一是两个目标之间的距离；二是两个目标的关联系数。

两个目标之间的距离常用下面的公式计算：

$$d_{ij}^2 = \sum_{r=1}^{m}(x_{ir} - x_{jr}) \tag{9.18}$$

式中，d_{ij} 为目标 i 与 j 之间的距离；x_{ir}，x_{jr} 为变量 r 对应目标 i 和 j 的值；m 为变量的个数。因此，两个目标之间的距离是指各个变量在目标 i 和 j 上的观察值的差的平方和。

两个目标的关联系数通常使用相关系数 τ_{ij} 表示：

$$\tau_{ij} = \frac{\sum_{r=1}^{m}(x_{ij} - \overline{x}_i)(x_{jr} - \overline{x}_j)}{\sqrt{\sum_{r=1}^{m}(x_{ij} - \overline{x}_i)^2 \sum (x_{jr} - \overline{x}_j)^2}} \tag{9.19}$$

式中，$\overline{x}_i$，$\overline{x}_j$ 分别为目标 i 和 j 在各变量上取值的算术平均（使用标准值）。

对目标进行分类的依据是目标之间的距离或关联系数的大小。

在聚类分析中，对样本进行分类有两种方法。一是逐项分类法，又称由上向下分类法。该方法首先将所有的研究样本作为一个或几个大类，然后逐渐分解成多类直至单个样本。二是系统分类法，又称由下向上分类法。该方法从各单个样本开始，然后逐渐按最小距离或最大关联度进行归类。至于要分解到何种程度或多少个类别，则依据主观判断。主要的判断原则是使每个类别容易解释并具有一定的稳定性。

2. 聚类分析的作用

在市场调研的研究中常需要将类似的顾客找出来以形成不同的市场片，从而有针对性地制定市场营销策略，因此对顾客进行分类组合是必要的。除了对顾客进行分类组合外，有时还需要将市场上同类型企业及产品进行分类组合以发现产品之间的相似性或直接竞争性。聚类分析的作用就是将一些变量、目标、顾客、公司等进行分类组合。

9.6.2　聚类分析的应用

1. 最短距离法——系统分类法举例

最短距离法是将距离最短的两个目标或类别组合在一起，用公式表示为：

$$d_{ij}=\min\{d_{kl}\} \tag{9.20}$$

例如，某公司对顾客的购物次数和感受进行调查。其中两个问题如下：

您每月大约去某超市购物多少次?

您觉得在该超市购物愉快吗?

愉快　10　9　8　7　6　5　4　3　2　1　不愉快

对 5 位顾客的调查结果见表 9 - 27。

表 9 - 27　5 位顾客调查结果一览表

顾客	购物次数	感受值
1	20	7
2	18	10
3	10	5
4	4	0.5
5	4	3

将被调查者按购物次数和感受分类的聚类分析步骤如下：

(1) 数据变换。由于所用的两组数据单位不同，需要进行变换。变换方法有平移变换、极差（或极值）变换、标准化变换、对数变换等。这里采用极值变换，变换后原始数据变为 1 以内的数据，但规律未变（见表 9 - 28）。

表 9 - 28　数据变换表

顾客	购物次数/20=x	感受值/10=y
1	1	0.7
2	0.9	1
3	0.5	0.5
4	0.2	0.5
5	0.2	0.3

(2) 求各样本之间的距离。下面采用最简单的一种计算距离的方法：

$$d_{ij}=(x_i-x_j)^2+(y_i-y_j)^2$$

式中，d_{ij} 为顾客 i 与顾客 j 的距离的平方；x_i 为顾客 i 的购物次数；y_i 为顾客 i 的感受值。

计算后得到 5 位顾客之间的距离平方矩阵。最初各位顾客各为一类，分别记为 G_1，G_2，G_3，G_4，G_5。

$$D_1^2 = \begin{array}{c|ccccc} & G_1 & G_2 & G_3 & G_4 & G_5 \\ \hline G_1 & & & & & \\ G_2 & 0.1 & & & & \\ G_3 & 0.29 & 0.41 & & & \\ G_4 & 0.68 & 0.74 & 0.09 & & \\ G_5 & 0.8 & 0.98 & 0.13 & 0.04 & \end{array}$$

（3）类别合并。选择最短距离并将相应的两类合并。从中发现 G_4，G_5 的距离最短（$d_{4,5}=0.04$），将它们合并为一个新类别，记为 $G_6=\{4，5\}$，然后重新计算 G_6 与剩下各类的距离。例如：

$$G_6 \text{ 与 } G_1 \text{ 的距离 } d_{6,1}=\min\{d_{4,1},d_{5,1}\}=\min\{0.68,0.8\}=0.68$$

这样得到 G_1，G_2，G_3，G_6 的距离平方矩阵，即

$$D_2^2 = \begin{array}{c|cccc} & G_1 & G_2 & G_3 & G_6 \\ \hline G_1 & & & & \\ G_2 & 0.1 & & & \\ G_3 & 0.29 & 0.41 & & \\ G_6 & 0.68 & 0.74 & 0.09 & \end{array}$$

从中发现 G_3 与 G_6 的距离最短（$d_{3,6}=0.09$），将它们合并为一个新类别，记为 $G_7=\{3，4，5\}$。再计算各类别之间的距离，得到

$$D_3^2 = \begin{array}{c|ccc} & G_1 & G_2 & G_7 \\ \hline G_1 & & & \\ G_2 & 0.1 & & \\ G_7 & 0.29 & 0.41 & \end{array}$$

将 G_1，G_2 合并为 $G_8=\{1，2\}$，最后剩下 G_7，G_8，其距离为 0.29。

（4）绘制聚类分析图。前面进行聚类分析的过程如图 9－47 所示。

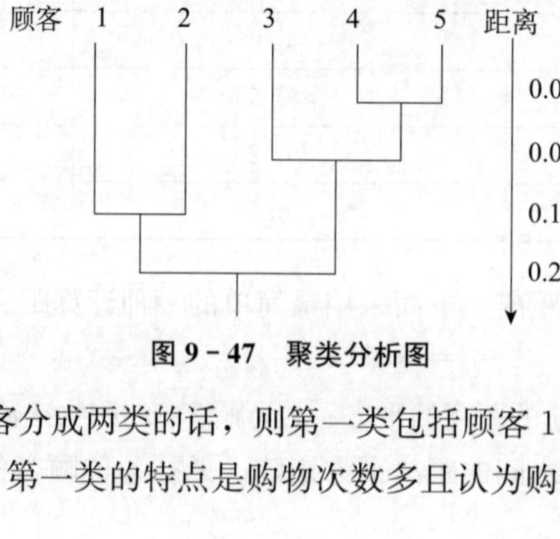

图 9－47　聚类分析图

如果只把这 5 位顾客分成两类的话，则第一类包括顾客 1 和顾客 2，第二类包括顾客 3、顾客 4 和顾客 5。第一类的特点是购物次数多且认为购物是一件很愉快的事，第二类则相反。

事实上，以两个变量（购物次数和感受值）为坐标将顾客的回答标在图上，上面的结果很快就能判断得出。但由于实际的样本量很大且考虑的变量可能不止两个，仅靠绘图是不行的，因此必须进行大量的计算。

2. 修订分类法——逐项分类法举例

修订分类法是将样本进行初步分类，然后进行分解。

沿用前面例子中的数据（见表 9-27）。

（1）选择一批凝聚点。本例中只有 5 位顾客，先选择两个凝聚点。由于顾客 2 与顾客 5 的距离最远，故被选为凝聚点。

（2）初步分析。以最小距离原则将其他 3 位顾客归入上述两个凝聚点。借助距离矩阵，顾客 1 与顾客 2 的距离比其与顾客 5 的距离近，故归入顾客 2。按同样方法将顾客 3 和顾客 4 归入顾客 5。这样，经初步分析得到两个类别：

$$G_1^0=\{1,2\}$$

$$G_2^0=\{3,4,5\}$$

（3）修订分类。采用重心法对上面的分类进行修正。先计算 G_1 的重心点以代替原来的凝聚点：

$$G_1\text{ 的重心点}=\left\{\frac{x_1+x_2}{2},\frac{y_1+y_2}{2}\right\}$$

$$=\left\{\frac{1+0.9}{2},\frac{0.7+1}{2}\right\}$$

$$=\{0.95,0.85\}$$

$$G_2\text{ 的重心点}=\left\{\frac{x_1+x_2+x_3}{3},\frac{y_1+y_2+y_3}{3}\right\}$$

$$=\left\{\frac{0.5+0.2+0.2}{3},\frac{0.5+0.5+0.3}{3}\right\}$$

$$=\{0.3,0.43\}$$

以上面的重心点作凝聚点，再按最小距离原则将顾客重新归类，每个顾客到两个凝聚点的距离见表 9-29。

表 9-29　两凝聚点的距离

顾客	凝聚点 1	凝聚点 2
1	0.047 5	0.562 9
2	0.047 5	0.684 9
3	0.325	0.045
4	0.685	0.015
5	0.865	0.027

由此可以看出，顾客 1 和顾客 2 离凝聚点 1 最近，顾客 3、顾客 4、顾客 5 离凝聚点 2 最近，因此新重心点与旧重心点相同，最终将顾客分为两类。

9.6.3 聚类分析的具体应用

SPSS 中聚类分析的统计分析过程是由 Analysis 菜单中的 Classify 命令导出的。二级菜单包括：Two Steps Cluster（两步聚类）；K-Means Cluster（快速聚类）；Hierarchical Cluster（分层聚类）。下面介绍这些分析方法，其中重点介绍两步聚类。

1. 两步聚类

（1）两步聚类的原理。两步聚类是一个探索性的分析工具，可以自动确定最好的分析结果，分析大数据文件。两步聚类的第一步是构建聚类特征树（CFT）。开始时，把某个观测量放在树的叶节点根处，记录该观测量的变量信息，接着将距离测度作为相似性依据，每个后续观测量根据它与先前节点的相似性，放到最相似的节点中，如果没有节点和他相似，就形成一个新的节点。使用凝聚聚类法对聚类特征树的节点进行分组，通过比较 BIC 值与 AIC 值，确定最优的聚类个数。比如本章开篇引例中，汽车制造商探访获得了不同型号汽车的相关信息，可以利用两步聚类获得的变量信息对汽车市场进行分类，确定自家汽车在行业内的竞争地位。具体操作步骤可见本章末的案例分析。

（2）两步聚类的过程。首先，在开始聚类之前检查变量类型。分类变量和连续变量可以参与两步聚类分析。然后要检查变量独立性。调研人员可以通过相关分析检查两个连续变量之间的独立性，使用交叉表检查两个分类变量之间的独立性，用 Means 检验连续变量和分类变量之间的独立性。接着要检验连续变量的正态性，可以使用 Explore，还要检验分类变量是否为多项式分布，可以使用卡方检验。

经过上述变量检验，就可以进行两步聚类分析了。首先点击“分析”→“聚类”→“两步聚类”，弹出聚类分析主对话框。接着在主对话框中选择分类变量和连续变量，以及两类变量间相似程度的计算法则。然后选择要聚成几类。最后可以点击“绘图”，输出变量重要性图，选择统计量中的 AIC 值或 BIC 值。

2. 快速聚类

快速聚类仅针对观测量。比如通信费用包括话费、短信费、流量费及其他增值服务费，通信公司就可以根据观测量即这些费用，利用快速聚类方法对用户进行分类，从而针对不同的用户进行产品设计。以 SPSS 为例，快速聚类必须先设定聚成的类数。比如一开始设定的是聚成 3 类，则系统自动设定 3 个起始点作为各类的中心开始归类，这样就可以从新的聚类体系中再获取 3 个聚类中心点，继续归类，不断重复，直到聚类中心点的位置的改变幅度在可接受范围内，此时各类中心点即最后的聚类中心点。

3. 分层聚类

分层聚类也称为系统聚类，是进行样本聚类和变量聚类的过程。分层聚类的思想是将每一个样本都放入聚类空间，然后将相近程度最高的两类进行合并形成一个新类，依次重复，直到所有变量都归为一类。

基本概念

列联表分析　　T 检验分析　　方差分析　　因子分析

回归分析　　聚类分析

思考题

1. 不是线性关系的变量之间的关系，如何用线性回归分析方法进行处理？
2. 构成 2×2 表的数据是由何种方式产生的？
3. 方差分析的基本思想是什么？
4. 建立多元线性回归模型需要进行哪些检验？

案例分析

关于汽车市场划分的聚类分析

通过本章的学习，我们可以解决章首提出的对汽车市场进行划分的问题。具体数据及分析详见教辅网站，文件名为“聚类分析数据与分析结果”。

1. 利用 SPSS 进行两步聚类分析

(1) 单击“Analyze”(分析)→“Classify”(聚类)→“Two Cluster”(两步聚类)，弹出两步聚类分析主对话框，如图 9-48 所示。然后将“type”(类别)移入分类变量，将价格、发动机尺寸、马力、轴距、宽度、长度、限重、燃料容量、燃料功效移入连续变量。

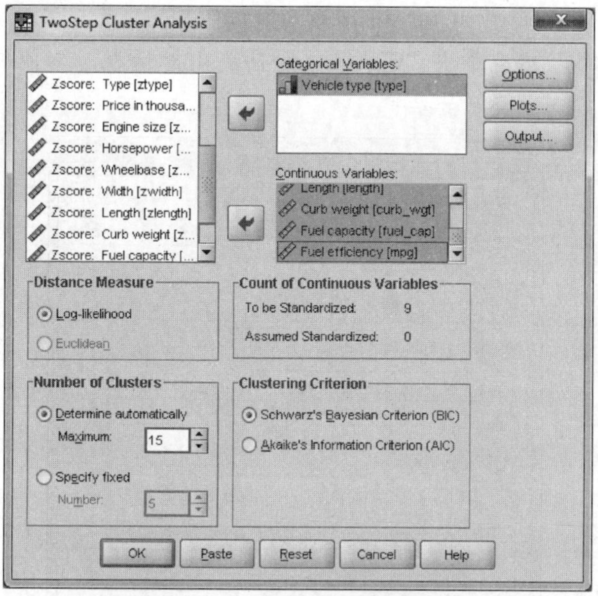

图 9-48　两步聚类主对话框

(2) 单击“Plots”(绘图)，选择输出按变量重要性排序的变量重要性图，选择置信水平复选框，保持系统默认的 95%的置信水平，然后点击“Continue”返回主对话框，如图9-49所示。

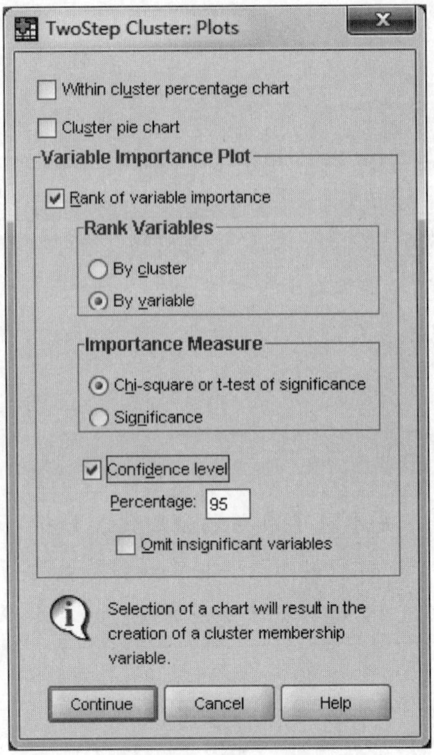

图9-49　绘图对话框

（3）在主对话框中点击“Output”，在弹出的对话框中选择如图9-50所示的统计量，并选择“Create cluster membership variable”（生成新变量），其值是各型号汽车所属的类号。然后单击“Continue”回到主对话框，其他值保持系统默认，点击“OK”，得到两步聚类的结果。

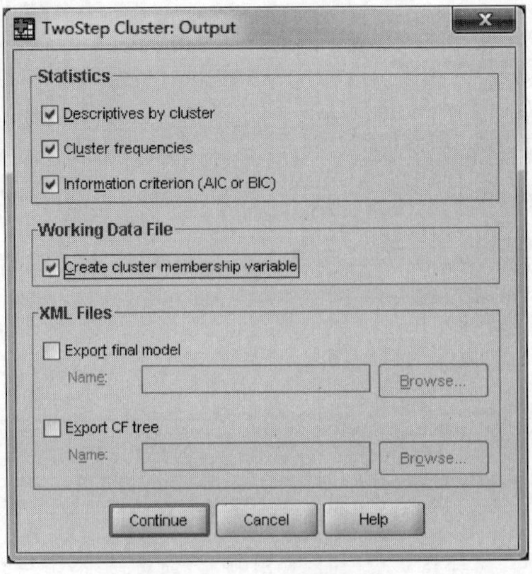

图9-50　选项对话框

2. 聚类分析的结果

自动聚类表概括了按照所选择的类数聚类的过程（见表9-30）。根据BIC最小准则的原则，从第二列可以看出，本案例中变量被聚为3类，此时，BIC变化率和距离度量的比率也都很大。由聚类分布表可以看到各类观测量频数和剔除的案例值，如表9-31所示。

表9-30 自动聚类过程

自动聚类

聚类数	BIC	BIC变化[a]	BIC变化的比率[b]	距离度量的比率[c]
1	1 214.377			
2	974.051	−240.326	1.000	1.829
3	885.924	−88.128	0.367	2.190
4	897.559	11.635	−0.048	1.368
5	931.760	34.201	−0.142	1.036
6	968.073	36.313	−0.151	1.576
7	1 026.000	57.927	−0.241	1.083
8	1 086.815	60.815	−0.253	1.687
9	1 161.740	74.926	−0.312	1.020
10	1 237.063	75.323	−0.313	1.239
11	1 316.271	79.207	−0.330	1.046
12	1 396.192	79.921	−0.333	1.075
13	1 477.199	81.008	−0.337	1.076
14	1 559.230	82.030	−0.341	1.301
15	1 644.366	85.136	−0.354	1.044

a. 变化是相对于表中先前的聚类个数而言。
b. 变化的比率与两个聚类解的变化相关。
c. 距离度量的比率以当前聚类的个数为基础，而不是以先前的聚类个数为基础。

表9-31 聚类结果频数

聚类分布

		N	组合%	总计%
聚类	1	62	40.8%	39.5%
	2	39	25.7%	24.8%
	3	51	33.6%	32.5%
	组合	152	100.0%	96.8%
已排除的案例		5		3.2%
总计		157		100.0%

表9-32显示的是每类观测量的均值和标准差，因为原输出表太宽，可以使用行列旋转得到下面所示的各类类中心。可以看出，第1类汽车在三类中是最便宜的，发动机尺寸、马力长度和宽度等都是最小的，但燃料功效最高；第2类价格适中，气缸较大；第3类价格昂贵，燃烧效率适中。

表9-32　聚类各类类中心

质心					
		聚类			
		1	2	3	组合
Price in thousands	均值	19.616 71	26.561 82	37.299 80	27.331 82
	标准差	7.644 070	10.185 175	17.381 187	14.418 669
Engine size	均值	2.194	3.559	3.700	3.049
	标准差	0.423 8	0.935 8	0.949 3	1.049 8
Horsepower	均值	143.24	187.92	232.96	184.81
	标准差	30.259	39.049	54.408	56.823
Wheelbase	均值	102.595	112.972	109.022	107.414
	标准差	4.079 9	9.653 7	5.764 4	7.717 8
Width	均值	68.539	72.744	72.924	71.089
	标准差	1.936 6	4.178 1	2.185 5	3.464 7
Length	均值	178.235	191.110	194.688	187.059
	标准差	9.653 4	14.441 5	10.351 2	13.471 2
Curb weight	均值	2.837 42	3.967 59	3.578 90	3.376 18
	标准差	0.310 867	0.671 766	0.297 204	0.636 593
Fuel capacity	均值	14.979	22.064	18.443	17.959
	标准差	1.869 9	4.289 4	2.044 5	3.937 6
Fuel efficiency	均值	27.24	19.51	23.02	23.84
	标准差	3.578	2.910	2.060	4.305

表9-33显示的是按汽车类型分的频数表。由9个连续变量的三类观测量并列均值图（这里仅列示价格和发动机尺寸两个变量，如图9-51和图9-52所示），可以直观地看出三类观测量是否很好地被分开。由3个各类连续变量的重要性比较图（见图9-53至图9-55），可以看出各个连续变量对各类的形成是否重要，当测度超过了虚线所示的临界值，说明变量对该类的形成作出了贡献。最后是3个分类变量重要性比较图（见图9-56至图9-58），同样，当测度超过了虚线，说明变量对该类的形成具有贡献。

表9-33　不同汽车类型聚类结果

Vehicle type

		Automobile		Truck	
		频率	百分比	频率	百分比
聚类	1	61	54.5%	1	2.5%
	2	0	0.0%	39	97.5%
	3	51	45.5%	0	0.0%
	组合	112	100.0%	40	100.0%

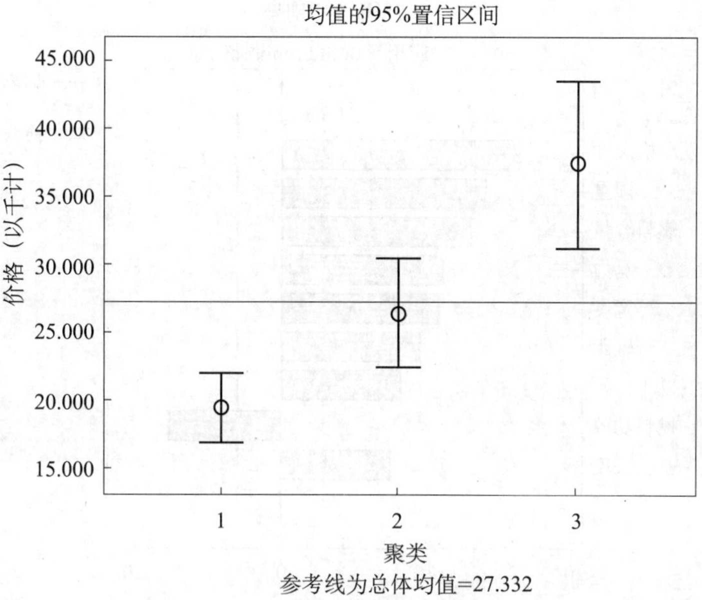

图 9-51　连续变量观测量并列均值图（价格）

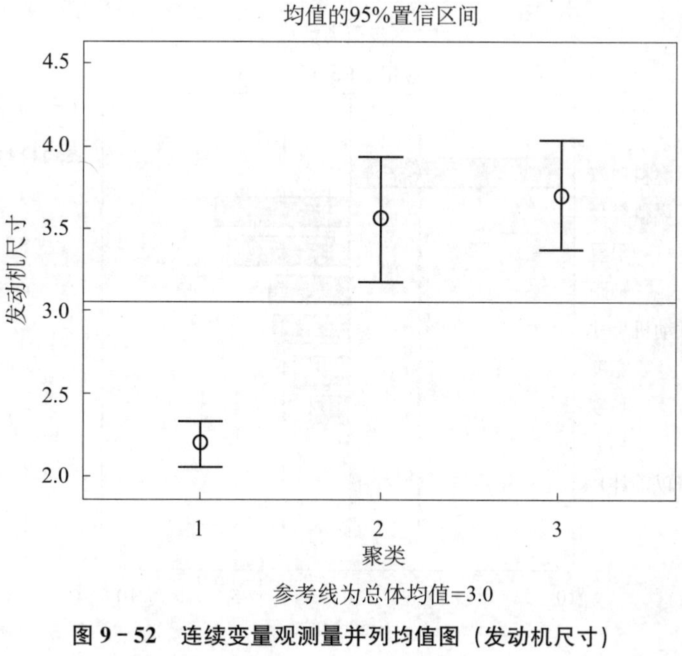

图 9-52　连续变量观测量并列均值图（发动机尺寸）

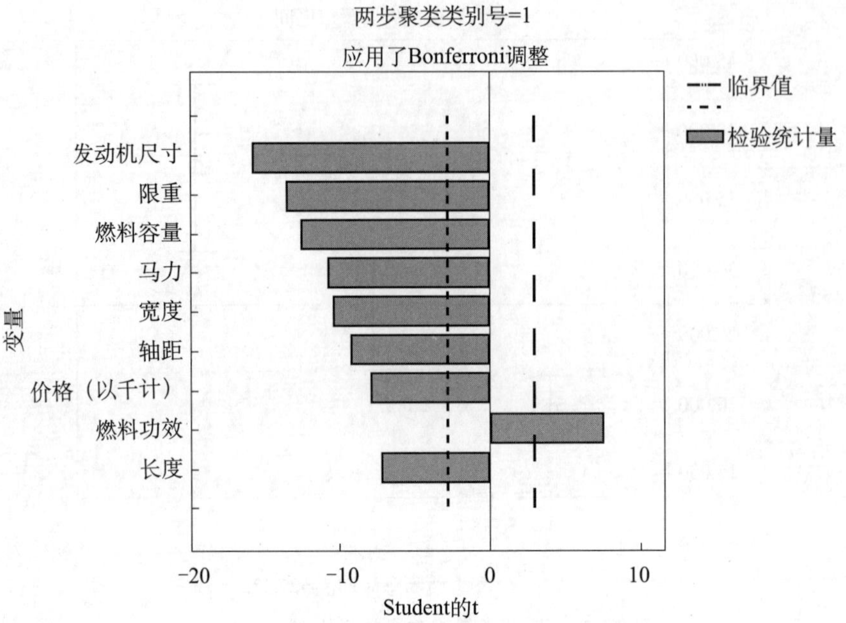

图 9-53　第一类连续变量的重要性比较图

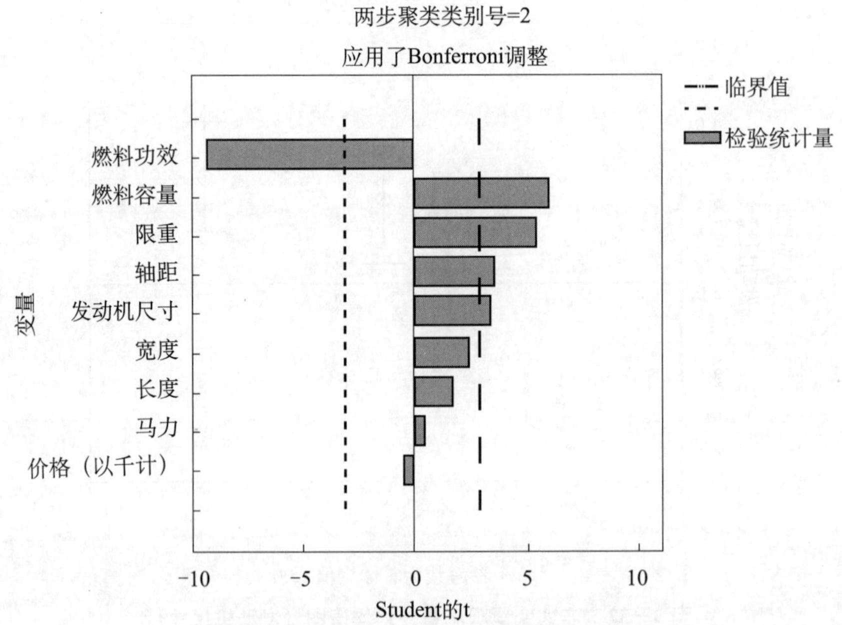

图 9-54　第二类连续变量的重要性比较图

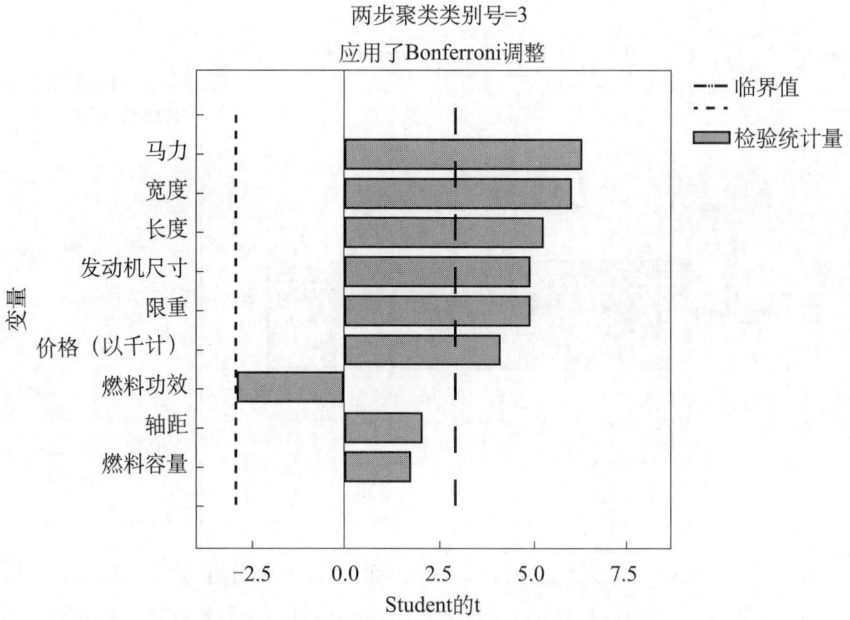

图 9－55　第三类连续变量的重要性比较图

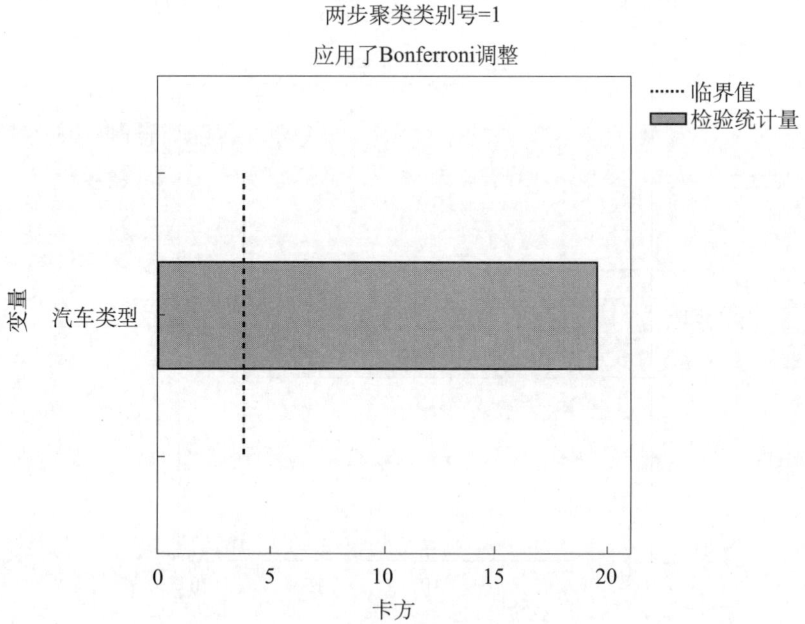

图 9－56　第一类分类变量的重要性比较图

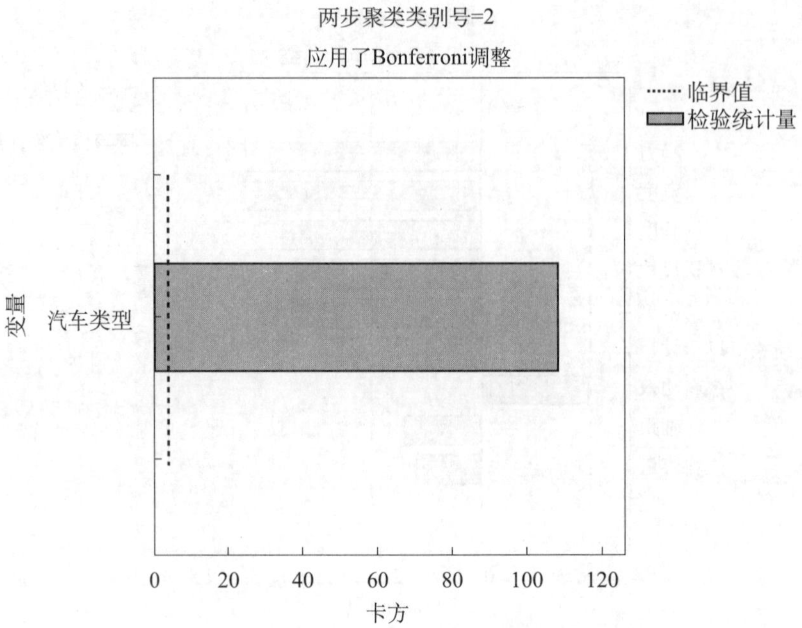

图 9－57　第二类分类变量的重要性比较图

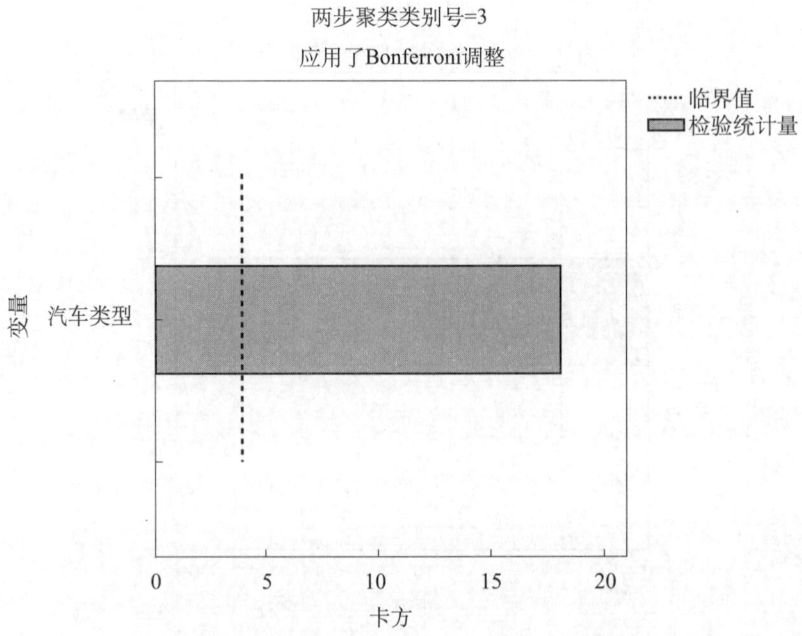

图 9－58　第三类分类变量的重要性比较图

04

第4篇

市场预测与调研报告

第10章 市场预测

学习目标

- 理解市场预测的相关概念、步骤
- 掌握市场预测的定性定量方法
- 掌握如何应用所述分析方法解决实际问题

引　例

市场预测：生产量的预测

已知某企业 2015—2019 年各个季度的产品生产量如表 10-1 所示。

表 10-1　某企业各个季度产品生产量一览表　　单位：吨

	2015 年	2016 年	2017 年	2018 年	2019 年
第一季度	254.0	291.1	304.6	319.5	333.2
第二季度	292.4	327.6	348.4	361.5	383.5
第三季度	297.8	321.2	350.8	369.4	383.8
第四季度	330.3	354.3	374.2	395.2	407.4

如何根据已知资料预测出 2020 年各个季度的产品生产量，是该企业关注的问题。这正是本章要解决的问题。

由于市场处于不断发展变化中，要使企业立于不败之地，必须把握好市场的发展趋势和发展方向，这就需要对市场进行预测。本章将介绍市场预测的概念及其步骤、特点，以及常用的进行市场预测的定性定量分析方法。

10.1 市场预测的概念

市场预测是在市场调查的基础上，运用科学的方法对市场需求和企业需求以及影响市场需求变化的因素进行研究，对未来的发展趋势作出判断和推测的过程。市场预测对企业的经营决策起着重要的作用，准确的市场预测有助于企业在市场竞争中占据主动地位。按预测方法分类，市场预测可分为定性市场预测和定量市场预测。

10.1.1 市场预测的含义

市场预测就是对影响市场供求变化的诸因素进行调查研究，运用科学的方法分析和预见其发展趋势，掌握市场供求变化的规律，为经营决策提供可靠的依据。

市场预测和市场调研、市场决策紧密结合。市场调研是市场预测必备的前期准备工作和基础，市场预测为市场决策提供重要依据，以提高市场决策的准确性。

10.1.2 市场预测的目的

市场预测的目的是最大限度地减少不确定因素对预测对象的影响，从而为决策服务，提高管理的科学水平，减少决策的盲目性。我们需要通过市场预测来把握经济发展或者未来市场变化的有关动态，减少未来的不确定性，降低决策可能遇到的风险，使决策目标得以顺利实现。市场预测可以帮助企业更加合理地进行资源配置，制定科学的营销战略战术，提高企业的市场竞争能力和经济效益。

市场预测在企业的各个职能部门都具有重要作用。在财务部门，被用来筹集经营和投资所需要的资金；在人力资源部门，被用来确定所需要的员工数量；在采购部门，被用来确定所需要的供应物的正确数量。

综上可知，市场预测是企业有效配置资源不可或缺的重要工具。

10.1.3 市场预测的内容

市场预测的内容十分丰富和广泛，从宏观到微观，二者相互联系、相互补充。具体来讲，主要包括：预测市场价格的变化，预测市场容量及其变化等。

1. 预测市场价格的变化

市场价格作为很重要的一个因素，对企业经营具有重大影响。生产环节中投入要素的价格和产品的销售价格直接关系到企业的盈利水平。

在商品市场价格的预测中，要充分考虑到劳动生产率、生产成本和利润的变化，以及市场供求关系的发展趋势，国家财政货币政策和经济政策等对商品价格产生的影响。

2. 预测市场容量及其变化

商品的市场容量是指具有一定货币支付能力的商品需求总量。市场容量及其变化预测可分为生产资料市场容量预测和消费资料市场容量预测。

生产资料市场容量预测是通过对国民经济发展方向、发展重点的研究，对行业生产技术、产品结构的调整进行综合分析，从而对工业品的需求结构、数量及其变化趋势作出预测。

消费资料市场容量预测主要包括以下三个方面：

（1）消费者购买力预测。预测消费者购买力包括：第一，对人口数量及变化进行预测。人口的数量及其变化，在很大程度上决定着消费者的消费水平。第二，对消费者货币收入和支出进行预测。消费者的货币持有量及用于消费的比例对购买力具有重要影响。

（2）购买力投向预测。收入水平的高低决定着消费者的消费结构，即消费者的生活消费支出中商品性消费支出与非商品性消费支出的比例。消费结构规律是：随着收入水平的提高，商品性消费支出会减小，而非商品性消费支出如娱乐、消遣、劳务费用等支出会增加。同时，在商品性支出中，用于饮食等方面的支出比重大大降低。

（3）预测商品需求的变化及其发展趋势。根据消费者购买力的总量和购买力的投向，对各种商品需求的数量、花色、品种、规格、质量等作出预测。

10.1.4　市场预测的步骤

预测应该遵循一定的程序和步骤，使市场预测工作有条不紊地进行，以便于对预测过程进行检测监督，得到更加精确的结果。市场预测的步骤如图 10－1 所示。

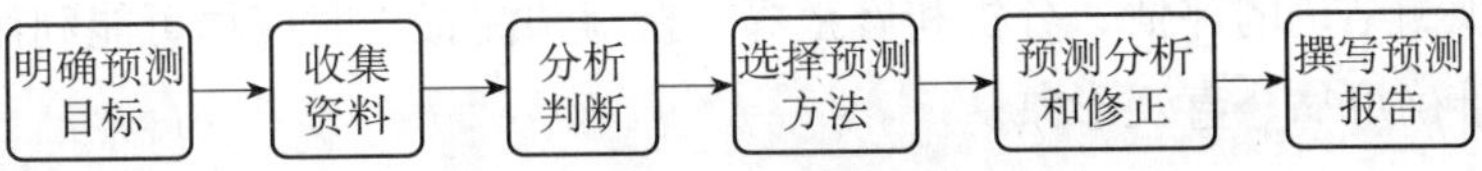

图 10－1　市场预测的步骤

1. 明确预测目标

明确目的，即要对什么进行预测，要达到什么目标。这是开展市场预测工作的第一步，因为预测的目的不同，预测的内容和项目、所需要的资料和运用的方法都会有所不同。在明确预测目标后，才可以根据经营活动存在的问题，拟定预测的项目，制定预测工作计划，编制预算，组织实施，以保证市场预测工作有计划、有节奏地进行。

2. 收集资料

进行市场预测的前提是必须占有充分的市场资料。充分的市场资料是对市场预测进行分析、判断的重要依据。调查和收集市场预测的有关资料是进行市场预测的重要环节，也是市场预测的基础性工作。

市场资料包括第一手资料和二手资料。对资料的收集要注意广泛性、适用性的原则，同时要注意资料的准确性。不全面、不系统的资料收集会影响市场预测结果的准确性，所以一定要对收集到的资料进行仔细鉴别和加工。

3. 分析判断

分析判断是指对上一环节收集到的资料进行综合分析，并通过判断、推理，使感性认识上升为理性认识，从事物的现象深入到事物的本质，从而预计市场未来的发展变化趋势。市场分析判断的内容包括以下几个方面：

（1）分析观察期内市场相关因素与商品市场需求量之间的关系；

（2）分析观察期内商品的供需之间关系；

（3）分析当前消费者的消费心理、消费倾向的状况以及变化趋势。

4. 选择预测方法

预测方法的选择对预测结果及其可靠性有很大影响。应根据预测的目标以及各种预测方法的特点和适用条件，选择合适的预测方法。单纯使用一种预测方法得到的结果往往不太精确，可以运用多种预测方法来预测同一目标。运用预测方法的核心是建立预测的模型，根据预测模型进行计算或者处理，便可得到预测结果。

5. 预测分析和修正

市场预测是基于估计和推测，很容易出现误差，与实际情况难以完全吻合。因此，在分析评判的基础上还要根据最新信息对预测结果评估和修正。

6. 撰写预测报告

预测报告是对预测工作的最后总结，应该概括预测研究的主要活动过程，包括预测目标、预测对象及有关因素的分析结论、主要资料和数据，预测方法的选择和模型的建立，以及对预测结论的评估、分析和修正等。撰写预测报告时应尽可能利用数据及统计图表，做到准确可靠、直观形象。

10.2 定性预测方法

10.2.1 定性预测方法概述

定性预测方法是预测人员凭借自身的丰富知识、经验及综合分析能力，根据已掌握的资料，对预测对象的未来发展作出趋势或程度上的估计和推测的一种预测方法。定性预测方法是市场预测中常用的一种方法，是一种直观性预测，它不用或者少用数学模型和方法，主要依赖于预测人员自身的经验和判断能力，预测结果往往不太精确并具有不确定性。定性市场分析是一种质的预测方法。

1. 定性预测方法的特点

定性预测方法主要有两个特点：(1) 主要凭借预测人员的自身经验及分析判断能力，着重对预测对象作出变动方向和性质上的推断；(2) 主要用于对预测对象的发展方向、趋势和重大转折等进行预测。比如，市场经济形势的重大转变，企业市场经营方向的转变，制定企业经营战略的决策方向，国家经济形势、经济政策的转变等。

2. 定性预测方法的优点

定性预测方法广泛应用于实践中，主要因为它有以下优点：(1) 定性预测方法比定量预测方法更简单，且操作成本低；(2) 定性预测方法所收集的资料主要来源于消费市场，便于了解消费者的心理和消费动机，在这一点上，定性预测比定量预测有明显的优势；(3) 定性预测经常作为定量预测的基础和前提，为定量预测提供一定的依据。在现实生活中两种方法往往结合使用，以便得出更准确的结论，更好地了解消费者的需求。

3. 定性预测方法的缺点

定性预测方法虽然应用广泛，但也有一定的缺点，主要包括：(1) 具有较大的不确定性，结果通常不太精确；(2) 比较注重人的经验和主观判断能力，易受主观因素的影响，预测者的知识、经验和能力的大小都会在一定程度上影响预测结果；(3) 忽略了历史资料和数量方面的分析，对事物的发展难以作出精确描述。

4. 定性预测方法的分类

定性预测方法的具体方式很多，主要包括专家意见调研法、主观概率法、类比预测法等。本书之前已经介绍过专家意见调研法（德尔菲法）等，此处不再赘述。下面对主观概率法和类比预测法做简要介绍。

10.2.2 主观概率法

1. 主观概率法的概念

主观概率是预测人员凭经验或预感而估算出来的概率。主观概率法是指利用主观概率对各种预测意见进行集中整理，从而得出综合性预测结果的预测方法，它是一种常用、便捷的预测方法。主观概率与客观概率不同，客观概率是根据事件发展的客观性统计出来的一种概率。在很多情况下，人们没有办法计算事情发生的客观概率，只能用主观概率来描述事件发生的概率。

2. 主观概率法的预测步骤

预测步骤：(1) 准备相关资料；(2) 编制主观概率调查表；(3) 汇总整理；(4) 判断预测。

3. 主观概率法的应用

例 10-1

某房地产公司打算预测某区2020年的房产需求量，因此选取了10位调查人员进行主观概率法预测，要求预测误差不超过±67套。调查汇总数据如表10-2所示。

表 10-2　调查汇总数据

被调查者编号	累计概率								
	0.010 (1)	0.125 (2)	0.250 (3)	0.375 (4)	0.500 (5)	0.625 (6)	0.750 (7)	0.875 (8)	0.990 (9)
	房产需求量（套）								
1	2 111	2 144	2 156	2 200	2 222	2 244	2 267	2 278	2 311
2	1 978	2 100	2 133	2 156	2 200	2 222	2 267	2 278	2 500
3	2 044	2 100	2 133	2 144	2 244	2 267	2 289	2 311	2 444
4	2 156	2 167	2 178	2 189	2 200	2 211	2 222	2 233	2 244
5	2 200	2 211	2 222	2 244	2 278	2 311	2 333	2 356	2 400
6	1 867	1 989	2 000	2 044	2 111	2 133	2 156	2 178	2 200
7	2 156	2 200	2 222	2 289	2 311	2 356	2 400	2 433	2 489
8	2 000	2 056	2 067	2 100	2 133	2 167	2 200	2 222	2 278
9	2 089	2 100	2 111	2 122	2 133	2 144	2 156	2 167	2 178
10	2 222	2 244	2 244	2 278	2 300	2 322	2 356	2 367	2 444
平均数	2 082.3	2 131.1	2 146.6	2 176.6	2 213.2	2 237.7	2 264.6	2 282.3	2 348.8

公司的具体做法如下：

（1）综合考虑每一个调查人员的预测，在每个累计概率上取平均值，得到在此累计概率下的预测需求量。由上表可以得出该房地产公司对2020年需求量预测最低可到2 083套，小于这个数值的可能性只有1%。

（2）该公司2020年的房产最高需求量可到2 349套，大于这个数值的可能性只有1%。

（3）可以用2 213套作为2020年该公司对该区房产需求量的预测值。这是最大值与最小值之间的中间值，其累计概率为50%，在样本量较小时可以直接作为需求量期望值的估计数。

（4）取预测误差为67套，则预测区间为：(2 213－67)～(2 213＋67)，即房产需求量的预测值在2 146～2 280套之间。

（5）当预测需求量在2 146套和2 280套之间，在第（3）栏到第（8）栏的范围之内，其发生概率为：0.875－0.250＝0.625，也就是说，需求量在2 146～2 280套之间的可能性为62.5%。

10.2.3 类比预测法

类比预测法又称类推预测法，是指根据预测目标与类比推测之间的类似性，从一个市场的发展状况及其变化推测另一个市场的发展状况及趋势。类比预测法主要有：产品类比预测法、地区类比预测法、行业类比预测法、国际类比预测法、连续比率法。

1. 产品类比预测法

根据某些产品在功能、技术、构造、生命周期等方面的相似性，人们可以进行产品之间的类推，由一种产品的市场趋势推测出另一种产品的发展趋势。

2. 地区类比预测法

地区类比预测法是通过将预测市场与其他地区的同类市场相比较，找出相似的发展规律，从而推测目标市场的产品发展状况及其发展趋势。

3. 行业类比预测法

行业类比预测法是指通过产品在原来行业的发展趋势来预测新行业的市场发展状况和方向，通常用于对新产品开发的预测。

4. 国际类比预测法

国际类比预测法是根据领先国家的市场发展状况来类比推测滞后国家的市场发展，与地区类比预测法较为相似。

5. 连续比率法

连续比率法也称转导法，是根据预测目标与某参考经济指标之间的相关比率，以参考经济指标的预测值作为基础，转导出预测目标的预测值的方法。

连续比率法的预测模型如下：

$$Y = G(1 \pm K) \cdot \eta_1 \cdot \eta_2 \cdot \cdots \cdot \eta_n \tag{10.1}$$

式中，Y 为预测目标的预测值；G 为某参考经济指标的本期观察值；K 为某参考经济指标的下期增减比率；η_1，η_2，…，η_n 为预测目标与参考经济指标之间的相关比率；n 为两者间相关经济联系的层次数。

10.3 定量预测方法

定量市场预测是根据定量的市场预测方法对市场发展趋势进行的预测。它以过去的统计资料为基础，运用数学模型进行分析计算后，结合现实的市场情况，对市场的未来变化趋势作出数学测算。定量预测方法主要有时间序列预测法、回归分析预测法等，上一章介绍了回归分析的方法，此处着重介绍时间序列预测法。

10.3.1 时间序列预测法

1. 时间序列预测法的定义

时间序列是指将各种历史资料数据等统计指标数值按时间顺序排列起来的一组数据序列。时间序列预测法是指通过分析处理预测目标的时间序列，来揭示预测目标的发展过程、特点和规律，并建立预测模型来预测目标事物未来的发展变化趋势和水平。

时间序列预测法中的数据应该具备以下条件：（1）数据应该具有连续性，以便准确地把握预测观察值的规律；（2）数据应该具有可比性，以便把握对象的发展规律。只有具备这些条件，才能较准确地进行时间序列预测，这样的时间序列才是有价值的。

2. 时间序列的影响因素

时间序列受到多种因素的影响，是各种相关因素共同作用的结果。不同的影响因素会起不同的作用，有的起着非决定性的、短期的作用，有的则起着决定性的、长期的作用，并且不同影响因素的运动变化形式也不同。根据对时间序列的不同影响，可将不同影响因素分为长期趋势（T）、季节变动（S）、循环变动（C）、随机变动（I）。

（1）长期趋势（T）。长期趋势因素是指使社会经济现象在某一段较长时间内呈现持续发展变化趋势的因素。它反映了经济现象在一个较长时间内的发展方向，可以在一个相当长的时间内表现为一种近似直线的持续向上或持续向下或平稳的趋势，也可表现为非线性趋势，如指数曲线型、二次曲线型、修正的指数曲线型等。长期趋势因素是时间序列的主要构成要素。例如我国国内生产总值、人均可支配收入等都具有长期增长的趋势。

（2）季节变动（S）。季节变动是指以年度或者更短的时间为周期，时间序列观察值每年表现的具有周期性的、有规律的变动。这种变动通常由自然季节变化和社会因素的变化引发。例如羽绒服的销售量具有明显的季节变动特点：寒冷时节，羽绒服的销售量很大；高温时节，羽绒服的销售量较小。这种规律以时间为标志，是可以预测的。

（3）循环变动（C）。循环变动因素也称周期变动因素，是指引起社会经济现象近乎规律性地从低到高再从高到低的周而复始变动的因素。如国内生产总值、工业产值指数、股票价格、利率和大多数经济指标均具有明显的周期变动特征。

季节变动与循环变动的区别：季节变动有比较固定的规律，且变动周期是固定的，季节变动的波动长度固定，如12个月、4个季度、1个月或1周；循环变动则没有固定的规律，变动周期长短不一。

（4）随机变动（I）。随机变动也称不规则变动，是指时间序列观察值由于受到偶然因素、意外、不明原因等影响产生的变动。这种变动是非趋势性、非季节性、非循环性的，没有一定的规律，是无法预测的。由于其无法预测，故不能用数学模型进行计算。通常情况下，不考虑随机变动的影响。

这四种变动类型按是否可以预测可分为两类：第一类是常态变动，可以预测，包括长期趋势、季节变动；第二类是剩余变动，一般难以预测，包括循环变动和随机变动。

3. 时间序列的预测模式

如前所述，时间序列分为四种变动形式，且一般为四种变动的组合或叠加。四种变动形式综合对预测目标产生影响，因此可以将这四种变化作为基本变量，把时间序列预测量作为它们的函数，用 Y 表示，则可得

$$Y=f(T,S,C,I) \tag{10.2}$$

根据这四种变动数据的不同结合形式，主要有两种模型可供选择：加法模型和乘法模型。

$$\text{加法模型：}Y=T+S+C+I \tag{10.3}$$

加法模型中假定四种变动数据是相互独立的，并且可依次相加。加法模型认为季节变动、循环变动和随机变动是在长期趋势的数据上增加或减少若干数值，从而表现出各自对目标变量的影响。

$$\text{乘法模型：}Y=T\times S\times C\times I \tag{10.4}$$

乘法模型中假定四种变动因素之间是相乘关系。乘法模型认为季节变动、循环变动和随机变动对预测目标的影响表现为在长期趋势数据基础上乘以一个大于 1 或小于 1 的系数。其中，长期趋势用绝对数表示，另外三个因素用相对数表示。

4. 时间序列预测法的特点

（1）时间序列预测法主要用于对现象短期和近期的预测。时间序列预测法是基于预测对象过去的数据和规律，但事物不断发展，会有新的特点出现，环境等周围因素也会有新的变化，故用时间序列数据来推测事物长期的变化发展状况必定是不准确的。通常预测的都是事物短期和近期的发展变化情况。

（2）运用时间序列预测法时，应将质的分析和量的分析相结合。由于多种因素都对预测目标的发展变化状况产生影响，所以在进行预测时，应对多种因素进行充分考虑。注重质与量的分析的结合，有助于更全面地对预测目标的影响因素进行分析。

（3）运用时间序列预测法时，应剔除随机因素。随机因素即不规则因素。在预测中，总是存在一些不规则因素，而时间序列预测是对事物发展规律和趋势的总体性预测，所以在分析时应将随机变化的因素剔除。

5. 时间序列预测法的步骤

运用时间序列预测法的步骤如下：

（1）收集时间预测对象的历史资料和数据；

（2）根据收集到的资料和数据编制时间序列；

（3）对时间序列进行分析，选择预测方法；

（4）建立预测模型；

（5）对预测结果进行误差分析，确定预测值。

6. 时间序列预测法的操作过程

（1）运用移动平均法从原始时间序列 Y 中剔除季节变动和随机变动，得到包含长期趋势和循环变动的序列 TC。

（2）从原始时间序列 Y 中剔除第一步算出的长期趋势和循环变动的总影响 TC，得到只包含季节变动和随机变动的序列 SI，即 $SI=\frac{Y}{TC}$。

（3）对第二步得到的序列 SI，采用按月（季）平均法剔除其中的随机变动 I，得到季节指数 s_t。

（4）以时间 t 为自变量，采用趋势拟合法，对原始时间序列 Y 建立长期趋势方程，并根据该方程求出每个时期的长期趋势值，得到长期趋势序列 T。

长期趋势方程的形式可用散点图判断，以选择适合的曲线，一般为直线趋势，用回归方程 $T_t=\beta_0+\beta_1 t$ 来表示。

（5）从第一步得出的包含长期趋势和循环变动的序列 TC 中剔除第四步得到的长期趋势 T_t，得到循环变动指数序列 C，即 $C=\frac{TC}{T_t}$。

（6）根据长期趋势方程求出预测时期的长期趋势值 T_t，并判断预测时期的循环变动指数 C_t。

（7）根据时间序列预测法进行预测。由于随机变动序列 I 不可预测，预测模型变为：$\hat{Y}_t=T_t \cdot S_t \cdot C_t$。其中季节指数 S_t 已在第三步求出，长期趋势值 T_t 和循环变动指数 C_t 在第六步中计算得到。

7. 时间序列预测法的应用

例 10－2

某公司 2014—2019 年产品销售额季度数据如表 10－3 所示。用时间序列预测法的乘法模型预测 2020 年第一季度的销售额。

表 10－3 某产品 2014—2019 年销售数据 单位：万元

年份	第一季度	第二季度	第三季度	第四季度
2014	67	104	136	76
2015	72	110	135	82
2016	74	115	142	88
2017	78	130	165	95
2018	83	147	190	106
2019	86	158	205	112

解：第一步，求不含季节变动和随机变动的序列 TC。

由于销售额数据为季度数据，周期为 4，因此，为了消除季节变动，进行四项移动平均。

例如，第一个四项移动平均值为：

$$\frac{Y_1+Y_2+Y_3+Y_4}{4}=\frac{67+104+136+76}{4}=95.75(\text{万元})$$

第二个四项移动平均值为：

$$\frac{Y_2+Y_3+Y_4+Y_5}{4}=\frac{104+136+76+72}{4}=97.00(\text{万元})$$

依此类推，结果见表 10-4 的"四项平均"栏。

表 10-4　某产品时间序列预测法的乘法模型分解表

年份/季度	T	销售额 Y（万元）	四项平均（万元）	TC（万元）	$SI=Y/TC$（%）	T（万元）	C（%）
2014/1	1	67					
2	2	2	104.00	95.75			
3	3	136	97.00	96.38	141.12	90.94	105.98
4	4	76	98.50	97.75	77.75	93.45	104.60
2015/1	5	72	98.25	98.38	73.19	95.97	102.51
2	6	110	99.75	99.00	111.11	98.48	100.53
3	7	135	100.25	100.00	135.00	101.00	99.00
4	8	82	101.50	100.88	81.28	103.51	97.46
2016/1	9	74	103.25	102.38	72.28	106.03	96.56
2	10	115	104.75	104.00	110.58	108.55	95.81
3	11	142	105.75	105.25	134.92	111.06	94.77
4	12	88	109.50	107.63	81.76	113.58	94.76
2017/1	13	78	115.25	112.38	69.41	116.09	96.80
2	14	130	117.00	116.13	111.94	118.61	97.91
3	15	165	118.25	117.63	140.27	121.12	97.12
4	16	95	122.50	120.38	78.92	123.64	97.36
2018/1	17	83	128.75	125.63	66.07	126.16	99.58
2	18	147	131.50	130.13	112.96	128.67	101.13
3	19	190	132.25	131.88	144.07	131.19	100.53
4	20	106	135.00	133.63	79.32	133.70	99.95
2019/1	21	86	138.75	136.88	62.83	136.22	100.48
2	22	158	140.25	139.50	113.26	138.73	100.56
3	23	205					
4	24	112					

为了使移动平均值与时间在位置上对应，需对第一次得到的移动平均值再做一

次项（居中）移动平均，即得到不含季节变动和随机变动的序列 TC，见表 10－4 的“TC”栏。例如，TC 序列中第一个值（2014 年第三季度对应的 TC 值）为第一个四项移动平均值和第二个四项移动平均值的平均数。

$$\frac{95.75+97.00}{2}=96.375(\text{万元})$$

第二步，根据 $SI=\frac{Y}{TC}$，求包含季节变动和随机变动的序列 SI，结果见表 10－4 的“$SI=Y/TC$”栏。

例如，2014 年第三季度对应的 SI 值为：

$$\frac{136}{96.375}\times 100\%=141.12\%$$

第三步，求季节指数 S。

将序列 SI 按季度重新排列（如表 10－5 所示），采用按季平均法，可剔除其中的随机变动 I，得到各年的同季平均指数，由于四个季度的平均指数之和为 399.616 4%，需要对各指数进行修正，使其和为 400%。各季度平均指数乘以修正系数 1.000 96（400/399.616 4），即得到该产品销售额的季节指数，如表 10－5 最后一行所示。例如，第一季度季节指数的计算过程为：

$$S1=\frac{73.189+72.283+69.41+66.07+62.831}{5}\times\frac{400}{399.6164}=68.82\%$$

表 10－5　季节指数计算表

年份	第一季度	第二季度	第三季度	第四季度	合计
2014			141.12	77.75	
2015	73.19	111.11	135.00	81.29	
2016	72.28	110.58	134.92	81.77	
2017	69.41	111.95	140.28	78.92	
2018	66.07	112.97	144.08	79.33	
2019	62.83	113.26			
同季合计（%）	343.78	559.87	695.38	399.05	
同季平均（%）	68.76	111.97	139.08	79.81	399.62
季节指数（%）	68.82	112.08	139.21	79.89	400

第四步，计算长期趋势序列 T。

通过散点图（见图 10－2）可以看出，随着时间的变化，销售额 Y 有上升的线性趋势。因此，以时间 t 为自变量，销售额 Y 为因变量，采用最小二乘估计法，建立如下长期趋势回归方程：$Y=a+bt$，解出系数后，表达方程如下：

$$Y=83.3887+2.5157t$$

根据上面的趋势方程，求出每个时期的长期趋势值，见表 10－4 的“T”栏。

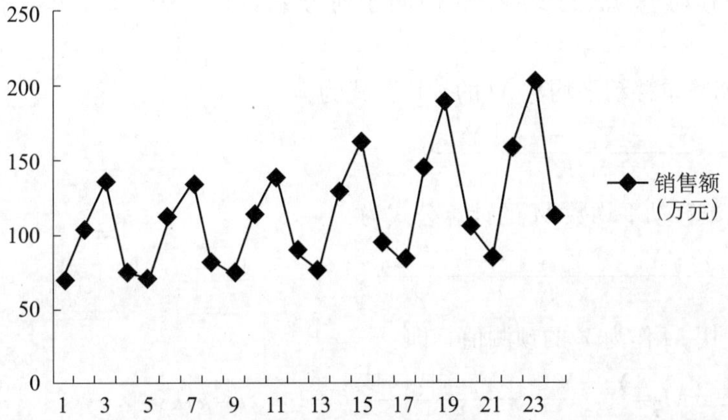

图 10-2　销售额散点图

第五步，计算循环变动指数序列 C，计算公式为 $C=\frac{TC}{T}$，结果见表 10-4 的最后一栏，即"C"栏。

例如，2014 年第三季度的循环变动指数为：

$$\frac{96.375}{90.9348}\times 100\%=105.98\%$$

第六步，计算 2020 年第一季度的长期趋势值。

2020 年第一季度对应的时间 $t=25$，代入长期趋势回归方程，得

$$T=83.3877+2.5157\times 25=146.28(\text{万元})$$

根据表 10-4 中的循环变动 C 和销售额 Y 的历史资料，主观估计 2020 年第一季度的循环变动 C_{25} 为 98%。

因此，忽略随机变动的影响，2020 年第一季度销售额的预测值为：

$$\hat{Y}_{25}=T_{25}\cdot S_{25}\cdot C_{25}=146.2802\times 68.8226\%\times 98\%=98.66(\text{万元})$$

10.3.2　移动平均法

1. 移动平均法的概念

通过对时间序列按一定的项数(间隔长度)逐期移动平均，从而修匀时间序列的周期变动和随机变动，显示出现象的发展趋势，然后根据趋势变动进行外推预测的一种方法。

2. 简单移动平均法

简单移动平均法就是对原时间序列按一定的项数逐期平均，分别计算出一系列移动平均数，这些移动平均数构成的新的时间序列对原时间序列的波动起到一定的修匀作用，如果原时间序列没有明显的不稳定变动，则可以用最近一期的移动平均值作为下一期的预测值。

（1）简单移动平均法的步骤。设时间序列为 Y_1，Y_2，…，Y_t，…，移动平均项数为 K，则

第 $t-1$ 期简单移动平均数 M 的计算公式为：

$$M_{t-1}=\frac{Y_{t-1}+Y_{t-2}+\cdots+Y_{t-k}}{K} \tag{10.5}$$

第 t 期简单移动平均数 M 的计算公式为：

$$M_t=\frac{Y_t+Y_{t-1}+Y_{t-2}+\cdots+Y_{t-k+1}}{K} \tag{10.6}$$

预测中使用 M 作为 Y 的预测值，即

$$\hat{Y}_{t+1}=M_t=\frac{Y_t+Y_{t-1}+Y_{t-2}+\cdots+Y_{t-k+1}}{K},\quad t=k,k+1,\cdots$$

（2）简单移动平均法的应用。

例 10-3

某公司2009—2019年的产品销售量数据如表10-6第2列所示。分别采用三项和四项简单移动平均法对该公司2020年的产品销售量进行预测。

解：计算出各年的三项简单移动平均预测值，结果见表10-6中第3列。其中，2020年的三项简单移动平均预测值的计算过程为：

$$\hat{Y}_{2020}=\frac{Y_{2017}+Y_{2018}+Y_{2019}}{3}=\frac{235+232+240}{3}=235.67\text{(万台)}$$

表 10-6 简单移动平均预测表

年份	实际销售量	三项简单移动平均预测值		四项简单移动平均预测值	
		预测值（万台）	相对误差（%）	预测值（万台）	相对误差（%）
2009	175				
2010	172				
2011	180				
2012	192	175.67	8.51		
2013	201	181.33	9.78	179.75	10.57
2014	210	191.00	9.05	186.25	11.31
2015	220	201.00	8.64	195.75	11.02
2016	227	210.33	7.34	205.75	9.36
2017	235	219.00	6.81	214.50	8.72
2018	232	227.33	2.01	223.00	3.88
2019	240	231.33	3.61	228.50	4.79
2020	—	235.67		233.50	

当 $k=4$ 时，可计算各年的四项简单移动平均预测值，结果见表 10－6 中第 5 列，其中，2020 年的四项简单移动平均预测值的计算过程为：

$$\hat{Y}_{2020}=\frac{Y_{2016}+Y_{2017}+Y_{2018}+Y_{2019}}{4}=\frac{227+235+232+240}{4}=233.5(\text{万台})$$

由预测结果可以计算出：预测的相对误差在 $k=3$ 时平均为 6.97％，在 $k=4$ 时平均为 8.52％，可见，三项简单移动平均的预测值与实际值的误差较小，对实际值的变化趋势反应比较灵敏。但同时也可以看出，四项简单移动平均预测序列对实际值序列的修匀程度更好，反映为四项简单移动平均预测值的折线图相对于三项简单移动平均预测的折线图更平滑，趋势更明显。

3. 加权移动平均法

在采用移动平均法时，应对近期数据给予较大的权数，对远期数据给予较小的权数，这种方法称为加权移动平均法。

（1）加权移动平均法的步骤。

第 t 期加权移动平均数：

$$M_{tw}=\frac{a_0Y_t+a_1Y_{t-1}+a_2Y_{t-2}+\cdots+a_{k-1}Y_{t-(k-1)}}{a_0+a_1+a_2+\cdots+a_{k-1}} \tag{10.7}$$

式中，a_i（$i=0$，1，…，$k-1$）为参加移动平均数据的相应权重。

预测中使用 M 作为 Y 的预测值，即

$$\hat{Y}_{t+1}=M_{tw}=\frac{a_0Y_t+a_1Y_{t-1}+a_2Y_{t-2}+\cdots+a_{k-1}Y_{t-(k-1)}}{a_0+a_1+a_2+\cdots+a_{k-1}}$$

加权移动平均法的关键在于权重的确定。实践中，应根据具体情况来确定权重。一般地，可根据经验选取几组权重试算，比较预测的相对误差，从中选择与实际数据拟合较好的权重用于预测。

（2）加权移动平均法的应用。

例 10－4

沿用例 10－3 的资料。设移动平均项的权重 $a=k-i(i=0，1，\cdots，k-1)$，分别采用三项加权移动平均法和四项加权移动平均法对公司 2020 年的产品销售量进行预测。

解：当采用三项加权移动平均法时，$k=3$，$a_0=3$，$a_1=2$，$a_2=1$，计算结果见表 10－7 第 3 列，其中 2020 年销售量的三项加权移动平均预测的结果为：

$$\hat{Y}_{2020}=\frac{1\times Y_{2017}+2\times Y_{2018}+3\times Y_{2019}}{3+2+1}=\frac{1\times 235+2\times 232+3\times 240}{3}=236.5(\text{万台})$$

当采用四项加权移动平均法时，$k=4$，$a_0=4$，$a_1=3$，$a_2=2$，$a_3=1$，计算结果见 10－7 第 5 列，其中 2020 年销售量的四项加权移动平均预测的结果为：

$$\hat{Y}_{2020}=\frac{1\times Y_{2016}+2\times Y_{2017}+3\times Y_{2018}+4\times Y_{2019}}{4+3+2+1}$$

$$=\frac{1\times 227+2\times 235+3\times 232+4\times 240}{4+3+2+1}=235.3(\text{万台})$$

表 10-7　加权移动平均预测计算表

年份	销售量（万台）	三项加权移动平均预测值		四项加权移动平均预测值	
		预测值（万台）	相对误差（%）	预测值（万台）	相对误差（%）
2009	175				
2010	172				
2011	180				
2012	192	176.5	8.1		
2013	201	184.7	8.1	182.7	9.1
2014	210	194.5	7.4	191.2	9.0
2015	220	204.0	7.3	200.7	8.8
2016	227	213.5	5.9	210.4	7.3
2017	235	221.8	5.6	218.9	6.9
2018	232	229.8	0.9	227.1	2.1
2019	240	232.2	3.3	230.7	3.9
2020	—	236.5		235.3	

根据表 10-7 可以算出，三项加权移动平均的相对预测误差平均为 5.82%，小于三项简单移动平均的相对预测误差的平均数 6.97%，这说明对于该例加权移动平均法能更好地反映实际情况。

四项加权移动平均的相对预测误差平均为 6.71%，小于四项简单移动平均的相对预测误差的平均数 8.52%，但大于三项加权移动平均的相对预测误差的平均数 5.82%。可见，与简单移动平均法相同，三项加权移动平均的预测值对实际值的变化趋势反应比较灵敏，但四项加权移动平均预测序列与实际值序列的修匀程度更好。

运用移动平均法进行预测时应注意的问题：

（1）采用不同的移动平均项数 k 计算得到的预测值是不同的，它们对实际值的变化趋势的反应灵敏度和修匀程度也有差别。

（2）移动平均项数 k 的确定有一定的主观性和经验性。实际预测时，可选择多个 k 进行试算，比较预测的相对误差，从中选择相对误差较小的 k。

（3）移动平均法只能用于近期预测。

（4）移动平均法只能用于对具有水平趋势的时间序列进行预测。否则，预测将出现滞后现象。

（5）当时间序列具有线性递增趋势时，预测结果将偏低；当时间序列具有线性递减趋势时，预测结果将偏高。

10.3.3　指数平滑法

1. 指数平滑法的概念

指数平滑法是对移动平均法的改进，它利用对时间序列由近及远的逐步衰减的加权作为未来发展趋势的预测。其原理是：近期的观察数据要比早前的数据包含更多的有关将来的信息。

其使用步骤如下：首先选择平滑常数 $A(0<A<1)$。若时间序列有 n 次观察，第 $n+1$ 期的预测值就等于第 n 期的观察值和同期的预测值的加权平均数，即

$$F_{n+1}=AX_n+(1-A)F_n \tag{10.8}$$

该计算方法从第二期（$t=2$）一直进行到最后一期（$t=n$）。

例 10-5

设企业 10 周内的销售量如表 10-8 第 2 列所示，并且 $F_2=F_1=X_1$，预测在不同平滑常数下第 11 周的销售量。

解：如果 $A=0.2$，有

$F_3=0.2\times430+0.8\times400=406$

$F_4=0.2\times420+0.8\times406=408.8$

⋮

表 10-8　企业 10 周内销量及预测表

周次 t	销售量 X_t	$A=0.2$ F_t	$A=0.4$ F_t	$A=0.6$ F_t	$A=0.8$ F_t
1	400	400.00	400.00	400.00	400.00
2	430	400.00	400.00	400.00	400.00
3	420	406.00	412.00	418.00	424.00
4	440	408.80	415.20	419.20	420.80
5	460	415.04	425.12	431.68	436.18
6	440	424.03	439.07	448.67	455.23
7	470	427.23	439.44	443.47	443.05
8	430	435.78	451.67	459.39	464.61
9	440	434.62	443.00	441.76	436.92
10	420	435.70	441.80	440.70	439.38
11	—	432.56	433.08	428.28	423.88

平滑后的数据比原来的销售量数据的波动要小得多。

随着 A 值的增加，F_t 的波动也变大，这是因为时间序列中最后的观察值有了较大的权值。

平滑系数 A 的选择：一个标准是分析者对近期观察数据应给多大权值的直观判断，另外可采用经验统计方法来选择。（观察值与预测值之间离差的平方和最小。）

由表 10－9 中的数值可知，平滑系数为 0.6 时，观察值与预测值之间离差的平方和最小，预测效果最好。

表 10－9

平滑系数	离差平方和
0.2	6 484.23
0.4	4 683.87
0.6	4 213.08
0.8	4 394.52

10.4 EViews 软件在市场预测中的应用

EViews 软件是市场预测中较常采用的预测工具，尤其是在涉及时间序列的预测中。本节简要介绍 EViews 软件，并对其应用进行分析。

10.4.1 EViews 软件概述

1. EViews 软件简介

作为一种经济计量分析软件，EViews 的应用非常广泛。它提供了对时间序列数据进行分析、回归和预测等强大功能，操作简单灵活，数据处理极为方便。EViews 是一种面向对象的操作，从而实现各种计量分析和统计分析功能。

在计量经济学中，EViews 是一种极其重要的工具，大家应认真学习，熟练掌握。

2. EViews 软件的主要功能

EViews 软件具有很多实用的功能，主要包括：

（1）通过面向对象来操作数据，对数据运用统一的方式进行管理；

（2）对时间序列等数据进行输入、扩展和修改，根据已有模型或公式生成新的序列；

（3）对数据进行各种检验分析，包括 T 检验、协整检验、Granger 因果检验等；

（4）对统计量进行描述，一般采用相关系数、协方差、互相关系数、自相关系数和直方图等；

（5）对方程进行分析估计，包括线性分析和非线性分析等；

（6）对向量自回归系统进行估计和分析；

（7）可执行各种二乘法的计算，包括最小二乘法、带有自回归校正的最小二乘法、两阶段最小二乘法和三阶段最小二乘法、非线性最小二乘法等；

（8）分析模型，对模型求解和模拟，如估计多项式分布滞后模型；

（9）对数据库进行管理；

（10）对回归方程进行预测；

（11）与外部软件进行数据交换。

10.4.2　EViews 软件在市场预测中的具体应用

本章的引例中提出了一个关于季节预测的问题，可以用季节指数预测法对此进行预测。下面介绍运用 EViews 软件解决此问题的步骤。

从表格中的数据可以看出，数据序列具有较明显的上升趋势，并随着季节变化具有周期性的季节变动。根据本章所讲知识，可以看出应运用季节指数预测法进行预测。本案例应用环境为 EViews7.2，具体步骤如下：

（1）在 EViews 中新建一个文件。选择“File”（文件）→“New”（新建）→“Workfile”（工作文档），选择“Quarterly”（季节预测），在“Start date”（开始日期）中输入“2015：1”，在“End date”（结束日期）中输入“2019：4”，界面如图 10－3 所示。

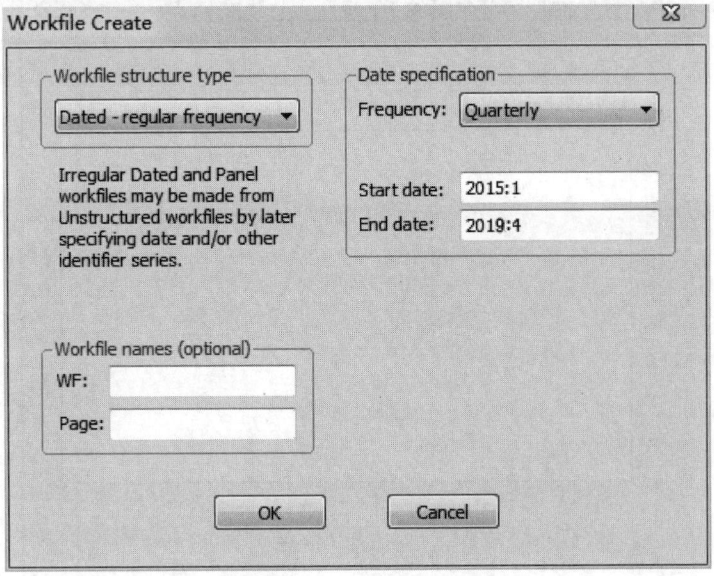

图 10－3　季节预测界面

（2）选择“Quick”（快捷菜单）→“EmptyGroup”（空组），输入表格中的数据，命名为 Y，时间命名为 T，界面如图 10－4 所示。点击“Name”（命名）→“Ok”，生成 Group01。

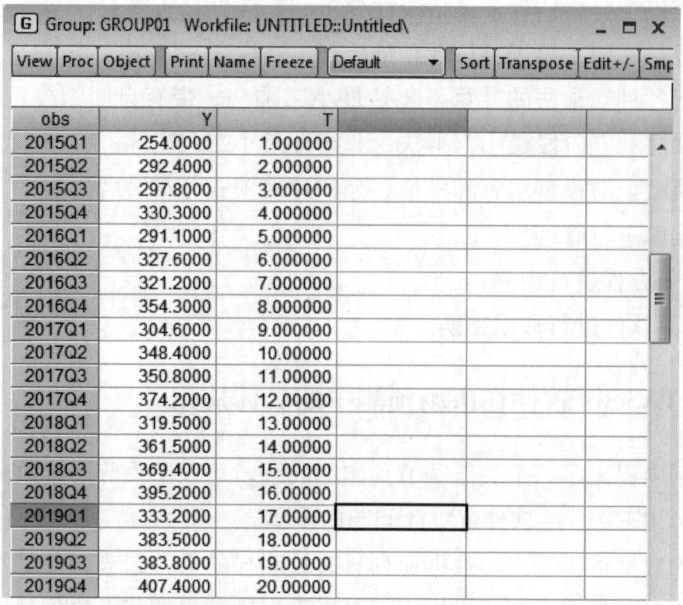

G Group: GROUP01 Workfile: UNTITLED::Untitled\

View Proc Object Print Name Freeze Default Sort Transpose Edit+/- Smp

obs	Y	T
2015Q1	254.0000	1.000000
2015Q2	292.4000	2.000000
2015Q3	297.8000	3.000000
2015Q4	330.3000	4.000000
2016Q1	291.1000	5.000000
2016Q2	327.6000	6.000000
2016Q3	321.2000	7.000000
2016Q4	354.3000	8.000000
2017Q1	304.6000	9.000000
2017Q2	348.4000	10.00000
2017Q3	350.8000	11.00000
2017Q4	374.2000	12.00000
2018Q1	319.5000	13.00000
2018Q2	361.5000	14.00000
2018Q3	369.4000	15.00000
2018Q4	395.2000	16.00000
2019Q1	333.2000	17.00000
2019Q2	383.5000	18.00000
2019Q3	383.8000	19.00000
2019Q4	407.4000	20.00000

图 10-4　数据录入图

（3）选择“View”（查看）→“Graph”（图）→“Line&symbol”（线符），得到根据此数列绘制的曲线图，见图 10-5。

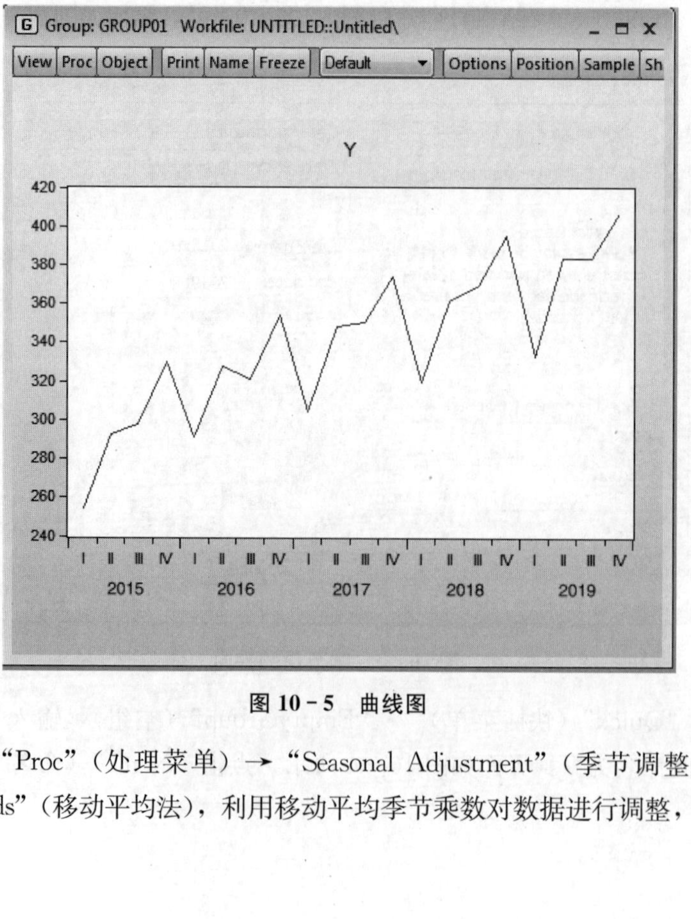

图 10-5　曲线图

（4）选择“Proc”（处理菜单）→“Seasonal Adjustment”（季节调整）→“Moving Average Methods”（移动平均法），利用移动平均季节乘数对数据进行调整，见图 10-6。

可得到调整后的序列 YSA（见图 10－7）。

图 10－6　季节乘数对数据调整图

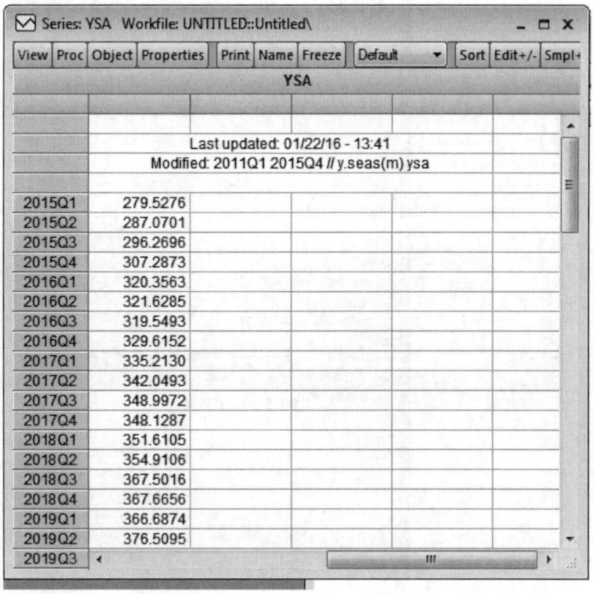

	YSA
2015Q1	279.5276
2015Q2	287.0701
2015Q3	296.2696
2015Q4	307.2873
2016Q1	320.3563
2016Q2	321.6285
2016Q3	319.5493
2016Q4	329.6152
2017Q1	335.2130
2017Q2	342.0493
2017Q3	348.9972
2017Q4	348.1287
2018Q1	351.6105
2018Q2	354.9106
2018Q3	367.5016
2018Q4	367.6656
2019Q1	366.6874
2019Q2	376.5095
2019Q3	

图 10－7　调整后的序列 *YSA*

（5）得到调整后的曲线图（见图 10－8），此时数据已经不包含季节变动，有了明显的线性趋势。

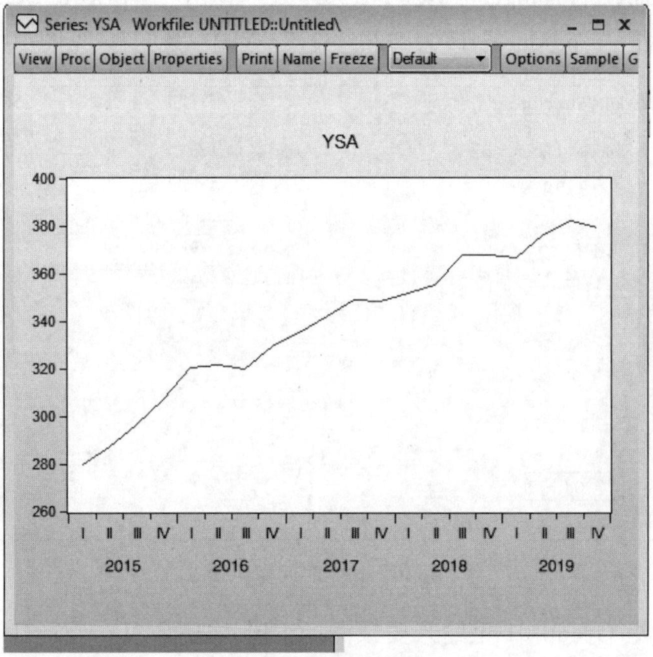

图 10－8　线性趋势图

（6）选择“Quick”→“Equation Estimation”（方程估计），利用最小二乘法对结果进行预测（见图 10－9）。

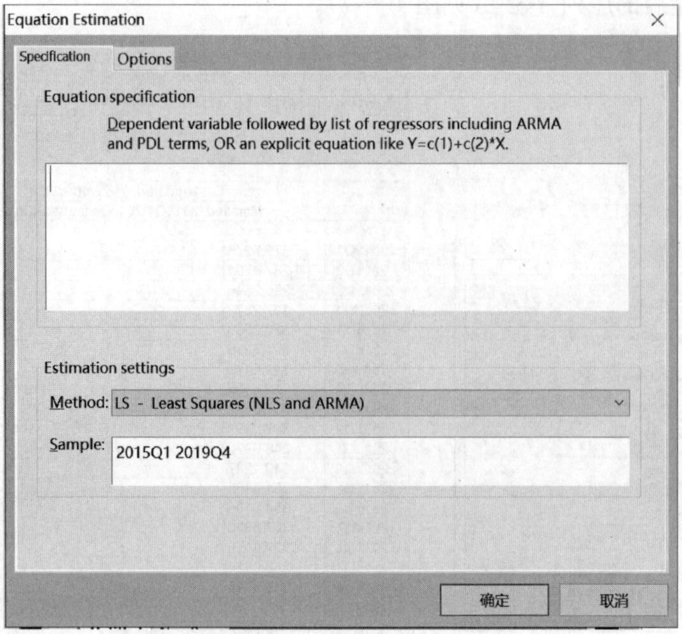

图 10-9 最小二乘法预测图

得到直线趋势方程为：

$y=285.2809+5.122865t$

（7）点击界面顶端 Range2015Q1 2019Q4 处，弹出“Workfile Structure”（工作文件结构）框，并将“End date”改为“2020Q4”，点击“OK”（见图 10-10）。

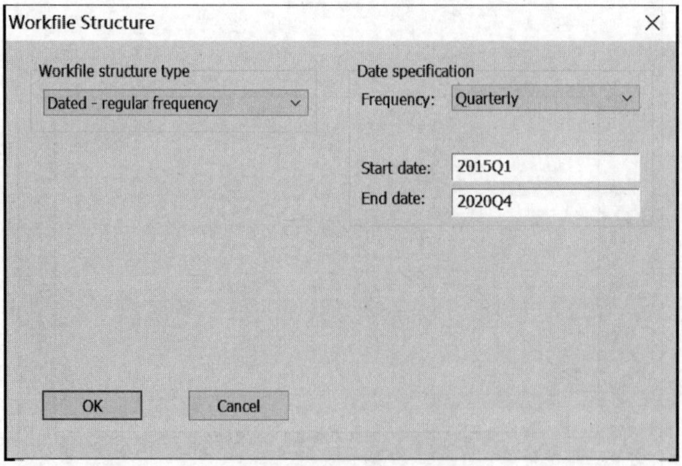

图 10-10 时间变化图

（8）在数据组 Group 01 里输入要预测的 t 值，选择“Forecast”（预测），进行预测，见图 10-11。

（9）可得到 2020 年各个季度的预测值，见图 10-12。

图中，2020 年第一至第四季度的值为预测值。至此，完成季节指数预测。

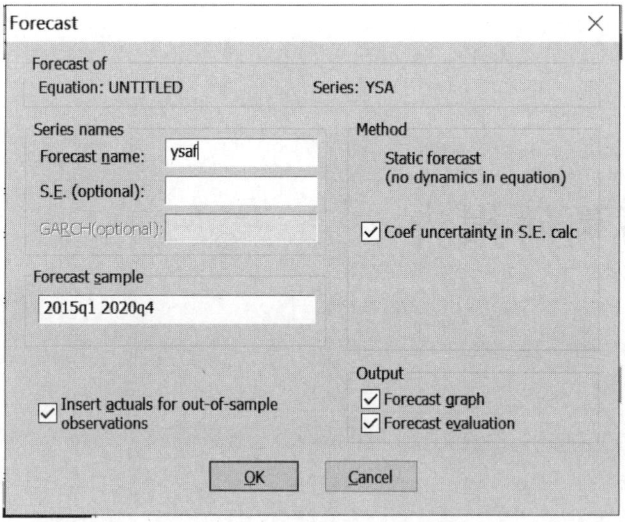

图 10－11　预测统计量选择图

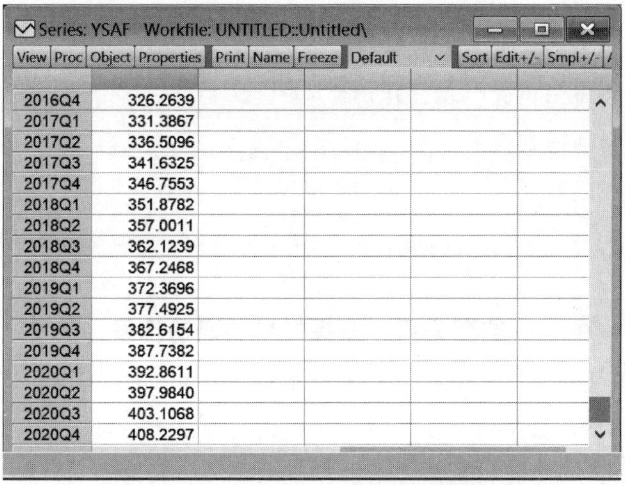

图 10－12　2020 年第一至第四季度预测值

基本概念

市场预测　　定性预测方法　　定量预测方法　　主观概率法

时间序列预测法　　移动平均法　　指数平滑法

思考题

1. 什么是市场预测？市场预测有哪些步骤？
2. 市场预测有哪些定性分析方法？
3. 市场预测有哪些定量分析方法？
4. 简要描述时间序列预测法，并指出影响时间序列的因素有哪些。

第11章 撰写调研报告

学习目标

- 理解调研报告撰写的基本要求和特点
- 掌握调研报告的撰写内容、撰写技巧等
- 理解调研报告的沟通形式

引 例

吉列公司：发挥市场调研的作用

吉列公司在男性护理用品市场中处于世界领先地位。该公司的产品质量高，价格不菲。该公司也是财务最稳定的企业之一。这些成就得益于公司对市场调研和新产品开发有强烈的信念。例如其锋速Ⅲ剃须刀的性能超越了所有其他剃须产品，其价格是公司另一款剃须刀的两倍。吉列公司还为女性开发特定的产品，包括基于激光技术的产品。近年来，吉列公司年均推出的产品达 20 多款，公司大约半数的销售额来源于面市不超过 5 年的品牌。以下是吉列公司在市场调研领域用过的一些方法：

（1）年度全国消费者研究。这类研究的目标是确定受试者最近一次剃须用的是什么品牌的刀架和刀片，以便收集人口统计特征数据和消费者对各刀架、刀片制造商的态度。这类研究使用随机抽样方法，在全美国选择男性和女性固定样本组进行个人访谈。

（2）全国品牌跟踪研究。这类研究是为了监测品牌忠诚和品牌转移倾向而对刀架和刀片的使用情况进行跟踪。每年的研究通过邮寄问卷方式向男性和女性固定样本组进行调查。

（3）年度品牌知晓研究。这种研究以确定吉列产品所拥有的“心境共享”为目标，使用对品牌名称和广告活动的辅助回想和无辅助回想进行电话调查。

（4）消费者使用测试。消费者使用测试的主要目标是判断吉列公司的产品是否符合顾客期望，以及核实广告和包装中的承诺是否兑现。吉列公司每月至少要进行两次消费者测试。在进行测试时，要求消费者在一段时间内使用特定规格的产品，测试结束时收集消费者对产品的评价。

(5) 无线射频识别 (RFI) 与电子产品编码 (EPC) 研究。零售商通过电子芯片对吉列公司的产品销售逐一跟踪。利用该调查所获得的数据可以推算出即时的市场份额。数据更重要的用途是作为供应链的信息来源，例如数据可以对分销、断货以及库存水平的选择方式提供决策信息。

(6) 实验室研究。这类研究是为了测试公司现有产品的性能和改进新产品的设计。这些研究包括确定男人脸上胡须的数量、胡须的生长速度、刀片的使用次数，以及让受试者使用吉列产品和竞争性产品并且测量其结果。

资料来源：Charles Forelle，Razorsto Lasers. Wall Street Journal，Feb. 20，2003.

在对调研资料和数据进行统计整理与分析之后，需要对这些素材进行整合，形成让客户感兴趣的最终结论。基于这些结论，提出有针对性的行动建议，使调查真正起到帮助客户解决营销中的实际问题、服务于客户企业的作用，还需要撰写调查报告。一项市场调研活动的成败，调研报告的内容和质量起着十分重要的作用。

11.1 调研报告概述

调研报告是指用书面表达的方式反映调研过程和调研结果的一种分析报告，它是通过文字、图表等形式将调查研究的成果表现出来，以使企业和决策者对所调查的市场现象和所关心的问题有全面系统的认识。它是市场调研工作最终成果的体现，是管理者进行决策的依据，也是为管理部门服务的一种重要形式。

11.1.1 调研报告的特点

调研报告是对某类市场的全面情况，或是某个侧面、某个问题进行调查研究之后撰写的，是针对市场情况进行的调查、分析和研究，因此有以下几个特点。

1. 针对性

针对性是调查报告的灵魂，主要体现在以下两个方面：

第一，调研报告的选题具有针对性，必须明确调查的目的。调研报告的目的性很强，是为了解决某一问题，或者说明某一问题，撰写报告时必须做到目的明确、有的放矢，围绕主题展开论述。

第二，调研报告必须针对阅读对象。阅读对象不同，他们的要求和所关心问题的侧重点也不同。如果调研报告的阅读者是公司的高层管理人员，比如总经理，那么他主要关心的是调研的结论和建议部分，而不是大量的数据分析等。但如果阅读者是市场研究人员，他要了解的是这些结论是怎么得来的，是否科学、合理，那么他更关心调研所采用的方式方法、数据的来源等方面的问题。

2. 新颖性

新颖性要求调研报告应从全新的视角去发现问题，用全新的观点去看待问题。因此调研报告要引用一些人们未知的通过调查研究得到的新发现，提出新观点，形成新结论。市场经济是竞争的经济，一个企业要在市场竞争中做到“知己知彼，百战不殆”，就要不断推陈出新。

3. 时效性

时效性是指调研报告把调查获得的数据信息反馈给使用者，以便其及时作出决策。市场变化多端，商情、商机往往稍纵即逝。企业在生产经营活动中必须掌握准确、及时、系统的经济信息资料，对市场变化迅速作出反应，并对未来状况加以预测，才能在竞争中取胜。因此，要顺应瞬息万变的市场形势，调研报告必须讲究时效性，做到及时反馈。

4. 合理性

合理性要求调研报告的内容必须真实、可靠。首先，引用的实例和数据要经过反复核实，做到准确无误；其次，采用的分析方法要根据实际情况进行筛选，选择最恰当合理的方法。

11.1.2 调研报告的类型

市场调研的内容较为广泛，不同的调研项目所要解决的问题不同，针对不同类型的调研项目，调研报告可分为不同的类型。根据不同的分类标准，调研报告的划分是多种多样的。根据调研报告的内容，可分为描述性报告和探索性报告；根据调研报告的技术，可分为初步报告、一般报告和技术报告；根据调研报告的性质，可分为普通调查报告、学术研究报告和学位论文；根据调研报告的作用，可分为应用性报告和学术性报告；根据调研报告的发表形式，可分为书面报告和口头报告；等等。这里主要根据调研报告的研究层次，划分为数据型报告、分析型报告和咨询型报告。

1. 数据型报告

数据型报告是调研报告中最简单的形式，这类报告只提供调查所获得的数据，或是按照顾客提出的要求简单处理过的数据。数据报告一般以表格的形式提供统计结果，在这类报告中要对表格中的数据进行简单说明，对一些统计术语进行必要的说明。在一次调研中对数据有不同处理方式，不同变量之间有多种组合，统计结果可能有很多。在调研报告中不可能将所有的可能结果都列出来，要有所取舍。

2. 分析型报告

分析型报告是在数据型报告的基础上对数据所反映出的情况做进一步的分析，是专业的商业调查机构向客户提供的主要的报告形式。调查机构根据长期从事数据采集和分析工作积累的经验，对调查数据中所反映出来的经营问题作出一些分析。与数据型报告相比，分析型报告除了表现常规性统计结果的表格之外，还要对表中数据做进一步分析，并将这些分析以文字的形式表述出来。

3. 咨询型报告

咨询型报告是在分析型报告基础上的进一步扩展和延伸，其内容除了对调查结果进行分析外，还包括对市场的分析，并进一步提出进行决策、采取行动的建议方案。要做好咨询型报告，调研人员除了需要了解本调研项目的数据之外，还要广泛收集二手资料，组织专家座谈论证，并进行必要的专项调查收集数据。这种报告需要不同专长的分析人员协作，共同完成。它所涉及的范围已经超出了传统的、以提供调查结果为主要内容的调查机构的服务范围。

11.1.3　调研报告的评价

调查报告提交之后，不同的阅读者会从不同的角度对其作出评价。任何一份调研报告都不可能完美，既有值得称道的一面，也有不足的一面。通过评价调研报告，可以总结好的经验，发现不足和问题。通过总结经验教训，一方面可以及时采取补救措施，更好地为委托者服务；另一方面也可以为以后的调研工作积累经验。

1. 评价调研报告的重点问题

在评价调研报告时有一些问题是重点，阅读者主要通过这些问题来评价调研工作。调研报告的撰写者应该知道这些重点问题，如果在调研报告的写作初期对这些问题有所准备，对于撰写出高水准的调研报告很有帮助。对调研报告的评价通常可以从以下方面着手。

（1）评价报告的由来和背景。调研报告中应该写明项目的背景，项目的提出者、委托者和承担者等。评价这部分内容时应该特别注意以下问题：

- 报告是否清楚地描述了项目的提出者和委托者？
- 报告是否清楚地描述了项目的目的和预期完成的任务？
- 报告是否描述了项目的承担者？

（2）评价报告中调研方案的设计。调研报告中应清楚地描述调研方案设计，包括市场调研的规划、所用的调研方法、调研的对象和样本以及分析技术等。评价这部分内容时应注意以下问题：

- 是否有一个完整的、描述清楚的调研方案？
- 调研方案的设计是否与调研项目的目的相一致？

● 调研方案中是否存在导致产生误差的地方？

● 是否存在为了迎合赞助人而导致产生误差的地方？

● 调研方案是否对可能影响调研结果的各种外部因素提出相应的措施？

● 被调查者是否能准确地回答出调查问卷中所提出的有关问题？

● 调研方案设计中对于调研对象是否有清楚的描述？

● 设计的调研样本结构是否能够代表该调研项目确定的调研对象？

● 调研报告是否具体说明了所用样本的类别及样本的选择方法？

● 调研报告是否清楚地描述了数据分析的方法？

● 报告的附录中是否已经包括调查问卷、现场调查指导、抽样设计以及其他一些能反映调研方案设计和实施过程的材料？

（3）评价调研过程的实施。主要是看各种信息是否由合格的访问员运用调研方案中规定的调研方法，认真仔细地汇总收集。评价这部分内容时要注意以下问题：

● 调研报告是否清楚地描述资料收集的过程？是否包括收集过程中的质量控制过程？

● 调研报告是否能详细说明收集第一手资料的样本部分？

● 具体的访问员在收集资料的过程中是否采取了相应的措施尽量减少误差？

（4）评价调研报告的可靠性和适用性。

1）评价调研报告的可靠性，要看样本规模是否在报告中给出解释，而且样本的规模应该足够大，以便在一定程度上保证收集资料的可靠性。评价这部分内容时要注意以下问题：

● 样本规模是否足够大，使收集的资料具有较高的代表性和可靠性？

● 在选择样本的过程中对可能产生的误差是否加以限制？

● 抽样过程中的误差是否有所说明？

● 对主要的调研结果，基于调研结果的数据分析，其所列的误差是否在允许值范围内？

2）评价报告的适用性，主要看调查报告是否指明调研结果的使用范围。评价这部分内容时要注意以下问题：

● 调研报告是否明确说明了收集资料的时间？

● 调研报告是否明确说明了调研报告的结果是否可以应用于其他方面的研究？

● 调研报告所提供的资料中，是否说明了未被充分代表的调研对象？

● 如果调研结果的使用有所限制，那么在报告中是否明确说明了调研结果的适用范围？

（5）评价结果分析和结论。评价这部分内容主要是看调研报告中所涉及的所有假设、判断、结论、建议等是否得到了明确的说明。评价这部分内容时应注意以下问题：

● 调研报告中所包含的内容，是否采用简单明确、直接的语言进行了说明？

● 调研报告中使用的测量方法是否合理？

● 是否对调研所得到的所有资料，以及基于这些资料所给出的结论进行了公开公正的说明？

● 在总结结论和提出建议时是否严格按照事实根据公正客观？

（6）评价报告的公正性。主要看报告是否对调研的过程和结果进行诚实、公开、完整的叙述。评价这部分内容时应该注意以下问题：

● 调研报告是否对市场调研的过程做了充分、直接的描述？

● 所有的相关资料以及结果是否都得到了反映？

2. 对调研报告评价的反馈和完善

在调研报告完成之后，不仅要注意对调研报告进行评价，还要及时地对评价的信息进行反馈。这种反馈应该是多方面的和多向的。也就是说，不仅要反馈成绩，而且要反馈存在的问题；不仅要反馈市场调查实施过程中的情况，也要反馈结果出来后的情况；不仅要反馈总体方面的情况，也要反馈各局部的情况。

（1）接受客户的反馈。调研机构在向客户提供并解释了调研结果后，应该及时听取客户的反馈意见。项目负责人需要将这些意见进行汇总整理，返回给项目的具体实施者。通过对项目结果的评价和反馈，使调研本身得到完善，也使整个调研工作得到优化。

（2）将自我评价的结果反馈给调研结果使用者。调研机构内部也应该组织人员对调研报告和调研结果进行评价，并及时将有关情况反馈给调研结果的使用者。通过反馈，一方面使有关各方对情况加深了解，互相之间加深理解和友谊；另一方面使调研人员增加知识和经验，同时也有益于委托单位更好地应用调研结论，为做好经营决策、指导经营活动提供条件。

11.2 调研报告的撰写

调研报告的内容和结构安排可以根据调研目的不同和调研内容的需要作出不同的安排，从这个意义上讲，调研报告没有固定不变的模式。另外，调研报告在撰写时也有一些技巧。只有合理安排内容，同时注重调研报告的写作技巧，才能真实地反映市场环境和消费意愿，使调研报告真正发挥作用。

11.2.1 调研报告的写作步骤

1. 构思

构思就是通过收集的资料认识客观事物，在判断推理的基础上确立主题思想，对收集到的大量资料进行分析研究，列出论点、论据，安排报告的层次结构。构思是根据思维运动的基本规律，从感性认识上升到理性认识的过程。它主要包括五个阶段：

（1）通过收集到的材料认识客观事物。通过调研中获得的数据资料和背景资料，初步了解客观事物，然后深入研究客观事物的性质、作用、表面原因和本质原因，得出事物的一般性规律。

（2）在认识客观事物的基础上确立主题思想。主题的提炼，要努力做到准确、集中、深刻、新颖。准确是指主题思想要根据调研的目的，如实反映客观事物的本质及其规律；集中是指主题要突出调研项目的中心；深刻是指主题要能够深入地揭示事物的本质；新颖是指主题要有新意。

（3）确立观点。确定主题后，应对收集的资料进行分析研究，逐渐消化、吸收，形成概念，再通过判断、推理，把感性认识提高到理性认识。

（4）列出论点、论据，得出结论。在得出结论时，应注意以下问题：1）所有实际情况及调查资料是否都已经考虑到；2）是否会有足够的事实来说明相反的结论；3）立场是否公正客观，前后是否一致。

（5）安排报告的层次结构。在完成上一步骤之后，构思基本上就有了个框架，在此基础上，需要考虑报告正文的大致结构与内容，思考报告的层次段落安排。层次一般可以分为三层，即基本情况介绍、综合分析、结论与建议。

2. 选材

选材就是要围绕调研主题来选取数据资料。有无丰富准确的数据资料做基础，是撰写调研报告成败的关键。调研报告的撰写必须以数据资料分析为基础，即介绍情况要以数据为依据，反映问题要用数据做定量分析，提出建议、措施同样要用数据来论证其可行性与效益性。恰当地选择数据资料可以使调研报告做到主题突出、观点明确、论证有力。

在调研收集资料的过程中，思想上还没有形成固定的观点，因此并不是收集到的所有资料都符合主题且能准确反映事物的本质特征。必须对所收集的数据资料进行去粗取精、去伪存真、由此及彼、由表及里的分析研究、加工判断，才能挑选出符合主题需要、能够反映事物本质特征、可形成论点、作为论据的准确资料。

正确选取资料之后，还要恰当运用。运用资料的过程，就是一个用资料说明观点、揭示主题的过程。在撰写报告时，要努力做到用资料说明观点，用观点论证主题，详略得当、主次分明，观点和数据资料能够协调统一，更好地突出主题。

3. 形成初稿

为了更好地完成调研报告，在定稿之前需要由一个人或几个人按照写作提纲的要求撰写初稿。初稿各部分的写作格式、文字数量、图表和数据要统一控制，做到合理、协调。初稿完成后要进行修改，先看各部分内容和主题的连贯性，是否需要修改和增减，顺序安排是否合适，然后整理成完整的全文提交审阅。

4. 定稿

初稿完成后，征求各方意见进行修改，之后就可以定稿了。定稿阶段一定要坚持公正客观、服从真理、不屈服权力和金钱的态度，使最终的报告较完善、较准确地反映社会经济活动的客观规律。

11.2.2　调研报告的结构

市场调研报告的结构并没有统一的标准，其具体的结构、格式和风格会因调研项目、调研人员、调研委托方的要求以及调研项目本身性质等的不同而不同，但所有的调研报告都是为了把市场信息尽量准确地传递给决策者，帮助其分析市场并作出相应的决策。因此，一些基本的内容对每一份市场调研报告来说都是必需的。一般来说，可以把整个调研报告分为开头部分、主体部分和附件部分。

1. 开头部分

开头部分一般包括标题页、信件、目录和摘要。

（1）标题页。标题页一般可以做成调研报告的封面，单独占用一页。标题页的版面设计没有标准的规定，很多专业的调查公司都会将封面做得极富特色，突出客户的企业形象，颇具吸引力，效果很好。标题页的内容要包括以下几项：

1）市场调研报告的标题。标题必须能够准确地揭示报告的主题思想，做到简单明确，高度概括，并且做到题文相符。好的标题可以一下子吸引阅读者的注意力。标题的形式一般有三种：直叙式标题、表明观点式标题和提问式标题。

直叙式标题简明扼要，比较直观地反映调查意向或直接指出调研地点、调研项目。例如，“某市居民购车需求情况调查”“某品牌空调市场占有率调查”等。

表明观点式标题直接阐述了撰写者的观点、看法，或对事物作出判断、评价。例如，“不求样品但求最好——对大学生品牌消费观的调查分析”，这种标题既表明了作者的态度，又揭示了主题，具有很强的吸引力，但通常需要加一个副标题才能将调研对象和内容表达清楚。

提问式标题以设问、反问等形式，突出问题的焦点和尖锐性，吸引阅读者阅读、思考。例如，“北京市二手车为什么突现火爆”等。这类标题比较尖锐，具有极大的吸引力，一般用于揭示问题的调研报告分析。

2）调研委托单位的全称，即使用市场调研报告的单位名称。

3）执行调研项目的负责人姓名和所属单位。如果是多个机构合作进行的调研，应该将所有机构的名称都写上，也可以同时附上调查机构的联络方法。同时，也应写清楚调研项目的主要负责人的姓名，便于联络、解释相关问题和落实责任。

4）呈交调研报告的具体日期。由于市场的不断变化，市场调研报告的时效性很重要，因此要写明调研报告的具体日期，以便决策者在参考时了解报告中问题分析的时效性。

图11-1是调研报告标题页示意图。

某市二手房需求情况调查
项目经理：×××
委托单位：××××××××××
调查机构：××××××××××
报告日期：201×年××月

图11-1　标题页示意

（2）信件。调研报告中一般应该包括两封信：一封是致项目委托人的信，简要地总结受委托项目执行的全过程（不包括市场调研结果）。信中还应提出用户采取进一步行动的建议，例如针对调研中发现的问题制定相应的措施，对某些问题做深入的研究探讨等。另外一封是项目委托人的授权信，这封信是在项目开始之前由用户给调研机构的。信中规定了项目的范围以及合同中的一些项目。很多时候只需在致项目委托人的信中提一下这封授权信就可以了；有时将授权信的复件附在报告中也是必要的。

（3）目录。目录是报告中完整反映各项内容的一览表，包括题目、大标题、小标题、附录以及各项所在的页码等。提交调研报告时，如果涉及的内容和页数很多，为了便于阅读，应把各项内容用目录或索引形式标记出来，使阅读者对报告的整体框架有比较具体的了解。

（4）摘要。摘要是调研报告的重要部分，是整个调研报告的精华。企业的高层管理人员往往没有时间阅读整份报告，他们会通过摘要了解整个报告的大体内容，然后详细阅读自己最关心的问题，因此摘要应对调研报告的内容作出高度概括。

摘要按照市场调研项目的顺序将问题展开，并阐述对调研的原始资料的选择、评价、得出的结论、提出的建议等。一般包括四方面内容。1）调研目的：简要说明调研的由来和委托调研的原因。2）问题的描述：简要介绍调研对象和调研内容，包括调研时间、地点、对象、范围、调研要点及所要解决的问题等。3）处理问题的途径、所采用的方案设计：介绍调研的方法，有助于报告阅读者确信调研结果的可靠性。因此这部分应对所用方法进行简短叙述，并说明选用方法的原因。例如，为何用抽样调查法而不是典型调查法，为何用实地调查法而不是文案调查法等。4）结论和建议：简要地说明根据调研内容和调研结果得出的结论和给出的建议。

一般来说，调研报告的摘要的写作有以下要求：从内容来讲，要做到清楚、简洁和高度概括，其目的是让阅读者通过阅读摘要不但能了解本调研项目的全貌，而且对调研结论也有大致的了解。从语言文字来讲，应该通俗、精练，应避免使用生僻的字句或过于专业的术语。摘要可以在完成报告之后再写。

2. 主体部分

主体部分一般包括引言、调研方案介绍、数据分析、调研结果及局限性说明、结论和建议。

（1）引言。引言的主要目的在于解释实施项目的背景和拟发现的内容。它应该包括对报告一般目的和调研特定目的的陈述，对想要解释的内容的描述，以及给出调研原因的必要背景信息。一般来说，可以使用三个子标题进行概括：

1）调研背景。这部分给出调研问题的背景，包含基本授权、导致委托研究的因素、佐证的相关数据等。在此部分，应对开展此项市场调研活动的必要性作出解释，但不重要的历史背景不必赘述。

2）调研目的。这部分陈述总体研究目的以及所包含信息的范围。这部分也可以作为独立的部分列出，为结论部分的撰写提供方向性指导。

3）调研内容。这部分简要说明研究的内容，对拟调研的问题作出清楚的描述。包括与市场调研决策者以及行业专家讨论的要点、对二手资料的分析、所做的相关定性调研，以及所考虑的各种因素。除了这些之外，还应该说明处理问题的基本途径，讨论最后所采用的处理问题的途径以及达到这一结果的过程，并描述指导这一调研的理论基础、模型以及影响方案设计的相关因素。

有时为了使调研报告更具吸引力，也可以不按照小标题的形式，而是根据情况选择其他写作形式，但是不管怎样，这个部分都应该围绕以下几个方面展开：为什么进行调查；怎样进行调查；调查的结论是什么。

（2）调研方案介绍。调研方案是整个调研项目进行的主要依据，因此在撰写调研报告时要对整个调研方案有所介绍。这部分详细描述执行调研的具体方案，包括所采用方案的类型、所需的信息、收集的二手资料和原始资料、量表技术、问卷设计和测试、抽样技术等。要用易于理解的方式来描述，选择符合阅读者习惯的方式进行解释。相关的技术细节材料，例如调查问卷、量表等，可以编入附录，以便对此部分作出更详细的解释和补充。

（3）数据分析。这部分应该描述数据分析的方案，说明采用这些方案和技术的依据，分析技术时应当用简单的非技术性语言来描述。

（4）调研结果及局限性说明。撰写调研结果就是要提出调研的发现，包括基本结果、分组结果和关联性分析结果等，它是报告正文中最长的一部分，一般会由几个章节构成。在这部分中，需要将所有的问题逐一进行总结，还要按市场细分或按所关心的人口特征（如年龄、性别、收入、职业等）给出分类的结果，以及项目间的相关关系结果。这部分内容要紧紧围绕调查问题和所需的信息，按照调查目标的逻辑顺序来安排。叙述要简明扼要，细节可用图表辅助说明，但不要使用过多，更详细的图表应编入附录部分。

由于时间、预算以及其他组织上的种种限制，任何市场调研都会存在局限性，而且所采用的研究方案也是有局限性的，各种方案都可能与某些类型的误差相联系，有些误差可能是比较严重的。在这部分，应持公开坦率的态度，指出调查存在何种局限性，资料收集过程存在什么问题，并简要讨论这些问题对结果的可能影响，目的是使报告的阅读者和使用者能够对调研结果作出自己的评估。这部分的撰写应当细心斟酌用词，并且注意保持观点上的平衡。一方面，应当使决策者不会过分地依赖调查结果，不会将结果用于其他目的；另一方面，又要注意不要影响他们对调研的信任感或贬低调研的重要性。

（5）结论和建议。在结论和建议部分，主要说明调研获得哪些重要结论，根据调研的结论给出可行的建议等。这部分内容是撰写调研报告的主要目的，包括对引言和正文部分所陈述的主要内容的总结。结论部分不能只将统计的结果总结出来，还应当用简洁而明晰的语言对调研前所提出的问题作出明确的答复，同时有效地解释、论证统计结果，并从中提炼出一些结论性的东西。然后根据调研统计结果和结论，向决策者提出如何利用已被证明有效的措施，以及解决某一具体问题可供选择的方案和建议。结论和建议与正文部分的论述要紧密对应，不能提出无证据的结论，也不要进行没有结论性意见的论证。同时还要注意，提出的建议要具有可行性和可操作性，具有应用价值。

3. 附件部分

附录是市场调研报告中对正文的补充或更详尽的说明。附录中的资料是与调研过程有关的各种资料的汇总，这些内容不便在正文中提及，但在阅读正文或者检验调研结果的有效性时，需要这些资料作为参考。附录的主要内容包括：项目策划书、抽样方案、调查问卷和主要质量控制数据等。其中，主要质量控制数据包括调查中的拒访率、无回答率等，一些有经验的调研人员可以根据这些内容判断结果的有效性。除了上述内容之外，如果在调研中使用了其他的二手资料，在允许的情况下也应该在附录中列出，为客户提供参照。

11.2.3 调研报告的撰写技巧

在撰写调研报告的过程中，应当注意写作的技巧，适当运用技巧可以提高调研报告的质量。下面主要介绍表达、表格和图形表现方面的技巧。

1. 表达技巧

表达技巧包括叙述、说明、议论和语言运用四个方面的技巧。

（1）叙述的技巧。调研报告中，叙述主要用于开头部分，叙述调研项目的来龙去脉，表明调研的目的和背景、调研的过程及结果。此外，在主体部分还需要叙述调研数据的大致情况。调研报告中常用的叙述技巧有概括叙述、按时间顺序叙述、叙述主体的省略等。

1）概括叙述。叙述可以分为概括叙述和详细叙述。市场调研报告中主要使用概括叙述，将调查过程和情况概略地进行陈述，不需要对调研过程中的细节进行描述。这是一种“浓缩式”快节奏的叙述，语言精练、概括，给人以整体、全面的认识，以适合市场调研报告快速及时反映市场变化的需求。

2）按时间顺序叙述。在调研报告中，陈述调研目的、对象、经过时，往往用按时间顺序叙述的方法，次序井然，前后连贯。例如在开头部分叙述调研项目的前因后果，在主体部分叙述市场的发展历史以及现状时，就应当按照时间顺序。

3）叙述主体的省略。市场调研报告中会多次提到叙述主体，即撰写调研报告的单位，叙述中可以用“我们”代替。为了使调研报告看起来不会有过多重复，叙述主体一般在开头部分出现，在后面的各部分即可省略，这不会令人误解。

（2）说明的技巧。调研报告常用的说明技巧包括数字说明、分类说明、对比说明、举例说明等。

1）数字说明。市场的运作离不开数字，大量数据可以反映市场发展变化情况。为了增强调研报告的精确性和可信度，可以在调研报告中运用大量的数据说明市场的状况。

2）分类说明。从调查中得到的资料一般都是杂乱无章的，根据调研报告主题的需要，可将这些资料按一定的标准分成几类，分别进行说明。例如，将调查得到的基本情况按问题的性质分为几类，或是按不同的层次划分为几类，每一类前面加上可以概括该类主题的小标题，再在小标题下对该类内容进行详细介绍，这样可以使报告的结构更清晰。

3）对比说明。调研报告中，有关情况、数字说明的部分，往往会采用对比形式，以便深入地反映市场变化。在进行对比时要注意双方的可比性，并且要在相同的标准下进行切合实际的比较。

4）举例说明。为了说明市场的发展状况，举出具体、典型的事例，会使简单的描述显得更生动、更令人信服。在市场调研中会遇到大量的事例，应根据要说明的问题，选择最有代表性的例子。

（3）议论的技巧。调研报告中常用的议论技巧有归纳论证和局部论证。

1）归纳论证。调研报告是在获得大量资料之后，分析研究，得出结论，从而形成论证的。在这一过程中，主要用到归纳论证，得出的结论是从具体的事实中归纳出来的。

2）局部论证。调研报告不同于议论文，一般不可能形成全篇的论证，只是在情况分析、对未来预测中作出局部的论证。例如对于市场状况，经常会从几个方面加以分析，每一个方面有一个论证的过程，用数据等论据去证明得出的结论，形成局部论证。

（4）语言运用的技巧。包括用词方面和句式方面的技巧。

1）用词方面。在调研报告中，数词用得比较多，因为市场调研离不开数字，很多问题都要用数字说明，数词在调研报告中有重要的作用。

调研报告中，介词用得也比较多，主要用于描述调研目的、对象、依据等方面，如“为”“对”“根据”“从”“在”等。此外，还会用到专业的词汇，以反映市场的发展变化，如“商品流通”“经营机制”“市场竞争”等。为了使语言表达准确，调研报告的撰写者需要熟悉与市场有关的专业术语。

2）句式方面。调研报告中应多使用陈述句，陈述调研的过程、调研的情况，可以清楚地表述肯定或否定的判断。建议部分可以多使用祈使句，以表达某种期望，也可以用陈述句，以解释所提的建议等。

2. 表格的表现技巧

表格在调研报告中使用广泛，它能起到清楚、形象、直观地描述数据和吸引阅读者注意力的作用。表格是调研报告中重要的部分，应当受重视。

在制作表格时一般应该注意以下几点：

（1）标题和编号。在调研报告中，每张表都要有编号和标题。编号有助于撰写者在写作过程中提及引用的表格数据，也有助于阅读者查找表格数据。表格的标题要简明扼要，一般包含时间、地点、内容，有时也可以酌情省略。

（2）安排项目排列。表格中项目的排列要采取适当的顺序，一般应将最重要的放在最前面。如果强调时间，则应该按照时间排列；如果强调大小，则应按照大小排列。

（3）简化表格格式。调研报告中的表格应当少用线条，尽量以空白来分隔各项数据，一般采用三线表。

（4）注明数据单位。如果表格中的数据只有一种单位，可以在标题中统一注明；如果有多种单位，应该在每个数据后面注明。

（5）数据分组恰当。表格中的数据分组要恰当，不能过细，使表格变得繁复；也不能太粗略，掩盖了有差别的数据分组。

（6）必要的说明。对于表格中的数据，在必要的时候应该有简单的说明或是标注。

（7）说明数据的来源。如果表格的数据不是来自第一手的调查数据，而是引用了其他的数据，则应注明数据的来源。

3. 图形的表现技巧

在调研报告中，图形也常用来表达信息。调研报告中可以使用的图形非常多，常用的图形主要有条形图、饼图、折线图等，这些图形能够清楚、形象、直观地表达所要说明的问题。

在绘制图形时，所绘几何图形（线段、条形、扇形等）要与所表现的数值成比例。坐标轴要注明所表示的变量及其所使用的计量单位。必要的时候，要在图中对图形加以标注，说明其代表的意义，以便阅读者不参阅任何文字材料就能读懂统计图。图条的宽窄长短要遵循美观的原则。为了追求更好的视觉效果，还应选择适宜的平面效果或立体效果。另外，对绘图所依据的资料的来源也要注明。

（1）条形图。条形图是最容易理解的图形，主要用来展示分类数据。这种图形利用各种长度的矩形，根据水平或垂直的刻度代表数据的大小。条形图可以用来表现一段时期内某一变量的变化（见图 11－2），也可以用于表现同一时期内多项数据的比较关系（见图 11－3）。多项比较的条形图可以称为群组条形图，为了让图形便于理解，比较的项目一般在四个以内，并且标明每一个条形代表哪一项目。图 11－2 和图 11－3 是常见的垂直条形图，有时为了报告美观，还会采用水平条形图（见图 11－4）。

（2）饼图。饼图是形象地表达部分关系的最简单、最有效的方法。一个圆被分割成几个部分，每一部分的面积就代表了这一部分所代表的数据占总体的比例。图 11－5 说明了

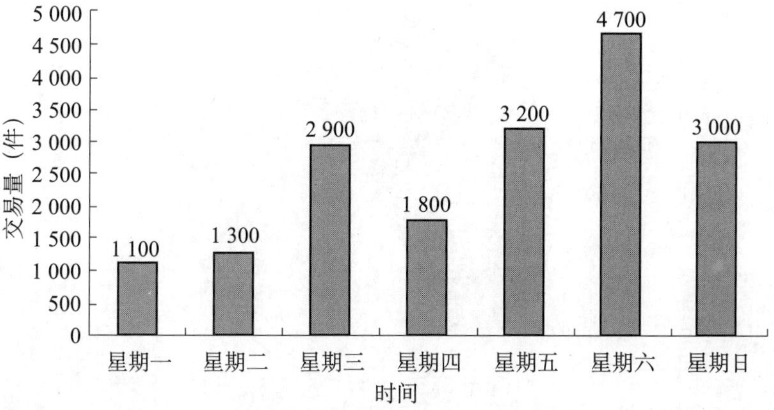

图 11－2　条形图（1）

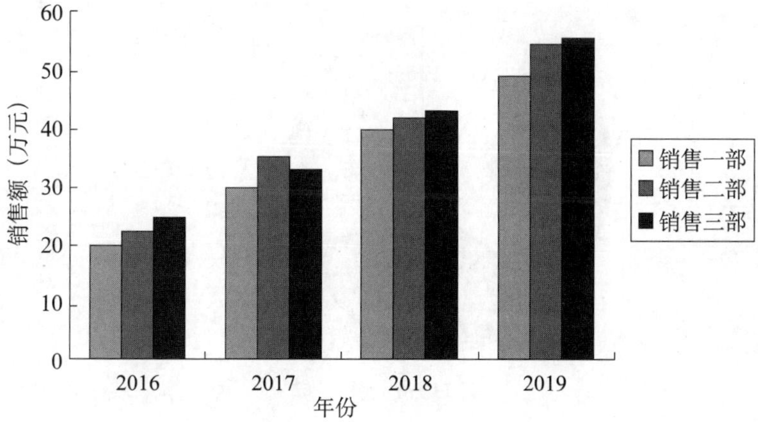

图 11－3　条形图（2）

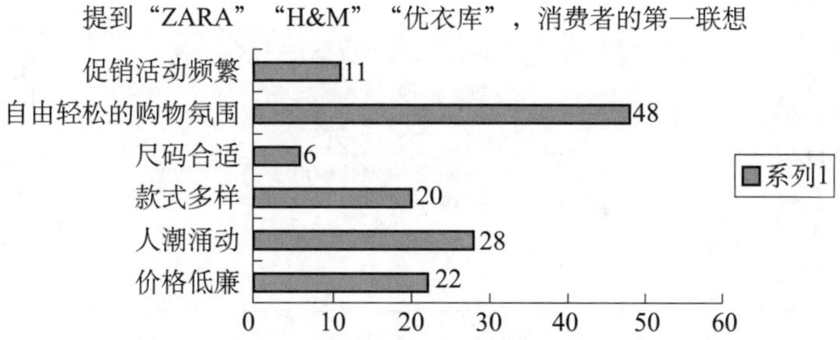

图 11－4　条形图（3）

各网游厂商的销售数据，形象地体现了各厂商在网游市场中占有的市场份额。图 11－6 展示了消费者是否愿意尝试导购的情况。

（3）折线图。折线图是用若干条连续的直线段把散点连接起来的图形，这种图形可以表现一个变量随另一个变量变化的趋势。如果在一个图中同时有几条这样的线，研究人员还可以进行几种状态的横向比较。当图中出现多条折线时，每条折线应该使用不同的颜色显示。图 11－7 展示了某种商品在一周内交易量的变化。

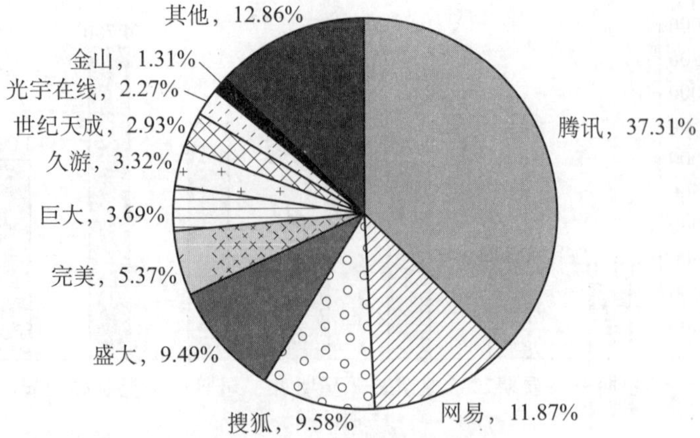

图 11-5　饼图（1）

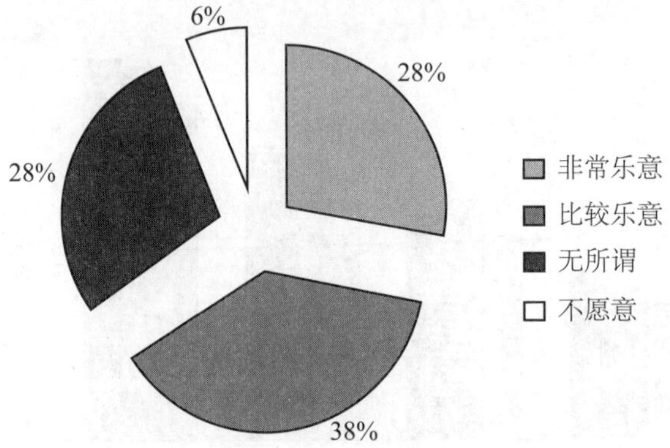

图 11-6　饼图（2）

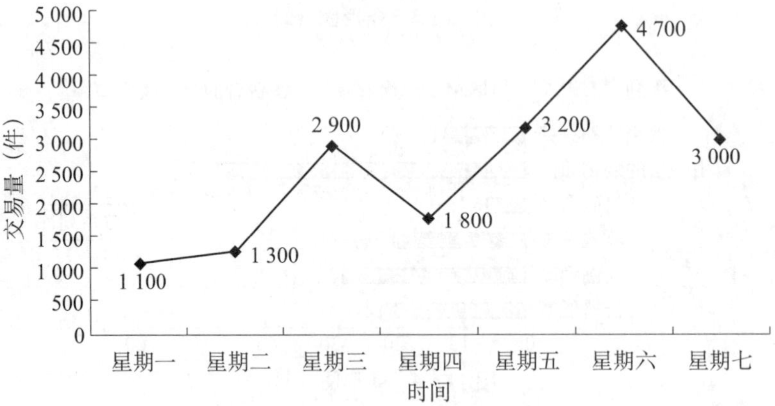

图 11-7　折线图

11.2.4　撰写调研报告的注意事项

1. 应把报告的式样与委托人的需要联系起来

通常报告的使用者（或报告的阅读者，如决策者）与资料收集者（或报告的撰写者）阅读调研报告的侧重点是有差别的。使用者需要的是研究的特定结果，资料收集者则更关心资料收集的过程以及分析资料的方法。撰写调研报告的人应当认识到这个差别，并以适应报告使用者的方式去写报告。

在撰写调研报告时，调研人员应该考虑委托方的背景和兴趣，以及他们期望得到的信息的类型——用什么样的术语以及什么深度。充分考虑这些问题后形成的报告通常有三类，即高层次的技术性报告、低层次的一般性报告以及介于两者之间的综合性报告。

技术性报告是为那些懂得技术术语并且对该课题所涉及的技术性方面有兴趣的人准备的。为这类阅读者准备的报告，需要使用众多的技术语言并对主题做深度的处理。

一般性报告是为那些对研究方法和结果的技术性方面兴趣不大的人准备的，他们希望得到基本的资料，而且要求这些资料以不复杂的形式呈现。这些人包括企业里的非技术人员和某些高层经理。一般性报告的形式有利于鼓励和帮助阅读者迅速地阅读和理解。

当阅读者包含上述两类人（技术人员和非技术人员）时，有必要形成一份综合性报告以适合几类人。在这样的报告中，较多的技术性资料可以放在附录里，而用总结的形式反映研究的关键结果。结果的最重要的部分常出现在报告的前面部分，随后常是对研究结果做深度描述的章节。也有可能为特定的阅读者准备单独的报告。例如，某企业希望知道在本企业开发使用管理信息系统的可行性，为此做了一项研究。在汇总研究结论时，调研人员可以为经理们准备一份报告，告诉他们所需要的设备和设施的费用以及该系统可能为企业带来的效益，如在时间、人力和其他成本方面的节约；也可为财务部门准备一份技术性更强的报告，告诉财务人员在使用管理信息系统的情况下，企业的财务报表可能会发生什么变化；也可能有必要为基层的经理准备一份报告，告诉他们使用计算机系统时，在他们的领域可能会有什么变化。

2. 调研报告的语言要清晰易懂

市场调研报告是供客户阅读的，其主要服务对象是一线的经理人员。不同的经理人员在需求与阅读思维习惯上存在差异，所以要求给出的市场调研报告在格调、组织方面应有所不同。大多数经理人员都很忙，而且对市场调研专业术语不太精通。针对上述客观情况，调研报告应该注意以下几点：第一，报告中提出的观点要鲜明、突出，让阅读者注意到重点内容。第二，调研报告的内容安排要有序，资料组织要有逻辑性，使阅读者很容易弄明白报告中各部分内容的内在联系。第三，调研报告的语言要清晰易懂，简练而有条理，即务必把所说的问题写得明明白白、实实在在，尽量使用普通的术语。

3. 调研报告内容安排要恰当

市场调研报告是从某一调研目的出发，阐述经调研了解的情况及原因，最终要提出解决问题的方案，显然后者是主要的。因此，调研报告在写作上必须有所侧重，注意在分析上特别是解决问题的看法上多花笔墨，尽可能深入细致，做到层层推进。切忌堆砌数据资料，面面俱到，详略无异。如若这样，调研报告的针对性、利用价值将大打折扣。

4. 调研报告内容要客观

市场调研报告不同于文学作品，它本质上要求反映客观实际情况，以帮助服务对象认识事物的原因，把握事物发展趋势。因此，在撰写中要始终坚持实事求是的原则，辩证取材，客观反映调研中发现的不利的信息资料。这既是市场调研行业的职业要求，又是真正为客户着想的具体体现。

5. 合理利用图表

在调研报告中适当插入图表、图片及其他可视性较强的表现形式来强调重要信息是必要的。直观可视的图表可以帮助阅读者理解报告内容，同时增强了阅读者和撰写者之间的交流。经验证明，图表、图片的数量不是越多越好，应该适量，否则适得其反。一般来说，对图表等应该进行必要的文字解释，这样方便阅读者阅读和理解。

6. 调研报告应便于呈送

报告的可呈送性主要是指报告的外观效果。首先，报告的印刷应该采用优质的纸张。采用比较高级的纸张印刷报告，能够间接地向阅读者传递出这样的信息："这是一份正式的报告""研究机构很重视这次调研"等，从而使阅读者更加认真地阅读。

其次，报告印刷要精美。报告形式的完美设计要通过精美的印刷最终体现出来。通常采用单面印刷，每页印有页码，整个报告装订整齐、牢固。报告的版面要考虑纸张的大小，妥善编排，上下左右四边都要留出一定的空白，使文字图表美观突出。如有插图，要精心绘制，不可粗制滥造。

11.3 调研报告的沟通

调研报告的沟通是指调研人员同委托者、使用者以及其他相关人员之间对于调研结果等方面信息的沟通。

市场调研报告的形成并非调研项目的结束，尽管调研过程的正确组织和实施是一个调研项目成功的基础，高质量的调研报告是调研项目成功的重要方面，但对调研结果的沟通也是调研人员的一项重要任务。

11.3.1 调研报告沟通的意义

首先，调研报告及其沟通是调研结果实际应用的前提条件。市场调研本身不是目的，只是一种手段。其目的是为企业的经营活动提供依据。不形成完整的调研报告，市场调研活动的结果就无从体现。同样，即使调研过程组织得很完美，调研报告也很好，各项资料很精确、有用，但如果不能有效沟通，那些潜在的使用者就无法应用调研结果，调研的目的也就无法实现。

其次，市场调研结果的沟通有利于调研报告的阅读者和使用者更好地接受有关信息。调研结果的沟通过程，也是调研人员对调研结果使用者的指导过程。通过与调研人员沟通，阅读者、使用者能够更全面准确地了解调研结果，作出正确的营销决策，更好地发挥调研结果的效用。

再次，市场调研结果的沟通有利于扩大调研结果的使用范围，使调研结果为更多的阅读者或使用者所认识，从而发挥其更大的效用。

最后，市场调研结果的沟通有利于调研人员水平和能力的提高，也有利于调研结果的进一步完善。市场调研结果的沟通是一个双向的过程，调研人员可以从委托者处了解有关的信息、意见和建议，从而对整个项目，尤其是调研报告进行总结、提高。总之，调研结果的沟通是必不可少而又十分重要的环节，必须高度重视。

11.3.2　口头报告

口头报告是进行调研结果沟通的一种重要形式。与书面报告相比，口头报告可以用生动的语言对某些不容易理解的内容进行介绍，加深听众的理解；对于有疑问的地方，进行当面解答，从而提高沟通的效果。

1. 口头报告的形式

口头报告一般可以分为即兴讲解、按书面报告讲解和专门讲解三种形式。

（1）即兴讲解。这种口头报告形式一般没有充分的准备，适用于较小的调研项目。对调研项目有全面了解的调研人员，在没有准备的情况下直接讲解调研报告。一般来说，这种讲解的准确性差，风险较大，不适用于大中型的调研项目。

（2）按书面报告讲解。这种报告形式是指调研人员按照书面报告内容的顺序进行详细解读，并说明出现的问题。调研人员有充分的准备，其讲解的提纲就是整个调研报告，因此讲解比较系统全面。但是，这种形式比较呆板，缺乏重点，难以引起听众的兴趣。因此，在使用这种口头报告形式时，最好能使用一些演讲的技巧，如注意和听众的眼神交流，或是使用辅助工具等，以吸引听众的注意力。

（3）专门讲解。这种报告形式既有充分的准备，又不是照本宣科。其特点是生动活泼，突出重点，在讲解过程中如果能很好地使用演讲技巧，将达到很好的效果。但是这种形式对于讲解者的要求比较高，要求讲解者提前做好充分的准备，同时要求讲解者有较大的灵活性，发现听众对某一部分有疑问，就要及时停下来进行说明，以使听众能更好地理解。因此，这种讲解形式最受欢迎。

2. 口头报告成功的基本要素

口头报告虽然具有一些优点，但是能否充分发挥其效果还要取决于许多因素。其中比较重要的就是在进行口头报告之前做充分的准备，同时还要掌握一定的讲解技巧。

（1）充分的准备工作。

1）详细的演讲提纲。采用口头报告的形式并不意味着报告者可以随心所欲、信口开河，同样需要一份详细的演讲提纲，包括报告的大致结构和基本内容。当然，报告的内容和讲解的深度要考虑到听众的专业水平，针对不同水平的听众，应注意了解他们对调研项目了解的专业程度，控制讲解内容的深度。

2）可视化的材料。国内目前流行的方式是应用 PowerPoint 软件包来提供可视化的材料。该软件包容许研究人员运用各种格式制作幻灯片，然后通过电脑或多媒体平台投射到屏幕上。口头汇报时应尽量通过可视化媒介来展示研究成果。在关键部分应尽可能运用图表等，通过色彩选择来吸引人们的注意力。摘要、结论和建议也应尽可能可视化。

3）汇报摘要。提前准备好汇报的摘要，提供给每一位听众。这份摘要应简要介绍口头报告的主要内容，使听众预先有所了解，同时也避免听众在听的过程中因忙于做笔记而错过了重要的内容。

除了准备以上材料之外，报告者还应该有充分的心理准备。在报告过程中难免会有紧张的情绪，为了缓解紧张情绪，可以做深呼吸，穿着舒适、合身的服装等，更重要的是在口头报告前进行充分的练习，对报告的内容和用时心中有数，从而建立自信心。

（2）自信的讲解和发挥。

1）讲解时要充满自信。报告的开头非常重要，报告者必须积极、自信。一开始就调动听众参与的积极性很重要，可以通过提出一个发人深省的问题或陈述一个吸引人的话题做到这一点。在讲解过程中要注意与听众保持目光的交流，从听众的目光中解读出他们对于报告方式的好恶程度和对内容的理解程度。另外，在口头报告中切忌按照写好的发言稿宣读，应该熟悉主题，打好腹稿，并多做练习，熟能生巧，在报告时充满自信。

2）讲解时使听众听懂。口头报告也要针对报告的对象来确定内容和形式，听众希望在有限的时间内听取调研的主要发现、结论和建议。由于听众听报告很难集中注意力，因此要求报告者的语言要简明、通俗易懂，有趣味性和说服力。如果要解释一个复杂的问题，可以先做一些简单的介绍和概括，并运用声音、手势、眼神等加深听众的印象。同时注意演讲的节奏，做适时的停顿，让听众消化相关内容。

3）让听众积极参与。在做报告时解答听众的疑问也是一项重要的内容，但是在报告的过程中最好不要回答问题，以免出现思路被打断、听众偏离报告主题或时间不够等现象。在报告开始之前应该告知听众，你会在结束之后留出解答问题和交流的时间。如果对于听众的问题你也不知道答案，不妨坦白承认，并承诺你会尽快找出答案后告知对方，这样会加强报告者和听众之间的交流，并会增加听众对报告者的好感。

4）在规定的时间内结束报告。口头报告一般都有一定的时间限制，在限定的时间内完成报告是最基本的要求。滔滔不绝不仅浪费听众的时间，也会影响报告的效果。因此在做准备时就应注意对时间的把握，在讲解的过程中也要注意时间，随机应变。

延伸阅读 11－1

口头报告的准备

口头报告的原则和书面报告的原则一样，要针对报告对象确定内容和形式。有些商务调研人员不懂得这一点，总是喜欢向企业管理人员介绍调研中的技术问题，这种做法往往不受欢迎。高层管理人员希望在有限的时间内听取调研的主要发现、结论和建议。如果他们中有人对技术问题感兴趣，可以在会后去阅读书面报告。如果是向商务咨询班子做汇报，则需要在技术问题上有条理地进行阐述。

在口头报告具体内容的准备上，调研人员应该围绕以下几个问题进行：

（1）这些数据的真正含义是什么？

（2）它们有什么冲击性？

（3）我们能从这些数据中获得什么信息？

（4）基于现有的信息，我们需要做什么？

（5）如何才能提高对事物本质的认识？

（6）什么使类似的信息更加有益？

在口头报告过程中，要注意以下方面：切忌照事先写好的发言稿宣读，而应该使用口语化的、简明的词句陈述调研成果；要交代清楚所要讲的几个问题，不时提醒听众当前讲到第几个问题；对于重点内容，要放慢语速，必要时可以重复。

在汇报时，调研者还应做好答辩的准备。当然，这不是消极的应答和解释，而是要充满自信，富有感染力和说服力。即使是最可靠、最有效的调研成果，如果不能使据此采取行动的管理者相信其重要性，也是毫无价值的。

基本概念

市场调研报告　　　　摘要　　　　附件　　　　口头报告

思考题

1. 市场调研报告的特点是什么？

2. 市场调研报告的撰写步骤有哪些？技巧有哪些？

3. 市场调研报告的结构是怎样的？

4. 如何评价市场调研报告？

案例分析

应届大学生就业创业情况调研报告——以江苏省为例

一、引言

调研背景：大学生就业创业是实现创新，引领高质量经济发展、富民增收的重要途径，“大众创业，万众创新”既可以扩大就业，促进居民收入增加，又有利于社会资源纵向流动和公平正义，同时让年轻人在创业中实现精神追求和自身价值提升。

调研目的：解决大学生结构性就业难和创业创新问题，提出促进大学生就业创业的政策建议。

调研对象：应届大学毕业生

调查范围：江苏省22所大学

调查地点：江苏省

调查方法：问卷调查

调查时间：2018年7月初

二、摘要

大学生就业创业对于经济高质量发展、富民增收意义重大。对江苏2 352名应届大学毕业生进行专题调查，结果显示，江苏大学生就业环境良好，但仍存在竞争压力大、供需结构性错位、就业取向有偏差等问题，基于此提出应加大大学生就业政策及信息支持、引导，创造更多高质量就业岗位等对策建议。

三、正文

（一）应届大学毕业生就业现状分析

1. 就业渠道

人才市场和校园招聘会、家庭和社会关系、熟人介绍、招聘网站是就业主渠道；公务员与事业单位招考、自主创业比例偏低。通过校园招聘会和人才市场就业564人，占29.34%；通过家庭和社会关系、熟人就业443人，占23.05%；通过人才招聘网站就业386人，占20.08%；通过学校提供的信息和推荐就业289人，占15.04%；自主创业23人，占1.2%；39人参加公务员、事业单位招考，占2.03%；通过其他方式就业178人，占9.26%。

2. 就业单位性质

民营企业位居应届毕业生就业之首。1 922名就业的大学生调查对象中，在民营企业就业778人，占40.48%；国有企业314人，占16.34%；政府机关及事业单位216人，占11.24%；其他经济类型单位614人，占31.94%。这表明随着国家加大对中小微企业的支持，中小微企业发挥了对应届大学毕业生就业的主渠道作用，创造更多就业岗位，显示出巨大的生机和活力。

3. 就业薪酬水平

调查显示，大学生初次就业薪酬水平普遍不高。40.06%的被访者人均月薪酬水平在3 000元以下，比2017年上升3.4个百分点；3 000～5 000元的占39.44%，同比下降5.6个百分点；5 000～8 000元的占13.01%，同比上升0.2个百分点；8 000～10 000元的占3.43%；10 000元以上的占4.06%，同比上升1.46个百分点，薪酬水平有所提高。39.7%的毕业生期望的人均月工资水平为5 000～8 000元，同比下降3个百分点；期望人均月工资3 000～5 000元和8 000～10 000元的毕业生均占19.8%；20.7%的毕业生期望月工资10 000元以上，同比上升9.7个百分点，目前应届大学毕业生就业实际工资水平与期望值有很大的差距。毕业生普遍表示，作为职场新人，虽然薪酬与期望值有差距，但他们愿意积累经验，在职场中加快成长。

（二）大学毕业生就业意愿分析

1. 更注重价值实现

国有企业是多数毕业生就业的首选。愿意到国有企业的占27.5%；愿意到事业单位（科教文卫体）、外企和政府机关的分别占21.2%，18.2%和17.6%；希望到民营企业工作的占16.5%；选择其他的占3.01%。国有企业、政府机关、事业单位（科教文卫体）竞争激烈，门槛较高，虽然大多数人有意愿到这些单位工作，但并不一定能如愿，因而选择了民营企业或者其他类型的单位。

收入水平、前途是就业的主要考量因素。在调查中，1 206人选择收入较高，占62.8%；1 080人选择朝阳行业，占56.2%；1 024人选择工作稳定，占53.3%；其他因素依次是专业对口（47.6%）、创业机会多（14.6%）等。

个人发展机会也是求职者关心的因素。调查显示，44.4%的应届毕业生最关心个人发展机会，比2017年同期上升14.2个百分点；其次分别是薪酬与福利（32.8%），同比上升6个百分点，就业地域（18.1%），同比上升3.4个百分点，单位性质（6.7%），家庭期望（2.4%）。这些表明现代大学生更注重个人发展机会和价值实现。

2. 更青睐长三角等发达地区及发展机会

调查显示，30.0%的调查对象选择毕业后在长三角地区就业，同比下降27.9个百分点；北上广等一线城市生存压力较大，选择在上海就业的占15.3%；中西部大中城市作为国家大发展战略对象，吸引了13.1%的毕业生；到其他地区的占14.4%。优先选择这些地区的主要原因如下：72.6%的调查对象认为有较大的发展机会；46.5%认为生活条件好，同比上升16.6个百分点；40.4%认为有良好人才政策；看中创业环境的占17.9%；回报家乡的占26.7%；其他占11.2%。

3. 上下班单程通勤时间更认可在1小时内

调查显示，46.2%的毕业生能接受上下班单程通勤时间1小时以内；41.0%的毕业生能接受30分钟以内；8.1%的毕业生能够接受1.5小时以内；4.1%和0.6%的毕业生能接受2小时以内和2小时以上。

资料来源：周荣荣．应届大学生就业创业情况调研报告——以江苏省为例．调研世界，2019（1）：23-26.

课后实践

1. 目的

（1）了解调研报告的撰写步骤，掌握调研报告的结构和撰写技巧。

（2）提升学生撰写调研报告的技能，培养学生运用文字说明和解释营销问题的能力，以及运用各种沟通方式精确表达报告内容的能力。

2. 内容和要求

（1）实训内容。对小组感兴趣的某一领域进行调查，选择适当的调研主题，进行完整的市场调研过程，在此基础上撰写市场调研报告，并进行沟通。

（2）具体要求。

A. 选择小组感兴趣的某一领域，确定市场调研主题的出发点，即决策问题和研究问题的切入点，进行营销方案策划。

B. 需要同时运用定性和定量调查的方法开展市场调研活动。

C. 要求至少运用两种数据收集方法收集第一手数据。

D. 要求至少运用四种数据处理方法分析和整理数据。

E. 撰写最终的市场调研报告，结构完整，表述清晰，符合调研报告撰写规范。

F. 在课堂上，以PPT和口头汇报的形式展示市场调研报告的内容。

3. 步骤

（1）指导教师宣布调研目的与任务后，将班级成员分为若干小组，每组4～6人，宣布分组名单。

（2）各组推选组长，分工明确，选择适当的调研主题，制定调查方案及调查步骤，规定各项任务的用时及截止时间，讨论并明确调查方法和经费预算等注意事项，按照目的和要求在所选领域内进行初步的调查和资料收集。

（3）组长主持审核，汇总调查资料，明确决策问题和研究问题，并形成市场调研策划方案，进行方案的可行性分析。

（4）组长进行分工后，小组成员分别运用定性和定量的调查方法，开展市场调研活动，实施调研计划。

（5）运用不同的数据收集方式以及不同的数据处理方式收集和整理数据，并进行信息的进一步分析和归纳。

（6）在组长的带领下进行讨论，根据已有信息得出结论，撰写完整的市场调研报告。

（7）分小组进行课堂展示与报告，进行课堂讨论，各组互评成绩。注重决策问题和研究问题的意义性、针对性，方案设计合理性，方法匹配性，安排合理性。评分标准：文字表达的逻辑性70分，语言表述和台风20分，团队协作和报告形式10分。

（8）指导教师进行综合评定和总结。

参考文献

［1］郭国庆．市场营销管理：理论与模型．北京：中国人民大学出版社，1995.

［2］郭国庆，刘凤军，王晓东．市场营销理论．北京：中国人民大学出版社，1999.

［3］郭国庆，陈凯．市场营销学．6 版．北京：中国人民大学出版社，2019.

［4］陈凯．营销调研．2 版．北京：中国人民大学出版社，2017.

［5］卫海英，陈凯，王瑞．市场调研．北京：高等教育出版社，2016.

［6］王公达．市场调查．上海：复旦大学出版社，2009.

［7］托尼·普罗克尼．营销调研精要．北京：机械工业出版社，2004.

［8］蔡继荣．市场营销调研学．广州：中山大学出版社，2009.

［9］朱胜，朱东辉，成美纯．市场调查方法与应用．2 版．北京：中国统计出版社，2016.

［10］于翠华．市场调查与预测．2 版．北京：电子工业出版社，2009.

［11］涂平．市场营销研究：方法与应用．3 版．北京：北京大学出版社，2016.

［12］罗纳德·扎加，约翰尼·布莱尔．抽样调查设计导论．重庆：重庆大学出版社，2007.

［13］胡瑞卿，李远．当代市场调研理论实务．武汉：华中师范大学出版社，2007.

［14］赵伯庄，张梦霞．市场调研．2 版．北京：北京邮电大学出版社，2007.

［15］柯惠新，丁立宏．市场调查．北京：高等教育出版社，2008.

［16］薛薇．基于 SPSS 的数据分析．北京：中国人民大学出版社，2006.

［17］田志龙．市场研究基本方法、应用与案例．武汉：华中科技大学出版社，2003.

［18］梁金华，郑媛媛．市场调查与预测．北京：清华大学出版社，2009.

［19］姚小远，杭爱明．市场调查：原理、方法与应用．上海：华东理工大学出版社，2015.

［20］阿尔文·C. 伯恩斯，罗纳德·F. 布什．营销调研．北京：中国人民大学出版社，2011.

［21］庄贵军．市场调查与预测．2 版．北京：北京大学出版社，2014.

［22］陈友玲．市场调查预测与决策．2 版．北京：机械工业出版社，2019.

［23］张西华，吴国予．市场分析技术．杭州：浙江工商大学出版社，2012.

［24］小约瑟夫·海尔，罗伯特·布什，戴维·奥蒂诺．营销调研：信息化条件下的选择：第 4 版．北京：清华大学出版社，2012.

［25］简明．市场研究定量分析．2 版．北京：中国人民大学出版社，2015.

［26］吴广，刘荣，丁维岱，牛玲．SPSS 统计分析与应用．修订版．北京：电子工业出版社，2013.

［27］卢纹岱，朱红兵．SPSS 统计分析．5 版．北京：电子工业出版社，2015.

［28］徐国祥．统计预测和决策．上海：上海财经大学出版社，2008.

［29］王玉华．市场调查与预测．北京：机械工业出版社，2016.

［30］高百宁．经济预测与决策．上海：上海财经大学出版社，2009.

［31］张灿鹏，郭砚常．市场调查与分析预测．北京：北京交通大学出版社，2013.

［32］海尔，布什，奥蒂诺．营销调研：信息化条件下的选择．北京：清华大学出版社，2012.

［33］曹洁冰．读者问卷调查中选择题的简易编码设计和数据分析．上海图书情报工作研究，2007（2）.

［34］郭国庆，张中科，陈凯，等．口碑传播对消费者品牌转换意愿的影响：主观规范的中介效应研究．管理评论，2010，22（12）：62－69.

［35］郭国庆，孙乃娟．新进入者调适中介下感知互动类型对体验价值影响的实证研究．管理评论，2012，24（12）：72－83.

［36］陈凯，顾荣，胡静．基于感知收益-感知风险框架的新能源汽车购买意愿研究．南京工业大学学报（社会科学版），2019，18（2）：61－70＋112.

［37］彭茜，陈凯．灰色营销决策中的道德强度结构及其影响机制研究．商业经济与管理，2017（12）：60－76.

［38］赵占波，陈荣，陈凯，等．购后时间对降价导致后悔情绪影响的探讨——基于产品类型的视角．管理评论，2015（2）.

［39］王建明，吴龙昌．绿色购买的情感-行为双因素模型：假设和检验．管理科学，2015，28（6）：80－94.

［40］Armstrong G，Kotler P. Marketing：an introduction. 7th Edition. New Jersey：Pearson Education Inc.，2005.

［41］Kotler P. Marketing management. 11th Edition. New Jersey：Pearson Education Inc.，2003.

［42］Ajzen I. Perceived behavioral control，self－efficacy，locus of control，and the theory of planned behavior. Journal of Applied Social Psychology，2002，32（4）：665－683.

［43］Lin Y C，Chang A C. Double standard：the role of environmental consciousness in green product usage. Journal of Marketing，2012，76（5）：125－134.

［44］Olson E L. It's not easy being green：the effects of attribute tradeoffs on green product preference and choice . Journal of the Academy of Marketing Science，2013，41（2）：171－184.

［45］Kumar V. Transformative marketing：the next 20 years. Journal of marketing，2018，82（4）：1－12.

［46］Anthony S，Schwartz E I. What the best transformation leaders do. Harvard Business Review，2017，May：2－9.

图书在版编目（CIP）数据

市场调研与分析 / 陈凯主编. -- 2 版. -- 北京 ：
中国人民大学出版社，2021.3
普通高等学校应用型教材. 市场营销
ISBN 978-7-300-29014-0

Ⅰ.①市… Ⅱ.①陈… Ⅲ.①市场调研－高等学校－
教材②市场分析－高等学校－教材 Ⅳ.①F713.52

中国版本图书馆 CIP 数据核字（2021）第 023339 号

普通高等学校应用型教材·市场营销
市场调研与分析（第 2 版）
主　编　陈　凯
副主编　薛永基　彭　茜　汪晓凡
Shichang Diaoyan yu Fenxi

出版发行	中国人民大学出版社		
社　　址	北京中关村大街 31 号	**邮政编码**	100080
电　　话	010－62511242（总编室）		010－62511770（质管部）
	010－82501766（邮购部）		010－62514148（门市部）
	010－62515195（发行公司）		010－62515275（盗版举报）
网　　址	http://www.crup.com.cn		
经　　销	新华书店		
印　　刷	北京七色印务有限公司	**版　　次**	2016 年 6 月第 1 版
开　　本	787 mm×1092 mm　1/16		2021 年 3 月第 2 版
印　　张	20.75 插页 1	**印　　次**	2024 年 1 月第 7 次印刷
字　　数	430 000	**定　　价**	45.00 元

中国人民大学出版社　管理分社

教师教学服务说明

中国人民大学出版社管理分社以出版工商管理和公共管理类精品图书为宗旨。为更好地服务一线教师，我们着力建设了一批数字化、立体化的网络教学资源。教师可以通过以下方式获得免费下载教学资源的权限：

★ 在中国人民大学出版社网站 www.crup.com.cn 进行注册，注册后进入“会员中心”，在左侧点击“我的教师认证”，填写相关信息，提交后等待审核。我们将在一个工作日内为您开通相关资源的下载权限。

★ 如您急需教学资源或需要其他帮助，请加入教师 QQ 群或在工作时间与我们联络。

中国人民大学出版社　管理分社

教师 QQ 群： 648333426（工商管理）　114970332（财会）　648117133（公共管理）
教师群仅限教师加入，入群请备注（学校＋姓名）

联系电话： 010-62515735，62515987，62515782，82501048，62514760

电子邮箱： glcbfs@crup.com.cn

通讯地址： 北京市海淀区中关村大街甲 59 号文化大厦 1501 室（100872）

管理书社　　人大社财会　　公共管理与政治学悦读坊